МОСКОВСКІЙ УНИВЕРСИТЕТСКІЙ БЛАГОРОДНЫЙ ПАНСІОНЪ

и

ВОСПИТАННИКИ МОСКОВСКАГО УНИВЕРСИТЕТА, ГИМНАЗІЙ ЕГО, УНИВЕРСИТЕТСКАГО БЛАГОРОДНАГО ПАНСІОНА

и

ДРУЖЕСКАГО ОБЩЕСТВА.

СОЧИНЕНІЕ

Н. В. Сушкова.

МОСКВА.
1858.

МОСКОВСКІЙ УНИВЕРСИТЕТСКІЙ БЛАГОРОДНЫЙ ПАНСІОНЪ

И

ВОСПИТАННИКИ МОСКОВСКАГО УНИВЕРСИТЕТА,
ГИМНАЗІЙ ЕГО, УНИВЕРСИТЕТСКАГО БЛАГОРОДНАГО ПАНСІОНА

И

ДРУЖЕСКАГО ОБЩЕСТВА.

СОЧИНЕНІЕ

Н. В. Сушкова.

ИЗДАНІЕ ИСПРАВЛЕННОЕ И ПОПОЛНЕННОЕ.

СЪ ПОРТРЕТОМЪ А. А. ПРОКОПОВИЧА-АНТОНСКАГО.
(РАБОТЫ Н. А. МАРТЫНОВА).

МОСКВА.
Въ Университетской Типографіи.
1858.

Печатать позволяется

съ тѣмъ, чтобы по отпечатаніи представлено было въ Цензурный Комитетъ узаконенное число экземпляровъ. Москва, января 25-го дня, 1858 г.

Цензоръ Фонъ-Крузе.

МОСКОВСКІЙ УНИВЕРСИТЕТСКІЙ БЛАГОРОДНЫЙ ПАНСІОНЪ

и

ВОСПИТАННИКИ УНИВЕРСИТЕТА, ГИМНАЗІЙ, ПАНСІОНА

и

ДРУЖЕСКАГО ОБЩЕСТВА.

Источники «Воспоминаній о Московскомъ Университетскомъ Благородномъ Пансіонѣ»—прежнее заглавіе предлагаемой читателямъ книги — указаны въ предисловіи къ первому ихъ изданію (Императорскаго Общества Исторіи и Древностей Россійскихъ) въ 1848 году.

Въ теченіи десяти лѣтъ я добылъ много новыхъ данныхъ и любопытныхъ свѣдѣній, къ пополненію моихъ воспоминаній, какъ изъ разсказовъ университетскихъ и пансіонскихъ воспитанниковъ разныхъ временъ, такъ изъ нѣсколькихъ статей въ повременныхъ изданіяхъ и изъ нѣкоторыхъ, прежде и послѣ появившихся, книгъ по тѣмъ или другимъ отраслямъ знанія, литературы и т. д. Встрѣчая въ нихъ то знакомое имя, то родное нашему Пансіону, Дружескому обществу, Университету или его гимназіямъ лице, то біографическую черту одного, анекдотъ о другомъ, намекъ на третьяго и т. д, я отмѣчалъ все это въ моихъ памятныхъ запискахъ, свѣрялъ, сличалъ, иное отвергалъ, иное признавалъ — и теперь самъ ужъ не легко могу указать на всѣ тѣ книги, журналы, листки и проч., изъ которыхъ я собиралъ, такъ сказать, по капелькамъ мои источники. Укажу однако на главнѣйшіе: 1. Исторія Московскаго Университета и нѣкоторые изъ источниковъ, которыми пользовался, при ея составленіи, С. П. Шевыревъ; 2. Біографическій словарь университетскихъ профессоровъ и преподавателей; 3. Статья П. И. Страхова объ академической гимназіи; 4. Статья И. Ѳ. Тимковскаго объ Университетѣ, гимназіи и Пансіонѣ; 5. Словари: а) «о россійскихъ писателяхъ», б) «драматическій», в) «сочиненій и переводовъ на славянскомъ и россійскомъ языкахъ отъ начала заведенія типографіи до 1813 года», г), «духовныхъ и свѣтскихъ писателей», д) «достопамятныхъ людей Русской земли»—изданія Н. И. Новикова, неизвѣстнаго, книгопродавца В. Сопикова, митрополита Евгенія, И. М. Снегирева, «Москвитянина» (М. П. Погодина) Ширяева и Д. Н. Бантышъ-Каменскаго; 6) Роспись книгамъ Смирдина и Библіотека Плавильщикова; 7) Торжественные акты тѣхъ или другихъ лѣтъ съ годовыми отчетами Университетскаго Пансіона; 8. Изданія пансіонеровъ: «Распускающійся цвѣтокъ», «Полезное упражненіе юношества», «Въ удовольствіе и пользу», «Избранныя сочиненія и переводы въ прозѣ и стихахъ» и прочія; 9. Труды Общества любителей россійской словесности; 10. Вообще литературная, ученая, служебная, духовная и художественная дѣятельность воспитанниковъ Университета, его гимназіи и Пансіона; наконецъ 11. Запасы моей памяти и мои записки, изъ которыхъ все, что пришлось кстати, я перенесъ въ настоящее изданіе. Да оно въ сущности и не отдѣльный трудъ, а часть моихъ записокъ, также какъ и другія статьи, изъ нихъ на выдержку напечатанныя въ Сборникѣ «Раутъ»: о Храповицкихъ, о литературныхъ дѣятеляхъ высокаго и малаго полета («Обозъ къ потомству»), о житьѣ-бытьѣ нашихъ дѣдушекъ и бабушекъ («Картины русскаго быта въ старину»). Самый строй моихъ разсказовъ достаточно показываетъ, что это не ученое, систематическое сочиненіе, а именно и просто-на-просто записки.

Указавъ на главнѣйшіе изъ источниковъ, которыми я пользовался при второмъ изданіи посильной дани признательности моей Пансіону и Университету, хотя и въ самомъ изложеніи я ссылаюсь бо́льшею частію, какъ на нихъ, такъ и на другіе, случившіеся у меня подъ рукою, приведу еще два живыхъ источника: И. М. Снегирева, пояснившаго мнѣ многое о давнемъ времени, о преданіяхъ, о нѣкоторыхъ лицахъ, и И. И. Давыдова, сдѣлавшаго на мою книжку, при первомъ изданіи ея, нѣсколько замѣчаній.

Н. Сушковъ.

ПОСВЯЩЕНІЕ.

Вамъ, дѣтскихъ лѣтъ товарищи, родные —
По воспитанію въ Москвѣ родной!
Вамъ, члены дружные семьи младой!
Вамъ, граждане, во времена былыя
Стекавшимся со всѣхъ сторонъ къ стѣнамъ
Обители и доблести и знанья!
— Ея врата открыты были намъ,
Послушникамъ науки!... братья! вамъ
Я приношу души воспоминанья
О свѣтлыхъ дняхъ, о милой той порѣ,
Когда, въ тиши пріюта благотворной,
На счастливой грядущихъ дней зарѣ,
Мы слушали довѣрчиво-покорно
Уроки кроткіе любви! когда,
Сподвижники прекраснаго труда
Къ развитію ума и сердца, зрѣли
Въ насъ мудрости благія сѣмена —
И дружно мы — душа любви полна
Къ отечеству — стремились дружно къ цѣли
Ему въ себѣ пріуготовить слугъ!
Все: чувство, мысль, занятіе, досугъ,
Все — въ даръ ему!... На Бога въ упованьѣ,
Съ младенческой молитвой, въ простотѣ,
Мы вѣровали всѣ въ свое призванье!..

VIII

Мы вѣрили плѣнительной мечтѣ,
Что принесемъ мы на алтарь отчизны
Полезныя и добрыя дѣла —
На славу ей! что жизнь безъ укоризны —
Въ трудахъ и подвигахъ — пройдетъ свѣтла!..
И *Онъ* — нашъ другъ — наставникъ благодушный! *
Онъ вѣрилъ намъ, благословляя насъ
Въ торжественный съ дѣтьми разлуки часъ,
Что чистыя — его любви послушны —
Потомству мы оставимъ имена!..
И нѣтъ его!.. и живъ онъ, мужъ призванья!
Живъ! не умрутъ о немъ воспоминанья!
Вся жизнь его была посвящена
Отеческимъ заботамъ воспитанья!..
Подъ тяжестью преклонныхъ лѣтъ поникъ!
Но духомъ бодръ, но вѣрою великъ,
Почилъ — напутствованъ Христовой кровью,
Молитвами признательныхъ людей!..
Сопутствуйте жь, друзья, ему любовью!
Родительски любилъ онъ насъ—*дѣтей*.

13 іюля,
1848.

---

* А. А. Прокоповичъ-Антонскій.

ПРЕДИСЛОВІЕ.

(При первомъ изданіи.)

—

Три—четыре года назадъ, видаясь часто съ покойнымъ А. А. П.-Антонскимъ, который любилъ вспоминать о *своемъ* Пансіонѣ и охотно разсказывалъ о старинѣ, вздумалось мнѣ воспользоваться живою лѣтописью — воспоминаніями дряхлѣвшаго старца. Я сталъ записывать все слышанное мною отъ него въ бесѣдахъ нашихъ—«преданья старины глубокой.» Мало по малу я уловилъ много любопытныхъ подробностей о первоначальномъ учрежденіи Московскаго Университета и Благороднаго при немъ Пансіона, о степени образованія тогда въ Россіи, о ревнителяхъ просвѣщенія въ ней со временъ императрицы Елисаветы, о Дружескомъ или Филантропическомъ обществѣ въ Москвѣ, подвигшемъ впередъ общественное у насъ воспитаніе и содѣйствовавшемъ развитію самаго Университета. Потомъ Антонъ Антоновичъ сообщалъ мнѣ по временамъ свои отмѣтки о преподававшихъ учебные въ Б. Пансіонѣ предметы профессорахъ и учителяхъ, о помощникахъ своихъ и надзирателяхъ въ немъ, о лучшихъ его воспитанникахъ, о книгахъ, для нихъ изданныхъ, о книгахъ, ими самими изданныхъ, и т. д. Между тѣмъ онъ ссужалъ меня нѣкоторыми изъ этѣхъ книгъ и торжественныхъ актовъ Б. Пансіона, поясняя и дополняя иное въ нихъ своими разсказами. Наконецъ, недѣль за семь до кончины своей, отдалъ мнѣ и списокъ съ аттестата о своей службѣ. Все это я читалъ и перечитывалъ, а все какъ-то не принимался за дѣло. Правда, многихъ свѣдѣній еще у меня и не было—и если бы не И. М. Снегиревъ, который доставилъ мнѣ разныя *былины* (факты), печатныя и письменныя, къ разрѣшенію возникавшихъ недоразумѣній и особенно хронологическихъ вопросовъ, чуть ли бы и доселѣ нашелъ я возможность приступить къ бѣглому очерку исторіи Б. Пансіона.

X

Антонъ Антоновичъ занемогъ холериною. Мнѣ страшно стало, что не успѣю потѣшить старца отрадною сердцу его повѣстью о быломъ и не при немъ принесу дань признательности мѣсту моего воспитанія. 9-го іюня принялся я за работу. Опасная болѣзнь оставила его, и я читалъ ему, постепенно, написанное мною, поправлялъ, дополнялъ торопливый свой трудъ по замѣчаніямъ и новымъ разсказамъ его, предлагалъ ему нѣкоторые вопросы о томъ и другомъ — и на всё получалъ ясные отвѣты. Между тѣмъ я собралъ нѣкоторыя черты изъ его жизни, службы и трудовъ: эту статейку оставляю безъ всякой перемѣны — въ память того, что онъ самъ прослушалъ ее за два дни до своей смерти и дополнилъ свѣдѣніемъ о своемъ отцѣ, котораго кіевскій митрополитъ Самуилъ наименовалъ *почетнымъ* протоіереемъ, т. е. независимымъ ни отъ благочиннаго, ни отъ консисторіи, а прямо и непосредственно подчиненнымъ одному митрополиту.

Собственно «Воспоминанія о М. У. Пансіонѣ» я долженъ былъ нѣсколько измѣнить: въ нихъ говорилось еще о покойномъ Антонѣ Антоновичѣ, какъ о живомъ; теперь *настоящее* обратилось уже въ *прошедшее*.

Къ «Воспоминаніямъ» присоединены отдѣльныя приложенія: 1) Нѣкоторыя свѣдѣнія о службѣ и трудахъ Антонскаго, которыя были помѣщены въ № 84 Московскихъ Вѣдомостей 1848 года, 13-го іюля; 2) Слово, произнесенное, при погребеніи усопшаго старца, проповѣдникомъ Митрофаномъ; 3) Нѣсколько словъ о нѣкоторыхъ изъ умершихъ воспитанниковъ М. У. Б. Пансіона и объ А. Ѳ. Мерзляковѣ; 4) Законы литературнаго въ Пансіонѣ собранія; 5) Списокъ воспитанниковъ, которыхъ имена золотыми буквами были выставлены на доскѣ въ залѣ торжественныхъ актовъ. Этимъ *золотымъ* спискомъ я обязанъ директору Московскаго дворянскаго института, А. И. Чивилеву; 6) Торжественный актъ въ М. У. Б. Пансіонѣ, — историческое представленіе. — Увлеченный любовію къ мѣсту воспитанія и незабвенному воспитателю столькихъ, обязанныхъ ему образованіемъ, лицъ, я прежде еще драматизировалъ одинъ изъ давнихъ актовъ, чтобы показать въ живомъ дѣйствіи все въ нихъ назидательное: и любовь къ просвѣщенію, и благоговѣніе къ памяти ревнителей его: Шувалова, Мелиссино, Хераскова, и духъ того времени, и благородство чувствъ, и чистоту нравовъ, и всеобщее сочувствіе къ Б. Пансіону, и пламенную признательность дѣтей къ попечительнымъ о благѣ ихъ наставникамъ...

«Путеводная звѣзда —

Ваши намъ уроки!...

Милый пѣстунъ! мысль о немъ —

XI

Наша сила: .окуемъ

Страсти и пороки!...»

Эти стихи въ концѣ драматизированнаго акта, худы ли, хороши ли они, изъ глубины души моей сказались въ честь путеводителю нашей юности.

6-го декабря 1846 г. онъ подарилъ мнѣ, въ именины мои, свой портретъ, писанный водяными красками. Вотъ записка, при которой онъ прислалъ мнѣ его:

«По желанію в. п. съ удовольствіемъ посылаю свой обликъ. Онъ уже, отъ старости и дряхлости, не наряденъ, но съ душею, исполненной къ вамъ любви и уваженія.

Душевно преданный

А. *Антонскій*.»

6-го дек.
1846 г.

«Который же вамъ годъ?» спросилъ я его на другой день.—«Да считаютъ 86, или 7 лѣтъ— ужь не помню. Да и за чѣмъ это знать?..»—Онъ не любилъ говорить о своихъ лѣтахъ. Только въ послѣднее наше свиданіе, за два дня до своей смерти, къ чему-то сказалъ: «Вотъ все хотѣли-то праздновать мой юбилей—вотъ дождитесь-то 90 лѣтъ — тогда и празднуйте!..» Стало быть, ему или ужь было, или бы скоро минуло 90 лѣтъ.

Приведу и свой отвѣтъ на его записку, какъ выраженіе чувствъ всѣхъ, ему благодарныхъ воспитанниковъ Б. Пансіона:

«Не съумѣю выразить всѣхъ чувствъ радости и благодарности за драгоцѣнный подарокъ в. п. Но вы поймете ихъ, или разгадаете, по неизмѣннымъ чувствамъ любви и почтенія къ вамъ вашего не лучшаго воспитанника. Вашъ портретъ останется навсегда отраднымъ для меня свидѣтельствомъ продолженія той отеческой нѣжности, съ которою—33 года назадъ—вы заботились о моемъ и всѣхъ ввѣренныхъ вамъ образованіи. За то и сыновняя признательность и любовь къ вамъ всѣхъ, бывшихъ подъ вашимъ руководствомъ, со временъ Инзова, перейдетъ къ потомству, какъ одно изъ благороднѣйшихъ преданій сердца въ жизни людей.»

———⋄∘⋄———

ВОСПОМИНАНІЯ

о

МОСКОВСКОМЪ УНИВЕРСИТЕТСКОМЪ

БЛАГОРОДНОМЪ ПАНСІОНѢ

и

РАЗСКАЗЫ О ВОСПИТАННИКАХЪ

УНИВЕРСИТЕТА, ГИМНАЗІЙ, ПАНСІОНА И ДРУЖЕСКАГО ОБЩЕСТВА.

> «Любы долготерпитъ, милосердствуетъ: любы не завидитъ: любы
> «не превозносится, не гордится, не безчинствуетъ, не ищетъ своихъ
> «си, не раздражается, не мыслитъ зла, не радуется о неправдѣ,
> «радуется же о истинѣ: вся любитъ, всему вѣру емлетъ, вся упо-
> «ваетъ, вся терпитъ».
> 1-е *Посланіе А. Павла къ Коринѳ.* гл. XIII.

Любовью рожденъ, любовью взлелѣянъ, любовью напоенъ этотъ разсадникъ столькихъ служителей отечества на всѣхъ поприщахъ науки и чести: любовь матушки-царицы къ просвѣщенію создала его, любовь родительская къ дѣтямъ населила его, любовь къ отчизнѣ попечителей юношества руководила его питомцевъ и наставниковъ

Когда, въ 1755 году, въ день св. мученицы Татіаны, 12-го января, по предположеніямъ ревнителя просвѣщенія, русскаго *Мецената*, знаменитаго въ лѣтописяхъ науки Шувалова, императрица Елисавета изъявила соизволеніе на учрежденіе Московскаго Университета, этого *свѣтилища наукъ*, какъ говорилось тогда и до тридцатыхъ еще годовъ XIX столѣтія въ его торжественныхъ собраніяхъ,—Петрова Русь смутно еще понимала уроки своего преобразователя; немного еще было въ ней образованныхъ людей по новымъ требованіямъ времени: Ломоносовъ, Сумароковъ, Шуваловъ, Мелиссино, Херасковъ, нѣсколько извѣстныхъ лицъ изъ ученыхъ и проповѣдниковъ, изъ полководцевъ и государственныхъ сановниковъ—отъ Великаго Петра и до Екатерины Великой — были счастливыми исключеніями, прекрасными зародышами прекраснаго будущаго, свѣтлыми звѣздами на темномъ небѣ передъ утренней зарею; большинство народа всѣхъ сословій, кромѣ духовнаго, упорствовало еще въ старинныхъ начаткахъ ученья, придерживаясь домашняго, по лѣнивой привычкѣ, воспитанья при посредствѣ приходскихъ священниковъ или дьячковъ, иногда наемныхъ учителей изъ Нѣмцовъ и другихъ иностранцевъ — учителей-самозванцевъ, рѣдко изъ русскихъ семинаристовъ. Отцы и матери неохотно отпускали нѣжно-балованныхъ дѣтокъ своихъ *на чужбину*: изъ роднаго города или наслѣдственной деревни въ столицы, на чужія руки. Да и немного было въ нихъ учебныхъ заведеній: въ *Петербургѣ*—Академія наукъ и два кадетскихъ корпуса: «Сухопутный шляхетной» и «Морской,» въ началѣ названный Морскою академіей, которая образовалась изъ *Навигаторской школы*, устроенной Петромъ Великимъ на Сухаревой башнѣ; въ *Москвѣ* — домашняя гимназія Глюка, прослывшаго, но едвали бывшаго воспитателемъ императрицы Екатерины I, частныя для дѣтей училища, напримѣръ: пансіонъ Литкена въ Нѣмецкой слободѣ, да ариѳметическія и геометрическія школы при Адмиралтейской конторѣ, переведенной изъ Кремля на Сухареву башню.

Въ запискахъ «артиллеріи маіора М. В. Данилова,» изданныхъ П. М Строевымъ въ 1842 году, упоминается объ артиллерійскихъ школахъ въ Москвѣ и Петербургѣ. Но это были, вѣроятно, пріуготовительныя школы при полкахъ, какъ можно судить изъ словъ Данилова: «По «вступленіи моемъ въ школу (въ 1737 г.) учился я вмѣстѣ съ братомъ; жили мы у свойственника «своего Милославскаго, котораго дворъ былъ близь Каменнаго моста (недавно съ величайшими «усиліями и пожертвованіями, къ прискорбію археологовъ, сломаннаго) Мы хаживали съ братомъ «на полковой артиллерійской дворъ, близъ Сухаревой башни.» — Гдѣ была Артиллерійская школа въ Петербургѣ, Даниловъ не упомянулъ; а вотъ что онъ сказалъ, при переводѣ его изъ Москвы… «Опредѣленъ я прямо въ первый классъ въ Чертежную школу. Въ оной тогда было «три класса; въ каждомъ положено по 10-ти учениковъ изъ дворянъ и офицерскихъ дѣтей; жа-«лованье было опредѣлено: въ 3-мъ классѣ по 12, во 2-мъ по 18, въ 1-мъ по 24 р. «въ годъ; да въ тойже школѣ было на казенномъ содержаніи изъ пушкарскихъ дѣтей, кото-«рые въ школѣ и жили, 60 человѣкъ. Изъ чертежныхъ учениковъ выпускали въ артиллерій-«скую службу, изъ коихъ нынѣ въ генералъ-поручикахъ и генералъ-маіорахъ, а нѣкоторые и «кавалеры есть; а изъ пушкарскихъ дѣтей выпускали въ мастеровые, въ писари полковые и «канцелярскіе.» Далѣе Даниловъ говоритъ: «Надъ оною школою былъ директоръ капитанъ Гин-«теръ, человѣкъ прилежный, тихій и въ тогдашнее время первый знаніемъ своимъ, который всю «артиллерію привелъ въ хорошую препорцію… Фельдцехмейстеромъ былъ князь Гессенгомбург-«скій.» При выпускѣ изъ школы въ 1743, Даниловъ «командированъ былъ на заводы Сестербекъ «для рисованія вензелей и литеръ на тесакахъ, которые готовились для корпуса лейбъ-компа-«ніи.» По возвращеніи жъ его «съ Сестербека, взятъ былъ въ Герольдію, для рисованья дворян-«скихъ гербовъ на лейбъ-компанцевъ….»

Въ IV тетради «Русской Старины» 1848 г., изданія Мартынова, И. М. Снегиревъ, при описаніи рисунка Сухаревой башни, привелъ много любопытныхъ свѣдѣній для любителей историческихъ и народныхъ преданій.—*Памятникъ* вѣрности Царскому Дому Л. П. Сухарева и его (2-го стрѣлецкаго) полка во время крамолы стрѣльцовъ, изступленія раскольниковъ и козней царевны Софіи; *колыбель* математическихъ у насъ наукъ, астрономическихъ обсерваторій, химическихъ лабораторій, морскаго флота; *арена* битвы на шпагахъ и сабляхъ (фехтованія) и искусства сценическаго; *источникъ* толковъ и гаданій въ простонародьѣ о чернокнижіи, о тарабарской грамотѣ, о живой и мертвой водѣ; *пріютъ* царскихъ думъ и совѣщаній Петра съ любимцами своими (*Нептуновское общество*, которое, вѣроятно, имѣло цѣлью своихъ занятій—созданіе военнаго и купеческаго флота, мореплаваніе и торговлю),—Сухарева башня—*невѣста Ивана великаго и сестра Меншиковой башни* (такъ говорили встарь краснобаи-шутники въ народѣ) и нынѣ имѣетъ важное значеніе, какъ неисчерпаемое водохранилище, снабжающее необъятную Москву мытищенской водою. Словно по предчувствію и этого новаго ея значенія, Петръ назвалъ общество, собиравшееся въ ней, *Нептуновскимъ*. Вотъ имена его членовъ: Лефортъ (предсѣдатель), Ѳеофанъ Прокоповичъ (ораторъ), гр. Ѳ. М. Апраксинъ—первый генералъ-адмиралъ, Брюсъ—издатель столѣтняго календаря, кн. А. М. Черкасскій, кн. М. М. Голицынъ, кн. А. Д. Меншиковъ, гр. Б. П. Шереметевъ (фельдмаршалъ), Фархварсонъ (не Фергюсонъ ли?). Вѣроятно были и еще многіе члены изъ любимцевъ и сподвижниковъ Петра, напримѣръ: Сенявинъ, Головинъ, Л. Ѳ. Магницкій—издатель первой ариѳметики на русскомъ языкѣ, и другіе.

Главное въ то время убѣжище наукъ было предпочтительно въ духовныхъ училищахъ: кіевская и московская академіи, семинаріи въ нѣсколькихъ епархіяхъ и харьковскій коллегіумъ разливали свѣтъ просвѣщенія на всю Россію. Такъ и должно быть въ государствѣ, которому купель крещенія была колыбелью образованія. Духовенство опередило у насъ всѣ сословія на поприщѣ науки, какъ опережаетъ учитель ученика: оно, въ древности, воспитало народъ устною проповѣдью и примѣрами духовныхъ подвиговъ благочестія; оно, со временъ св. Владиміра, назидало великихъ и удѣльныхъ князей и служило отечеству во всѣ годины словомъ и дѣломъ; оно посѣяло, развило и упрочило всѣ христіанскія добродѣтели въ русскомъ человѣкѣ: дѣтскую покорность Провидѣнію, безусловную преданность помазанникамъ, послушаніе властямъ, благотворительность къ нищей братіи о Христѣ, трудолюбіе, кротость, терпѣніе, забвеніе зла, самопожертвованіе во благо ближняго при войнахъ, заразахъ, голодѣ, пожарахъ и всякихъ общественныхъ бѣдствіяхъ. Таковъ русскій человѣкъ искони,—таковъ онъ будетъ до конца! Его нравы, его разумъ, его силы духовныя—въ *книгѣ-жизни*, въ Евангеліи. Изъ нея онъ почерпнулъ все свое хорошее,—и православная церковь, какъ заботливая мать, блюдетъ его своими молитвами.

Университетъ былъ открытъ въ старинномъ домѣ, гдѣ, при царѣ Ѳеодорѣ Алексѣевичѣ, помѣщалась дворцовая аптека, а при Петрѣ *исторія* (osteria) въ родѣ теперешнихъ кофейныхъ и кондиторскихъ залъ; нынче же въ немъ судитъ и рядитъ магистратъ. Настоящія зданія *стараго*, какъ привыкли въ Москвѣ говорить, Университета, на углу моховой и никитской, куплены уже въ 1785 и перестроены архитекторомъ Баженовымъ; а строенія *новаго* пріобрѣтены еще позже. Домовая, въ два свѣта, съ хорами, церковь въ старомъ зданіи, во имя св. мученицы Татіаны (какъ бы въ память и соименныхъ ей матерей Шувалова и Платона, митрополита московскаго), освящена послѣднимъ 5-го апрѣля 1791 г. Она занимала двѣ угловыя горницы въ лѣвомъ выступѣ дома, соединенныя аркой и проходившія вверхъ сквозь 3-й и 4-й ярусы (Приложеніе 1). Настоящая церковь (на никитскую) освящена около полустолѣтія отъ сооруженія первой—высокодостойнымъ наслѣдникомъ жезла святыхъ митрополитовъ московскихъ и патріарховъ россійскихъ 12-го сентября 1837 г. Глубоко-назидательное слово учителя духовнаго къ учителямъ и ученикамъ Университета останется памятникомъ этого дня (Слова и Рѣчи Филарета, митрополита московскаго, 1845 г. часть II, стр. 245).

Вначалѣ, когда Университетъ былъ у воскресенскихъ воротъ въ Китай-городѣ, воспитанники слушали божественную службу въ Казанскомъ соборѣ; а когда ихъ перевели въ домъ кн. Рѣпнина (на углу моховой и никитской), къ Университету была приписана ц. Успенія Божіей Матери (по придѣлу: и св. Діонисія Ареопагита), съ упраздненіемъ которой церковь св. Георгія Побѣдоносца на Красной горкѣ стала его приходскою церковію.—Замѣчательно, что первымъ настоятелемъ домоваго университескаго храма былъ родной братъ столь извѣстнаго въ лѣтописяхъ Университета Антона Антоновича Прокоповича-Антонскаго, іеромонахъ Викторъ, до того учитель въ Кіевской академіи, а впослѣдствіи архимандритъ Донскаго монастыря.

Илья Ѳедорокичь Тимковскій, отзываясь о немъ съ любовію, между прочимъ говоритъ: «Онъ «былъ отлично замѣтенъ и уважаемъ; ученія сильнаго, остроуменъ и красноречивъ, крѣпкаго «здоровья и благовиденъ. Онъ и Принеій въ бытность императрицы Екатерины въ Кіевѣ 1787 «года, съ января по май, говорили передъ нею проповѣди.» Отъ братьевъ своихъ Михаила и Ивана Антоновичей «получалъ онъ (изъ Москвы) издаваемыя новости и завелъ у себя маленькое собраніе въ воскресные дни по утрамъ для чтенія.» Собраніе это состояло «изъ четырехъ подростковъ.—«Рано мы сходились къ нему въ братскую обитель, пили чай и по-очередно читали то «лучшія статьи періодическихъ изданій, листами при Московскихъ Бѣдомостяхъ, то переводы «Фенелонова Телемака, Мармонтелевыхъ Инковъ (пер. М. В. Сушковой, моей матери, сестры А. В. Храповицкаго, бабушки поэтовъ гр. Е. П. Ростопчиной и ея брата Д. П. Сушкова) и «другое, гдѣ онъ вмѣшивалъ свои замѣчанія.»

Замѣчательно также, что и всѣ почти служители этой (сгорѣвшей въ 1812 г.) церкви удостоились высшихъ назначеній. Такъ іеродіаконъ Софроній (Грибовскій) былъ архимандритомъ при пекинской миссіи, іеродіаконъ Макарій поступилъ въ Николо-Песношскій монастырь; причетники: Алексѣй Петровъ Нагибинъ былъ священникомъ новоблагословенной единовѣрческой церкви «Введенія Божіей Матери,» а потомъ (подъ именемъ Сергія) архимандритомъ Воскресенскаго монастыря (Новый Іерусалимъ); Степанъ Сергѣевъ—іереемъ при ц. св. мучениковъ Бориса и Глѣба (на поварской); Иванъ Степановъ — сельскимъ священникомъ въ Знаменскомъ (Дубровицахъ), имѣніи гр. М. А. Дмитріева-Мамонова.

Хотя «комплектъ 50 казеннокоштныхъ (какъ сказано въ исторіи Московскаго Университета) былъ ужъ весь замѣщенъ еще въ 1755,» т. е. въ первый же годъ его существованія, не менѣе того, *передъ самымъ открытіемъ* Университета, какъ разсказывалъ мнѣ покойный А. А. П.-Антонскій, едва набралось 10-12 вольныхъ слушателей на всѣ предметы учебнаго преподаванія. Въ числѣ ихъ былъ И. Ѳ. Богдановичъ, авторъ поэмы «Душенька», и Н. Н. Бантышъ-Каменскій, родной племянникъ погибшаго въ 1771 году во время чумы мученика, московскаго архіепископа Амвросія (Зертисъ-Каменскаго), издатель первыхъ свѣдѣній на русскомъ языкѣ объ Уніи (трудъ преосвященнаго Георгія Конисскаго изданъ позже О. М. Бодянскимъ, въ 1846 г., въ Чтеніяхъ Императорскаго Общества Исторіи и Древностей Россійскихъ), сотрудникъ А. Ѳ. Малиновскаго и гр. А. И. Мусина-Пушкина по первому, въ 1800 году, изданію «Слова о полку Игоревѣ» въ подлинникѣ, съ переводомъ и примѣчаніями, издатель многихъ учебныхъ и богословскихъ книгъ, безкорыстный вкладчикъ любопытныхъ и полезныхъ матеріаловъ въ «Древнюю Россiйскую Вивлiоѳику»—Н. И. Новикова, въ «Географическiй словарь Россiйскаго государства»—Щекатова и Максимовича, въ изданiя Голикова, Туманскаго и другихъ. Просвѣщенный и пламенный труженикъ, по разработыванiю нашихъ политическихъ, дипломатическихъ, историческихъ источниковъ, Н. Н. Б.-Каменскiй, извлекъ изъ дѣлъ архива коллегiи иностранныхъ дѣлъ безцѣнныя свѣдѣнiя о сношенiяхъ Россiи почти съ цѣлымъ мiромъ, о Россiйской iерархiи, о церемонiалахъ при избранiи, вѣнчанiи на царство, крещенiи, бракосочетанiи и т. д. лицъ Царственнаго Дома, о Новгородскихъ и другихъ грамотахъ, о намѣстничествахъ, о самозванцахъ, о царевнѣ Софiи, объ Императорскомъ титулѣ, о кн. Меншиковѣ, о караванахъ въ Китай, о Братскихъ въ Сибири Калмыкахъ и т. д. («Жизнь Бантыша-Каменскаго» — соч. сына его Д. Н. Б.—Каменскаго, «Словарь Евгенiя, митрополита кiевскаго,» Очеркъ литературы Русской «исторiи до Карамзина» А. В. Старчевскаго, стр. 203—205 и 208—217).

Чтобы привлечь и подготовить учениковъ, Шуваловъ учредилъ при Университетѣ двѣ приуготовительныя гимназiи: одну—для дворянъ, другую—для разночинцевъ, которыя и были торжественно открыты въ одно время съ Университетомъ—26-го апрѣля 1755 г.

Дворяне и не-дворяне, относительно помѣщенiя, содержанiя и надзора, были отдѣлены одни отъ другихъ, но по ученiю они были въ общихъ для обѣихъ гимназiй классахъ нераздѣльно. Въ 1779 году, въ одно почти время съ учрежденiемъ «Педагогической семинарiи» при разночинской гимназiи, поэтъ Херасковъ, одинъ изъ трехъ кураторовъ Университета (Шувалова и Мелиссино тогда не было въ Москвѣ) открылъ особые для воспитанниковъ дворянскаго происхожденiя классы; а въ 1783 году, 31-го марта, онъ вывелъ ихъ изъ университетскаго зданiя (уже на углу моховой и никитской) въ купленное, по смежности съ его дворомъ, строенiе. Оно занято нынѣ анатомическимъ театромъ.

Такъ положено основанiе Московскому Благородному Пансiону. Главнымъ надзирателемъ тогда былъ въ немъ Григорiй Прохоровичъ Крупениковъ. Помощниками его были: маiоръ Пальмъ и профессоръ Панкевичъ. Инспекторами же—то Геймъ, то Страховъ.

Впослѣдствiи кураторъ Мелиссино призналъ полезнымъ совершенно отдѣлить это закрытое учебное заведенiе отъ Университета. Домъ межевой канцелярiи, прежде фельдмаршала князя Трубецкаго, былъ назначенъ въ продажу. По оцѣнкѣ, его можно было прiобрѣсти за 6000 р. Дешевле и удобнѣе помѣщенiя для Пансiона нельзя было и желать: находясь въ лучшей части и почти въ самой серединѣ города — если только можно найти середину въ необозримой и многоугольной Москвѣ—на тверской, въ приходѣ Успенiя на овражкѣ, между переулками-улицами: долгоруковскимъ и вражскимъ, этотъ домъ соединялъ въ себѣ всѣ выгоды по своему мѣстоположенiю и по своей вмѣстительности. Вражскiй переулокъ стали называть въ народѣ газетнымъ съ той поры, какъ переведена была въ этотъ домъ университетская типографiя, въ которой печатались Московскiя Вѣдомости или газеты. Въ ней-то и извѣстный двигатель и проводникъ просвѣщенiя, Новиковъ, печаталъ всѣ свои изданiя разныхъ книгъ и журналовъ. Нѣсколько лѣтъ онъ содержалъ ее на откупѣ и сперва помѣщалъ въ своемъ (между церковiю Гребенскiя Божiей Матери и никольскими воротами) домѣ, котораго и слѣды изчезли подъ никольскою площадью (нынѣ лубянская), потомъ въ домѣ Лазарева, гдѣ теперь институтъ восточныхъ языковъ, напослѣдокъ въ домѣ Генрикова, на томъ мѣстѣ, гдѣ нынче спасскiя казармы. Позже типографiя перешла въ содержаніе Свѣтушкина, потомъ Окорокова, потомъ Ридигера и Клавдія, потомъ Люби, Гарія и Попова. Наконецъ она оставлена въ непосредственномъ распоряженіи Университета и переведена въ собственный, понынѣ занимаемый ею, домъ на углу Большой Дмитровки противъ страстнаго бульвара.—8-го марта 1856 г. ей минуло сто лѣтъ. Тогда же (въ апрѣлѣ 1756 г.) открыта и университетская книжная при книгопечатнѣ лавка. Сколько юбилеевъ можно было бы праздновать въ 1855—1856! Университетъ, гимназіи, типографія, книжная лавка, Московскія Вѣдомости, первая русская граматика (Ломоносова)—все это возникло почти въ одно благословенное и вѣчно-незабвенное время. Любопытны теперь Московскія Вѣдомости первыхъ годовъ. Желательно, чтобы нынѣшній редакторъ ихъ, В. Ѳ. Коршъ, продолжалъ перемѣщеніе по временамъ свѣдѣній *изъ старыхъ въ новыя*.

А. А. Прокоповичъ-Антонскій, занимавшій въ Университетѣ каѳедру профессора энциклопедіи и натуральной исторіи, которую онъ первый сталъ преподавать на русскомъ языкѣ, принадлежалъ уже къ У. Б. Пансіону, обучая въ немъ съ 1787 года естественной исторіи. Онъ то обратилъ на домъ межевой канцеляріи вниманіе куратора Мелиссино, при которомъ служилъ (въ 1788 г.) секретаремъ, и который имѣлъ къ нему неограниченное довѣріе. По представленію главнаго начальника въ Москвѣ, П. Д. Еропкина, къ которому обратился Мелиссино, и при которомъ братъ Антона Антоновича, Михаилъ Антоновичъ, былъ тогда секретаремъ, Екатерина II *подарила*, какъ говорилъ Антонскій, этотъ *домъ Пансіону*. Съ перемѣщеніемъ въ него воспитанниковъ, въ 1791 году, онъ назначенъ инспекторомъ Пансіона, потомъ переименованъ главнымъ смотрителемъ и, наконецъ, директоромъ. Помощниками его были вначалѣ Русановскій и баронъ Девильдье, потомъ баронъ Швенфельденъ, позже Давыдовъ, въ званіи инспектора. Въ послѣдствіи: при Курбатовѣ—Павловъ, при Старынкевичѣ—Запольскій, при Унковскомъ—Ржевскій. Крупениковъ былъ оставленъ экономомъ и вмѣстѣ съ тѣмъ начальникомъ малолѣтнаго отдѣленія, или, такъ называемаго, *сторублеваго* Пансіона (гимназіи) въ прежнемъ университетскомъ строеніи. Профессоръ Михаилъ Матвѣевичъ Снегиревъ былъ его помощникомъ. Такъ почтенный Крупениковъ доживалъ свой вѣкъ съ дѣтьми, отъ которыхъ не хотѣлъ совсѣмъ отдалиться. Съ кончиною его этотъ маленькій Пансіонъ закрытъ. Воспитанники частью поступили въ Б. Пансіонъ къ Антонскому, частью вошли въ службу, частью перешли въ Университетъ.

Сколько высоко-замѣчательныхъ лицъ получило начальное образованіе и въ этихъ гимназіяхъ: разночинской, дворянской, *сторублевой*, академической, какъ стали называть первую, по открытіи Университетскаго Благороднаго (въ началѣ вольнаго) Пансіона, и въ этихъ пансіонахъ и наконецъ въ педагогической или учительской и филологической или переводческой семинаріяхъ! Послѣдняя учреждена была Дружескимъ обществомъ. О немъ скажется ниже. Число воспитанниковъ доходило въ академической гимназіи до 300. Вотъ нѣсколько изъ извѣстнѣйшихъ гимназистовъ:

М. Н. Муравьевъ — попечитель Университета, писатель, наставникъ императора Александра I-го, покровитель Карамзина, которому онъ исходатайствовалъ званіе исторіографа и открылъ доступъ къ источникамъ для совершенія его труда.

Я. И. Булгаковъ—посланникъ, претерпѣвшій въ 1787 году заточеніе въ Константинополѣ: онъ былъ заключенъ въ семибашенномъ замкѣ. Позже Яковъ Ивановичъ былъ посланникомъ въ Варшавѣ. Заслуженный дипломатъ занимался и литературой: кромѣ поэмы Аріоста «Влюбленный Роландъ» онъ перевелъ и два огромныхъ сочиненія: «Всемірный путешествователь» — въ 27 томахъ и «Образованіе древнихъ народовъ»—въ 4 частяхъ.

И. П. Тургеневъ—руководитель Карамзина, отвлекшій его отъ пустоты свѣтской (въ Симбирскѣ) жизни, филантропъ, мистикъ и масонъ.

Г. П. Крупениковъ—первый главный надзиратель и экономъ вольнаго, позже Университетскаго, Благороднаго Пансіона.

И. Е. Старовъ—зодчій, извѣстный между прочимъ построеніемъ Таврическаго дворца въ Петербургѣ, соборной церкви въ Александровской лаврѣ и т. д.

В. И. Баженовъ—также знаменитый архитекторъ. Онъ составилъ, по мысли Императрицы Екатерины II, проэктъ, чертежи, сметы и т. д. для задуманнаго-было Государынею кремлевскаго дворца, модель котораго сберегается въ Московской оружейной палатѣ. По его предположеніямъ воздвигнутъ, съ нѣкоторыми измѣненіями, Казанскій въ Петербургѣ соборъ, имъ сооружены Гатчинскій и Павловскій дворцы. — Зодчій и живописецъ, онъ, какъ въ наше время художникъ Н. А. Рамазановъ (сынъ сценическаго артиста Рамазанова), владѣлъ не только циркулемъ и кистью, но и перомъ; имъ переведена *Витрувіева архитектура* съ французскаго перевода Кино. Академикъ С.-Петербургской академіи художествъ, онъ былъ членомъ Булонской и Флорентійской академій. И Старовъ и Баженовъ кончили образованіе свое въ академіи художествъ, которая и учреждена была, по ходатайству И. И. Шувалова, для открытія способовъ къ артистическому воспитанію тѣхъ изъ учениковъ и студентовъ Университета и гимназій его, которые готовили себя въ художники. Академія съ учрежденія своего (6-го Ноября 1757) состояла въ вѣдѣніи Шувалова по 1763 годъ. Онъ постоянно оказывалъ покровительство свое воспитанникамъ ея. Кромѣ зодчихъ Старова и Баженова, изъ нея вышли живописцы и ваятели: Шубинъ, Стародумовъ, Лосенковъ, Рокотовъ, Самотоцкій и другіе. Принадлежали ли послѣдніе къ числу воспитанниковъ, поступившихъ въ академію изъ Университета, не знаю («Біографія И. И. Шувалова» — соч. П. И. Бартенева).

П. И. Фонъ-Визинъ—директоръ Университета и потомъ сенаторъ.

Д. И. Фонъ-Визинъ (братъ П. И.)—авторъ комедій «Недоросль» и «Бригадиръ», «Посланія къ слугамъ моимъ: Шумилову, Ванькѣ и Петрушкѣ,» «Всеобщей придворной граматики», «Опыта Россійскаго Сословника,» «Вопросовъ,» на которые отвѣчала Императрица Екатерина II въ «Собесѣдникѣ любителей русскаго слова» и т. д.

В. Г. Рубанъ — переводчикъ Омировой «Ватрахоміомахіи» (война мышей съ лягушками) «Путешествія Мартына Баумгартена въ Египетъ, Аравію, Палестину и Сирію» и кой-чего изъ Виргилія и Овидія. Василій Григорьевичъ извѣстенъ и какъ издатель многихъ книгъ, напримѣръ: «Краткая лѣтопись Малыя Россіи съ 1506 по 1776», «Землеописаніе Малыя Россіи», «Краткія, географическія, политическія и историческія извѣстія о Малой Россіи», «Походы боярина и воеводы большаго полка А. С. Шеина къ Азову» и проч. «Описаніе Москвы», «Всеобщій гонецъ и путеуказатель или повсемѣстный россійскій и повсюдный европейскій дорожникъ», Старина и новизна» (сочиненія и переводы въ стихахъ и въ прозѣ), *журналы*: «Трудолюбивый муравей» «Ни то, ни сё—*ежесубботное изданіе*» и т. д.

К. И. Габлицъ—товарищъ министра удѣловъ и одинъ изъ ученыхъ спутниковъ Гмелина (племянника; Гмелинъ дядя принадлежалъ къ камчатской экспедиціи 1733 года). Послѣ путешествія Габлица съ Гмелинымъ въ Персію и съ эскадрою графа Войновича по Каспійскому морю, онъ былъ въ Крыму и составилъ *физическое описаніе* Тавриды, по порученію князя Потемкина.

Б. М. Салтыковъ—сочинитель двухъ книгъ: «Совѣтъ родителямъ, учителямъ и студентамъ педагогическихъ институтовъ» и «Доказательство, что умъ безъ разума бѣда и проч.»—былъ посредникомъ Шувалова и Вольтера: черезъ него первый доставлялъ послѣднему матеріалы для исторіи Петра Великаго. Борисъ Михайловичъ, до открытія гимназій, учился въ пансіонѣ лютеранскаго пастора Литкена.

Н. И. Новиковъ — неутомимый издатель книгъ и жертва безпредѣльной страсти къ просвѣщенію: увлекаясь не рѣдко новостью мысли, мудрованія, направленія въ чужихъ краяхъ, онъ не всегда былъ довольно остороженъ въ выборѣ переводимыхъ подъ его руководствомъ сочиненій; императрица Екатерина II наконецъ усомнилась въ немъ и поручила московскому митрополиту Платону разсмотрѣть его изданія. Платонъ, отдавая полную справедливость нравственнымъ и религіознымъ убѣжденіямъ любознательнаго Новикова и общеполезности большею частью изданій его, призналъ однако нѣсколько изъ напечатанныхъ имъ книгъ вредными или *непонятными* (Приложеніе II)—**и Новиковъ былъ удаленъ изъ Москвы въ Шлюссельбургъ.—Императоръ Павелъ I-й возвратилъ его изъ заточенія.** Новиковъ содержался въ томъ самомъ помѣщеніи, въ которомъ кончилъ свою печальную жизнь несчастный Іоаннъ VI (Иванъ Антоновичъ), которое новый узникъ видѣлъ прежде, при посѣщеніи имъ Шлюссельбургской крѣпости, и которое произвело на него тогда какое-то необъяснимо тревожное впечатлѣніе, какъ бы смутное предчувствіе того, что съ нимъ случилось въ послѣдствіи. — Такъ говоритъ преданіе объ этой полосѣ его жизни.

Г. А. Потемкинъ—князь Таврическій. Забавно теперь свѣдѣніе, что *свѣтлѣйшій* Потемкинъ и *просвѣщеннѣйшій* Новиковъ были выключены изъ гимназіи за *лѣность и нехожденіе въ классы* (Реэстръ 70 исключеннымъ воспитанникамъ при № 34 Московскихъ Вѣдомостей 1760 г.).—Кстати приведу *устное*, какъ сказано въ исторіи И. М. У., преданіе о разговорѣ Потемкина, уже князя Таврическаго, съ профессоромъ Барсовымъ.—*Потемкинъ*: помните ли, Антонъ Алексѣевичъ, какъ вы было выключили меня изъ Университета? *Барсовъ*: Ваша Свѣтлость тогда сего заслуживали.—Князь Григорій Александровичъ поступилъ въ гимназію въ одно время съ Б. М. Салтыковымъ, Д. Л. Бабарыкинымъ, Талызинымъ, Безобразовымъ и многими изъ товарищей своихъ по пансіону Литкена. Бабарыкинъ, Салтыковъ и Безобразовъ были первыми студентами въ новорожденномъ Университетѣ.

П. В. Лопухинъ—свѣтлѣйшій князь и государственный сановникъ.

Графъ А. И. Марковъ—гордый предъ Наполеономъ посолъ!... Храня чувство собственнаго достоинства и важность своего сана, гр. Марковъ заботливо радѣлъ объ удержаніи на должной высотѣ своего значенія при дворѣ надменнаго властелина полуміра. Онъ взвѣшивалъ каждое свое слово, разсчитывалъ каждый свой шагъ въ Парижѣ.—Наполеонъ, при встрѣчѣ съ людьми, которыхъ хотѣлъ, или долженъ былъ замѣтить, не прикладывалъ руку къ шляпѣ ладонью вверхъ, что значитъ у воиновъ поклонъ. Для Парижанъ конечно было бы довольно и того, еслибъ онъ мелькомъ кивнулъ имъ головой. Но онъ кланялся по своему, не кивалъ головой внизъ, а гордо вскидывалъ голову вверхъ. Графъ Марковъ—одинъ въ цѣлой Европѣ—отвѣчалъ ему на его спѣсивый поклонъ также вскидывая голову, что, разумѣется, въ первый разъ изумило деспота, а потомъ бѣсило его. На сколько правды въ этомъ анекдотѣ, не знаю; а давно и не однажды я слышалъ про это. Впрочемъ нѣкоторыя выходки гр. Аркадія Ивановича, приведенныя въ Словарѣ Д. Н. Б.-Каменскаго, подтверждаютъ возможность и этой отъ него продѣлки: такъ, напримѣръ, онъ называлъ Наполеона «Citoyen Consul» (гражданинъ-консулъ).... на вопросъ консула: какой на графѣ мундиръ? онъ отвѣчалъ: un uniforme de fantaisie (вымышленный), какъ и вашъ.... Наполеонъ однажды, при пріемѣ министровъ, *не тотчасъ* обратилъ вниманіе на представителя Россіи—и Марковъ, повернувшись къ нему спиной, *тотчасъ* уѣхалъ изъ дворца.... Когда спѣсивецъ, досадуя на Аркадія Ивановича за его самостоятельность, не приглашалъ графа на балъ, онъ на другой же день устроивалъ у себя также балъ и не приглашалъ Наполеона.... Наконецъ, какъ-то послѣ обѣда похвалою дворцовымъ садамъ онъ вызвалъ Наполеона на чистый воздухъ; но только-что сошли они съ крыльца—Марковъ поклонился и уѣхалъ.... Словно первый консулъ проводилъ его до кареты.

С. Г. Домашневъ—вице-президентъ академіи наукъ

П. И. Аверинъ — сослуживецъ и пріятель гр. М. М. Сперанскаго, любимецъ съ дѣтства и другъ подъ старость А. А. Беклешова. Павелъ Ивановичъ былъ въ близкихъ сношеніяхъ по своей службѣ съ многими изъ дѣятелей въ царствованіе Павла Петровича и Александра Павловича.—Генералъ-прокуроръ Обольяниновъ, напримѣръ, никогда не являлся безъ него къ Государю съ докладами—и отъ Аверина обыкновенно императоръ Павелъ I требовалъ объясненія на всѣ свои вопросы и замѣчанія. Всѣ начальники уважали и высоко цѣнили его: Беклешовъ, Обольяниновъ, Балашовъ, гр. Вязьмитиновъ, Дмитріевъ, А. С. Ланской, гр. Барклай-де-Толли, гр. Канкринъ. Служба Аверина была очень разнообразна: такъ въ продолженіе войнъ нашихъ съ Наполеономъ и позже, онъ былъ и статскимъ и милиціонеромъ (въ 1805 г.) и Краковскимъ областнымъ начальникомъ (въ 1813) и предсѣдателемъ ликвидаціонной коммиссіи въ Франкфуртѣ (въ 1815 г.) и генералъ-провіантмейстеромъ (въ 1820 г.) и генералъ-интендантомъ во время карбонарскаго движенія въ Италіи и наконецъ—начальникомъ губерніи, сперва на Волыни, потомъ въ Бессарабіи. Любопытныя свѣдѣнія можно почерпнуть объ Аверинѣ изъ статьи о немъ племянницы его Н. Авериной (Историческій и Литературный Сборникъ «Раутъ» 1852 г., стр. 8—52).

П. С. Полуденскій — почетный опекунъ московскаго опекунскаго совѣта при воспитательномъ домѣ и сенаторъ.

В. К. Аршеневскій, М. И. Афонинъ, Ѳ. А. Денисовъ, Х. А. Чеботаревъ, М. Г. Гавриловъ, П. Ив. Страховъ—старѣйшіе изъ профессоровъ Университета.—Извѣстный христіанскою терпимостью, посвятившій всю многолѣтнюю жизнь свою нищей братіи, по призванію врачъ души и тѣла, Ѳ. П. Гаазъ, равно-какъ и достойный профессоръ опытной физики (Харьковскаго Университета) Стойковичъ, былъ однимъ изъ усерднѣйшихъ слушателей увлекательныхъ чтеній П. И. Страхова.

П. А. Плавильщиковъ—актеръ и драматургъ.

Ѳ. Г. Политковскій и М. Я. Мудровъ—славные медики.

А. Ѳ. Малиновскій—начальникъ московскаго архива иностранныхъ дѣлъ и писатель. Алексѣй Ѳедоровичъ составилъ, между прочимъ, историко-дипломатическое сочиненіе о Крымѣ, описаніе «мастерской оружейной Палаты», изслѣдованіе о древнихъ сношеніяхъ Россіи съ Гольстинскимъ Герцогствомъ, описаніе Москвы (трудъ не конченый). Кромѣ этого онъ собиралъ біографическія свѣдѣнія о героѣ 1612 года, Кн. Д. М. Пожарскомъ, написалъ театральную піэсу «Старинныя святки», нисколько не устарѣвшія, и перевелъ двѣ, въ числѣ прочихъ, драмы изъ лучшихъ произведеній Коцебу: «Ненависть къ людямъ и раскаяніе» и «Бѣдность и благородство души.»

Н. Н. Сандуновъ—законовѣдецъ, писатель, твердый, строгой честности, оберъ-секретарь II. сената и краснорѣчивый профессоръ. Николай Николаевичъ—братъ извѣстнаго актера и писателя, Силы Николаевича Сандунова. Въ запискахъ А. В. Храповицкаго и А. М. Грибовскаго упомянуто о романическомъ отрывкѣ изъ жизни послѣдняго: любовь, соперники, препятствія, хитрости, заступленіе за несчастную чету Матушки-Царицы, свадьба въ малой дворцовой церкви, подарокъ *Лизанькѣ* Урановой отъ императрицы.—Я воспользовался этими данными въ драматической піэсѣ, которая еще подъ спудомъ.

А Ѳ. Мерзляковъ—поэтъ, критикъ, классикъ и любитель древней литературы Грековъ и Римлянъ. Дальше о немъ отдѣльно и подробно говорится.

А. Х. Чеботаревъ—докторъ этико-политическихъ и физико-математическихъ наукъ.

Сандуновъ, Мерзляковъ и Чеботаревъ были изъ любимѣйшихъ въ Университетскомъ Пансіонѣ профессоровъ и преподавателей.

Р. Ѳ. Тимковскій—филологъ, любитель древностей, издатель Несторовой лѣтописи по Лаврентьевскому списку, съ разнословіями (варіантами), которая выпущена въ свѣтъ уже по смерти его К. Ѳ. Калайдовичемъ; авторъ соч. о диѳирамбахъ; переводчикъ Оссіана (съ нѣмецкаго), издатель Поученія Луки Жидяты и Федровыхъ басенъ (съ Бурмана на латинскомъ) съ примѣчаніями (на русскомъ) и т. д.

А. В. Болдыревъ—профессоръ восточныхъ языковъ, издатель Арабской и Персидской христоматіи, краткой Арабской граматики и т. д.

Ѳ. Ѳ. Ивановъ—драматическій писатель, стихотворецъ и другъ Мерзлякова. Подробности о немъ дальше, при разсказѣ о Мерзляковѣ.

З. А. Буринскій—даровитый, рано умершій и цѣнимый Мерзляковымъ поэтъ.

Эрастъ и Аггей Абазы.—Одинъ—богачъ, стяжавшій достояніе свое усильными трудами и терпѣніемъ въ началѣ, предпріимчивостью и смѣлыми оборотами въ послѣдствіи; другой—оберъ-прокуроръ П. сената.

П. Ил. Страховъ— сочинитель любопытной статьи объ академической гимназіи и общедоступныхъ статей медицинскихъ, ветеринарныхъ и простонародныхъ, напримѣръ: о русскихъ баняхъ, о леченіи русскихъ людей своими средствами и пріемами, о русскомъ аршинѣ и т. п.

М. С. Бранкевичъ—юмористъ и мистикъ. Между прочимъ онъ написалъ «Духъ Эккартсгаузена», «Астрономическій телескопъ, или всеобщій, астрономическій, физическій, политическій, и экономическій календарь на 336 лѣтъ — стóитъ Брюсова столѣтняго календаря! и «Древній астрологъ» — гадательная книжка въ 9 ч. Въ ней отвѣты на вопросы — русскими пословицами.

Н. В. Гольтяковъ—одинъ изъ бывшихъ учителей въ коммерческомъ училищѣ, переводчикъ переписки несчастной Маріи Стюартъ съ высокомѣрной королевой Елисаветой и сочинитель книги подъ названіемъ «Характеръ Наполеона и проч.».

А. П. Роговъ, Д. П. Тростинъ, Ө. К. Курика, Н. Г. Щеголевъ, И. Ө. Венсовичъ, В. П. Ризенко, Н. А. Бекетовъ, Ө. И. Чумаковъ, П. С. Щепкинъ, М. Я. Маловъ, І. К. Тихановичъ, П. А. Щедритскій, — профессоры, преподаватели, медики.

Князья В. Хованскій, А. и Л. Грузинскіе, В. Касаткинъ-Ростовскій, С. Салаговъ, А. Шихматовъ, К. Энгалычевъ и А. Кантакузинъ—полезные подвижники на поприщѣ военной, морской и гражданской службы отечеству.

И. М. Снегиревъ—старѣйшій въ Россіи археологъ, заслуженный профессоръ, членъ-корреспондентъ Россійской академіи, изыскатель древнихъ памятниковъ зодчества, иконописи и портретной живописи, собиратель русскихъ пословицъ и лубошныхъ картинъ, издатель многихъ учебныхъ, художественныхъ, историческихъ книгъ и просвѣщенный цензоръ въ продолженіи многихъ лѣтъ. Не даромъ же суждено ему было принять св. крещеніе въ одной изъ университетскихъ залъ, примыкавшей къ помѣщенію директора Фонъ-Визина. Теперь нѣтъ въ Москвѣ старше его профессора и цензора ни на службѣ, ни на покоѣ. Такъ и въ обществахъ: «исторіи и древностей россійскихъ» и «любителей россійской словесности» Иванъ Михайловичъ остается старѣйшимъ изъ ихъ членовъ.

И. И. Давыдовъ—предсѣдатель 2-го отдѣленія Императорской академіи наукъ и директоръ главнаго педагогическаго института.

М. П. Погодинъ—академикъ, почетный членъ И. М. Университета, издатель Ураніи, Московскаго Вѣстника, Москвитянина и многихъ полезныхъ книгъ и статей.

Увѣнчаю этотъ списокъ большею частью извѣстныхъ лицъ памятнымъ именемъ *благотворителя* — Василія Шереметева (воспитанникъ вольнаго Благороднаго Пансіона). Если онъ тотъ *Василій Сергѣевичъ Шереметевъ*, который былъ женатъ на *Татьянѣ Ивановнѣ Марченко*, то ему и ей — нѣтъ другаго имени по смыслу всей ихъ жизни. Я засталъ эту почтенную чету уже на склонѣ благословенныхъ лѣтъ. Большая семья—четыре сына и двѣ дочери, безпрерывные въ дому, въ этомъ морѣ любви къ ближнему, приливы и отливы родственниковъ и родственницъ, предпочтительно бѣдныхъ и незнатныхъ; простота семейныхъ отношеній: заботливость родительская о дѣтяхъ и домочадцахъ (такъ называютъ на Руси добрые домовладыки свою прислугу), любовная почтительность дѣтей и домочадцевъ къ отцу-матери, къ барину и барынѣ, нищелюбіе, гостепріимство, подвиги христіанской ревности о несчастныхъ, больныхъ, сирыхъ, вдовыхъ; однимъ словомъ: патріархальный бытъ, патріархальные нравы, патріархальныя добродѣтели въ XIX столѣтіи, въ С-Петербургѣ, въ западной столицѣ восточнаго государства. Шереметевы недовольствовались встрѣчавшимися имъ случаями подать руку помощи ближнему; они искали такихъ случаевъ, развѣдывали: кому-бы пособить въ нуждѣ и горѣ? Приведу одинъ примѣръ ихъ благотворительности. Въ одномъ изъ военно-учебныхъ заведеній (въ 1818 или 1819 году) присуждено было выключить изъ числа его воспитанниковъ «за неспособностію» больнаго кадета Опалева: послѣ продолжительнаго леченія у него свело ноги и обнаружились горбы на груди и на спинѣ. Взять его—было некому. Дальная родственница сироты, П. А. Исаева, могла только плакать о немъ, а пособить не могла: она сама жила въ чужомъ домѣ, гувернанткой при дочеряхъ сенатора Д. И. Резанова. Будучи у Шереметевыхъ, я молвилъ мимоходомъ о жалкомъ состояніи Опалева. Василій Сергѣевичъ знаменательно покачалъ головой и погрозя мнѣ пальцемъ, назвалъ меня вѣтренникомъ, въ томъ смыслѣ: за чѣмъ я тотчасъ же, какъ узналъ о бѣдномъ страдальцѣ, не сказалъ имъ про него! А Татьяна Ивановна такъ даже разбранила меня за жестокосердіе мое, и за то, что въ такомъ важномъ по человѣчеству случаѣ я теряю время въ праздныхъ разсказахъ, тогда-какъ мнѣ должно было немедленно взять кадета изъ корпуса и привезти къ нимъ. На другой же день Опалевъ былъ ужь водворенъ въ семьѣ Шереметевыхъ. Черезъ нѣсколько мѣсяцевъ медики и лейбъ-медики поставили его на ноги, правильнѣе сказать—на костыли. И дочери (Н. В. Обрѣскова и Ю. В. Шереметева) и сыновья заботились о пріемышѣ, какъ-бы о меньшомъ братѣ своемъ. Такъ, Сергѣй В., кавалергардскій ротмистръ, если уже не полковникъ, игралъ съ нимъ по цѣлымъ часамъ въ воланы, для развитія его мышцъ. Поправя его здоровье, Василій Сергѣевичъ и Татьяна Ивановна доставили ему черезъ П. А. Обрѣскова должность по таможенной или карантинной части въ Евпаторіи. Въ 1823 году я видѣлъ сироту Опалева въ Крыму уже чиновникомъ, чуть ли не женатымъ, вполнѣ счастливымъ и благодарнымъ своимъ благодѣтелямъ.

Прекрасно исцѣлить неизцѣлимаго, дать средства нищему къ дѣятельному, безбѣдному существованію, возвратить къ жизни осужденнаго людьми и судьбой на смерть; но еще прекраснѣе вымолить прощеніе убійцѣ своего сына, хотя и невольному—по неизбѣжности подчасъ поединка, и необъяснимо-несчастному—по тайной скорби сердца и чувству раскаянія!

Второй сынъ Шереметевыхъ Василій В. страстно любилъ ту извѣстную чародѣйку, о которой сказалъ Пушкинъ:

Блистательна, полувоздушна,
Смычку волшебному послушна...

Отецъ и мать грустно смотрѣли на эту любовь сына. Говорили въ С.-Петербургѣ тогда, будто бы они умоляли Грибоѣдова, съ которымъ В. В. былъ друженъ, отдалить отъ него Истомину. Такъ ли это было или не такъ, извѣстно однако же, что А. С. Грибоѣдовъ, которому Шереметевъ повѣрялъ иногда отвозить ее изъ театра домой, отправилъ однажды плясунью въ своей каретѣ къ графу А. П. Завадовскому.... Вотъ оно гдѣ настоящее-то *горе отъ ума!* Гордеевъ узелъ разсѣченъ, да мечъ Дамокла повисъ надъ двумя головами: пылкій Шереметевъ вызвалъ увлеченнаго Завадовскаго на поединокъ—и былъ смертельно раненъ. Я видѣлъ его на другой день. Въ немъ кипѣла еще молодая жизнь. Онъ былъ спокоенъ, почти веселъ, разговаривалъ, шутилъ со мной и—къ чести его доброй, благородной души — въ немъ не было ни тѣни, не скажу, вражды, ни тѣни досады на измѣнившихъ ему пріятелей и женщину, которой онъ вѣрилъ, какъ дитя. Свидѣтели поединка были: съ его стороны Якубовичъ, со стороны Завадовскаго Грибоѣдовъ. Позже они встрѣтились на Кавказѣ. Якубовичъ поклялся отомстить Грибоѣдову за Шереметева—и ранилъ его на поединкѣ.—Нѣсколько времени послѣ дуэли и незадолго до мученической кончины своей въ Персіи, Грибоѣдовъ часто услаждалъ меня на чужой сторонѣ, посреди Татаръ, въ Крыму,—своею пѣвучею, раздумною игрою на клавикордахъ; но прежней бѣглости въ ней уже не было.

В С. и Т. И. были въ Москвѣ. У нихъ былъ балъ. Вѣсть о смерти сына пришла во время бала. Престарѣлый отецъ силою воли и христіанскимъ смиреніемъ затаилъ на днѣ души невыразимую скорбь, покуда гости разъѣхались по домамъ. Вскорѣ, съ согласія Т. И. онъ явился къ императору Александру Павловичу (не помню въ Москвѣ ли, или въ Петербургѣ) и вымолилъ прощеніе гр. Завадовскому. «Не судъ и кара, а милость и состраданіе оставшемуся въ живыхъ: да не отринетъ Богъ молитвы родительскія о убіенномъ»…. Такъ думали В. С. и Т. И. и безропотно понесли свой крестъ до могилы. Въ могилѣ и графы Завадовскіе: родъ ихъ угасъ въ 1856 году (Россійская родословная книга, издаваемая кн. П. В. Долгоруковымъ, часть IV).

Возвращаюсь къ Университету. Посѣщали его: и архіепископъ Августинъ (Виноградскій), будучи еще учителемъ въ Московской духовной академіи, и Н. М. Карамзинъ, увѣковѣчившій имя Шадена, какъ участника въ его образованіи: исторіографъ жилъ въ домашнемъ училищѣ Шадена. Не чужой нашему Университету и поэтъ Ю. А. Нелединскій-Мелецкій, какъ первый директоръ открытаго въ 1786 г. главнаго народнаго училища въ Москвѣ, гдѣ также находился нѣкоторое время и Августинъ (Виноградскій) для изученія системы члена Россійской академіи Ѳ. И. Янковича Демиріево, который какъ-бы предугадалъ ланкастерову методу взаимнаго обученія. Не чужіе намъ и Державинъ, какъ воспитанникъ, и М. И. Веревкинъ (переводчикъ Алкорана), какъ директоръ подчиненной Московскому Университету казанской гимназіи, и композиторъ Кашинъ, ученикъ извѣстнаго Сарти, Варламовъ своего времени, какъ учитель музыки въ Университетѣ. Много искони встрѣчалось, встрѣчается и будетъ встрѣчаться именъ, которыя навсегда останутся украшеніемъ лѣтописей И. М. У., какъ питомцы или наставники, какъ врачи или писатели, какъ профессоры или ректоры, какъ кураторы или попечители, какъ ревнители славы его и жертвователи. Въ числѣ послѣднихъ: Ломоносовъ, Демидовы, М. М. Наумова, Я. Б. Твердышевъ, М. Г. Собакинъ, Царевичъ Грузинскій Георгій Вахтанговичъ, П. С. Сумароковъ, кн. Потемкинъ-Таврическій, кн. Е. Р. Дашкова (первый президентъ Россійской академіи, а до того директоръ С.-Петербургской академіи наукъ), гр. А. С. Строгановъ, купцы Денкоглу, братья Зосимы, Горихвостовъ, операторъ А. С. Кустовскій, профессоръ Е. О. Мухинъ, А. С. Оленина, кн. П. А. Лобановъ-Ростовскій, баронетъ Вилліе, Ф. Ф. Вигель и проч. Послѣдній пожертвовалъ Университету большое собраніе портретовъ болѣе или менѣе извѣстныхъ лицъ, русскихъ и не-русскихъ. Самъ Филиппъ Филипповичъ извѣстенъ своими «Записками» о быломъ на Руси, которыя онъ охотно читывалъ и въ гостяхъ и дома, разумѣется, при людяхъ, ему не непріятныхъ, а такихъ у него немного бывало, и то по временамъ и поочередно. Вообще же онъ говорилъ и думалъ о большей части встрѣчаемыхъ имъ въ жизни лицъ, какъ говорятъ и думаютъ подчасъ институтки про своихъ учителей: «противный!» Въ запискахъ его,—повторю сказанное ему заживо, печатно, въ Сборникѣ «Раутъ» 1854 г. стр. 363 и 364,—въ запискахъ его много ѣдкаго, иногда нѣсколько преувеличеннаго, въ хорошую ли, въ дурную ли сторону, смотря по тому, какъ расположенъ былъ живописецъ къ оригиналамъ, съ которыхъ списывалъ портреты. Не говорю уже о смѣлыхъ набѣгахъ его на востокъ и западъ, на югъ и сѣверъ: *я держу средку на половинѣ*; притомъ крайности и здѣсь и тамъ очень рѣдки и всегда безсмысленны; заблужденія же всѣмъ сродны; а хорошее вездѣ хорошо. (Тоже сказалъ бы я и «Русскому Вѣстнику,» и «Русской бесѣдѣ» съ «Молвой» и всѣмъ нашимъ журналам, вѣдомостям и т. д.). Вигель, так легко обижавшійся подчас каким нибудь словом, сказанным не в попад, нисколько не подосадовал на мое замѣчаніе. Эти записки хранятся в Императорской публичной библіотекѣ. — Список с них и вѣроятно черновыя рукописи должны быть у его наслѣдника. В печатной литературѣ Вигель мало извѣстен. Сколько я знаю, он издал одно только сочиненіе на французском языкѣ: la Russie envahie par les allemands; но имени своего не поставил на нем. В «Раутѣ» 1854 года (стр. 31—47) Филипп Филиппович помѣстил статью, под вымышленным именем *Ардылискаго*, «Свѣтопись», написанную им для альбома Л. Д. Шевичь (по рожденію графиня Блудова). Еще в том же сборникѣ напечатано его письмо, уже с именем, к М. Н. Загоскину о романѣ «Юрій Милославскій» (стр. 309 и 313). Кромѣ «Свѣтописи», он подарил мнѣ письмо к пріятелю в Симбирск, сочиненное им в припадкѣ временной нелюбви к Москвѣ, перемѣжавшейся в нем с нелюбовью подчас к Петербургу. По независѣвшим от меня обстоятельствам оно не могло войти в мой Сборник, как не вошли и еще два письма — о Гоголѣ: одно Вигеля к самому Гоголю (отвѣт Николая Васильевича помѣщен в «Раутѣ» 1854 г. стр. 362 — 368), другое П. Я. Чаадаева к кн. П. А. Вяземскому (Приложенія III, IV и V). Сопоставленіе взглядов двух мыслителей, двух, не ладивших между собою, самолюбій, на современное движеніе умов и страстей, на противоположныя стремленія того или другаго направленія литературных и иных кругов, такое сопоставленіе различных взглядов на многое ясно покажет, до какой степени и тот и другой в свой черед увлекался и заблуждался, на сколько порой было в том и другом разсудительности или безразсудства, спокойствія или досады, правды или пристрастія. У каждаго из них *свой конек*. Письмо в Симбирск особенно пропитано желчью. Но оно очень любопытно. В нем идет рѣчь о давних и новых временах, о Москвѣ и Петербургѣ, о М. Унив. и Росс. академіи, о профессорах и литераторах, о мартинизмѣ и философіи, о событіях и сплетнях. Много здѣсь страннаго, злобнаго, несправедливаго — и все-таки умнаго, ловкаго, замѣчательнаго. Не отвѣчая за авторов, я привожу эти три письма, как библіографическую или, правильнѣе, рукописную рѣдкость, как достояніе исторіи литературы.

Вигель умер 20-го марта 1856 года, и не без предчувствія близкой кончины. Незадолго до предсмертной болѣзни своей он посвятил нам (как человѣк женатый, я говорю в множественном числѣ) вечерок и был необыкновенно снисходителен и внимателен ко всѣм без исключенія. Вообще послѣдніе мѣсяцы своей жизни он был мирнѣе, людотерпимѣе, нежели прежде. Прощаясь со мной, он сказал мнѣ: «Что-то я уж не сержусь ни на кого и ни на что. Худая примѣта!» — Напротив, добрая! сказал я ему. — «Ну, может статься, и добрая, — продолжал он, — а кстати скажу вам однако, что три послѣдних вечера, которые провел я у вас, всѣ три кончились худыми для меня примѣтами: в первый — я свалился с лѣстницы, даром-что она в нѣсколько ступенек. Мнѣ это было досадно. Глупый же мальчишка, который сводил меня с лѣстницы, засмѣялся. Во второй — я выронил часы мои из кармана. Он отыскались в саняхъ; а все как-то мнѣ было не весело. В третій — я потерял бумажник с деньгами. Мнѣ его, правда, возвратили очень скоро; но все же три раза к ряду — непріятности! и все у вашего крыльца!... нѣт! мнѣ уж не скоро быть у вас....» Через недѣлю послѣ этого разговора он умер; но наканунѣ своей кончины был еще в памяти до такой степени, что вспомнил 19-е число марта и прислал человѣка поздравить меня с именинами моей жены.

Не знаю, какъ объяснялъ себѣ Вигель примѣты, произведшія на него такое глубокое впечатлѣніе? Объясню же ихъ, какъ объясняютъ сновидѣнья. Предчувствія—тѣже сны.... на яву.

> Хоть я родяся не бывалъ
>   Іосифомъ прекраснымъ;
> А—правду молвить—толковалъ
>   Подчасъ дѣвицамъ краснымъ
> Предчувствій радость ихъ и страхъ—
>   И часто, слава Богу,
> Будилъ надежды въ ихъ сердцахъ,
>   Смирялъ души тревогу.

И такъ: паденіе съ лѣсницы на порогъ—близкій порогъ жизни—смерть. Потеря часовъ—остановка времени—послѣдній часъ—смерть! Утрата денегъ—прекращеніе житейскихъ заботъ—смерть!..

Не стану называть всѣхъ профессоровъ и медиковъ; теперь ужъ собраны возможно-полныя о нихъ свѣдѣнія въ Біографическомъ словарѣ. Назову лишь—на сколько память и подручные источники пособятъ мнѣ—нѣсколькихъ изъ извѣстнѣйшихъ въ числѣ ихъ воспитанниковъ Университета и приведу имена главныхъ начальниковъ отъ открытія его по настоящее время.

Кураторы:	*Директоры:*	*Ректоры:*
И. И. Шуваловъ.	А. М. Аргамаковъ.	Х. А. Чеботаревъ.
Архіатеръ Лаврентій Блументростъ (первый президентъ Росс. акад. наукъ.)	И. И. Мелиссино.	Ѳ. Г. Баузе.
Ѳ. П. Веселовскій.	М. М. Херасковъ.	И. А. Геймъ.
В. Е. Ададуровъ.	В. М. Приклонскій.	П. И. Страховъ.
И. И. Мелиссино.	П. И. Фонъ-Визинъ.	А. А. П.-Антонскій.
М. М. Херасковъ.	И. П. Тургеневъ.	И. А. Двигубскій.
К. Ѳ. Н. Голицынъ. (племянникъ Шувалова.)		А. В. Болдыревъ.
М. И. Коваленскій.		М. Т. Каченовскій.
П. И. Голенищевъ-Кутузовъ.		Д. М. Перевощиковъ.
		А. А. Альфонскій.

Попечители:		*Помощники:*
М. Н. Муравьевъ.		
Гр. А. К. Разумовскій.		
П. И. Голенищевъ-Кутузовъ.		
Кн. А. П. Оболенскій.		
А. А. Писаревъ.		
Кн. С. М. Голицынъ.		Д. П. Голохвастовъ.
Гр. С. Г. Строгановъ.		— — —
Д. П. Голохвастовъ.		Кн. Г. А. Щербатовъ.
В. И. Назимовъ.		В. Н. Муравьевъ.
Е. П. Ковалевскій.		П. В. Зиновьевъ.
		Гр. А. С. Уваровъ.

Здѣсь кстати, думаю, поименовать и управлявшихъ министерствомъ народнаго просвѣщенія, съ учрежденія въ Россіи министерствъ (во время кураторства П. И. Голенищева-Кутузова).

1) Гр. П. В. Завадовскій.

Товарищъ министра народнаго просвѣщенія—М. Н. Муравьевъ, который въ то же время былъ и попечителемъ Московскаго Университета.

2) Гр. А. К. Разумовскій.

3) Кн. А. Н. Голицынъ (министръ духовныхъ дѣлъ и народнаго просвѣщенія).

4) А. С. Шишковъ (министръ народнаго просвѣщенія и духовныхъ дѣлъ иностранныхъ исповѣданій).

Гр. Д. Н. Блудовъ — товарищъ его, нынѣ президентъ Россійской академіи.

5) Кн. К. А. Ливенъ.

6) Гр. С. С. Уваровъ, бывшій прежде товарищемъ

Гр. Н. А. Протасовъ — товарищъ (позже оберъ-прокуроръ Святѣйшаго Правительствующаго сѵнода, управлявшій и министерствомъ народнаго просвѣщенія).

7) Кн. П. А. Ширинскій-Шихматовъ, бывшій сперва товарищемъ.

8) А. С. Норовъ, также бывшій товарищемъ.

Кн. П. А. Вяземскій — товарищъ его.

Выше приведены имена гимназистовъ, большею частью довершившихъ свое образованіе въ М. Университетѣ. Были изъ нихъ и изъ студентовъ университетскихъ и за границею и даже въ заграничныхъ университетахъ (Афонинъ, Зыбелинъ, Десницкій, Воиновъ, Третьяковъ, Веньяминовъ, Петръ Ивановичъ Страховъ, можетъ быть, и другіе). Ниже будутъ названы воспитанники *Дружескаго общества*, о которомъ сказано дальше, и ученики Университетскаго Благороднаго Пансіона Вотъ не полный, разумѣется, списокъ питомцевъ университетскихъ, не переходившихъ черезъ гимназію и Пансіонъ.

Евгеній (Болховитиновъ), митрополитъ кіевскій и галицкій, составитель (сверхъ многихъ ученыхъ, историческихъ, богословскихъ и литературныхъ трудовъ) извѣстнаго «Словаря писателей духовныхъ и свѣтскихъ.»

Меѳодій—архіепископъ псковскій. Двое Меѳодіевъ были пастырями псковскими—Пишнячевскій и Смирновъ. О первомъ извѣстно только, что онъ вынесъ изъ Университета свѣдѣнія, болѣе общія (энциклопедическія), нежели богословскія. О второмъ московскій митрополитъ Филаретъ отзывался, при снисходительныхъ бесѣдахъ со мною, какъ о человѣкѣ ученомъ, большой начитанности и (при хорошемъ знаніи еврейскаго языка) отличномъ латинщикѣ. По латинѣ написалъ онъ и церковную исторію трехъ первыхъ вѣковъ христіанства. Лучше всего въ этомъ трудѣ, по объему и обработкѣ, введеніе. Собственно же исторія, по бѣглости и краткости изложенія, представляетъ какъ-бы конспекты ученой диссертаціи—и такое пространное введеніе въ непространную исторію—«большая голова на маломъ туловищѣ»—проявляетъ въ писателѣ и усидчивость и торопливость, и обширныя свѣдѣнія и неполноту соображеній. По русски онъ немного писалъ; а предпочтительно владѣлъ и, можно сказать, особенно щеголялъ латинью, зная, впрочемъ, и греческій языкъ

П. А. Татищевъ—одинъ изъ учредителей Дружескаго общества

Д. С. Аничковъ—извѣстный математикъ-писатель. Раньше его *Курса чистой математики* и прочихъ ученыхъ книгъ и нравственно-религіозно-философическихъ произведеній (онъ преподавалъ, сверхъ математики, логику и метафизику) было издано только три—если не ошибаюсь—математическихъ на русскомъ языкѣ сочиненія: первое—*ариѳметика 7211 (1703 года)* Л. Ф. Магницкаго, напечатанная славянскими буквами (Словарь Сопикова, статьи И. М. Снегирева въ Московскихъ Вѣдомостяхъ 1836 года и въ Русской старинѣ, и статья неизвѣстнаго въ Московскихъ Вѣдомостяхъ 1857, №№ 68, 69 и 74); второе—*Таблицы синусовъ, тангенсовъ и логариѳмовъ*, 1716 г., изданныя, по повелѣнію Петра Великаго, *подъ смотрѣніемъ профессора математики Ивана Фархварсона, Леонтіемъ Магницкимъ* (Сопиковъ) и третье — *Начальное основаніе математики*, 1752 года, Н. Е. Муравьева.

Изъ переводныхъ же математическихъ книгъ Сопиковъ указываетъ на «Руководеніе въ ариѳметику», напечатанное въ *славянской типографіи*, которая была устроена, съ согласія Петра Великаго, въ Амстердамѣ, И. А. Тесингомъ. Перевелъ же эту книгу И. Ѳ. Копіевскій или Копіевичъ—уроженецъ Бѣлоруссіи и кандидатъ-пасторъ реформатской церкви: живучи съ дѣтства въ Голландіи и въ ней будучи воспитанъ, онъ отступилъ отъ своего природнаго (не знаю: латинскаго или православнаго) вѣроисповѣданія.

Книга Магницкаго, какъ удостовѣряетъ авторъ статьи: «*Первая печатная ариѳметика въ Россіи*», есть возможно-полный (по своему времени) курсъ математики, приспособленной къ навигаціи. Въ ней, кромѣ **ариѳметики**, содержатся начальныя основанія алгебры и геометріи.

Трудъ Муравьева былъ просмотрѣнъ профессоромъ и академикомъ Поповымъ и посвященъ Шувалову (не Ивану Ивановичу, а брату его, графу Петру Ивановичу).

М. И. Панкевичъ—товарищъ А. А. П.-Антонскаго по кіевской академіи, впервые заговорившій на Руси о примѣненіи паровъ къ машинамъ. Мысль, въ его время новая, не у насъ только, но и за границей. По страсти къ уличнымъ наблюденіямъ, *искатель характеристики*, какъ сказалъ про него И. Ѳ. Тимковскій, слоняясь по народнымъ сборищамъ, даже по мѣстамъ казни преступниковъ, не покинулъ Москву и въ 1812 году *изъ любопытства все видѣлъ и слышалъ* и попалъ *изъ профессоровъ въ чернорабочіе къ Французамъ*. За достовѣрность этого преданія не ручаюсь.

С. Е. Десницкій, С. Лобановъ, С. Г. Зыбелинъ, И. С. Андреевскій, П. Д. Веніаминовъ, А. М. Брянцевъ, И. А. Третьяковъ, Д. Н. Синьковскій, И. А. Сибирскій, Е. Б. Сырейщиковъ, В. М. Котельницкій, С. А. Немировъ, И. П. Воиновъ, И. Е. Грузиновъ, И. Ѳ. Тимковскій, М. М. Снегиревъ (крестникъ императрицы Елисаветы Петровны), И. А. Двигубскій и Л. А. Цвѣтаевъ—старѣйшіе профессоры и учители.

Ѳ. И. Барсукъ-Моисѣевъ—первоудостоенный званія доктора медицины въ Московскомъ Университетѣ.

В. М. и М. В. Рихтеры—извѣстные профессоры повивальнаго искусства.

П. В. Зловъ — оперный артистъ-актеръ.

М. А. Коркуновъ — академикъ.

В. С. Поповъ—секретарь кн. Потемкина-Таврическаго, который хвалился имъ передъ императрицей Екатериной II. Впослѣдствіи онъ былъ въ числѣ приближенныхъ къ ней дѣльцовъ. А. В. Храповицкій и А. М. Грибовскій упоминаютъ о немъ въ своихъ запискахъ. Послѣдній полагаетъ, что Поповъ татарскаго происхожденія. Какъ уроженецъ казанскій, первоначальное воспитаніе онъ получилъ въ казанской гимназіи, завѣдываемой въ его время Московскимъ Университетомъ.

Далѣе: поэты, историки, драматурги, издатели разныхъ журналовъ, сборниковъ, вѣдомостей, листковъ, сотрудники ихъ и всѣхъ родовъ писатели и переводчики: кн. И. М. Долгорукій, Е. И. Костровъ, С. С. Бобровъ, С. Башиловъ, М. И. Антоновскій, А. А. Петровъ, П. А. Пельскій, М. Д. Чулковъ, кн. Ө. А. Козловскій, гр. П. С. Потемкинъ, А. А. Артемьевъ, Я. И. Благодаровъ, М. С. Бенедиктовъ, Е. Булатницкій, И. В. Васильевъ, В. Ө. Вельяминовъ-Зерновъ, И. П. Войцеховичъ, И. Верещагинъ, И. Я. Грѣщищевъ, А. Протопоповъ, С. Лобановъ, А. Н. Радищевъ, М. В. Поповъ, П. М. Карабановъ, В. Т. Нарѣжный, С. Е. Раичъ, Н. И. Гнѣдичъ, М. А. Максимовичъ, М. Г. Павловъ, К. Ө. и П. Ө. Калайдовичи, П. В. Побѣдоносцевъ, Г. В. Сокольскій, А. А. Перовскій (Погорѣльскій), С. А. Масловъ, В. П. Андросовъ, Ю. В. Венелинъ, Д. А. Валуевъ, Ө. И. Тютчевъ, А. Полежаевъ, А. Леопольдовъ, Н. Ф. Павловъ, И. И. Безсомыкинъ, П. Г. Рѣдкинъ, Г. Е. Щуровскій, А. Д. Галаховъ, Ө. Л. Морошкинъ, Н. Е. Зерновъ, Я. А. Линовскій, М. Н. Катковъ, И. Д. и И. В. Бѣляевы, Ө. И. Буслаевъ, А. А. Краевскій, В. Г. Бѣлинскій, О. М. Бодянскій, А. П. Заблоцкій, А. С. Ершовъ, К. Ф. Рулье, А. Н. и В. Н. Драшусовы, К. Д. Кавелинъ, С. М. Соловьевъ, П. Н. Кудрявцевъ, В. А. Пановъ, М. Н. Капустинъ, С. В. Ешевскій, П. М. Перевлѣсскій, М. Н. Лихонинъ, В. В. Пассекъ, И. В. Селивановъ, А. А. Скальковскій, П. Ө. Вистенгофъ, А. И. Герценъ-Искандеръ, Н. Б. Огаревъ, Н. М. Сатинъ, Лохвицкій, В. Соколовскій, Н. Я. Кетчеръ, Е. Ө. Коршъ, Н. В. Бергъ, Ө. Б. Миллеръ, А. А. Фетъ, А. А. Григорьевъ, Я. П. Полонскій, Д. К. Фонлизандеръ, К. А. и И. А. Коссовичи, Е. Е. и Д. Е. Минъ, А. Ө. Писемскій, А. И. Полунинъ, И. К. Бабстъ, А. Лакіеръ, П. Е. Медовиковъ и проч. Кстати замѣчу, что и самая благородная, самая полезная, книжная торговля — торговля человѣческимъ умомъ и знаніемъ, (подъ часъ и глупостью людской), не миновала предпріимчивости университетскихъ членовъ, дѣятелей и воспитанниковъ. Назову, кого вспомню: Н. И. Новиковъ, И. В. Лопухинъ (члены Дружескаго общества), И. В. Поповъ (товарищъ Люби и Гарія по содержанію университетской типографіи), Н. С. Селивановскій, Ө. Н. Наливкинъ, Ө. О. Свѣшниковъ, Н. М. Щепкинъ и другіе. Наконецъ, дѣятели на поприщахъ военной и гражданской службы: И. В. Сабанѣевъ—боевой генералъ, Н. Ө. Ладыженскій (вольный слушатель Университета, въ директорство Фонъ-Визина), ветеранъ отечественной войны 1812 года, гр. А. А. Перовскій, министръ удѣловъ и министръ внутреннихъ дѣлъ, гр. Ө. П. Врочченко и П. Ө. Брокъ—министры финансовъ, В. А. Перовскій—командиръ отдѣльнаго оренбургскаго корпуса (и начальникъ края), М. Н. Муравьевъ—членъ государственнаго совѣта, генералъ отъ инфантеріи, министръ государстренныхъ имуществъ, управляющій межевымъ корпусомъ и предсѣдатель департамента удѣловъ. Замѣчательно, что дѣдъ его, Н. Е. Муравьевъ (авторъ соч. «Начальное основаніе математики») участвовалъ въ составленіи инструкціи 1766 года *о генеральномъ земель размежеваніи*; а онъ, внукъ Николая Ерофѣевича, межуетъ и снимаетъ на планы Россію. Будучи рижскимъ генералъ-губернаторомъ, Н. Е. Муравьевъ заслужилъ такое уваженіе въ краѣ, что родъ его сопричисленъ къ дворянскимъ поколѣніямъ лифляндскаго рыцарства (соч. Н. В. Путяты: «Николай Николаевичъ Муравьевъ» — сынъ Николая Ерофѣевича и отецъ Михаилъ Н—учредитель «общества математиковъ» въ Москвѣ; Николая Н—полководецъ, смиритель Карса и авторъ «Путешествія въ Туркменію и Хиву;» Андрея Н—извѣстный писатель; Александра Н.—Нижегородскій военный губернаторъ и Сергѣя Н—мирный семьянинъ, довольный—по Горацію—златою умѣренностью.) П. Н. Игнатьевъ—генералъ-адъютантъ, директоръ пажескаго корпуса, С.-Петербургскій генералъ-губернаторъ, Е. В. Карнѣевъ—директоръ департамента горныхъ и соляныхъ дѣлъ, Ѳ. П. Лубяновскій, Г. Г. Политковскій, кн. П. А. Лобановъ-Ростовскій, кн. Ю. А. Долгорукій—сенаторы, Г. И. Карташевскій—попечитель бѣлорусскаго учебнаго округа, Созоновичъ—юрисъ-консультъ, гр. И. П. Толстой, М. А. Рюминъ, П. Н. Роговичъ и К. Н. Лебедевъ—оберъ-прокуроры П. сената. Наконецъ: А. Н. Бахметевъ, П. А. Новиковъ, Мухановы, Н. Ѳ. Смирновъ, А. А. Никитинъ, гр. А. Кушелевъ-Безбородко, И. Д. Деляновъ и еще многіе, извѣстные по всѣмъ частямъ: военной, придворной, гражданской, ученой, литературной, хозяйственной, духовной (Августинъ, Евгеній, Меѳодій, Алексѣй Вершницкій—священникъ Архангельскаго собора въ московскомъ кремлѣ и другіе).

Не упоминаю о прочихъ знаменитостяхъ Университета, каковы, напримѣръ: А. Е. Эвеніусъ, А. И. Оверъ и другіе, сперва почерпавшіе, а потомъ преподававшіе, или преподающіе въ немъ науки по всѣмъ отраслямъ знанія. Замѣчу только, что число его *учениковъ-учителей*, названныхъ мною и не названныхъ, свыше 120, кромѣ продолжавшихъ ученое поприще въ другихъ университетахъ и учебныхъ округахъ.

Заключу же этотъ списокъ всѣмъ извѣстнымъ въ Москвѣ именемъ П. Я. Чаадаева, такъ недавно еще бывшаго среди насъ во всей полнотѣ умственной жизни! 14-го апрѣля 1856 г. наканунѣ (за 7—8 часовъ) Свѣтлаго Христова Воскресенія, онъ умеръ, можно сказать, на ногахъ, послѣ двухъ-трехъ-дневной болѣзни, не покидая своихъ привычекъ, не запираясь дома, встрѣчая, или, лучше сказать, искавъ встрѣчи съ друзьями и знакомыми. Одинъ изъ множества пріятелей его, также воспитанникъ нашего Университета, Д. Н. Свербеевъ, написалъ о покойномъ очень любопытную статью.

Мнѣ также удалось сказать о немъ нѣсколько словъ въ Раутѣ 1854 г. (стр. 294, 295 и 365) — и какъ въ простодушіи тщеславія своего онъ остался доволенъ ими! Чаадаевъ именно былъ *простодушно-тщеславенъ*—рѣдкое психическое явленіе! Мнѣ это очень въ немъ нравилось. По правдѣ: въ комъ же нѣтъ хоть крошечной доли тщеславія? кто не доступенъ похвалѣ, если ужъ не лести? въ комъ не таится, въ большей или меньшей степени, самолюбіе, даже себялюбіе? кто не дорожитъ людскимъ о себѣ мнѣніемъ?

Если я не назвалъ и десятой доли московскихъ студентовъ, кандидатовъ, магистровъ и т. д., болѣе или менѣе извѣстныхъ по разнымъ отношеніямъ: по степени образованности или учености, по дарованіямъ и ученымъ или литературнымъ занятіямъ, по блистательному остроумію, или по дѣтскому, при всемъ умѣ и при всѣхъ свѣдѣніяхъ, добродушію, по положенію въ московскомъ обществѣ, по службѣ, наконецъ по оригинальности характера и самой исключительности мнѣній, правилъ и убѣжденій, то это потому, что слѣдить за всѣми вышедшими, хоть бы только въ послѣдніе 15, 20 лѣтъ, и за выходящими каждый годъ изъ Университета воспитанниками—нѣтъ никакой возможности. Иначе я назвалъ бы еще множество. Такъ я назвалъ бы Ю. Ѳ. Самарина, К. С. Аксакова, Е. П. Новикова, С. П. и М. П. Полуденскихъ, А. Г. Казначеева, кн. В. А. Черкасскаго, М. П. Бибикова, А. Н. Попова, Н. В. и А. В. Станкевичей, В. И. Красова, Кремлева (псевдонимъ Г. А. Теплова), М. М. Сухотина, А. Е. Студицкаго, Н. П. Ермолова, С. Д. Шестакова, П. А. Безсонова, Н. С. Тихонравова, Г. Ѳ. Филимонова, П. П. Бартенева, Н. А. Ригельмана, А. С. Клеванова, А. Ѳ. Гильфердинга, Н. А. Сѣверцова, Б. Н. Чичерина, Ѳ. М. Дмитріева, Щепкиныхъ, А. Н. Афанасьева, И. Е. Забѣлина, медиковъ—гр. Толстаго и кн. Долгорукова, В. П. Веселовскаго, К. К. Герца, Д. П. Каченовскаго, Абашева, К. Н. Бестужева-Рюмина, Вызинскаго—и списокъ мой развился бы въ безконечный свитокъ. Дождемся же въ терпѣніи обѣщаннаго Университетомъ біографическаго словаря воспитанниковъ его и Благороднаго Пансіона. Покуда можно почерпнуть много любопытныхъ подробностей о давнихъ временахъ Университета, его гимназіи и пансіоновъ, о разныхъ въ нихъ случаяхъ, образѣ жизни и нравахъ, о характеристическихъ чертахъ, наружности, обычаяхъ, странностяхъ нѣкоторыхъ лицъ и т. д. изъ «Дневника студента» С. П. Жихарева, и изъ статей И. Ѳ. Тимковскаго—объ Университетѣ, гимназіяхъ и пансіонахъ его (Москвитянинъ 1851—1852 года) и П. И. Страхова—«Краткая исторія академической гимназіи.» (Сборникъ, изданный къ празднованію столѣтія Университету.)

Съ избраніемъ П.-Антонскаго, тогда еще молодаго человѣка, въ наставники юношества, началось постепенное, правильное, стройное развитіе нравственно-умственнаго образованія дворянства, не скажу: въ Пансіонѣ его, а смѣло провозглашу: «въ Россіи»!... Доказательство: въ 1779 году, когда основанъ былъ Пансіонъ, въ обѣихъ столицахъ, собственно для дворянъ, существовало только два кадетскихъ корпуса и два училища: артиллерійское и навигаторское. Не всѣ же родители готовили своихъ дѣтей къ военной службѣ. Академія наукъ, воспитательные домы, съ своими заведеніями, и коммерческое училище, какъ и россійская академія, позже въ 1783 г. учрежденная, даже народныя училища, еще позже открытыя, или вовсе не могли служить пособіемъ дворянству, по самому назначенію своему, или требовали достаточныхъ уже знаній и призванія отъ вступающаго, на примѣръ, въ академію. Такимъ образомъ, кромѣ этихъ заведеній, направленныхъ, собственно, къ предположенной цѣли, не было, внѣ Благороднаго Пансіона, никакихъ почти путей къ образованію русскаго дворянства.

Единственный въ государствѣ, Московскій Университетъ, замѣнявшій собою и медико-хирургическія академіи, о которыхъ тогда еще и не думали, долго боролся съ предубѣжденіями противъ общественнаго воспитанія. Къ счастію, Провидѣніе послало ему пламенныхъ союзниковъ въ членахъ Дружескаго общества, которое образовалось въ семидесятыхъ годахъ, если не раньше, изъ нѣсколькихъ благотворительныхъ, образованныхъ и ученыхъ лицъ. Позже, число членовъ его, увеличиваясь съ года на годъ, возрасло наконецъ до 50. Трудно нынѣ опредѣлить старшинство ихъ, по разновременному вступленію въ общество. Назову въ приблизительномъ порядкѣ этихъ ревнителей просвѣщенія, достойныхъ вѣчной признательности потомства. Многіе изъ нихъ, какъ-бы во времена Апостоловъ, приносили все достояніе свое на общее дѣло. Вотъ нѣсколько незабвенныхъ именъ:

П. А. Татищевъ, И. В. Лопухинъ, И. П. Тургеневъ, В. В. Чулковъ, Ѳ. П. Ключаревъ, Ѳ. П. Баузе, П. И. Страховъ, Я. Шнейдеръ, кн. Юрій и Николай Никитичи Трубецкіе (братья М. М. Хераскова по матери), кн. И. С. Гагаринъ, Н. И. Новиковъ, Н. А. Ладыженскій, И. Г. Шварцъ, В. И. Баженовъ, братъ Николая Ивановича А. И. Новиковъ, С. И. Гамалѣя, Ѳ. И. Глѣбовъ, А. М. Кутузовъ, кн. Г. П. Гагаринъ, Г. М. Походяшинъ, кн. А. А. Черкасскій, П. И. Голенищевъ-Кутузовъ, А. Ѳ., П. Ѳ. и Н. Ѳ. Ладыженскіе, кн. А. И. Долгорукій (внучатный племянникъ *государыни-невѣсты* Петра II — какъ провозглашали ее на эктеніи въ теченіи литургіи — и мужъ воспитанницы оберъ-каммергера кн. А. М. Голицына, Дарьи Александровны Лицыной.—Сказаніе о родѣ Князей Долгоруковыхъ, соч. кн. П. В. Долгорукова) и, если не ошибаюсь, К. И. Габлицъ, Поздѣевъ, кн. А. И. Вяземскій, А. А. Петровъ, А. Н. Радищевъ, Ртищевъ, братъ Ивана Петровича П. П. Тургеневъ, Кошелевъ (дипломатъ и чѣмъ-то не угодившій императору Павлу посолъ) Дьяковъ (имени не знаю), наконецъ, если разсказы старожиловъ неошибочны — фельдмаршалъ кн. Н. В. Репнинъ, и, еще юноша, гр. Северинъ-Потоцкій (членъ Государственнаго совѣта). Что касается М. М. Хераскова, то ни ссылка Н. М. Лонгинова въ любопытной статьѣ его «Новиковъ и Шварцъ» (Русскій Вѣстникъ 1857 г. № 19) на занимательную статью о Шварцѣ Н. С. Тихонравова (Біографическій словарь профессоровъ и преподавателей Императорскаго Московскаго Университета), ни всѣ свѣдѣнія и преданія, которыя дошли до меня доселѣ о Дружескомъ обществѣ, не подтверждаютъ, чтобъ онъ былъ когда-либо членомъ его. А. А.-П Антонскій ужь конечно не забылъ бы похвастаться именемъ Хераскова, котораго онъ особенно любилъ и уважалъ, какъ основателя дорогаго ему Пансіона. Еще больше сомнительно предположеніе Тихонравова, будто бы *Мелиссино былъ сначала ревностнѣйшимъ членомъ Дружескаго общества*. Мелиссино желалъ слить это общество съ «Вольнымъ россійскимъ собраніемъ» и не успѣвъ въ своемъ намѣреніи, поссорился съ Шварцемъ. Антонскій не причислялъ куратора къ членамъ; а ему невозможно было бы забыть въ этомъ случаѣ такого человѣка, съ которымъ онъ былъ въ безпрерывныхъ сношеніяхъ въ качествѣ его секретаря. Не доказано также, чтобы Петровъ, другъ Карамзина, былъ воспитанъ, а Карамзинъ путешествовалъ за границей на иждивеніи общества.

О нѣкоторыхъ изъ членовъ и воспитанниковъ его (напримѣръ: о Новиковѣ, Тургеневѣ, Шварцѣ, Походяшинѣ, Невзоровѣ, Лабзинѣ, Багрянскомъ, Грибовскомъ, Антонскихъ и другихъ) говорено и въ этой книгѣ и въ разныхъ статьяхъ, журналахъ и т. д. Здѣсь я приведу свѣдѣніе объ одномъ еще изъ самыхъ щедрыхъ жертвователей и искреннихъ мистиковъ, о Николаѣ Алексѣевичѣ Ладыженскомъ. Родной племянникъ его, осьмидесяти-семи-лѣтній старецъ, израненный воинъ 1812 года, но бодрый и веселонравный, о которомъ упомянуто мною въ спискѣ университетскихъ студентовъ, Н. Ѳ. Ладыженскій разсказывалъ мнѣ, что дядя его, задушевный другъ Новикова, столько удѣлялъ изъ своего богатства на дѣло просвѣщенія и благотворенія, что передъ концемъ своего земнаго поприща, остался почти въ бѣдности и велъ жизнь уединенную, созерцательную, почти затворническую. У Николая Ѳедоровича хранятся два силуэта въ одной рамкѣ Новикова и Ладыженскаго: первый изображенъ съ книгой — читающимъ, а второй съ чашкой чаю въ рукахъ—слушающимъ. При невзгодѣ Николая Ивановича, Николай Алексѣевичъ былъ спасенъ отъ преслѣдованій порученіемъ по службѣ: на него было возложено проведеніе Кавказской пограничной линіи — и Екатерина II осталась довольна его дѣйствіями. Позже онъ служилъ въ Кяхтѣ. Остальные же годы своей жизни провелъ на покоѣ въ Москвѣ. — Смиренный христіанинъ и глубокій мистикъ, Ладыженскій, передъ смертью, сидя въ креслахъ, тихо повторялъ: «о, любве! о любве!» — и по третьемъ духовно-любовномъ шопотѣ уснулъ вѣчнымъ сномъ. Въ понятіяхъ свѣтскихъ людей — мірянъ по преимуществу — слова: *мистикъ, мистика, мистицизмъ,* представляютъ нѣчто странное, загадочное, юродиво-лицемѣрное. Придуманы даже производныя части рѣчи отъ корня этихъ словъ. *мистификація, мистифировать, мистифированный* — подсиживаніе, подсмѣиваніе, надуваніе, надувать, проводить, отуманить, одураченный, и т. п. Источникъ такого превратнаго понятія о мистицизмѣ и жалкаго предубѣжденія противъ мистиковъ таится въ кощунствѣ лжемистиковъ, въ заблужденіяхъ людей непризванныхъ на дѣло духа и въ совращеніи съ духовнаго пути небодрыхъ подвижниковъ прелестью высокоумія и самонадѣянности. Въ сущности мистическое стремленіе означаетъ благодатное, «тайно-образующее» состояніе внутренняго человѣка. — Таковъ смыслъ пѣсни Херувимской въ литургіи. Таковъ смыслъ антифона на утрени: «Святымъ Духомъ всяка душа живится и чистотою возвышается, свѣтлѣется тройческимъ единствомъ — *священнотайнѣ!*» Таковъ наконецъ смыслъ и всѣхъ таинствъ христіанской церкви и многихъ рѣченій не только въ Евангеліи, а и въ книгахъ Ветхаго Завѣта. Такимъ образомъ, и псалмы Давида — произведенія **мистическія, и творенія св. Отцевъ — сочиненія мистическія. Мистики** — пророки и апостолы. **Мистики** — всѣ истинные проповѣдники. **Мистикъ**, по преимуществу, учитель пустынножительства—Іоаннъ Лѣствичникъ. **Мистикъ** — и свѣтило нашихъ дней въ православномъ мірѣ. Я не назову его: кто не узнаетъ имени новаго хризостома, тотъ не пойметъ и вдохновенныхъ словъ маститаго пастыря.

С В. Ешевскій («Нѣсколько дополнительныхъ замѣчаній къ статьѣ Лонгинова: *Новиковъ* и *Шварцъ*» — Русскій Вѣстникъ 1857 № 21) оправдалъ отчасти направленіе нашихъ мистиковъ, приведя отзывъ Карамзина о Новиковѣ, изданія Дружескаго общества и правила для духовнаго рыцаря (члена масонской ложи)

И. И. Дмитріевъ въ запискахъ своихъ называетъ это ученое общество *компаніей типографической;* Н. Н. Лонгиновъ полагаетъ, что «типографическая компанія» и «дружеское общество» два отдѣльныхъ учрежденія, и что первая образовалась изъ послѣдняго; но Антонъ Антоновичъ, разсказывая мнѣ про старину, всегда называлъ это общество *дружескимъ,* иногда *ученымъ,* рѣдко *филантропическимъ* (кажется, послѣдній эпитетъ придуманъ кѣмъ-нибудь позже), а *типографической компаніей* ни разу не назвалъ. Однажды только, разсуждая о свободѣ тисненія и о вольныхъ типографіяхъ въ Россіи, онъ намекнулъ на эту компанію: «Новиковъ-то, при содержаніи еще имъ университетской типографіи, открылъ другую, *какъ членъ Дружескаго общества.* Послѣ и И. В. Лопухинъ и стороннія лица также заводили свои вольныя типографіи. А потомъ устроилась и типографическая компанія-то между членами нашего общества. Тутъ были стороннія вкладчики и жертвователи. Много-то хорошихъ книгъ въ этихъ вольныхъ и университетской типографіяхъ напечатано, и матушки-то вашей, Марьи-то Васильевны, «Инки» Новиковымъ и компаніей изданы.» (Дѣйствительно «Инки» напечатаны въ 1782 г. *иждивеніемъ*

Новикова и компаніи — въ университетской типографіи.) Послѣ этого ясно, что Дружеское общество никогда не называлось типографической компаніей, что компанія, ни дѣломъ, ни именемъ не могла замѣнить общества, что она составилась главнѣйше въ видахъ торговаго и даже торгово-филантропическаго и торгово-ученаго предпріятія, что она была частью въ тѣхъ же отношеніяхъ къ обществу, какъ и всѣ прочія, ниже названныя учрежденія его, что наконецъ типографическая компанія—какъ показываютъ данныя, самимъ Лонгиновымъ приведенныя — рушилась прежде Дружескаго общества, которое существовало, хотя уже не такъ гласно, какъ въ началѣ, до самой высылки изъ Москвы главнѣйшихъ изъ его дѣятелей, и которое составилось не въ 1782 г., какъ многіе полагаютъ, а въ семидесятыхъ годахъ, какъ выше сказано и будетъ ниже доказано. Созданное ревностью и пожертвованіями частныхъ лицъ, безъ малѣйшаго участія, даже *безъ гласнаго разрѣшенія правительства*, это Дружеское общество, *при молчномъ*, такъ сказать, *согласіи* только на его существованіе главнаго начальника Москвы, гр. Захара Григорьевича Чернышева и его преемниковъ, открыло свои засѣданія въ домѣ Татищева, у красныхъ воротъ, имѣло постоянно въ немъ свои приватныя и торжественныя собранія, объявляло о нихъ въ Московскихъ Вѣдомостяхъ, присвоило себѣ особый мундиръ и устроило помѣщенія для учениковъ и студентовъ своихъ, для типографіи, для аптеки и для лабораторіи, обращая дѣятельное вниманіе на химію. Преданіе говоритъ, что нѣкоторые изъ членовъ, не шутя, занимались *алхиміею* — и это, не по русской пословицѣ: «зашелъ умъ за разумъ», а по наслѣдству заблужденій людскихъ: тогда еще не вовсе отказались отъ философскаго камня, отъ вѣчно-движущейся силы (perpetuum mobile) и особенно отъ злата, вѣчнаго двигателя и кумира рода человѣческаго!..

И вотъ нѣсколько десятковъ лѣтъ позже — мысль о вѣчно-двигательной силѣ возникла съ непобѣдимой силой въ умѣ одного изъ воспитанниковъ Университетскаго, уже преобразованнаго, Пансіона. Это былъ даровитый, нравственный молодой человѣкъ, нѣкто И. П. Шенгелидзевъ. Всю жизнь свою онъ провелъ въ математическихъ выкладкахъ и придумываніи разныхъ, частью съ перваго взгляда полезныхъ изобрѣтеній. Будь у него деньги—иное изъ его предположеній было бы (могло бы статься) оправдано на опытѣ приложеніемъ къ дѣлу. Но судьба не удѣлила ему ни горсти золота—и онъ остается измученнымъ труженикомъ, бѣднымъ мечтателемъ, какъ и многіе изъ его предшественниковъ на землѣ.... Гдѣ онъ? живъ ли еще, или погибъ жертвою неудовлетворенной страсти?... Для любопытства прилагаю полученныя мною отъ него при письмѣ еще въ 1851 году: нѣчто подъ заглавіемъ «Силотворъ», реестръ и объявленіе о его изобрѣтеніяхъ, которыми, можетъ быть, кто-нибудь и воспользовался, или наведенъ на дѣльную мысль, на новое открытіе (Прил. VI, VII и VIII.).

Заведенія общества, какъ разсказывалъ Антонъ Антоновичъ, помѣщались вначалѣ въ домѣ Новикова, потомъ въ домѣ Лазарева, наконецъ въ домѣ Генрикова. И. И. Дмитріевъ упомянулъ въ запискахъ своихъ еще о старинномъ каменномъ у Меншиковой башни домѣ. При содѣйствіи и пожертвованіяхъ Дружескаго общества, Шуваловъ восполнилъ недостатокъ слушателей въ Университетѣ, выписавъ, черезъ посредство Н. Н. Бантыша-Каменскаго, до ста учениковъ изъ Троице-Сергіевой лавры и изъ разныхъ семинарій и вызвавъ потомъ, съ благословенія митрополита Платона, 12 изъ лучшихъ воспитанниковъ кіевской духовной академіи. Въ числѣ послѣднихъ былъ и А. А. П-Антонскій, которому судило Провидѣніе воспитать два-три поколѣнія пробужденныхъ отъ умственной дремоты дворянъ. Въ числѣ первыхъ: Матвѣй Десницкій и Стефанъ Глаголевскій — *Михаилъ* и *Серафимъ*, новгородскіе и С.-петербургскіе митрополиты и первенствующіе члены св. синода (изъ Троице-Сергіевой лавры). Питомцы Кіева поступили въ 1782 г. казенными студентами въ М. Университетъ, который отвелъ имъ, на первый случай, и помѣщеніе въ своихъ стѣнахъ. Вскорѣ потомъ Дружеское общество перевело ихъ въ домъ Лазарева. Члены и благотворители между тѣмъ разбирали выписанныхъ учениковъ, по мѣрѣ ихъ прибытія, на свое попеченіе и каждый изъ нихъ назывался воспитанникомъ того, или другаго. Такъ ученикъ рязанской семинаріи, М. И. Невзоровъ (съ 1779 года) и А. А. П.-Антонскій (съ 1782 года) были воспитанниками И. В. Лопухина; братъ послѣдняго М. А. П.-Антонскій, одинъ изъ участниковъ въ жур: «Покоющійся трудолюбецъ» воспитанникомъ Н. И. Новикова; Михаилъ и Серафимъ, помнится, П. А. Татищева Странно, что оба митрополита хранили во всю свою жизнь упорное молчаніе о мѣстѣ и времени своего воспитанія! И если бы не Антонскій (товарищъ ихъ по ученію), по словамъ котораго мнѣ первому довелось печатно объявить обоихъ воспитанниками Дружескаго общества («Воспоминанія о Московскомъ У. Б. Пансіонѣ»), никогда, можетъ быть, не узнала бы исторія, что студенты Десницкій и Глаголевскій — митрополиты Михаилъ и Серафимъ. Ужъ не боялись ли они прослыть мартинистами во мнѣніи толпы, которая всѣхъ членовъ ученаго общества, особенно же послѣ его уничтоженія, величала масонами и якобинцами? Не знаю, на чьемъ попеченіи были воспитаны прочіе. Изъ нихъ извѣстны:

А. Ѳ. Лабзинъ — издатель «Сіонскаго Вѣстника,» переводчикъ комедіи Бомарше: «Фигарова женидьба», комедіи Мерсье «Судья», диѳирамба Делиля «Безсмертіе души» и нѣкоторыхъ изъ мистическихъ сочиненій Юнга Штиллинга.

Сіонскій Вѣстникъ два раза возникалъ. Въ первый разъ онъ былъ запрещенъ, въ послѣдній Лабзинъ самъ прекратилъ изданіе, не взлюбя за что-то духовную ценсуру, которой велѣно было подчинить этотъ журналъ. Кн. А. Н. Голицынъ, при началѣ своего духовнаго поприща и служебной дѣятельности по вѣдомству св. синода, какъ человѣкъ, еще свѣтскій, еще полный воспоминаній о временахъ блистательной Екатерины II, о придворныхъ праздникахъ, о представленіяхъ пословицъ и прочихъ піесъ въ эрмитажѣ, о приватныхъ кружкахъ у императрицы, въ которые допускались избранники и иностранцы разныхъ посольствъ, словомъ, какъ человѣкъ еще неотрѣшившійся отъ житейской суеты, не сочувствовалъ, не могъ сочувствовать направленію Сіонскаго Вѣстника — и Вѣстникъ былъ запрещенъ. Позже, когда кн. Александръ Николаевичъ сталъ болѣе и болѣе сближаться съ нашими свѣтилами православной церкви: съ Амвросіемъ, Серафимомъ, Михаиломъ, Филаретомъ, особенно же съ послѣднимъ, онъ нечувствительно отдалялся отъ мірскихъ тревогъ, полюбилъ уединеніе, погрузился въ чтеніе духовныхъ твореній, заботился о переводѣ книгъ св. писанія, поддерживалъ Библейское общество, оцѣнилъ стремленія Лабзина, познакомился съ лицами однѣхъ убѣжденій съ Александромъ Ѳедоровичемъ, въ томъ числѣ и съ А. П. Хвостовой (сперва — авторъ «Камина» да «Ручейка», потомъ — сотрудница Лабзина) и Сіонскій Вѣстникъ возстановленъ.

П. А. Сохацкій — профессоръ и издатель журналовъ: «Иппокрена», «Новости русской литературы» и проч.

В. С. Подшиваловъ—усердный сотрудникъ Сохацкаго по изданію журналовъ

А. М. Грибовскій (котораго записки напечатаны въ Москвитянинѣ 1847 г.), и П. С. Молчановъ (переводчикъ Аріостовой поэмы: «Неистовый Роландъ,» впрочемъ съ французскаго) — статсъ-секретари. — Имя Молчанова, поступившаго потомъ въ Университетскій Пансіонъ, встрѣчается въ изданіяхъ питомцевъ еще вольнаго Благороднаго Пансіона: *Распускающійся цвѣтокъ* и *Полезное упражненіе юношества*, вмѣстѣ съ именами: Ивана Инзова, Семена Озерова, Дмитрія Вельяшева-Волынцева, Дмитрія Баранова, Ивана Сипягина, Николая Бахметева, Ѳеодора Кулябки, Дмитрія Чибисова, Осипа и Петра Чарнышей, Василія Шереметева, Петра Бѣлавина, Якова Арсеньева, Николая и Михаила Хлюстиныхъ, Александра Ягловскаго, Сергѣя Высоцкаго, Петра Кочетова, Александра Аргамакова, Гаврилы Максюкова, Саввы Романова, Алексѣя Кикина, Аполлона Протасова, Андрея Зыбелина, Владиміра Лѣсницкаго, Александра Данилевскаго, Михаила Трохимовскаго, Эпафродита Анненкова, Гаврилы Апухтина, Ивана и Андрея Выродовыхъ, Ивана Копарскаго, Ильи Раевскаго, Семена Лихачева, Сергѣя Яцына, Петра Брянчанинова, Петра Литвинова, Семена Татаринова и Матвѣя Токарева.

П. И. Перелоговъ, Н. Е. Черепановъ, Ив. Ѳ. Тимковскій—профессоры.

Л. М. Максимовичъ—издатель Русской Правды (в. к. Ярослава), Судебника (ц. Іоанна Васильевича) и Уложенія, (ц. Алексѣя Михайловича) въ одной книгѣ подъ заглавіемъ: «Уставы В. К. Владиміра и проч.»; составитель (вмѣстѣ съ А. Щекатовымъ) географическаго словаря Россійскаго государства и сотрудникъ разныхъ современныхъ журналовъ.

В. Псіолъ и А. М. Росинскій—сотрудники издателей «Вечерней Зари.»

В. Я. Колокольниковъ — переводчикъ сочиненія: «Сокращенная исторія философіи отъ начала міра и проч.» въ 1785 году.

М. И. Багрянскій—переводчикъ древней и новой исторіи аббата Миллота и—главное—добровольный узникъ шлюссельбургскій: по дружбѣ къ Новикову онъ выхлопоталъ себѣ позволеніе быть при немъ въ крѣпости и четыре года слишкомъ спасалъ страдальца отъ грустнаго одиночества въ заточеніи, какъ истинный другъ, и сберегалъ его здоровье, какъ любовно-внимательный врачъ.

Г. М. Походяшинъ—благодушный спутникъ Мерзлякова отъ Сибири до Москвы: онъ доставилъ его къ Хераскову въ 1793 г. Правда, И. И. Панаевъ, поручившій поэта Походяшину, не назвалъ послѣдняго по имени (Словарь Бантыша-Каменскаго). Въ статьѣ Лонгинова упомянуто о немъ, между прочимъ, какъ о посѣтителѣ засѣданій Дружескаго общества (въ какое время, не сказано). Въ «Дневникѣ же студента» (С. П. Жихарева) говорено о Походяшинѣ, также безъ имени и отечества его, какъ о безсребренникѣ, и дѣйствительно, онъ все богатство свое роздалъ на нищую братію, на благотворительные подвиги Дружескаго общества, на предпріятія его типографической компаніи—и подъ старость остался не богаче своего товарища по воспитанію, М. И. Невзорова—также извѣстный безсребренникъ, умершій голодной смертью. Чтобъ разрѣшить вопросъ: точно ли и Панаевъ и Жихаревъ говорятъ о *Григоріѣ Максимовичѣ*, а не объ иномъ-какомъ Походяшинѣ, надобно прежде разрѣшить другой вопросъ: точно ли Дружеское общество открыто въ 1782, а не раньше?

Изъ отчетливой статьи П. А. Безсонова: «М. И. Невзоровъ» (Русская бесѣда 1856, № III,) видно, что Максимъ Ивановичъ воспитанъ на иждивеніи Дружескаго общества, и вызванъ имъ изъ рязанской семинаріи въ Москву, въ 1779 г., за три года слишкомъ до мнимаго открытія этого общества (будто бы 6 ноября 1782). Въ «Исторіи Московскаго Университета» (стр. 251) сказано, что въ 1782 многіе уже изъ воспитанниковъ Дружескаго общества *произведены*,—стало быть нѣкоторые изъ нихъ, также, какъ Невзоровъ и сверсники его: Колокольниковъ, Багрянскій, Походяшинъ и другіе, поступили подъ покровительство этого общества *раньше* открытія его, хоть бы за нѣсколько мѣсяцевъ. Въ числѣ этихъ студентовъ названы двое Антонскихъ, Десницкій, Глаголевскій, Сохацкій, Подшиваловъ, Перелоговъ, Черепановъ и Грибовскій (Адріанъ Моисеевичъ). Далѣе стр. 267) въ спискѣ студентовъ показаны изъ воспитанниковъ Дружескаго общества: Максимовичъ—подъ 1779 годомъ, а Невзоровъ и Лабзинъ—подъ 1780.—Отсюда ясно, что это общество существовало, содѣйствовало Университету, выписывало и приготовляло для него учениковъ—до 1782 года. Итакъ, *не открылось, а огласилось* оно только въ этомъ году чрезъ приглашеніе въ собраніе своихъ наличныхъ членовъ не только стороннихъ посѣтителей и членовъ Университета, но и московскаго митрополита Платона и даже московскаго главнокомандующаго тогда, гр. Чернышева. Теперь о Походяшинѣ. Какъ товарищъ Невзорова по ученію—съ 1779 г. и какъ щедрый потомъ жертвователь на благотворительные подвиги Дружескаго общества, онъ былъ и воспитанникомъ вначалѣ, и членомъ его въ послѣдствіи. По этимъ-то отношеніямъ къ обществу онъ былъ и на столько близокъ къ Хераскову, Тургеневу и Фонъ-Визину, чтобы взять на себя обязанность, по желанію Панаева, познакомить съ ними Мерзлякова. Называя Походяшина однимъ изъ новыхъ друзей своихъ, Панаевъ снабдилъ его письмами къ нимъ о Мерзляковѣ. *Безсребренникъ* въ «Запискахъ студента» остался *безсребренникомъ* и въ статьѣ Лонгинова. Такимъ образомъ, вѣроятно, и Панаевъ и Жихаревъ, и Безсоновъ и Лонгиновъ говорятъ объ одномъ и томъ же Походяшинѣ—о Григоріѣ Максимовичѣ.

И. Алферовъ—Въ «Обозрѣніи литературы съ 1801 по 1806 г.» (Шторха и Аделунга) указано на сочиненіе Алферова (также безъ означенія имени) «Способъ гравировать крѣпкою водкою и карандашемъ.» Не перешелъ ли онъ впослѣдствіи въ академію художествъ?

Д. И. Дмитревскій—одинъ изъ сотрудниковъ нѣкоторое время М. И. Невзорова по изданію журнала: «Другъ юношества.»

Некрасовъ—одинъ изъ путешествовавшихъ за границей на иждивеніи Дружескаго общества.

М. Доброгорскій—одинъ изъ членовъ общества университетскихъ питомцевъ.

Кто еще былъ на попеченіи Дружескаго общества и кто, сверхъ названныхъ мною, были прочіе члены его, въ разныя времена, не имѣю вѣрныхъ свѣдѣній. Пріютъ воспитанниковъ его называли филологической при Университетѣ семинаріей. Инспекторомъ былъ у нихъ (во времена Антонскаго) И. Г. Шварцъ. Кто былъ прежде и послѣ него, не знаю. Въ послѣдствіи всѣ, вызванные изъ кіевской духовной академіи, изъ Троице-Сергіевой лавры и изъ разныхъ семинарій, ученики и студенты возвратились въ непосредственное вѣдомство Университета, въ зданіяхъ котораго и были окончательно размѣщены. И вотъ какъ это случилось, по словамъ одного изъ воспитанниковъ Университета, давняго подвижника агрономіи, члена общества сельскаго хозяйства, садоводства, шелководства, сахарнаго производства и т. д. С. А. Маслова: брату Антонскаго Михаилу Антоновичу наскучило безпрерывное наблюденіе Дружескаго общества за учениниками; ему захотѣлось большей свободы; онъ сталъ толковать товарищамъ, что они ужъ не дѣти, что имъ неприлично сидѣть взаперти, что мѣсто ихъ — въ Университетѣ. Дѣйствительно, многіе изъ нихъ, особенно же студенты кіевской академіи, пользовались полною въ прежнихъ училищахъ свободою. Молодежь взволновалась и подала куратору просьбу о переводѣ своемъ въ Университетъ.—Желаніе ея исполнено безъ малѣйшаго возраженія со стороны членовъ общества, которое между тѣмъ отправило изъ воспитанниковъ своихъ за границу: М. И. Невзорова, М. И. Багрянскаго, В. Я. Колокольникова и Некрасова, для усовершенствованія ихъ въ наукахъ. Оно особенно желало послать въ чужіе края А. А. П.-Антонскаго; но кураторъ Мелиссино удержалъ его при себѣ въ качествѣ секретаря по дѣламъ Университета.

По кругу благодѣтельныхъ дѣйствій своихъ и по благотворному вліянію своему на просвѣщеніе, Дружеское ученое общество пользовалось вниманіемъ и довѣріемъ вполнѣ сочувствовавшихъ ему начальниковъ Москвы, гр. З. Г. Чернышева, гр. Я. А. Брюса, гр. И. П. Салтыкова и П. Д. Еропкина.

Антонскій не рѣдко съ умиленіемъ вспоминалъ о просвѣщенномъ покровительствѣ этихъ четырехъ сановниковъ Дружескому обществу и членамъ его. Въ статьѣ Лонгинова однакожъ накинута на одного изъ нихъ—на Брюса, тѣнь сомнѣнія въ искренности его расположенія къ обществу и особенно къ Новикову. Изъ самыхъ же актовъ, приведенныхъ къ его обвиненію, видно, что онъ не только никого не преслѣдовалъ изъ членовъ общества и товарищей типографической компаніи, а напротивъ поддержалъ, столько же, и даже больше, нежели митрополитъ Платонъ, оклеветаннаго Новикова, представивъ императрицѣ Екатеринѣ его объясненія *безъ малѣйшихъ на нихъ замѣчаній или опроверженій*. Брюсъ, можно сказать, *отписывался и очищалъ бумаги*, въ этомъ щекотливомъ дѣлѣ, передавая—*кому что слѣдовало*—къ исполненію: митрополиту, управѣ благочинія, прокурору Тейльсу и т. д.

Но вотъ настала французская революція. Екатерина стала ближе вникать въ направленіе умовъ молодаго поколѣнія. Кн. А. А. Прозоровскій, начальствуя въ Москвѣ, встревожился вліяніемъ ученаго общества на мнѣнія въ образованныхъ кругахъ московскихъ жителей. Образъ мышленія тогдашнихъ вольтеріанцевъ и Новиковскія изданія мистическихъ книгъ навели на мысль: нѣтъ ли среди членовъ его масоновъ, мартинистовъ, иллюминатовъ, даже якобинцевъ? Оно «должно было прекратить прежній способъ дѣйствія на пользу просвѣщенія.» (Безсоновъ, стр. 94). И вскорѣ это *самородное*, какъ говорилъ Антонскій, общество разсѣяно, нѣкоторыя изъ книгъ, имъ изданныхъ, запрещены, типографія Новикова закрыта, многіе изъ дѣятельнѣйшихъ членовъ его и изъ прежнихъ товарищей типографической компаніи заподозрены или удалены изъ Москвы.—И такъ—не Брюсъ, а Прозоровскій, какъ утверждалъ и Антонскій, накликалъ бѣду на Дружеское общество. Компанія же типографическая не существовала уже съ 1791. т. е. за пять или за шесть мѣсяцевъ до ссылки Новикова, Радищева, Лопухина. Товарищи разсчитались и уничтожили договоръ, по силѣ котораго дѣйствовали дотолѣ.

И въ это-то время всеобщаго броженія умовъ въ старомъ и новомъ свѣтѣ, между двумя революціями—въ Америкѣ и во Франціи—М. Университетъ положилъ первое основаніе Благородному Пансіону, какъ бы въ оплотъ противъ безвѣрія Вольтеровъ, Дидротовъ и Даламберовъ, противъ лжемудрія германскихъ и англійскихъ философовъ, противъ лжесвятости и кощунства латинскихъ папежниковъ.

Любопытно теперь простодушное, безъ всякихъ возгласовъ и хвастовства, объявленіе, при Московскихъ Вѣдомостяхъ 1783 (№ 69, августа 30) *«о Дворянскомъ Воспитательномъ училищѣ, учрежденномъ при Императорскомъ Московскомъ Университетѣ, подъ именемъ Вольнаго Благороднаго Пансіона.»*

«Императорскій Московскій Университетъ, за четыре года предъ симъ учредившій, для воспитанія благороднаго юношества, *Вольный Пансіонъ*, сперва на небольшое число питомцевъ, но послѣ, примѣтя очевидную отъ сего заведенія пользу, вознамѣрился распространить оное. Въ соотвѣтсвованіе сему и купилъ онъ особый для того домъ и сдѣлалъ всѣ распоряженія, нужныя для хорошаго воспитанія, котораго краткое описаніе сообщить почтенной публикѣ считаетъ Университетъ своимъ долгомъ, дабы чрезъ то показать усердіе свое ко благу общему, и подать случай воспользоваться онымъ тѣмъ родителямъ и родственникамъ, которые пожелаютъ дѣтямъ своимъ, или питомцамъ, ихъ попеченію ввѣреннымъ, доставить пристойное и надежное воспитаніе.

«При семъ Университетскомъ, преимущественно для Благородныхъ учрежденномъ, Вольномъ Пансіонѣ, за главную цѣль взяты три предмета, то есть: 1) *научить дѣтей, или просвѣтить ихъ разумъ* полезными знаніями и чрезъ-то пріуготовить ихъ нужными быть членами въ обществѣ; 2) *вкоренить въ сердца ихъ благонравіе* и чрезъ-то сдѣлать изъ нихъ истинно полезныхъ, то есть, честныхъ и добродѣтельныхъ согражданъ; и наконецъ 3) *сохранить ихъ здравіе* и доставить тѣлу возможную крѣпость, толь нужную къ понесенію общественныхъ трудовъ, къ должному отправленію съ успѣхомъ государственной службы.

«Въ соотвѣтствованіе троякому сему предмету воспитанія, Императорскій Московскій Университетъ пріемлетъ на себя въ Пансіонѣ своемъ: 1) вопервыхъ обучать языкамъ, наукамъ и знаніямъ, какія родителями, сродственниками, или опекунами, сообразно предъизбранному роду жизни отдаваемыхъ въ его Пансіонъ питомцевъ, предписаны будутъ. И вопервыхъ основательному познанію христіанскаго закона, для вкорененія въ юныя сердца *страха Божія*, яко начала истинныя премудрости; потомъ самонужнѣйшимъ свѣтскимъ наукамъ, какъ-то: всей чистой математикѣ, то есть, ариѳметикѣ, геометріи, тригонометріи и алгебрѣ, нѣкоторымъ частямъ смѣшанной математики и въ особенности артиллеріи и фортификаціи; такожъ философіи, особливо нравственной, исторіи и географіи, и россійскому стилю, присовокупя къ тому искусство рисовать карандашемъ, тушью и сухими красками, танцовать, фехтовать и музыкѣ; а наконецъ и разнымъ языкамъ, яко нужнымъ орудіямъ учености, какъ-то, россійскому, нѣмецкому, французскому, англійскому и италіанскому, а кому угодно будетъ, такожъ латинскому и греческому.

«2) Какъ для приватнаго повторенія преподаваемаго ученія въ классахъ, такъ особенно для показанія хорошихъ примѣровъ въ поведеніи и для вкорененія въ питомцовъ нужнаго благонравія, безъ котораго и самое глубокое ученіе—пустой наружный блескъ, содержится при Университетскомъ Пансіонѣ довольное число надзирателей изъ лучшихъ учителей, искусныхъ въ своемъ дѣлѣ и испытанныхъ въ благоповеденіи и честности, которые, сверхъ повторенія всего, чему дѣти учатся, и надзиранія за ихъ поступками, говорить будутъ съ ними всегда на тѣхъ иностранныхъ языкахъ, которымъ они обучаются, для произведенія въ нихъ способности изъясняться на оныхъ о всякой матеріи.

«3) Что до соблюденія здоровья поручаемыхъ Университету питомцевъ принадлежитъ, то на сей конецъ, такъ какъ и для доставленія тѣлу ихъ надлежащей крѣпости, взяты слѣдующія мѣры: 1) Пища для нихъ пріуготовляется изъ свѣжихъ и питательныхъ столовыхъ припасовъ, сверхъ которыхъ по утрамъ дается каждому по нѣскольку чашекъ чаю съ бѣлыми сухарями. 2) Для тѣлодвиженія дѣтямъ въ свободное отъ ученія время, сверхъ танцованья и фектованья, позволяется играть подъ присмотромъ ихъ надзирателей въ мячи, воланы и кегли. 3) Въ случаѣ жъ болѣзни дѣтей, пользованы они бываютъ искусными медиками и нужными лекарствами, при рачительнѣйшемъ присмотрѣ.

«За все сіе, какъ то: за ученіе, надзираніе, содержаніе и услугу, такъ за пользованіе въ случаѣ болѣзни, и за лекарства, равнымъ образомъ и за учебныя книги, брано будетъ въ годъ по 150 руб. съ каждаго питомца, изъ которой суммы, сверхъ всего, здѣсь прописаннаго, по временамъ дѣлано будетъ для дѣтей по парѣ платья изъ хорошаго сукна. Желающіе отдавать дѣтей въ сей Пансіонъ являться могутъ къ Е. П—ву, г. директору Университета, съ объявленіемъ и прописаніемъ, чему именно намѣрены ихъ обучать; при чемъ Университетъ приглашаетъ родителей или родственниковъ и опекуновъ таковыхъ питомцевъ навѣщать иногда сей Пансіонъ для самоличнаго удостовѣренія, все ли по сему плану исполняется въ точности?»

Здѣсь нужно коротенькое отступленіе отъ исторической нити разсказа. Въ Петербургѣ 12 января настоящаго года былъ обѣдъ «въ память основанія Московскаго Университета.»—Въ числѣ красноречиво говорившихъ за этой трапезой любви и признательности къ нему его питомцевъ сказалъ нѣсколько словъ и одинъ изъ воспитанниковъ Университетскаго Пансіона. Но память сердца не всегда замѣняетъ память головы. Если бы П. И. Юркевичъ заглянулъ въ первое изданіе «Воспоминаній о Московскомъ Университетскомъ Благородномъ Пансіонѣ» хоть бы на страницахъ «Чтенія Императорскаго общества исторіи и древностей россійскихъ», или справился въ «Исторіи Московскаго Университета» и въ «Біографическомъ словарѣ его профессоровъ», то онъ не сказалъ бы столько ошибочнаго: 1. будто бы нашъ Пансіонъ первоначально былъ *частнымъ* учебнымъ заведеніемъ, 2. будто бы онъ *основанъ* Антонскимъ; 3. будто бы съ именами Озерова, Жуковскаго, Тургенева блестѣло на золотой доскѣ имя *Оленина*. Непріятно обличать обмолвки благодарнаго своимъ наставникамъ ученика; но исторія требуетъ правды и точности. Не повторяя сказаннаго о томъ: откуда, какъ, когда и черезъ кого возникъ Университетскій Пансіонъ, замѣчу только, что «золотая» въ немъ доска была открыта въ 1791 году именемъ С. Н. Озерова, а заключена именемъ Марка Хозикова въ 1830; но между ними (въ числѣ 62 именъ) нѣтъ и не было имени Оленина.

Университетъ неутомимо шелъ къ своей цѣли—обратить дворянство къ общественному воспитанію. Открывъ Благородный Пансіонъ въ 1779, въ видѣ опыта и, можно сказать, приманки, едва на нѣсколько учениковъ, черезъ три года онъ уже долженъ былъ купить особый для него домъ, а послѣ девяти еще лѣтъ искать обширнаго зданія для помѣщенія его воспитанниковъ. Съ назначеніемъ же Антонскаго, съ 1791 года, число пансіонеровъ и полупансіонеровъ до того годъ отъ году увеличивалось, что иногда доходило почти до 400.

Въ первые 12 лѣтъ были уже въ немъ отличные воспитанники, на примѣръ: внукъ фельдмаршала кн. Никиты Юрьевича, кн. Трубецкой, который изъ ученика сталъ впослѣдствіи товарищемъ директора Московскаго Университета, И. Н. Инзовъ, М. А. Офросимовъ, С Н. Озеровъ, Д. И. Вельяшевъ-Волынцевъ, Д. О. Барановъ и другіе.

Какъ малороссіянинъ, обязанный своимъ образованіемъ Москвѣ, Антонскій, между прочимъ, имѣлъ постоянною цѣлью — сближеніе своихъ земляковъ съ *москалями* (такъ и понынѣ еще простой въ Малороссіи народъ называетъ великоруссовъ, которые въ свой чередъ величаютъ малороссовъ *хохлами и чупами*.) Привлекая однихъ въ свой Пансіонъ и содѣйствуя помѣщенію другихъ въ Университетъ, онъ сильно заботился о внушеніи къ этимъ учрежденіямъ довѣрія и уроженцамъ остзейскихъ и возвращенныхъ отъ Польши губерній. И стекались къ нему дѣти со всѣхъ концевъ Россіи. И нѣтъ почти въ ней дворянской семьи, въ которой не было бы кого нибудь (не теперь, такъ встарь) изъ воспитанниковъ Благороднаго Пансіона, образовавшихся изъ него дворянскаго института и гимназіи, или изъ питомцевъ Университета и гимназіи академической (разночинской) съ филологической и педагогической семинаріями.

Нѣтъ спора, что сліяніе разнородныхъ племенъ—исконная забота всякаго правительства и основа, цементъ, можно сказать, народности въ государствѣ — предпочтительно достигается общественнымъ воспитаніемъ юношества, разумно, нравственно и религіозно подготовленнаго, разумѣется, воспитаніемъ домашнимъ въ семейномъ быту. Антонскій вполнѣ сознавалъ всю важность этой задачи и до конца жизни своей открывалъ пути къ образованію лицамъ всѣхъ сословій. Много на Руси людей, которые вышли въ люди, благодаря его поддержкѣ при первомъ шагѣ ихъ по дорогѣ къ просвѣщенію. Такъ, напримѣръ—приведу его слова: «Вотъ приходитъ-«то къ намъ Вранченокъ—изъ Малороссіи, въ нагольномъ тулупѣ, безъ гроша въ калитѣ-то. «Учиться хочетъ и—можетъ. Да затрудненія-то встрѣтились. Жаль бѣдняка!... Бѣдность-то не «порокъ. Надобно пособить. Хлопочемъ-то. Наконецъ удалось. Приняли его въ Университетъ. «Какъ-же онъ обрадовался! прибѣжалъ-то ко мнѣ, да и повалился, длинный-то, длинный, въ но-«ги».... Не однажды онъ вспоминалъ про этотъ случай, скрывая добродушной усмѣшкой—сердечное умиленіе.—Для меня тѣмъ занимательнѣе былъ такой разсказъ, что мнѣ самому какъ-то довелось быть свидѣтелемъ той любви, съ какой онъ спѣшилъ на встрѣчу подобнымъ бѣднякамъ.—Антонскій преподавалъ въ мое время «сельское домоводство». Изъ всѣхъ студентовъ нашего Пансіона мнѣ одному вздумалось послушать его лекцій—не знаю почему? или развѣ именно потому, что я не имѣлъ въ виду возможности приложить когда либо уроки къ дѣлу, не чая наслѣдовать никогда, ни послѣ кого, ни деревни, ни села, ни двора, ни кола. Антонъ Антоновичъ ѣзжалъ въ Университетъ въ санкахъ, закутавшись въ свою тумаковую шубку и закрывая лицо отъ мороза рукавомъ. Онъ всегда и привозилъ меня на свои лекціи и отвозилъ въ Пансіонъ. Однажды, при входѣ нашемъ въ горницу, гдѣ по обѣ стороны стола смиренно ожидали посѣтителей скамьи, никогда вполнѣ не занятыя, видимъ мы у двери мужичка. Профессоръ тотчасъ угадалъ: за чѣмъ онъ тутъ? «Учиться-то пришелъ? чай издалека? изъ деревни-то. Милости «просимъ! Садись-ка покуда вотъ у насъ. А ужо поговоримъ-то.» Нежданный гость сѣлъ. Это былъ нѣкто Бугровъ, изъ какой-то казенной волости. Мнѣ весело было встрѣчать его на лекціяхъ—воображеніе мое видѣло въ немъ втораго современемъ Ломоносова....—если не поэта, такъ ученаго.... Бугровъ посвятилъ себя астрономіи. Что сталось съ нимъ позже, не знаю. 1812 годъ насъ всѣхъ разогналъ. Съ той поры онъ пропалъ у меня изъ виду. Слухи носились, что бѣдняжка самовольно кончилъ свою жизнь.

Мужъ призванія, Антонъ Антоновичъ, съ любовью и самоотверженіемъ ступилъ на почтенное, но терніями усѣянное, поприще наставника юношества. Сколько неисполнимыхъ требованій и обидныхъ пересудовъ отъ иныхъ родителей и родственниковъ! сколько препятствій отъ неотвратимыхъ обстоятельствъ! сколько хитрости и вражды отъ завистниковъ! сколько не понятаго людскою слѣпотой!...—Много тайныхъ печалей въ этой уединенно-дѣятельной жизни труженика, въ этомъ затворничествѣ настоятеля дѣтской обители, въ этомъ бореніи разнородныхъ началъ въ сердцѣ безпрерывно измѣняющагося общества учениковъ, съ разныхъ концевъ государства стекающихся въ училище!...—Привычки, нравы, умственныя способности, душевныя наклонности, степень прилежанія и понятливости,—все это надобно въ каждомъ разгадать, подмѣтить, изучить, чтобъ каждаго направить къ цѣли его призванія, развивая въ немъ все хорошее, подавляя все худое.

Но благія, безкорыстныя, чистыя намѣренія никогда не остаются безъ награды: Антонъ Антоновичъ вполнѣ награжденъ успѣхами и доброй славой своего Пансіона, лестнымъ довѣріемъ къ нему дворянства и признательностью его воспитанниковъ. Правда, онъ всю жизнь свою отдалъ имъ: и удалясь съ благодѣтельнаго поприща, почтенный старецъ, въ тиши уединенія, не переставалъ слѣдить за ними по всѣмъ путямъ ихъ дѣятельности: успѣхи ихъ въ службѣ, въ словесности, въ ученыхъ занятіяхъ, въ подвигахъ благотворительности всегда радовали его, какъ дѣти радуютъ родителей подобными успѣхами. Въ указахъ, книгахъ, вѣдомостяхъ, журналахъ, военныхъ приказахъ, онъ отмѣчалъ знакомое имя: одинъ напечаталъ книгу, обратившую на себя вниманіе читателей и судей, другой, съ похвалою, участвуетъ въ повременныхъ изданіяхъ, тотъ даровитый стихотворецъ, этотъ хорошо пишетъ прозой, тѣ отличились по гражданской или военной службѣ, эти стали въ главѣ дворянства на своей родинѣ, или славятся полезными изобрѣтеніями въ наукѣ, въ государственномъ хозяйствѣ и т. д.,— и вотъ онъ заноситъ ихъ имена въ памятныя записочки на отрывчатыхъ лоскуткахъ бумаги:

На одномъ: «извѣстные, изъ воспитанниковъ Московскаго Университетскаго Благороднаго «Пансіона, писатели, ученые, хозяева.»

На другомъ: «извѣстные по военной службѣ.»

На третьемъ: «извѣстные по гражданской службѣ.»

Вотъ именной имъ списокъ, согласно подраздѣленію, сдѣланному Антономъ Антоновичемъ.

1. Писатели, ученые, драматурги, поэты, художники.

Д. И. Вельяшевъ-Волынцевъ.	А. П. Степановъ.
М. А. Офросимовъ.	И. П. Пнинъ.
К. А. А. Шаховскiй.	В. Н. Гурьевъ.

А. С. Хвостовъ.
Я. А. Галинковскій.
П. Ю. Львовъ.
С. П. Фонвизинъ.
С. Костомаровъ.
М. Л. Магницкій.
П., М., П. и А. С. Кайсаровы.
А. Мещевскій.
П. И. Сумароковъ.
А. Ѳ. Воейковъ.
В. А. Жуковскій.
С. Е. Родзянка.
Кн. Г. И. Гагаринъ.
Ан. И., Н. И. и Ал. И. Тургеневы.
А. П. Офросимовъ.
Пав. П. Свиньинъ.
Д. В. Дашковъ.
Н Ѳ. Граматинъ.
С. М. Соковнинъ.
С. П. Жихаревъ.
Я. Лизогубъ (музыкантъ).
Д. Н. Бѣгичевъ.
И. А. Петинъ.
А. Ѳ. Раевскій.
М. Н. Макаровъ.
М. В. Милоновъ.
Н. П. Шишковъ.
А. С. Норовъ.
А. С. Грибоѣдовъ.
С. Г. Саларевъ.
А. Г. Родзянка.
Г. Полетика.
А. П. Величко.
П. Г. Родзянка, (скрипачъ).
П. Брызгаловъ (флейтистъ).
А. Брызгаловъ (гитаристъ).
А. И. и Н. И. Комаровы.
С. Н. Дорогомыжскій (отецъ музы-
        канта-композитора).
А. Д. Курбатовъ.

М. А. Дмитріевъ.
А. Ѳ. Вельтманъ.
Л. Ѳ. Гольдбахъ.
А. М. Гавриловъ.
А. Г. Фишеръ Фонъ-Вальдгеймъ.
В. М. и Н. М. Прокоповичи-Антонскіе.
Тимашевъ (художникъ).
П. Н. Араповъ.
В. И. Чюриковъ.
Г. С. Поповъ.
В. Е. Вердеревскій.
Е. И. Познанскій.
Н. С. Бобрищевъ-Пушкинъ.
А. П. Мансуровъ.
А. И. Писаревъ.
В. Г. Рюминъ.
Кн. В. Ѳ. Одоевскій.
С. П. Шевыревъ.
В. И. Титовъ.
Д. П. Ознобишинъ.
В. А. Степановъ (художникъ ваятель). (*)
И. П. Бороздна.
П. Т. Морозовъ.
И. В. Нероновъ.
Н. И. и П. И. Тарасенко-Отрѣшковы.
И. Л. Яковлевъ.
Г. С. Карновичъ.
Д. П. Глѣбовъ.
В. М. и П. М. Строевы.
И. Ѳ. Калайдовичь.
Якоби.
Кандиба.
Г. Есимонтовскій.
Д. А. Милютинъ.
М. Ю. Лермантовъ.
Гр. Н. С. Толстой.
Н. В. Калачевъ.
П. М. Леонтьевъ.
Д. П. Сушковъ (братъ гр. Ростопчиной).
А. А. Майковъ.

(*) Примѣч. В. А. и братъ его П. А. (генералъ-маіоръ) — дѣти Александра Петровича Степанова, — одного изъ давнихъ воспитанниковъ Университетскаго Пансіона (N 4. по этому списку).

2. *Полные генералы, намѣстники, главнокомандующіе, корпусные и иныхъ частей начальники, генералъ-адъютанты, члены государственнаго совѣта, генералъ-губернаторы и т. д.*

- А. П. Ермоловъ.
- И. Н. Инзовъ.
- А. Н. Бахметевъ.
- Кн. Н. Н. Хованскій.
- Паисій С. Кайсаровъ.
- Е. А. Головинъ.
- П. А. Кикинъ.
- Г. А. Игнатьевъ.
- А. А. Вельяминовъ.
- Б. В. Полуэктовъ.
- Д. И. Шульгинъ.
- М. Е. Храповицкій.
- М. А. Офросимовъ.

- Н. М. Сипягинъ. (*)
- Н. А. Исленьевъ.
- И. Г. Бурцевъ.
- Кн. М. З. Аргутинскій-Долгорукій.
- Н. Ѳ. Плаутинъ.
- П. И. Прибытковъ.
- Кн. Н. И. Тенишевъ.
- П. А. Тучковъ.
- М. Л. Кожевниковъ.
- Д. А. Милютинъ.
- А. Е. Тимашевъ
- Костомаровъ (?) и другіе,

не говоря уже о множествѣ храбрыхъ и образованныхъ воиновъ отъ прапорщика до генерала.

3. *Министры, ихъ товарищи, статсъ-секретари, посланники, дипломаты, сенаторы, оберъ-прокуроры (Св. П. сѵнода и П. сената), военные и гражданскіе губернаторы, губернскіе предводители дворянства и другіе высшихъ званій служебныя лица.*

- Д. В. Дашковъ.
- А. С. Норовъ.
- Н. Н. Анненковъ.
- Н. М. Гамалѣя.
- П. С. Молчановъ.
- Д. А. Кавелинъ.
- А. И. Карасевскій.
- Ѳ. И. Прянишниковъ.
- С. Г. Ломоносовъ.
- В. П. Титовъ.
- А. С. Грибоѣдовъ.
- А. И. Философовъ.
- А. П. Мансуровъ.
- А. С. Хвостовъ.
- П. С. Полуденскій.
- С. Н. Озеровъ.
- А. А. Столыпинъ.
- П. И. Озеровъ.

- Н. А. Небольсинъ.
- Д. О. Барановъ.
- П. И. Сумароковъ.
- I. С. Храповицкій.
- П. С. и А. С. Кайсаровы.
- Кн. Г. И. Гагаринъ.
- Н. И. и А. И. Тургеневы.
- Петръ П. Свиньинъ.
- Д. Н. Бологовской.
- Д. М. Морозъ.
- Д. Н. Бѣгичевъ.
- М. Л. Магницкій.
- А. М. Окуловъ.
- Кологривовъ (родной братъ по матери кн. А. Н. Голицына).
- Н. В. Арсеньевъ.
- А. П. Степановъ.
- А. Д. Боровковъ.

(*) *Прим.* По словарю Бантыша-Каменскаго — воспитанникъ морскаго корпуса. — Тутъ или Б.-Каменскій ошибся, или Антонскій смѣшалъ двоихъ Сипягиныхъ — *Николая* и *Ивана*. Послѣдній былъ однимъ изъ учениковъ вольнаго Благороднаго Пансіона.

- Кн. В. Ѳ. Одоевскій.
- Д. М. и В. М. Прокоповичи-Антонскіе.
- А. И. Могилевскій.
- И. А. Искрицкій.
- А. И. Войцеховичъ.
- А. П. Величко.
- Д. С. Языковъ.
- Д. Н. Масловъ.
- А. П. Устимовичъ.
- Б. К. Данзасъ.
- М. А. Дмитріевъ.
- Ѳ. И. Долгополовъ.
- В. Я. Рославецъ.
- М. И. Топильскій.
- Ю. Н. Бартеневъ.
- Г. С. Поповъ.
- П. П. Воейковъ.
- А. Ѳ. Вельтманъ.
- М. В. Юзефовичъ.
- Н. А. Милютинъ.
- В. И. Сафоновичъ.
- М. М. и А. М. Быковы.
- А. Е. Кисловскій.
- И. А. Михайловъ.
- Баронъ Морнгеймъ.
- П. А. Мартыновъ (братъ художника Н. А. и издателя «Русской старины», А. А., Мартыновыхъ.)

и длинный рядъ статскихъ, дѣйствительныхъ статскихъ и тайныхъ совѣтниковъ.

Хотя здѣсь значительно пополнены списки, Антономъ Антоновичемъ веденные, однакожъ они далеко еще не имѣютъ той полноты, какой можно будетъ достичь при изданіи обѣщаннаго Университетомъ Біографическаго словаря—его и Университетскаго Пансіона питомцевъ. Притомъ (надобно же объяснить ради исторической истины) нѣкоторые изъ нашихъ товарищей довершили свое образованіе въ другихъ учебныхъ заведеніяхъ. Такъ, напримѣръ, вошли въ эти списки М. Ю. Лермантовъ, А. Е. Тимашевъ, Н. А. Милютинъ, Н. В. Калачевъ, П. М. Леонтьевъ, А. А. Майковъ, баронъ Морнгеймъ, которые продолжали ученіе въ образовавшихся изъ нашего Пансіона дворянской гимназіи и дворянскомъ институтѣ. Такъ нѣсколько изъ совоспитанниковъ нашихъ перешло въ школу подпрапорщиковъ, въ пажескій и въ кадетскіе корпуса, въ артилерійское и другія военныя училища; нѣсколько было отправлено въ Царское село въ 1810 году— и Императорскій александровскій лицей, также какъ и Московскій дворянскій институтъ, можно въ нѣкоторыхъ отношеніяхъ назвать потомкомъ Университетскаго Пансіона. Не говоря уже о послѣднемъ, въ который, вмѣстѣ съ дѣтьми, перешли изъ него и почти всѣ наставники, учители и надзиратели, который наслѣдовалъ изданія и денежные капиталы и все движимое имущество и добрую славу своего прародителя, самый лицей можетъ похвалиться переведенными отъ насъ воспитанниками: изъ нихъ были лучшіе, отличнѣйшіе и выпущенные *первыми* или *изъ первыхъ* молодыхъ людей на службу, напримѣръ: Вольховскій, Масловъ, Матюшкинъ, Ломоносовъ, Данзасъ. Хорошее начало положено было воспитанію ихъ въ прежнемъ училищѣ. Наконецъ, одинъ изъ пламенно-ревностнѣйшихъ дѣятелей въ лицеѣ, всѣми въ немъ любимый и уважаемый, понявшій и оцѣнившій возникавшую даровитость въ ребенкѣ—Пушкинѣ, Николай Ѳедоровичъ Кошанскій, и столько же достойный любви и уваженія Куницынъ—если не ошибаюсь—Александръ Петровичъ, принадлежали также къ нашему Пансіону, который снабдилъ своими студентами и школу колонновожатыхъ, учрежденную въ Москвѣ Н. Н. Муравьевымъ.

Нѣсколько студентовъ Московскаго Университета составили между собой въ 1810 Общество математиковъ. Къ нему принадлежали: Михаилъ Николаевичъ Муравьевъ (членъ Государственнаго совѣта), Ѳ. И. Чумаковъ и П. С. Щепкинъ (профессоры), Н. М. Муравьевъ,

Терюхинъ, Андреевъ, Афанасьевъ. Къ нимъ вскорѣ присоединились и воспитанники Университетскаго Пансіона: И. Т. Кекъ, Н. И. Комаровъ, И. Г. Бурцевъ. Такъ положено основаніе Московскому учебному заведенію для образованія колоновожатыхъ. Съ 1816 года въ число его преподавателей и слушателей разновремено поступили—*изъ пажей*: С. Д. Полтарацкій, А. А. Тучковъ, И. А. Пушкинъ, В. А. Яковлевъ; *изъ нашего пансіона*: В. Т. Кекъ, Н. С. и П. С. Бобрищевы-Пушкины, баронъ П. И. Черкасовъ, Е. И. Познанскій, Н. А. Крюковъ, П. И. Прибытковъ, П. А. Тучковъ, А. Л. Кожевниковъ, А. Ѳ. Вельтманъ, Акимъ Колошинъ; *изъ приготовленныхъ домашнимъ воспитаніемъ и изъ разныхъ учебныхъ заведеній*: кн. В. С. Голицынъ, Ѳ. Ѳ. Вельяминовъ-Зерновъ, Юрьевъ, В. Х. Христіани, М. П. Бырдинъ, П. А. Мухановъ, В. П. Зубковъ, кн. В. М. Шаховскій, Н. И. Тютчевъ, А. И. Чашниковъ, Ѳ. Загорѣцкій, Андріевскій, А. В. Шереметевъ, А. Обрѣсковъ, Е. И. Новосильцевъ, А. П. и С. П. Полтарацкіе, Зубовы, С. Н. Ермоловъ, кн. Э. А. Бѣлосельскій-Бѣлозерскій, Н. В. Путята, П. А. Коцебу, баронъ В. К. Ливенъ, кн. В. В. Львовъ, кн. П. И. и Н. И. Трубецкіе, В. П. Горчаковъ, П. И. и П. И. Колошины, Фонтонъ-де-Варраіонъ, баронъ Корфъ, кн. Друцкой, А. И. Бенкендорфъ, Навроцкій, А. М. Мартыновъ и такъ далѣе. (Хронологическаго порядка вступленій ихъ въ училище не знаю). Школа колонновожатыхъ, съ основанія своего, была на попеченіи Николая Николаевича Муравьева. И преподаватели и слушатели собирались: лѣтомъ — въ его имѣніи, московской губерніи волоколамскаго уѣзда, Осташево (Долголядіе); зимою — въ его же домѣ на большой дмитровкѣ. Позже въ немъ былъ извѣстный пансіонъ профессора Павлова; а теперь дворянскій клубъ — таже школа для любителей.... картъ и гастрономіи. Существовала она до 1823 г. включительно. Профессоръ И. А. Геймъ былъ также въ числѣ ея преподавателей. Не говоря уже объ учредителяхъ и слушателяхъ курсовъ «Общества математиковъ» (съ 1810) около 200 человѣкъ прошло чрезъ это заведеніе съ 1816 по 1823 и поступило преимущественно въ Свиту Его Императорскаго Величества по квартирмейстерской части (генеральный штабъ). Были при немъ и кантонисты которые готовились и поступили въ топографы. Подробнѣйшія свѣдѣнія объ этой школѣ можно почерпнуть изъ біографической статьи Н. В. Путяты, одного изъ ея воспитанниковъ, напечатанной въ «Современникѣ» и особой тетрадкой: «Н. Н. Муравьевъ.»

А сколько воспитанниковъ Пансіона посвятило себя ученой службѣ, достигая высшихъ званій въ университетахъ! Сколько изъ нихъ членовъ академій, литературныхъ, благотворительныхъ и прочихъ полезныхъ государству, человѣчеству и наукѣ, обществъ?

Для той же исторической истины должно также признаться, что и многіе изъ насъ — въ пристрастно-чадолюбивомъ мнѣніи почтеннаго старца—*извѣстныхъ писателей* нынче мало извѣстны, или и вовсе забыты. Однакожъ надобно и то сказать, что каждый изъ воспитанниковъ нашего Пансіона принесъ, въ свое время, свою лепту на алтарь отечественной словесности, каждый потрудился на пользу русскаго языка—и многія имена и очень многія произведенія свидѣтельствуютъ объ одной изъ главнѣйшихъ заслугъ этого разсадника стольких служителей отечества на всѣхъ поприщахъ: объ отдѣлкѣ и развитіи благороднаго письменнаго слога. Тутъ дѣйствовали не одни писатели, а всѣ, подвизавшіеся на службѣ, воспитанники, какъ рѣшительно всѣ—*грамотные*, грамотные въ полномъ значеніи слова: *грамотеи*. Ихъ наперерывъ ловили начальства по всѣмъ частямъ въ И. сенатъ, въ коллегіи, въ министерства, въ палаты и т. д. И. И. Дмитріевъ, будучи министромъ юстиціи, окружилъ себя ими. Они-то общими силами очистили, обработали, облагородили, возвысили прежній канцелярскій, судейскій, словомъ, приказный, подъяческій языкъ до настоящаго, яснаго, краткаго, литературно-дѣловаго слога.

Первые опыты мужественной борьбы новаго языка со старымъ стали обнаруживаться въ литературныхъ трудахъ воспитанниковъ. Они издали, между прочимъ: «Распускающійся цвѣтокъ.» «Полезное упражненіе юношества» «Въ удовольствіе и пользу» «Утреннюю зарю,» «Калліопу,» «Физическіе и нравственные разговоры,» «Избранныя сочиненія и переводы въ прозѣ и стихахъ» «Акты» (въ продолженіе полувѣка), гдѣ помѣщались торжественныя рѣчи, стихотворенія, разговоры и судебныя производства. Изъ учебныхъ и нравственныхъ книгъ, въ большомъ числѣ изданныхъ для Пансіона его учениками и учителями, назову нѣсколько: 1. «О воспитаніи»—А. А. П.-Антонскаго. Это сочиненіе появилось отдѣльной книжкой въ 1818 году, а написано и въ первый разъ напечатано, подъ названіемъ *Рѣчи*, съ другими статьями, еще въ прошломъ столѣтіи (въ 1798.) 2. «Русская просодія»—баккалавра Баккаревича. 3. «Краткая реторика»—А. Ѳ. Мерзлякова 4. «Таблицы животныхъ, растеній и минераловъ»—И. А. Двигубскаго. 5. «Опытъ артиллерійской тактики»—Г. И. Мягкова 6. «Курсъ математики»—Безу, переводъ В. С. Загорскаго. 7. «Дѣтскій театръ»—Н. Н. Сандунова 8. «Краткое начертаніе росс. исторіи» (авторъ не означенъ) 9. «Разсужденіе о жизни растеній»—В. Головина. 10. «Курсъ чистой математики»—Франкера, переводъ П. С. Щепкина, Д. М. Перевощикова и И. И. Давыдова. 11. «О причинахъ заблужденій»—В. Рюмина. 12. «О нравственныхъ качествахъ поэта»—А. Писарева, 13. *Изданія И. И. Давыдова*: «Учебная книга русскаго языка (этимологія, правописаніе, синтаксисъ, просодія и краткія правила реторики). «Чертежъ наукъ и искусствъ,» «Начальныя правила русской граматики,» «Основанія логики,» «Греческая граматика,» Учебная книга латинскаго языка,» «Латинская христоматія,» «Высшая алгебра»—Франкера (П. С. Щепкинъ также перевелъ это сочиненіе), «Логика» и «Опытъ руководства къ исторіи и философіи».

Въ 1799 г. учреждено въ Пансіонѣ литературное общество. Правила для него, или, какъ сказано въ подлинникѣ, «Законы Собранія воспитанниковъ Университетскаго Благороднаго Пансіона,» (Прил. IX) написаны Баккаревичемъ. Жуковскій—основатель и первый предсѣдатель «Собранія,» открылъ его рѣчью, въ присутствіи многихъ изъ ученыхъ лицъ. Антонъ Антоновичъ всегда въ немъ бывалъ, съ нѣсколькими посѣтителями изъ профессоровъ и писателей. Такъ не рѣдко удостоивали (уже и въ мое время) ободрительнымъ участіемъ занятія грядущихъ литераторовъ И. И. Дмитріевъ, Н. М. Карамзинъ, Ю. А. Нелединскій-Мелецкій, А. Ѳ. Мерзляковъ, Ѳ. Ѳ. Кокошкинъ, В. Л. Пушкинъ, Ѳ. Ѳ. Ивановъ, А. М. Пушкинъ, кн. И. М. Долгоруковъ, Н. И. Ильинъ и, разумѣется, многіе изъ прежнихъ членовъ и сотрудниковъ его, или хоть воспитанниковъ Пансіона, выросшихъ уже въ извѣстныхъ сановниковъ, воиновъ, или писателей, когда обстоятельства приводили ихъ въ Москву.

По всей справедливости нашъ Пансіонъ можно было бы назвать литературнымъ и особенно драматическимъ училищемъ: сколько вышло изъ него поэтовъ—отъ Жуковскаго до Лермонтова, и драматурговъ—отъ Вельяшева-Волынцева до кн. Шаховскаго, Грибоѣдова и Писарева!

Отъ основанія своего, въ 1779 г., изъ первоначальной при Университетѣ дворянской гимназіи—до преобразованія опять въ дворянскую же гимназію, въ 1830 г., Пансіонъ существовалъ 51 годъ — и во все это время содержать себя собственными средствами, не только безъ малѣйшаго пособія отъ казны, но даже удѣляя, по временамъ, часть изъ своихъ источниковъ дохода на нужды Университета. Источники же эти состояли:

1) Изъ годовой платы пансіонеровъ и полупансіонеровъ.

2) Изъ единовременнаго денежнаго вноса первыми, при вступленіи ихъ въ Пансіонъ, на покупку кровати и, у кого не было, постели, подушекъ, спальнаго бѣлья.

3) Изъ платежа на прислугу при дѣтяхъ, если они не имѣли собственной.

4) Изъ особой платы за ученье музыкѣ, на фортепьяно. За уроки на скрипкѣ и флейтѣ особой платы не требовалось.

5) Изъ пособій на пріобрѣтеніе учебныхъ книгъ, если родители не хотѣли сами заняться ихъ покупкою.

6) Изъ особой платы за ученье (кто пожелалъ бы) въ манежѣ верховой ѣздѣ.

7) Изъ серебряныхъ ложекъ, вносимыхъ при вступленіи воспитанниками, вмѣстѣ съ простыми ножами и вилками.

Годовая плата за пансіонера въ началѣ составляла 150 р. асс. Въ 1811, послѣ 32-хъ лѣтъ, она удвоилась. По изгнаніи Наполеона изъ Москвы, увеличиваясь постепенно, въ 1824 дошла до 650, а въ 1830 достигла уже до 750 р. асс. Плата за полупансіонеровъ, т. е., за приходящихъ въ Пансіонъ съ утра и уходящихъ домой до полдника, равнялась, обыкновенно, двумъ третямъ годоваго вноса за полнаго пансіонера. Бывали иногда и *четверть-пансіонеры*: эти, впрочемъ очень не многіе, платя иногда нѣсколько меньше, иногда нѣсколько больше половины того, что положено за пансіонера, являлись только въ учебные часы и уже не пользовались обѣдомъ.

Единовременные взносы денегъ, сперва только на обзаведеніе кроватей съ принадлежностями, а позже всей одежды и бѣлья, также повременные платежи на покупку учебныхъ пособій и наемъ прислуги, обыкновенно заключались въ нѣсколькихъ рубляхъ и никогда не простирались дальше 50 р. асс. Что касается уроковъ въ манежѣ и на фортепьяно, то уже тутъ не могло быть и малѣйшаго сбереженія. Эти деньги доставались вполнѣ учителямъ. — Всю и единственную прибыль составляли ложки, на которыя вымѣнивались серебряные, съ позолотою внутри, стаканы. Въ этихъ-то ложкахъ да стаканахъ и заключалось все богатство Пансіона.

А между тѣмъ какъ значительны были только главнѣйшіе предметы годовыхъ и повременныхъ расходовъ: поддержаніе и перестройки зданій, прикупка смежнаго мѣста и новыя постройки, отопленіе и освѣщеніе, мостовая на одномъ дворѣ и содержаніе въ особенной чистотѣ и гладкости другаго, гдѣ дѣти упражнялись въ важномъ для здоровья искусствѣ силоразвитія, библіотека, кабинеты физическій и минералогическій, всякаго рода посуда и утварь въ покояхъ и поварскихъ, прислуга, столовое бѣлье, учебныя пособія, жалованье учителямъ и надзирателямъ, пища, лекарства, награды воспитанникамъ: книги, медали и проч., наконецъ учрежденіе больницы и устроеніе домашней церкви.

Изумительна строгая бережливость, тонкая расчетливость и глубокомысленная оборотливость нашего преподавателя хозяйской науки сельскаго домоводства, нашего Аристида по честности, министра финансовъ по находчивости! Вступивъ въ управленіе Пансіономъ, онъ приспособилъ новый домъ къ цѣли его предназначенія; съ увеличеніемъ числа воспитанниковъ, увеличивалъ и расширялъ помѣщенія разными пристройками и перестройками; учредилъ дѣтскую больницу на нѣсколько кроватей, съ домашнею аптекою; завелъ достаточно снабженное избранными книгами читалище (это сербское слово чуть ли не лучше словъ: библіотека и книгохранилище?); потомъ прикупилъ смежное съ домомъ мѣсто; выстроилъ (въ 1798) особое зданіе и, независимо отъ всѣхъ издержекъ, производя въ теченіе нѣсколькихъ лѣтъ жалованье изъ суммъ Пансіона куратору Хераскову, какъ учредителю его, по 600 р. въ годъ, и пособіе Университету, по 4,000 р. онъ нашелъ еще возможность пожертвовать вдругъ 25,000 р. на покупку дома для университетской книгопечатни, которая и теперь въ немъ же помѣщается. Въ 1813 году, въ запустѣлой послѣ спасительнаго, славнаго, Растопчинскаго пожара Москвѣ онъ нанялъ частный (Новосильцевой) домъ на малой дмитровкѣ, близь Страстнаго монастыря, снабдилъ его заново всѣми хозяйственными и учебными предметами и открылъ вновь благодѣтельный пріютъ разсѣяннымъ безъ пастыря и пристанища дѣтямъ. Трогательно было свиданіе товарищей, собравшихся съ разныхъ сторонъ во временное убѣжище изгнанной изъ Москвы врагомъ науки! Весело было смотрѣть на умиленное лице отца-наставника, опять окруженнаго милыми его сердцу дѣтьми! Грустно-сладостными воспоминаніями былъ встрѣченъ въ 1814 году актъ возстановленнаго Пансіона! Между тѣмъ, исходатайствуя разрѣшеніе на заемъ 75,000 р. ас. изъ суммъ Демидовскаго въ Ярославлѣ высшихъ наукъ училища, Антонъ Антоновичъ, имѣя уже помощникомъ своимъ И. И. Давыдова, возобновилъ на эти ничтожныя деньги обгорѣлыя зданія, завелъ все нужное: посуду, утварь, бѣлье, учебныя пособія — и въ 1816 г. умиритель и усмиритель запада, императоръ Александръ I посѣтилъ Пансіонъ уже въ обновленныхъ стѣнахъ его. Первый, по освященіи строеній, актъ былъ въ нихъ 22-го декабря, а заняты онѣ съ 1-го іюля 1815 г. Государь съ благоволеніемъ вникалъ во всѣ подробности внутренняго направленія и внѣшняго устройства этого, какъ сказано въ рѣчи одного изъ воспитанниковъ, *храма воспитанія*, высоко оцѣнилъ духъ воспитателей и воспитываемыхъ, сказавъ имъ: «истинное просвѣщеніе основано на религіи и евангеліи.» Эти слова Вѣнценосца и день, въ который онъ удостоилъ Пансіонъ своимъ посѣщеніемъ, *18-го августа 1816 года*, занесены въ счастливыя событія жизни училища, вырѣзаны золотыми буквами на доскѣ — и отпечатаны на скрижаляхъ дѣтскихъ сердецъ безотчетною еще любовью къ царю-помазаннику и отечеству: на торжественномъ того года актѣ онѣ были задачею для произнесенной тогда рѣчи старшимъ изъ студентовъ «О религіи, какъ основѣ истиннаго просвѣщенія.» Позже, когда Антонъ Антоновичъ, не прибѣгая къ новому займу, устроилъ домашнюю церковь, во имя *Воздвиженія Честнаго и Животворящаго Креста Господня*, учитель закона Божія и церковной исторіи въ Пансіонѣ, священникъ приходскаго храма на арбатѣ, во имя Николы Явленнаго, Михаилъ Лаврентьевъ, въ послѣдствіи архимандритъ Богоявленской обители Митрофанъ, также повторилъ слова Монарха въ проповѣди, сказанной имъ при освященіи церкви 26-го ноября 1818 г. Антонъ Антоновичъ предполагалъ освятить ее во имя св. Александра Невскаго, въ память посѣщенія императоромъ обновленныхъ зданій Пансіона; но Государь собственноручно написалъ на всеподданнѣйшемъ докладѣ кн. А. Н. Голицына: «Во имя Воздвиженія Креста» (Приложеніе X).

Въ заключеніе хозяйственныхъ подвиговъ своихъ Антонскій, уплативъ въ нѣсколько лѣтъ Демидовскому училищу долгъ съ процентами, и принявъ, съ 1818 г., когда Пансіону дарованы были права и преимущества, шестерыхъ, бѣдныхъ воспитанниковъ на безплатное содержаніе изъ остаточныхъ отъ сбереженія суммъ, въ 1824 году сдалъ преемнику своему Курбатову, начальнику до того университетской типографіи, въ такомъ порядкѣ Пансіонъ, что, при обращеніи его въ гимназію, осталось нѣсколько десятковъ тысячъ рублей въ наличныхъ деньгахъ и билетахъ Московскаго Опекунскаго совѣта, сверхъ заключающагося капитала въ строеніяхъ и движимомъ имуществѣ.

Пользуясь указаніями опыта, по степени развитія средствъ и нуждъ Пансіона, сообразно требованіямъ времени и успѣхамъ просвѣщенія въ государствѣ, Антонъ Антоновичъ основалъ прочныя начала воспитанія и образованія—и повелъ твердымъ шагомъ питомцевъ своихъ прямо къ цѣли: «къ сохраненію здоровья воспитанниковъ, къ утвержденію ума ихъ и сердца въ священ-«ныхъ истинахъ закона Божія и нравственности, къ обогащенію ихъ полезными познаніями и «ко внушенію пламенной любви къ Государю и Отечеству» (§ 7. *Постановленія*, включеннаго въ *Объявленіе* о Б. Пансіонѣ, изъ года въ годъ повторяемое въ особой книжкѣ). Въ этихъ книжкахъ помѣщены всѣ правила и наставленія, въ руководство какъ дѣтямъ, такъ и надзирателямъ, росписаніе учебныхъ предметовъ и часовъ занятія и досуга, имена преподавателей наукъ, списокъ учебныхъ книгъ, нравоучительныя мысли, изреченія и пословицы, на русскомъ, латинскомъ, французскомъ, нѣмецкомъ и англійскомъ языкахъ (Приложеніе XI).

Лѣта, для вступленія въ Пансіонъ, положены были отъ 9 до 14. Время пріема — къ началу января и августа, такъ-какъ въ немъ черезъ каждые шесть мѣсяцевъ происходили домашнія испытанія и переводы оказавшихъ рѣшительные успѣхи изъ класса въ классъ, независимо отъ публичныхъ экзаменовъ и годовыхъ торжественныхъ актовъ. Размѣщеніе воспитанниковъ по комнатамъ—сообразно ихъ возрасту: *меньшіе*, или, какъ старшіе называли ихъ между собою, *маленькіе*—отъ 9 до 12 лѣтъ, въ одномъ отдѣленіи, *средніе*, отъ 13 до 15 лѣтъ, въ другомъ, *большіе*, отъ 16 до 20 и старше, когда случались, въ третьемъ. Кромѣ этихъ подраздѣленій, по возрастамъ, были еще комнаты: *отличныхъ* и *полу-отличныхъ*. Въ эти поступали уже не по лѣтамъ, а по примѣрнымъ успѣхамъ въ наукахъ, при прекраснѣйшей нравственности, благоразумномъ поведеніи и постоянной кротости. Строгою разборчивостью число отличныхъ и полу-отличныхъ было ограничено и рѣдко простиралось выше 10—12 въ комнатѣ отличныхъ и выше 15 въ комнатѣ полу-отличныхъ. Послѣдніе были, можно сказать, кандидатами первыхъ, послушниками на послѣдней степени испытанія умственныхъ и нравственныхъ силъ, ратоборцами науки и благонравія, въ преддверіи, какъ выражались дѣти между собою, не всѣмъ доступнаго вертограда. Всѣ отдѣленія и горницы были ввѣрены комнатнымъ надзирателямъ. Обязанности ихъ: быть неотлучно при дѣтяхъ въ свободное время отъ ученія и въ часы пріуготовленія и повторенія уроковъ (репетиціи), слѣдить за ихъ занятіями, играми, поступками и обращеніемъ между собою, наблюдать за чистотою, умѣренною теплотою и освѣженіемъ покоевъ воздухомъ, за своевременною явкою дѣтей въ классы и въ столовую къ обѣду, ужину и т. д., за здоровьемъ ихъ и за опрятностью въ одеждѣ, которая впрочемъ была довольно разнообразна. Правда, въ первые годы отъ открытія Пансіона воспитанникамъ его былъ присвоенъ университетскій мундиръ: краснаго сукна, съ золотымъ шитьемъ вдоль петлицъ на груди и съ бархатнымъ голубаго цвѣта воротникомъ. Но нарядомъ этимъ щеголяли только сынки богачей — и онъ скоро вышелъ изъ употребленія.

Порядокъ жизни, занятій и досуговъ былъ такой: въ пять часовъ утра звенитъ будильный звонокъ въ рукахъ бѣгающей по всѣмъ отдѣленіямъ прислуги—и дѣти покидаютъ свои кровати. Въ шесть онѣ сбираются, покомнатно, въ учебныя горницы—повторять и пріуготовлять уроки. Въ семь, попарно и по старшинству, онѣ идутъ, комната за комнатою, въ столовую, въ сопровожденіи надзирателей; принявъ пищу духовную—прослушавъ, въ благоговѣйной тишинѣ, утреннюю молитву и непродолжительное чтеніе изъ св. писанія—размѣщаются, по старшинству, за столами, особо для каждой горницы опредѣленными, пить чай съ молокомъ и булками, а иногда, для перемѣны, предпочтительно же въ постные дни, сбитень съ калачами. До восьми часовъ—досугъ. Отъ 8 до 12—классы. Тутъ обѣдъ. Воспитанники идутъ въ столовую также чинно, покомнатно, попарно, по старшинству. Отличные и полуотличные садятся за круглый посереди залы столъ, подъ предсѣдательствомъ *перваго* въ Пансіонѣ воспитанника, *отличнаго изъ отличныхъ*. Прочіе—за длинные вдоль стѣнъ столы. Надзиратели—на верхнихъ концахъ—наблюдаютъ за порядкомъ, приличіемъ и тишиною. Пища—простая, здоровая, сытная: *горячее* — похлебка, бураки, лапша съ пирогами, или щи съ кашею; *холодное*—говядина, студень, окрошка и т. п.; *жаркое*—телятина, дичина, домашняя птица и проч.; *хлѣбенное*—пирожки съ вареньемъ, блинки, посыпанные сахаромъ, *дутики съ нѣтомъ*, т. е., пустые алaдьи и т. д. Послѣдняго разряда кушанье особенно было въ чести у юныхъ лакомокъ и часто пріобрѣталось одними отъ другихъ за какой нибудь трудъ или обѣщанную услугу: переписать набѣло двѣ, три странички учебной тетради, подправить рисунокъ, провѣрить математическую задачу, подсказать забытое словцо при отвѣтахъ новичка на вопросы учителя и т. п. Послѣ обѣда — свобода. Въ этотъ часъ, зимою, дѣти лепечутъ въ своихъ покояхъ между собою, играютъ въ воланы, занимаются самоучкой музыкою на гитарѣ, или поютъ пѣсни, иные, въ сторонкѣ, подальше отъ шума, говора и пѣнья, читаютъ полученныя изъ пансіонскаго читалища книги, другіе упражняются въ учебныхъ горницахъ на фортепьяно, скрипкахъ и флейтахъ, нѣкоторые кропаютъ въ тихомолку стишки, или громоздятъ высокопарную прозу. Въ прочія времена года, когда погода благопріятствуетъ, большая часть изъ нихъ, разсыпавшись по обширному двору передъ скромнымъ, чистенькимъ домикомъ Антона Антоновича, который поглядываетъ на нихъ въ окошечко, бѣгаютъ, борются, играютъ въ кегли, въ свайку, въ чехарду, въ *лапту*—въ мячи, или учатся военнымъ движеніямъ, выстроиваясь повзводно, маршируя въ ногу и выкидывая разные пріемы деревянными ружьями. На одномъ концѣ этого поприща силоразвитія—гимнастической арены: бѣготня, возня шумъ, хохотъ, горѣлки, а на другомъ безпрестанно раздаются въ торжественной тишинѣ: «слу-«шай!... стройся!... отъ.... ноги!... на.... плечо!... маршъ!... лѣво! право! разъ! «два!... стой!... на... лѣво... кругомъ!... стрѣляй!... отставь!... отъ... дождя!... «на молитву!...» и читается съ обнаженными головами: «Отче нашъ!» и кончается ученье. Но вотъ пробило два часа—и всѣ по мѣстамъ въ классахъ, до шести. Въ шесть полдникъ: булки. Въ семь—повтореніе уроковъ. Въ восемь—ужинъ, такой же почти, какъ и обѣдъ, только однимъ кушаньемъ меньше. Послѣ ужина—вечерняя молитва и духовное чтеніе.—Молитву поутру произносятъ лучшіе изъ средняго и меньшаго возраста, по очереди; молитву вечеромъ—лучшіе изъ большаго; а чтеніе св. писанія—уже дѣло *отличныхъ*. Въ 9 часовъ—глубокій сонъ во всѣхъ отдѣленіяхъ Пансіона. Только мѣрные шаги дневальныхъ надзирателей, тихо бродящихъ по спальнямъ и длиннымъ путеводамъ (коридорамъ), освѣщеннымъ ночниками, нарушаютъ мимоходомъ легкое журчанье въ воздухѣ, производимое ровнымъ дыханіемъ здоровыхъ дѣтей, изрѣдка прерываемое въ томъ или другомъ углу движеніемъ и лепетомъ сновидѣнія и напоминающее жужжаніе въ ульяхъ трудолюбивыхъ пчелъ. Иногда и самъ Антонъ Антоновичъ заглядывалъ въ тѣ или другія спальни.

Такъ проходитъ учебная недѣля. Въ субботу, послѣ классовъ, дѣти *просятся домой* — и получаютъ увольнительныя отъ инспектора записки до понедѣльника, до 8 часовъ утра. Тѣ, за которыми не прислали родные, или которыхъ некому брать на воскресенье и другіе праздники, послѣ завтрака идутъ къ обѣднѣ, а потомъ, смотря по погодѣ, въ лѣтнее время пользуются прогулкою по городу и за городомъ, въ сопровожденіи надзирателей; зимою же устроиваютъ концерты, балы и театральныя представленія, на которыя приглашаются посѣтители и посѣтительницы изъ близкихъ по родству или отношеніямъ къ дѣйствующимъ лицамъ и прочимъ воспитанникамъ. Антонъ Антоновичъ всегда присутствовалъ при этихъ собраніяхъ, радушно угощая всѣхъ чаемъ, лакомствами и прохладительнымъ питьемъ. Соломони, Ламираль, Морелли, Іогель, каждый съ свою пору, зорко наблюдали за плавными поклонами и движеніями—въ менюэтахъ, за мѣрнымъ круженьемъ паръ—въ вальсахъ, за отчаянными прыжками и выкидками—въ перегурдинахъ, гавотахъ и подобныхъ танцахъ. Постановкой піэсъ на существовавшемъ до 1812 г. театрѣ въ Пансіонѣ особенно занимался Н. Н. Сандуновъ.

На страстно́й недѣлѣ остающіяся въ Пансіонѣ дѣти говѣютъ. Великій постъ и сочельники всегда строго наблюдались. Скоромная пища была уже исключеніемъ для больныхъ и выздоравливающихъ, для немогущихъ переносить постное кушанье и для отпускаемыхъ на воскресенья къ роднымъ, если послѣдніе не имѣютъ грибнаго или рыбнаго стола. Вотъ и первые уроки терпимости, которою искони отличается православная церковь.—«Не ядущій да не укоряетъ ядущаго!»

Въ вакаціонную пору, съ 1-го іюля по 15-е августа, занятія ограничивались: чистописаніемъ, рисованьемъ, живописью, музыкой, танцами, фехтованьемъ, верховою ѣздой и живыми иностранными языками—французскимъ, нѣмецкимъ, итальянскимъ и англійскимъ. Чтобы утвердить воспитанниковъ въ правильномъ произношеніи и связномъ разговорѣ, изъ восьми комнатныхъ надзирателей, постоянно по два было при нихъ для иностранныхъ языковъ. Упражняли желающихъ также и въ разговорахъ на латинскомъ и греческомъ. Въ заключеніе вакаціи, воспитанники выступали въ лагерь на двѣ, три недѣли, въ рощу близъ Всесвятскаго села. Когда-то этотъ геройскій станъ стоялъ и на Трехъ-горахъ, А однажды была выстроена и крѣпость на дворѣ пансіонскомъ, которую одни защищали, а другіе осаждали Защитниками повелѣвалъ Ханенко, наступателями Магницкій. И начальники и оба войска такъ разгорячились, что природный фельдмаршалъ ихъ—главный смотритель Пансіона, долженъ былъ предложить имъ перемиріе; а унявъ такимъ образомъ юный пылъ храбрыхъ витязей, вовсе прекратилъ битву и приказалъ войскамъ возвратиться въ казармы—въ свои горницы. Это стоитъ Наполеоновской игры съ товарищами въ снѣжки—укрѣпленія въ военно-Бріенской школѣ…. Въ лагерѣ отставные унтеръ-офицеры обучали дѣтей военнымъ упражненіямъ. Взводы, роты, батальоны и полкъ въ маломъ видѣ имѣли своихъ штабъ и оберъ-офицеровъ, повышаемыхъ изъ чина въ чинъ и изъ должности въ должность, по успѣхамъ и способностямъ. Караулы, дежурства, обходы исполнялись во всей точности. Такъ они отъ обязанности рядоваго до генерала узнавали военную службу. Тутъ взрослые воспитанники получали настоящія ружья и иногда стрѣляли въ цѣль.

Также готовили ихъ и къ службѣ гражданской, прилагая правила научныя къ дѣятельнымъ опытамъ. Юные умы и сердца воспріимчивѣе, когда ученье не мертвая буква, а духъ, жизнь и движенье. Отсюда особенное усердіе многихъ учениковъ Горюшкина и Сэндунова къ ихъ урокамъ. «Россійское практическое законоискуство» поглощало все ихъ вниманіе. Имъ весело было проходить, какъ-бы въ дѣйствительной службѣ, всѣ степени и чины въ коллегіальномъ порядкѣ, отъ писца до предсѣдателя. И тотъ и другой приносили гражданскія и уголовныя дѣла изъ архивовъ присутственныхъ мѣстъ и распредѣляли, такъ сказать, роли между своими учениками. Одинъ—истецъ, другой—отвѣтчикъ, тѣ—свидѣтели, тѣ—писцы, повытчики, протоколисты, секретари, члены, стряпчіе, прокуроры и т. д. Дѣйствующія лица въ этихъ судопроизводныхъ драмахъ были проникнуты своими ролями, усердно углублялись въ свои обязанности, ревностно вели дѣло: нападали, защищались, судили-рядили — и впослѣдствіи, конечно, многіе изъ нихъ не одинъ разъ поблагодарили мысленно своихъ учителей за пріобрѣтенныя свѣдѣнія, какъ-бы играючи. Сколько выгоды, при вступленіи въ должность секретаря, члена, предсѣдателя какой нибудь палаты, войти въ нее не ученикомъ, а уже довольно знающимъ канцелярскіе обряды, порядокъ производства, ходъ дѣлъ всякаго рода и коренныя законоположенія.

Также готовили насъ и къ общественной, свѣтской жизни, и къ трудамъ и лишеніямъ, неизбѣжнымъ на вѣку каждаго. Домашніе театры, балы, концерты, чтеніе лучшихъ произведеній на преподаваемыхъ языкахъ, занятіе литературою, рѣчи, стихотворенія и разговоры воспитанниковъ на торжественныхъ актахъ, при стеченіи родителей, родственниковъ, ученыхъ, духовныхъ особъ, гражданскихъ сановниковъ и стороннихъ посѣтителей, все это вмѣстѣ должно было образовать ихъ для свѣтской, общественной жизни.—Тѣлесныя упражненія, силоразвитіе, борьба, бѣганье, коньки, снѣжки, мячи, свайка, кегли, фехтованье, верховая ѣзда, походы въ лагерь и военныя движенія достаточно пріучали ихъ къ трудамъ.—Отсутствіе всякой роскоши въ помѣщеніи, въ одеждѣ, въ пищѣ, внезапныя перемѣны ея, то изъ скоромной на постную, то изъ постной на скоромную, исполненіе лагерныхъ обязанностей и въ полуденный зной и въ прохладу ночи, — если всего этого нельзя назвать положительно лишеніями, — по крайней мѣрѣ все это располагало воспитанниковъ къ умѣренности и, стало быть, къ благородной рѣшимости свободной, но покорной Богу воли: довольствоваться тою участью, какую кому пошлетъ Провидѣніе, не страшиться бѣдности, не завидовать богатству.

Также, наконецъ, дѣятельно сѣялись и сѣмена вѣры въ дѣтскихъ сердцахъ, не однимъ преподаваніемъ богословія питомцамъ, но утвержденіемъ ихъ въ благочестивой привычкѣ творить утреннія и вечернія молитвы, посѣщать Божію церковь, пѣть на клиросѣ, соблюдать посты, слушать внимательно св. евангеліе, читать Дѣянія Апостоловъ и назидательныя посланія ихъ. Все это, конечно, исполняется въ дѣтствѣ безсознательно, большею частью по послушанію; но позже, на пути тревожной, печальной, сиротской иногда, жизни, безсознательно принятыя младенческимъ сердцемъ сѣмена приносятъ плодъ, въ 30, въ 60 и во сто кратъ! Забытыя въ разсѣянности кипучей молодости и вихрѣ суетныхъ страстей, дѣтскія молитвы пробуждаются подъ-часъ въ памяти возмужалаго, или уже близкаго къ старости человѣка—и онъ радостно возвращается къ насущной молитвѣ, къ пищѣ духовной, повторяя мысленно простыя слова путеводителя своего въ отрочествѣ: «Молитва, съ сокрушеннымъ сердцемъ и смиреннымъ духомъ произнесенная, «производитъ надъ нами спасительное дѣйствіе и укореняетъ въ насъ страхъ Божій, который «есть начало истинныя мудрости» — (Актъ У. Б. Пансіона 1798). Сладко припоминая себѣ спасительные уроки благочестія, онъ умиленно благословляетъ давнихъ наставниковъ.

Какъ многихъ изъ васъ ужъ нѣтъ!.... о! миръ вамъ и вѣчная память, отшедшіе наставники и учители! образователи сердца и просвѣтители ума столькихъ изъ безпрепятственно приходящихъ ко Христу, ихъ же *Ангелы на небесахъ выну видятъ лице Отца небеснаго!....* честь и признательность вамъ, еще не совершившимъ своего жизненнаго поприща! благословеніе и любовь всѣмъ, и сущимъ и отшедшимъ! Вотъ имена нѣкоторыхъ изъ нихъ: 1) *наставники и учители вмѣстѣ*: Антонскій, Страховъ, Геймъ, Снегиревъ, Давыдовъ, Павловъ; 2) *наставники и надзиратели*: Крупениковъ, Курбатовъ, Пальмъ, Панкевичъ, Старынкевичъ, Русановскій, Запольскій, Девильдье, Швенфельденъ, Чернявскій, Свѣтловъ, Азбукинъ, Калайдовичъ, Унковскій, Стопановскій, Ржевскій, Гудимъ-Левковичъ, Шляхтичь, Бунинъ, Басалаевъ, Палеховъ, Гавриловъ, Шнейдеръ, Оболенскій, Бланшаръ, Бѣликовъ, Конради, Гильфердингъ; 3) *учители*: Барсовъ, Политковскій, Сохацкій, Болдыревъ, Шлецеръ, Баккаревичъ, Тимковскій, Цвѣтаевъ, Горюшкинъ, Сандуновъ, Мерзляковъ, Каченовскій, Мягковъ, Двигубскій, Щепкинъ, Загорскій, Кошанскій, Ульрихсъ, Виллерсъ, Клодель, Теріе, Пельтъ, Кистеръ, Эвенсъ, Черепановъ, Чеботаревъ, Переложовъ, Годфруа, Буринскій, Куницкій, Подшиваловъ, Денисовъ, Перевощиковъ, Чумаковъ, Максимовичъ, Плавильщиковъ, Погодинъ, Раичъ.

Предметы ученія были слѣдующіе: 1) Законъ Божій и священная исторія. 2) Логика и нравственность (нравственная философія). 3) Математика: ариѳметика, геометрія, тригонометрія, алгебра, приложеніе алгебры къ геометріи и коническимъ сѣченіямъ. 4) Механика. 5) Артиллерія. 6) Фортификація. 7) Архитектура. 8) Опытная физика. 9) Естественная исторія. 10) Россійская исторія. 11) Всемірная исторія. 12) Статистика всеобщая. 13) Географія: математическая, политическая, всеобщая и россійская. 14) Древности. 15) Миѳологія. 16) Право естественное. 17) Право римское. 18) Государственное хозяйство. 19) Основаніе права частнаго, гражданскаго и уголовныхъ законовъ. 20) Практическое россійское законовѣдѣніе. 21) Русскій языкъ, словесность, сочиненія. 22) Иностранные языки: латинскій, французскій, нѣмецкій, англійскій, итальянскій и словесность иностранная. Въ первые и послѣдніе годы существованія Пансіона преподавался и греческій языкъ. 23) Музыка. 24) Рисованіе. 25) Живопись. 26) Танцы. 27) Фехтованіе. 28) Верховая ѣзда. 29) Военныя движенія и дѣйствіе ружьемъ. Кромѣ этихъ предметовъ, въ свободное отъ всѣхъ уроковъ время, одинъ часъ въ недѣлю былъ посвященъ статистикѣ Россіи и одинъ сельскому домоводству. Первую проходилъ ректоръ Университета, И. А. Геймъ, послѣднее директоръ Пансіона, А. А. П.-Антонскій. Въ послѣдствіи классы миѳологіи и права естественнаго закрыты. Всѣхъ классовъ для каждаго предмета было шесть: два нижнихъ, два среднихъ, одинъ подвышній и одинъ вышній.

Росписаніе учебныхъ предметовъ, взятое изъ среднихъ лѣтъ существованія Б. Пансіона, показываетъ, что воспитаніе наше было почти энциклопедическое, слѣдовательно, приуготовительное, общее. Все знать совершенно — выше умственныхъ силъ человѣчества, особенно въ отроческія лѣта, когда обыкновенно заключается въ нашихъ учебныхъ учрежденіяхъ образованіе. Воспитанникъ вступаетъ въ службу военную или статскую, придворную или дворянскую, ученую или дипломатическую, горную или морскую, съ прочными началами вообще, съ основательнымъ знаніемъ одной. или двухъ, трехъ любимыхъ отраслей науки, сообразно его призванію, вкусамъ, склонности, дарованію, и за тѣмъ, съ поверхностными уже понятіями объ остальныхъ предметахъ или отдѣлахъ знанія. Это пріуготовительно-энциклопедическое воспитаніе, покуда единственно возможное у насъ, такъ торопящихся начать службу, вполнѣ принесло свои плоды. Имѣя, можно сказать, ключи ко всѣмъ наукамъ, воспитанникъ (если онъ не перешелъ въ одинъ изъ факультетовъ Университета), смотря по обстоятельствамъ, роду службы и нуждамъ, въ теченіе своей жизни самъ довершаетъ окончательно свое образованіе по русской пословицѣ: «вѣкъ живи—вѣкъ учись!»

Въ заведеніяхъ, которыхъ цѣль, по самому учрежденію ихъ, положительно опредѣлена, разумѣется, и главнѣйшее вниманіе устремлено на главный предметъ ихъ назначенія. Въ нашемъ Пансіонѣ было не такъ: въ немъ не стѣсняли природныхъ наклонностей и не требовали отъ ребенка равныхъ во всемъ успѣховъ. Развивая рѣшительно обнаружившіяся въ немъ дарованія, все обстановочное обученіе направляли уже прямо къ цѣли, имъ самимъ себѣ предназначенной. Такъ одни изъ насъ предпочтительно занимались математическими науками, другіе углублялись въ богословіе, или судовѣдѣніе, третьи посвящали себя словесности и т. д. При обращеніи особеннаго вниманія на успѣхи каждаго въ предметахъ, входящихъ въ кругъ его учебныхъ занятій, по призванію или личному выбору, и испытанія каждаго были строже собственно по этимъ предметамъ Такимъ образомъ воспитанники, достигая среднихъ и высшихъ классовъ по однимъ отдѣламъ ученія, по другимъ оставались иногда въ нижнихъ и тѣмъ болѣе старались потомъ догнать, такъ сказать, самихъ себя: скорѣе дойти до всѣхъ вышнихъ классовъ. Конечно, и требованія отъ нихъ были снисходительнѣе. Однако жъ, все-таки они лучше были подготовлены, переходя изъ класса въ классъ не вдругъ, не общимъ передвиженіемъ по жребію роковыхъ баловъ, основанныхъ на случайной выдержкѣ вопросовъ, удовлетворенныхъ или неудовлетворенныхъ отвѣтами (какъ это введено во всѣхъ учебныхъ заведеніяхъ: мужскихъ и женскихъ, военныхъ и гражданскихъ, спеціальныхъ и духовныхъ), но отдѣльно и по степени успѣховъ въ тѣхъ, или другихъ наукахъ.... Здѣсь смѣло можно повторить сказанное мною при изданіи поэмы «Москва»: много наше пріуниверситетское училище дало государству образованныхъ сановниковъ, полководцевъ, писателей, ученыхъ, сельскихъ хозяевъ; вскормило нравственно-духовнымъ молокомъ три, четыре поколѣнія; развило вполнѣ высокое чувство благоговѣйной любви къ отечеству въ дѣтяхъ, стекавшихся со всѣхъ концевъ Россіи къ источнику просвѣщенія и государственныхъ доблестей — подъ отеческое руководство А. А. Прокоповича-Антонскаго.... Его уже нѣтъ!... Покуда я поправлялъ по замѣчаніямъ его и дополнялъ по его разсказамъ мои «Воспоминанія,» онъ тихо угасалъ и угасъ, какъ свѣточъ, лишенный пищи: тѣлесныя силы истощились въ немъ, жизненный огонь догоралъ, но бодръ еще былъ духъ его! За два дня до кончины своей онъ твердо, ясно, съ увлеченіемъ, даже съ нѣкоторою живостью, вспоминая о быломъ, передалъ мнѣ многія свѣдѣнія о старинѣ, разрѣшалъ мои вопросы и показывалъ мнѣ свои памятныя отмѣтки на разныхъ листочкахъ бумаги.... Да, девяностолѣтній старецъ считалъ воспитанниковъ своихъ *поколѣнными росписями*: дѣдъ, отецъ, внукъ, иногда и правнукъ съ прадѣдомъ—и всѣ изъ Московскаго Университетскаго Благороднаго Пансіона, и всѣ, съ его благословенія, пустились, каждый по своему призванію, на свое поприще, на службу отечеству: въ тишинѣ ли учебной храмины, въ шуму ли словесной дѣятельности и журнальныхъ войнъ, на скользкой ли аренѣ драматургіи, на бранномъ ли полѣ средь героевъ родныхъ, въ труженическихъ ли подвигахъ судьи и министра. И какое множество встречается въ спискахъ *его дѣтей* именъ извѣстныхъ! напримѣръ: князей Одоевскихъ, Трубецкихъ, Долгорукихъ, Хованскихъ, Гагариныхъ, Голицыныхъ, Урусовыхъ, Вадбольскихъ, Черкасскихъ, Волхонскихъ, Друцкихъ-Сокольницкихъ, Чернышевыхъ-Кругликовыхъ, Шаховскихъ, Тенишевыхъ, Хилковыхъ, Грузинскихъ, Кантакузиныхъ, Баратовыхъ, бароновъ Черкасовыхъ, графовъ Толстыхъ, потомковъ Глѣбовыхъ, Бѣгичевыхъ, Бестужевыхъ, Ермоловыхъ, Головиныхъ, Дашковыхъ, Озеровыхъ, Бахметевыхъ, Свиньиныхъ, Барановыхъ, Кологривовыхъ, Тучковыхъ, Храповицкихъ, Татищевыхъ, Морозовыхъ, Лодомирскихъ, Луниныхъ, Опухтиныхъ, Куприяновыхъ, Языковыхъ, Раевскихъ, Соковниныхъ, Бобрищевыхъ-Пушкиныхъ, Граматиныхъ, Воейковыхъ, Молчановыхъ, Сухотиныхъ, Веньяминовыхъ, Кайсаровыхъ, Тургеневыхъ, Карновичей, Шишковыхъ, Потемкиныхъ, Лопухиныхъ, Салтыковыхъ, Офросимовыхъ, Сойморовыхъ, Михайловыхъ, Гурьевыхъ, Муратовыхъ, Столыпиныхъ, Карамзиныхъ, Замятиныхъ, Ржевскихъ, Ушаковыхъ, Шереметевыхъ, Горсткиныхъ, Аргамаковыхъ, Левашевыхъ, фонъ-Менгденовъ, Челищевыхъ, Назимовыхъ, Мясоѣдовыхъ, Потуловыхъ, Лихачевыхъ, Порошиныхъ, Мятневыхъ, Ладыженскихъ, Лачиновыхъ, Львовыхъ, Сомовыхъ, Четвериковыхъ и т. д.

Было много патріархальнаго въ нашемъ воспитаніи. Въ дѣтяхъ—сыновняя любовь къ наставникамъ, въ наставникахъ—чадолюбивая заботливость о дѣтяхъ. Все было основано на взаимности и довѣріи. Главный же двигатель умственныхъ и нравственныхъ успѣховъ—сильно возбужденное чувство соревнованія.

Всѣ дѣйствія и распоряженія начальства были до того гласны, что не только искреннія и подробныя свѣдѣнія сообщались родителямъ и родственникамъ, по первому требованію, о поведеньи, ученьи и здоровьи ихъ дѣтей, не только имъ всегда были открыты приходо-расходныя книги, для личной, по желанію, повѣрки употребленія и наличности дѣтскихъ денегъ, вещей одежды, бѣлья; но даже всѣмъ и каждому изъ посѣтителей, во всякое время дня дозволялось обозрѣвать всѣ части заведенія: учебныя горницы, спальни, столовую, поварни, больницу и т. д. Тутъ всякой могъ видѣть порядокъ, опрятность, кушанье, прислугу и проч.

Исправительныя и поощрительныя мѣры были такъ во всѣхъ случаяхъ благоразумны и благородны, что о тѣлесныхъ наказаньяхъ и помину не было. Правда, и шалости случались чисто дѣтскія. Только закоснѣлая лѣность и бѣшено-злой нравъ подвергали неисправимаго *остракизму*—изгнанію. Однакожь, по крайней мѣрѣ въ мое время едва ли двухъ-трехъ питомцевъ возвратилъ Пансіонъ родителямъ по этѣмъ причинамъ.

Здѣсь нужна оговорка: время, къ которому относится мое повѣствованіе, взятое изъ преданій, достовѣрныхъ источниковъ и собственныхъ воспоминаній, обнимаетъ все протяженіе лѣтъ отъ открытія Университета, гимназій и Пансіона до 1814. Съ этого года по 1830—1833 я уже не вхожу въ подробности, будучи удаленъ службою отъ мѣста моего воспитанія.—Патріархальные, экло́го-идиллическіе нравы впослѣдствіи нѣсколько измѣнились введеніемъ въ нашъ Пансіонъ нѣмецкой философіи, которой предшествовалъ и отчасти приготовилъ его къ новому направленію мистицизмъ, возникшій впрочемъ посреди немногихъ только воспитанниковъ передъ самымъ нашествіемъ Наполеона на Россію. Кто именно были эти религіозные восторженники, не знаю. Они, разумѣется, таились отъ непосвященныхъ въ ихъ ученіе. Помню только, что трое-четверо изъ нихъ бѣжали или собирались бѣжать отъ соблазновъ міра въ монастыри, помышляя даже и о пустынножительствѣ.—Не изъ нихъ ли и появившійся недавно (въ 1857) въ Москвѣ странникъ Д. И. Сумароковъ—внучатный племянникъ писателя А. П. Сумарокова. Прошлымъ великимъ постомъ я встрѣчалъ загадочнаго богомольца въ моей приходской церкви «Стараго Пимена.» Не изъ числа ли также нашихъ мистиковъ былъ и И. И. Палеховъ?—Въ письмѣ своемъ ко мнѣ отъ 4 марта 1857 (приложеніе XII), о мистическомъ и философскомъ эпизодахъ жизни нашего Пансіона. С. П. Шевыревъ говоритъ съ любовью о Палеховѣ и Сумароковѣ.

Впрочемъ духовно-мистическое, или, правильнѣе сказать, набожно-поэтическое направленіе, особенно же мистическое, таинственно-религіозное по временамъ настроеніе нѣсколькихъ изъ воспитанниковъ Московскаго Университета съ его гимназіями и пансіонами проявлялось, болѣе или менѣе, во всѣ почти эпохи университетской жизни.—Самъ Антонскій, какъ одинъ изъ питомцевъ Дружескаго общества, слылъ мистикомъ и масономъ. И. Г. Шварцъ, Н. И. Новиковъ, Н. А. Ладыженскій, И. П. Тургеневъ, Ѳ. П. Ключаревъ, Ѳ. И. Глѣбовъ, Г. М. Походяшинъ, А. Ѳ. Лабзинъ, М. П. Невзоровъ, В. И. Баженовъ, М. С. Бронкевичъ, всѣ (кромѣ развѣ—послѣдняго)—также члены или ученики этого общества, извѣстны какъ мистики и масоны. Всѣ они какъ-то особенно пожимали руку своимъ знакомцамъ, при встрѣчѣ и прощаніи съ ними: отвѣтное пожатіе руки обнаруживало въ послѣднихъ *брата* или *непосвященнаго*. Антонскій, до конца жизни своей, не оставилъ привычки знаменательно пожимать руки и выщупывать, такъ сказать, отвѣты на безгласные вопросы.—Такъ и многіе изъ воспитанниковъ Университетскаго Пансіона, поэты и не-поэты, обнаруживали порой или своими трудами, или своею жизнію, иные и трудами и жизнію—то же набожно-поэтическое и мистическое—благодатное, тайнообразующее внутренняго человѣка настроеніе. И. Н. Инзовъ, М. Л. Магницкій, Е. А. Головинъ, кн. Н. Н. Хованскій, В. А. Жуковскій, А. С. Норовъ, Віаноръ Бѣликовъ, кн. В. Ѳ. Одоевскій, Д. И. Сумароковъ, и еще нѣкоторые. Во времена императора Александра I, двое-трое изъ нихъ до того увлеклись своими гаданіями, созерцаніями и мудрованіями, что попались даже въ Дервише-изступленное общество, которое было устроено извѣстною своей восторженностью и мечтательностью г-жею Татариновой и пламеннымъ сотрудникомъ ея В. М. Поповымъ.

Не станемъ осуждать временнаго, можетъ быть, заблужденія нѣкоторыхъ изъ павшихъ мистиковъ (значеніе слова: мистикъ, мистика объяснено выше); паденіе неизбѣжно въ жизни: такова природа человѣческая!...

Преданіе, однако, не укоряетъ ихъ въ лицемѣріи; а только разсказываетъ о странностяхъ, впрочемъ очень немногихъ изъ нихъ. Такъ, напримѣръ, Ѳ. И. Глѣбовъ, въ чаяніи видѣній и голосовъ—стоитъ движущихся столовъ въ настоящее время—бѣгалъ по цѣлымъ часамъ изъ угла въ уголъ, нашептывалъ про себя какія-то слова, размахивалъ во всѣ стороны руками и вдругъ останавливался передъ стѣной и нѣсколько минутъ оставался, какъ вкопанный. Ѳ. П. Ключаревъ завѣрялъ своихъ знакомыхъ, что онъ бесѣдуетъ съ духами и также, углубляясь въ думы, разводилъ передъ стѣной руками, выкидывалъ разныя продѣлки передъ непосвященными. И оба они, добро бы ужь дома, а то даже и въ гостяхъ такъ иногда проказили. Кн. А. И. Долгорукій воображалъ, что онъ въ таинственномъ сообщеніи съ душами отжившихъ друзей своихъ и всякой день оставался часъ или два въ своей комнатѣ, ничего не дѣлая и сидя—глаза въ потолокъ,—въ созерцательномъ настроеніи духа, изъ котораго часто выводила мечтателя молодая, живая, веселонравная княгиня стремительнымъ вторженіемъ въ кабинетъ мужа и звонкимъ хохотомъ. Порой она подкрадывалась къ нему съ пріятельницами, обѣщая угостить ихъ духами—и шалуньи помирали со смѣху, глядя на его неподвижную фигуру.—Всѣ эти разсказы я слыхалъ отъ старыхъ людей, въ томъ числѣ и отъ моей тещи Е. Л. Тютчевой (по рожденію Толстой), которая смолоду часто встрѣчалась съ мистиками и масонами въ дому своей тетки гр. А. В. Остерманъ. Съ многими изъ нихъ, особенно же съ Глѣбовыми, гр. Ѳ. А. Остерманъ былъ въ дружескихъ отношеніяхъ. Набожный графъ Ѳедоръ Андреевичъ любилъ духовныя бесѣды мистиковъ, какъ не уклонялся отъ нихъ и митрополитъ Платонъ, который, бывая у него каждые двѣ-три недѣли съ духовенствомъ на трапезѣ, нерѣдко встрѣчался съ ними.—Изъ прочихъ членовъ Дружескаго общества, кажется, никто не славился какими-либо странностями. Укажу развѣ на особенность благотворительности И. В. Лопухина. Послѣдніе годы своей жизни въ Москвѣ онъ затруднялся въ средствахъ къ пособію бѣднымъ—и рѣшился втягивать, волею неволею, въ добрыя дѣла и встрѣчнаго и поперечнаго: пользуясь довѣріемъ богатыхъ и небогатыхъ людей, онъ вошелъ въ долги, и занимаемыя деньги раздавалъ каждый день нищимъ, которыми съ утра всегда была установлена его лѣсница отъ послѣдней ступени крыльца до порога прихожей горницы.— Заимодавцы, по смерти Ивана Владиміровича, не очень честили память благотворителя—и мирный мистикъ-масонъ остался въ ихъ мнѣніи злѣйшимъ мартинистомъ. По правдѣ, современники не всегда оттѣняли благочестивыхъ членовъ-мистиковъ Дружескаго общества отъ невинныхъ членовъ-говоруновъ большей части масонскихъ въ Россіи ложъ (закрытыхъ окончательно въ 1826 г.) и отъ мартинистовъ, философо-политиковъ временъ Екатерины. Да не многіе и наше время съумѣютъ отличить въ своихъ понятіяхъ однихъ отъ другихъ. Даже Пушкинъ — эта свѣтлая голова, не объяснилъ себѣ рѣзкое различіе между мистиками и мартинистами самымъ различіемъ ихъ источниковъ, цѣлей и дѣйствій. Вотъ его слова (сочиненія А. С. Пушкина томъ VII. Изданіе П. В. Анненкова. 1857 года, страница 52): «Въ то время существовали въ Россіи люди, извѣстные подъ именемъ *мартинистовъ*. Мы еще застали нѣсколько стариковъ, принадлежавшихъ этому полу-политическому, полу-религіозному обществу. Странная смѣсь мистической набожности и философическаго вольнодумства, безкорыстная любовь къ просвѣщенію, практическая филантропія ярко отличали ихъ отъ поколѣнія, которому они принадлежали. Люди, находившіе свою выгоду въ коварномъ злословіи, старались представить мартинистовъ заговорщиками и приписывали имъ преступные, политическіе виды. Императрица, долго смотрѣвшая на ученія французскихъ философовъ, какъ на игры искусныхъ бойцовъ, и сама ихъ ободрявшая своимъ царскимъ рукоплесканіемъ, съ безпокойствомъ видѣла ихъ торжество, и съ подозрѣніемъ обратила вниманіе на русскихъ мартинистовъ, которыхъ считала проповѣдниками безначалія и адептами энциклопедистовъ. Нельзя отрицать, чтобы многіе изъ нихъ не принадлежали къ числу недовольныхъ, но ихъ недоброжелательство ограничивалось брюзгливымъ порицаніемъ настоящаго, невинными надеждами на будущее и двумысленными тостами на франк-масонскихъ ужинахъ.»

Возвращаюсь къ Пансіону моего времени. Вотъ какъ дѣйствовали въ немъ на самолюбіе воспитанниковъ: наблюдалось старшинство мѣстъ—въ классахъ, по степени прилежанія и успѣховъ, въ комнатахъ—по поведенію и благонравію.—Въ классахъ почиталось большою наградою пересѣсть выше, съ одной скамьи на другую, или съ нижняго конца своей скамьи на верхній, или хоть на нѣсколько человѣкъ подвинуться впередъ. А стать первымъ или изъ первыхъ между товарищей значило возбудить всеобщее въ нихъ къ себѣ уваженіе. За то сойти съ мѣста своего ниже, съ первой или второй скамьи на третью или четвертую, было всегда чувствительнымъ наказаніемъ. Взобраться же на *парнасъ*—верхній ярусъ столовъ и скамей, которые прежде были расположены ступенями,—это ужь неминуемо возбуждало насмѣшки, подчасъ и презрѣнье товарищей. Между тѣмъ новые ученики, по вступленію, или переходу изъ младшихъ въ старшіе классы, нисколько не подвергались нареканію за пребываніе свое на парнасѣ. Также и въ комнатахъ не было выше награды, какъ стать первымъ или изъ первыхъ по списку. Повышеніе и пониженіе мѣста въ горницѣ было слѣдствіемъ какъ отзывовъ учителей, въ похвалу или порицаніе ученика, такъ приличнаго или неприличнаго поведенія его внѣ классовъ. Такія перемѣщенія изъ пары въ пару, или съ конца на конецъ, повторялись каждую недѣлю, по числу *штриховъ*—черточекъ, показывавшихъ противъ каждаго лица: сколько разъ кто подпалъ замѣчанію, выговору, или наказанію. Эти *штрихи*, подстрекая лѣнивыхъ и сонливыхъ, много обуздывали вспыльчивыхъ и шалуновъ. Они страшнѣе казались самыхъ наказаній—и это потому, что Антонскій обращалъ на нихъ вниманіе: каждую субботу надзиратели, при новыхъ спискахъ, представляли ему и старые со *штрихами*; а за ними, при первой встрѣчѣ съ *оштрихованными*, слѣдовали отъ него замѣчанія къ пристыженію ихъ не только передъ товарищами по комнатѣ, но и передъ другими воспитанниками изъ чужихъ горницъ. Главный тутъ дѣйствователь—*страхъ любви*: дѣти столько же боялись огорчить Антона Антоновича, сколько уважали его совѣты, гордились его похвалою и дорожили каждымъ словомъ его. Даже: кто нибудь изъ насъ скажетъ: идетъ!... прошелъ черезъ дворъ!... ходитъ по классамъ!... и всякой говоръ умолкаетъ и глубокая тишина водворяется въ Пансіонѣ. Позже онъ признавался многимъ изъ прежнихъ воспитанниковъ своихъ, что иногда, при нездоровьи или по особеннымъ занятіямъ, не имѣя возможности показаться дѣтямъ, онъ отсылалъ свою *шинель* въ прихожую—и дѣти, увидя шинель, думаютъ, что онъ въ той или въ другой горницѣ и ужь тутъ нечего заботиться объ удержаніи порядка ни учителямъ, ни надзирателямъ: его ждутъ — и этого довольно!... Первые въ среднихъ классахъ, если что нибудь задержитъ профессора, заступаютъ мѣсто его, испытывая товарищей въ пройденныхъ урокахъ, обозрѣвая занятія ихъ и поправляя ошибки въ исполненіи задачъ. Первые изъ вышнихъ классовъ, при временной неявкѣ учителей въ нижнихъ, по болѣзни и другимъ причинамъ, замѣняютъ ихъ со всѣми правами учителя. Также и старшіе въ горницѣ наблюдаютъ за товарищами, со всѣми правами надзирателя, при кратковременной иногда отлучкѣ его изъ Пансіона. Все это льстило самолюбію и усиливало благородное соревнованіе, не развивая однако жалкаго тщеславія. Лѣность, невѣжливость, неряшество, упрямство, вспыльчивость, позднее возвращеніе послѣ праздника изъ отпуска, все это подвергало наказанію. Прослушать выговоръ, увидѣть занесеніе *штриха*, пойти къ обѣду или ужину ниже своей пары, лишиться лакомаго пирожнаго или полдника, постоять въ углу, не получить увольненія на слѣдующее воскресеніе къ роднымъ, или два, три праздника остаться въ Пансіонѣ, наконецъ попасть за *ослиный столъ*—вотъ всѣ наказанія виноватаго. «Надзиратели, какъ сказано въ 23 § Постановленія, исправляютъ проступившагося по собственному своему *благоразумію и отеческой нѣжности* къ юношеству».— Передъ столовою въ проходной горницѣ, въ углу близь двери, накрытъ маленькій столъ; передъ нимъ у стѣны лѣнивый или упрямый *преступникъ*, надъ нимъ листъ бумаги на стѣнѣ съ надписью: «Ослиный столъ».—Полтораста, двѣсти паръ воспитанниковъ проходятъ мимо въ столовую и изъ столовой — и стыдятъ его. Впрочемъ, рѣдко и очень немногіе подвергали себя такому позору.

До 1818 года нашъ Пансіонъ не пользовался ни какими особенными правами или преимуществами, хотя еще М. Н. Муравьевъ помышлялъ, кажется, объ этомъ; покрайней мѣрѣ изъ записокъ Михаила Никитича, на которыя С. П. Шевыревъ указываетъ въ Исторіи Университета, замѣтно желаніе ученаго мужа возвысить Пансіонъ хоть бы болѣе звучнымъ и классическимъ именемъ «Пританея», при чемъ и начальникъ его былъ бы названъ «Пританомъ». Но мысль эта, какъ и намѣреніе назвать лицеемъ академическую гимназію, не приведена въ исполненіе; а между тѣмъ главный смотритель Пансіона, помощники его, профессоры, стороннія учители, надзиратели и прочія лица, служившія въ немъ, пріобрѣтали ученыя степени и гражданскіе чины по общему порядку производства въ службѣ статской и ученой. Знаки отличія доставались не легко, изрѣдка и очень немногимъ изъ нихъ. Жалованье было меньше нежели умѣренное. Однако жъ, всѣ трудились, всѣ усердствовали, неутомимо, пламенно, постоянно, безъ личныхъ видовъ, безкорыстно, изъ чистой, высокой любви къ просвѣщенію, къ дѣтямъ, къ отечеству. Выгоды и награды воспитанниковъ заключались собственно въ домашнихъ поощреніяхъ. — Переименованіе студента въ коллежскаго регистратора, позже въ губернскаго секретаря, составляло уже преимущество, присвоенное непосредственно Университету, въ которомъ студенты Пансіона, по достиженіи этого званія, слушали положенное время профессорскія лекціи, и которымъ они утверждались въ немъ по строгомъ испытаніи — и какъ весело было, надѣвъ на себя въ первый разъ студенческій мундиръ (въ мое время—1808-1814—синяго цвѣта, съ малиновыми воротникомъ и обшлагами и съ золотыми пуговицами), принять въ Университетѣ шпагу изъ рукъ старшаго на годовомъ актѣ лица!

Мнѣ и нѣкоторымъ изъ сверстниковъ моихъ не легко было однако добиться до шпаги, какъ ни усердно мы фехтовали: хотя латинскій языкъ издавна преподавали въ нашемъ Пансіонѣ, но изученіе его въ наше время было не обязательно. Нѣкоторые изъ удостоиваемыхъ званія студента мало имъ занимались; а иные и вовсе не учились латини. Не за долго до годоваго у насъ акта въ 1811, постановлено было за правило, чтобы впредь производимые изъ нашихъ воспитанниковъ въ студенты непремѣнно знали латинскій языкъ. Антонскій самъ взялся подготовить насъ — и въ нѣсколько мѣсяцевъ (отъ первой, печальной для не-латинщиковъ вѣсти до лѣтнихъ экзаменовъ въ 1812 г.) отсталые изъ нареченныхъ 23-го декабря 1811 студентами, начавъ съ Федра и Корнелія Непота, добрели до Квинта Курція. Испытаніе, на первый разъ, было самое отеческое! А главный *пытатель* нашъ, А. Х. Чеботаревъ, не только не пыталъ **новолатинщиковъ**, а напротивъ всѣми силами помогалъ имъ, ободрялъ, отстаивалъ ихъ — и ни одинъ изъ *нареченныхъ* не лишился желаемой шпаги. Что до меня, я и теперь, въ старости, съ глубокосердечною признательностью вспоминаю о его снисходительности — и тѣмъ болѣе, что я былъ самымъ плохимъ латинщикомъ, даромъ-что въ *библіотекѣ* моей сохранилась латинская книга «Catilina» и «Jugurtha» (заговоръ Катилины, и война Югурты). Въ часы раздумья я помышлялъ даже покинуть Пансіонъ и вступить юнкеромъ въ какой-нибудь армейскій полкъ.

При выпускѣ воспитанниковъ изъ Пансіона, *на торжественныхъ актахъ* его (послѣ годичнаго испытанія въ наукахъ и строгой оцѣнки нравственности и поведенія каждаго), въ присутствіи ихъ родителей и родныхъ, членовъ Университета, московскаго митрополита, военнаго генералъ-губернатора и прочихъ извѣстныхъ особъ духовнаго, гражданскаго и военнаго званій, литераторовъ, художниковъ и стороннихъ посѣтителей и посѣтительницъ, воспитанники, съ возвышенной каѳедры подъ портретомъ царствующаго покровителя наукъ, говорили приличныя торжеству рѣчи на русскомъ языкѣ и на одномъ, или двухъ изъ иностранныхъ; потомъ читали наизустъ стихи и прозу извѣстныхъ писателей на разныхъ языкахъ, а также и собственные опыты въ стихахъ и прозѣ; потомъ, посреди залы вступали въ судебное дѣлопроизводство, или драматическіе разговоры (кончавшіеся иногда пѣніемъ) о нравственныхъ, ученыхъ, отвлеченныхъ предметахъ: «объ «обязанностяхъ гражданина и человѣка къ обществу, о необходимости ученія во всякой службѣ, «о пріобрѣтеніи знаній и навыковъ къ разнымъ должностямъ, о преимущественномъ занятіи оте-«чественнымъ языкомъ, о Россіи, о воспитаніи, образованіи сердца, тщеславіи, истинныхъ за-«слугахъ, счастіи и т. д.» Эти разговоры и судебныя дѣлопроизводства представляли именно драматическія явленія: дѣйствующія въ нихъ лица имѣли свои роли, свои имена, свое время входовъ и выходовъ и т. п. Далѣе: нѣсколько паръ почередно бились, въ проволочныхъ маскахъ, на рапирахъ и эспадонахъ; далѣе: музыка—фортепьяно, скрипка, флейта; далѣе: танцы—плавные менюэты, быстрые вальсы, вычурныя кадрили и мазурки, съ прыжками и разными выходками: entrechats, pas de zephyrs.... Все это заключалось или дѣтскимъ хоромъ, или прощальными стихами, или прощальною рѣчью одного изъ выпускаемыхъ къ товарищамъ, съ изъявленіемъ чувствъ живой признательности и наставникамъ и учителямъ, или напутственнымъ словомъ законоучителя покидающимъ мирный пріютъ дѣтства.

Всѣ эти дѣйствія составляли уже пріятнѣйшую награду отроку за каждый годъ прилежанія его къ наукамъ и наблюденія за собою въ поведеніи: важно для его самолюбія взойти на каѳедру профессорскую и сказать рѣчь передъ многочисленнымъ собраніемъ «просвѣщенныхъ слушателей и слушательницъ!» упоительно замираетъ юное сердце передъ чтеніемъ своего стихотворенья! торжественно произноситъ онъ свои мысли въ прозаическомъ сочиненіи! весело ему стать дѣйствующимъ лицемъ въ драматическихъ явленіяхъ, или блеснуть своею игрой на скрипкѣ, флейтѣ, фортепьяно, или показать ловкость свою и въ битвѣ и въ танцахъ.

Кромѣ всего этого было еще въ продолженіе нѣсколькихъ лѣтъ поощреніе, очень замѣчательное по цѣли—развить въ дѣтяхъ чувство строгой справедливости къ другимъ и смиренной самооцѣнки, по сравненію съ другими себя: воспитанникамъ всѣхъ возрастовъ предоставлено было право выборовъ въ званіе *лучшихъ изъ товарищей* на каждый годъ—и начальство признавало *первыми* въ каждомъ возрастѣ тѣхъ, которые между *лучшими* отличались благонравіемъ и прилежностью къ наукамъ. За этими выборами слѣдовалъ выборъ *директоровъ и секретаря для дѣтскихъ забавъ* (театры, концерты, балы и проч.). Такъ въ 1798 году, когда было совершено освященіе новопостроеннаго каменнаго зданія и были помѣщены въ новой залѣ портреты трехъ первыхъ кураторовъ Университета: И. И. Шувалова, И. И. Мелиссино (уже умершихъ тогда) и М. М. Хераскова, въ присутствіи послѣдняго и втораго по немъ куратора П. И. Голенищева-Кутузова, на актѣ Б. Пансіона (прил. XIII) дано имя *первыхъ* признаннымъ по свободному выбору товарищей и по большинству голосовъ *лучшими:* Сергѣю Костомарову и Василію Жуковскому—*въ большомъ возрастѣ*; Константину Кириченкѣ-Островову и Степану Порошину—*въ среднемъ*; Алексѣю Вельяминову и Степану Вольховскому—*въ младшемъ*. Въ *директоры забавъ* тогда были выбраны первые четверо изъ лучшихъ, да Павелъ Собакинъ, К Григорій Гагаринъ и Александръ Хвостовъ. Секретаремъ же назначенъ Семенъ Родзянка—*товарищъ лучшихъ*.—Имена *первыхъ* на каждый годъ воспитанниковъ, крупно начертанныя или напечатанныя, выставлялись въ столовой на стѣнѣ въ рамкѣ. Обязанность *первыхъ*—служить примѣромъ во всѣхъ отношеніяхъ своимъ товарищамъ, направляя ихъ на все доброе благими совѣтами и развивая въ нихъ похвальное чувство благороднаго соревнованія. — *Вторыми* послѣ *лучшихъ* признаны тогда—въ *большомъ возрастѣ*: Николай Пафнутьевъ, Александръ Офросимовъ, Василій Поляковъ, Александръ Тургеневъ, Илья Дубовикъ и Іасонъ Храповицкій; въ *среднемъ*: Петръ Лихачевъ, Лука Дьяковъ, Николай Аргамаковъ, Борисъ Замятинъ, Николай Небольсинъ, Сергѣй Фонъ-Визинъ, Григорій Мятневъ и кн. Семенъ Урусовъ; въ *меньшомъ*: Иванъ Петинъ, Василій Новиковъ, Петръ Ольговъ, Иванъ Рамейковъ, Александръ Соболевскій, Павелъ Ханенко, Иванъ Сахаровъ, Иванъ Лазаревъ, Александръ Лазаревъ и Андрей Офросимовъ.

Но вотъ наступаетъ торжественное мгновеніе раздачи наградъ—и сердца родителей и родственниковъ также бьются и замираютъ, какъ и сердца ихъ дѣтей. Вотъ провозглашаются имена заслужившихъ особенное одобреніе въ *нижнихъ* классахъ—и похваленые передъ такимъ стеченіемъ *знаменитыхъ посѣтителей и посѣтительницъ* съ гордостью выходятъ на средину залы. Снисходительное участіе присутствующихъ привѣтствуетъ ихъ. Вотъ безпристрастный Антонъ Антоновичъ беретъ по порядку подарки (призы) и удостоенный, по вызову, приближается, получаетъ присужденную ему награду и слышитъ со всѣхъ сторонъ искреннія поздравленія. Книги, чертежи, атласы, рисунки, рапиры и ноты достаются отличившимся въ *среднихъ* и *подвышнихъ* классахъ. Лучшіе въ *вышнихъ* производятся въ студенты и получаютъ право, независимо отъ занятій своихъ въ Пансіонѣ, слушать лекціи въ Университетѣ. Отеческая заботливость Антона Антоновича и тутъ ихъ не покидала: онъ требовалъ отъ каждаго всякій деньотчетныхъ записокъ о всемъ, что было преподаваемо съ той, или другой каѳедры. Похвальные листы, за печатью Университета и за подписью его ректора, металлическія глобусомъ чернилицы, съ вырѣзанными на нихъ золотыми буквами именами воспитанниковъ, которымъ онѣ опредѣлены, серебряныя и золотыя медали, большею частью раздавались студентамъ. Одинъ, или двое изъ выпускаемыхъ «дѣйствительными студентами» воспитанниковъ оставляли, въ память прежнимъ товарищамъ своимъ и въ назиданіе будущимъ питомцамъ Пансіона, имена свои на доскѣ въ залѣ «торжественныхъ актовъ.» И можно сказать, что эти акты, какъ и торжественныя собранія Московскаго Университета, вполнѣ были торжественны: не одни воспитанники и студенты, но наставники и учители, директоръ и надзиратели, ректоръ и профессоры, кураторъ и чиновники, всѣ, съ какою-то простодушною торжественностью, съ какою-то восторженною важностью, съ глубокимъ чувствомъ сознанія великости предстоящаго дѣла, заботливо и радостно готовились къ годовому празднику — и эти акты, эти собранія были всегда свѣтлыми днями Университета и Пансіона.

Только въ 1818 году, послѣ тридцати-девяти-лѣтняго существованія своего, этотъ разсадникъ наукъ, этотъ образецъ, по нынѣшнему типу, всѣхъ въ государствѣ учебныхъ заведеній для дворянъ: лицеевъ, институтовъ и т. п., удостоился наконецъ получить права и преимущества, которыми С.-Петербургскій Александровскій (прежде царско-сельскій) лицей пользовался отъ учрежденія своего, и которыя перешли, по наслѣдству, къ Московскому дворянскому институту: присвоеніе, при выпускѣ, отличнѣйшимъ воспитанникамъ классовъ 14, 12 и 10, смотря по ихъ успѣхамъ. Но Пансіонъ нашъ не долго пользовался этимъ поощреніемъ Въ 1830 г. онъ обращенъ въ гимназію (Высочайшій указъ П. сенату въ 29-й день марта 1830 года, о преобразованіи Благородныхъ Пансіоновъ при Московскомъ и С.-Петербургскомъ Университетахъ въ Гимназіи).

Открытіе гимназіи было 25-го іюля, 1831. Воспитанники, поступившіе въ нее до указа, не лишились прежде дарованныхъ имъ правъ на пріобрѣтеніе 14, 12 и 10 классовъ, при выпускѣ ихъ на службу изъ гимназіи, которая даже оставлена «по прежнему заведеніемъ для пансіонеровъ только дворянскаго происхожденія, — изъ снисхожденія къ дворянству, привыкшему считать бывшій Пансіонъ исключительно опредѣленнымъ для благороднаго юношества, и дабы оно тѣмъ охотнѣе могло отдавать въ гимназію дѣтей своихъ». (Отношеніе министра народнаго просвѣщенія, кн. Ливена, къ попечителю Московскаго учебнаго округа кн. С. М. Голицыну отъ 11-го мая 1830, № 3536). Такова однако жъ была полувѣковая привычка и любовь къ прежнему Пансіону, что, не смотря на всѣ снисхожденія кн. Ливена, многіе изъ родителей перемѣстили своихъ дѣтей въ другія, казенныя и даже частныя учебныя заведенія — и эта дворянская гимназія, по необходимости и вскорѣ, переименована въ дворянскій институтъ (Высочайшее повелѣніе въ 22-й день февраля 1833 года), который уже въ 1849 опять названъ гимназіей. Она помѣщается въ домѣ, живописно расположенномъ надъ крутымъ скатомъ высокой горы, испещренной извилистыми тропинками между кустарниковъ, деревьевъ, каменистыхъ возвышенностей и водовмѣстилищъ, въ которыхъ, когда домъ принадлежалъ Пашкову, плескались красивыя разныхъ породъ птицы. Пространство, занимаемое строеніями, дворами и садомъ IV гимназіи заключается между моховой, знаменкой и пашковскимъ переулкомъ: но долго ли-то ей радоваться своимъ роскошнымъ помѣщеніемъ? — Слухи носятся по Москвѣ, что оно будетъ занято сокровищами университета: библіотеками, гербаріемъ, музеумами, кабинетами физическимъ, зоологическимъ, минералогическимъ и т. п. Куда-то судьба перенесетъ тогда гимназію?... не возвратится ли она въ колыбель свою — въ проданныя камергеру Базилевскому зданія университетскаго Пансіона? но возвратитъ ли она значеніе и славу незабвеннаго училища?... «Не станемъ состязаться со временемъ!» многозначительное выраженіе московскаго пастыря Филарета, но и не оставимъ безъ сердечно-сладкаго воспоминанія погубленнаго временемъ, воздадимъ безпристрастную справедливость былому хорошему, принесемъ дань признательности мѣсту нашего воспитанія! пожалѣемъ о дѣтской безпечности, о чистыхъ радостяхъ невинныхъ лѣтъ, о добрыхъ руководителяхъ отрочества, о почившемъ въ мірѣ наставникѣ-отцѣ, о незабвенномъ Антонѣ Антоновичѣ, какъ жалѣютъ люди подъ старость о ласкахъ и урокахъ отца, матери, о своихъ простодушныхъ пѣстунахъ и заботливыхъ няняхъ, о дряхлѣющемъ въ развалинахъ домѣ надъ свѣтлымъ прудомъ, въ зеркалѣ котораго отражались верхи развѣсистой ивы, или на скатѣ берега, часто безъимянной рѣчки, или на серединѣ двора, прорѣзаннаго по всѣмъ направленіямъ протоптанными тропинками въ волнистой муравѣ и окруженнаго огородами, о зеленыхъ лугахъ и золотистыхъ нивахъ, занесенныхъ пескомъ или изрытыхъ путями сообщеній, о срубленныхъ рощахъ, о линовой просади съ большой дороги къ широкому крыльцу.... Когда отрокъ покидалъ отчій домъ, все для него дышало въ немъ жизнью полною, свѣтлою, роскошною!.. И послѣ многихъ лѣтъ разлуки съ милой родиной, воображеніе его рисуетъ тѣ же картины благословенной природы, тотъ же деревенскій бытъ, ту же обстановку сельской жизни, какія онъ видѣлъ, зналъ и любилъ въ отрочествѣ.... Вотъ возвратился онъ къ колыбели своего дѣтства; но сердце и глаза напрасно ищутъ знакомыхъ предметовъ: неумолимое время все или истребило, или измѣнило. Ему жаль и стариковъ и старухъ дѣдовской прислуги, и ульевъ пономаря, съ заплетенною косичкою, и завѣтной съ дупломъ подъ окномъ стараго дома рябины, и клубничной гряды въ полисадникѣ, съ его высокими подсолнечниками, и крылатаго великана съ его властелиномъ — колдуномъ-мельникомъ, и заброшеннаго колодца по пути къ сельскому кладбищу, и ветхой церкви, вокругъ которой разсыпались, возвращаясь съ пажити, стада, и часовни на въѣздѣ въ деревню, передъ которой стоялъ старинный образъ Николая Чудотворца, съ кружкою: «на Божій храмъ»... И такъ *перестанемъ состязаться со временемъ*, но вздохнемъ о невозвратно погибшемъ и повторимъ утѣшительныя слова Апостола Павла: «И егоже аще дѣло пребудетъ, еже назда, «мзду пріиметъ: А егоже дѣло сгоритъ, отщетится: самъ же спасется».

О СЛУЖБѢ И ТРУДАХЪ АНТОНА АНТОНОВИЧА ПРОКОПОВИЧА-АНТОНСКАГО. (*)

> «Иже аще едино таковыхъ отрочатъ пріиметъ во имя Мое, Мене пріемлетъ; и иже Мене пріемлетъ, не Мене пріемлетъ, но пославшаго Мя.» Отъ Марка Св. Ев. гл. IX).

Главный и непосредственный дѣятель на плодотворномъ полѣ воспитанія и образованія дворянскихъ дѣтей въ Московскомъ Университетскомъ Благородномъ Пансіонѣ, въ теченіи 33 лѣтъ, опытный руководитель и терпѣливый учитель ихъ въ продолженіе 36-ти, А. А. Прокоповичь-Антонскій и самъ былъ воспитанникомъ Московскаго Университета. Уроженецъ Прилуцкій, Полтавской губерніи, сынъ небогатыхъ, незнатныхъ, но благородныхъ родителей, въ началѣ (въ 1773 г.) онъ поступилъ въ Кіевскую духовную академію, потомъ принятъ на попеченіе «Дружескаго общества» и наконецъ (въ 1782 г.) вступилъ казеннымъ студентомъ въ Университетъ. Отецъ его, помѣщикъ небольшаго недвижимаго имѣнія, слѣдуя примѣрамъ малороссійскихъ дворянъ, изъ которыхъ многіе посвящали себя духовной службѣ въ старину, былъ приходскимъ священникомъ. Потомъ, когда дѣти его получили уже нѣкоторую извѣстность по ученой и по гражданской службѣ, онъ былъ нареченъ почетнымъ протоіереемъ. — Преимущество его, какъ *почетнаго протоіерея*, заключалось въ томъ, что онъ не былъ подчиненъ ни благочинному того округа, къ которому принадлежала завѣдываемая имъ церковь, ни мѣстной консисторіи; а состоялъ въ прямыхъ и непосредственныхъ отношеніяхъ къ высокопреосвященному Самуилу (Милославскому), митрополиту кіевскому, прежде крутицкому, въ Москвѣ). Бывали ль когда прежде или послѣ подобныя назначенія въ какой либо епархіи, не знаю.

(*) *Примѣчаніе, при первомъ изданіи 1848 года.*

Прислушиваясь къ разсказамъ о старинѣ и пользуясь замѣчаніями Антона Антоновича, которому я читалъ многіе отрывки по мѣрѣ, какъ подвигался мой трудъ о Пансіонѣ впередъ, 4-го іюля, прочелъ я ему — *тогда его біографію*; *теперь, черезъ два дни, она уже — некрологія!* Онъ, какъ бы предчувствуя свою близкую кончину, сказалъ, прощаясь со мною: «Благодарю! я знаю, что вы всегда «любили меня; но не зналъ, что такъ сильно-то любите!... только ужь это послѣ смерти моей бу-«детъ напечатано.» Девяностолѣтній старецъ прослезился — что-то и мнѣ сдѣлалось грустно.... во вторникъ, 6-го числа, его не стало.

Провидѣніе положило на челѣ Антона Антоновича печать призванія на пройденное имъ поприще воспитателя юношества всѣхъ сословій. Уже въ 1784 г. онъ былъ баккалавромъ учительскаго при Университетѣ института (Педагогическая семинарія), потомъ репетиторомъ университетскихъ гимназистовъ въ латинскомъ реторическомъ классѣ, исполняя и «должность предсѣдателя университетскихъ питомцевъ»; а съ 1791 по сентябрь 1824 г. начальникомъ Университетскаго Благороднаго Пансіона *Общество университетскихъ питомцевъ* образовалось изъ *студенческаго общества*. Цѣль и того и другаго видна изъ трудовъ молодыхъ членовъ. Они издали: «И отдыхъ въ пользу», «Покоющагося трудолюбца», «Вечернюю зарю» и т. д.

Независимо отъ прямыхъ обязанностей своихъ, Антонскій неоднократно обозрѣвалъ, въ качествѣ «визитатора» училища въ Московской, Калужской, Рязанской, Смоленской, Владимірской и Ярославской губерніяхъ. Послѣдствіемъ путешествій его было указаніе на мѣстахъ болѣе правильнаго способа преподаванія учебныхъ предметовъ дѣтямъ и надежнѣйшихъ мѣръ надзора за ними въ нравственныхъ отношеніяхъ; безвозмездное пріобрѣтеніе двухъ удобныхъ домовъ для училищъ въ Касимовѣ и въ Переславлѣ-Залѣсскомъ; приведеніе въ лучшее состояніе Ярославскаго Демидовскаго высшихъ наукъ училища, сообразно его предположеніямъ. Наконецъ, будучи начальникомъ 1-го Отдѣленія Императорскаго московскаго общества сельскаго хозяйства, онъ не отказался посвятить и *годы труда и болѣзни*, какъ сказалъ боговдохновенный Псалмопѣвецъ, на благо питомцамъ простонародной, земледѣльческой школы. И кому ближе было заняться прекраснымъ дѣломъ приготовленія опытныхъ хозяевъ, управителей, земледѣльцевъ, стадоводцевъ, лѣсничихъ, счетчиковъ, строителей, садовниковъ, огородниковъ и вообще нужныхъ людей по всѣмъ отраслямъ сельскаго домоводства, какъ не преподавателю этой науки въ Университетѣ и Пансіонѣ, какъ не чадолюбивому путеводителю юношества въ теченіе всей, благодѣтельныхъ трудовъ исполненной жизни—на пользу общую, во славу отечества?

Здѣсь кстати сказать нѣсколько словъ въ очищеніе имени *честнаго мужа* отъ низкой клеветы *совопросниковъ вѣка сего*. Мнѣ случалось иногда слышать обидный вопросъ: откуда взялось его состояніе?... Объясню: откуда?—Съ 1782 по 1848 годъ, въ теченіе 66 лѣтъ строго-умѣренной жизни, не мудрено составить нѣкоторый капиталъ. Антонъ Антоновичъ, съ 1782 по 1824, пользовался казеннымъ помѣщеніемъ, съ отопленіемъ и освѣщеніемъ; Дружеское общество содержало его вначалѣ; потомъ онъ получалъ жалованье и пособія по разнымъ должностямъ; а между тѣмъ пускалъ въ обороты и сбереженія свои и присылаемыя ему деньги родителями его. Призанявъ къ своему капиталу 10,000 р. у одного изъ своихъ пріятелей (у В. А. Жуковскаго), онъ купилъ деревню въ такое время, когда ревизская душа была цѣнима въ 75 р. ас., уплативъ изъ доходовъ деревни своей долгъ, по временамъ прикупалъ продаваемыя въ опекунскомъ совѣтѣ имѣнія, вновь выплачивалъ долгъ, вновь занималъ, вновь прикупалъ и такимъ образомъ, при постоянной бережливости, расчетливости и оборотливости, оставилъ наслѣдникамъ своимъ *честное стяжаніе труда и хозяйства*—нѣсколько сотъ крестьянъ, домикъ въ Москвѣ и, можетъ быть, капиталъ, а вѣроятнѣе долги на имѣніи.

Какъ ясны, тверды убѣжденія Антона Антоновича въ дѣлѣ воспитанія, какъ искренны его заботы о дѣтяхъ всѣхъ слоевъ народа, какою любовью проникнуто сердце его къ просвѣщенію, можно видѣть въ сочиненіи мудраго наставника «о воспитаніи» (прил. XV, изданіе И. И. Давыдова), и въ рѣчи, полной чувства и движенія, которую произнесъ маститый старецъ 21-го мая 1846 года, при празднованіи обществомъ сельскаго хозяйства двадцати-пятилѣтняго своего существованія: «о пользѣ, принесенной отечеству наукою сельскаго хозяйства и трудами сподвижниковъ сего общества.» Вотъ прекрасное заключеніе этой рѣчи: «Послѣ многолѣтнихъ занятій моихъ воспитаніемъ и образованіемъ благороднаго Русскаго юношества, завѣдывая, по порученію вашему, земледѣльческою школою и замѣчая между воспитанниками ея отличныя дарованія, какими небо надѣляетъ всѣ сословія, я желаю упрочить на вѣчныя времена образованіе въ сельскомъ хозяйствѣ въ продолженіе каждаго курса одного изъ ея питомцевъ. На содержаніе воспитанника, опредѣляющаго себя для усовершенствованія въ наукѣ сельскаго хозяйства, *жертвую обществу три тысячи рублей серебромъ*. Проценты съ капитала будутъ составлять ежегодную премію, а самый капиталъ останется въ обществѣ неприкосновеннымъ.

«Я имѣлъ уже счастіе найти себѣ достойнаго преемника въ Университетѣ по каѳедрѣ сельскаго хозяйства въ покойномъ профессорѣ Павловѣ, такъ много трудившемся для нашего общества и науки. Одинъ изъ питомцевъ школы нашей, его воспитанникъ, съ честью занимался раціональнымъ хозяйствомъ въ отдаленной Калифорніи, въ селеніи Россъ. Можетъ быть, пособіемъ этой преміи образуется другой, достойный сподвижникъ нашему обществу.

«Двадцатипятилѣтніе успѣхи общества нашего и стремленіе къ новымъ трудамъ предвѣщаютъ ему долголѣтіе; но если бы, по какимъ-либо, непредвидимымъ обстоятельствамъ, общество прекратило свои дѣйствія, то приношеніе мое, съ тѣмъ же назначеніемъ, завѣщаю Московскому Университету, въ которомъ я самъ, вызванный въ Москву просвѣщенными благотворителями, получилъ образованіе и способы для служенія престолу и отечеству до позднихъ дней моей жизни.

«Заключу обращеніе мое къ вамъ, мм. гг., живѣйшею благодарностію за ваше вниманіе къ посильнымъ моимъ трудамъ по обществу, и искреннимъ желаніемъ: да продолжаются полезныя занятія наши въ мирѣ и единодушіи и да процвѣтаетъ общество наше долго, долго для блага Россіи!»

Признательность къ такому пожертвованію подвигла членовъ на помѣщеніе портрета вице-президента своего въ залѣ собраній общества. Вѣроятно, и Московскій Университетъ нѣкогда также дастъ заслуженное въ своихъ стѣнахъ мѣсто портрету такого ревнителя просвѣщенія.

Въ сочиненіи «о воспитаніи» почтенный авторъ, раздѣляя воспитаніе на *физическое и моральное*, къ осторожному и правильному развитію *тѣлесныхъ и душевныхъ способностей человѣка*, обращаетъ опытное вниманіе столько же и на свойства тѣлосложенія — здоровье, крѣпость, стройность, красоту, сколько и на качества ума и сердца. Надобно вникнуть въ духъ этой, неизысканнымъ слогомъ написанной, книги: буква убиваетъ, духъ животворитъ. Въ ней разсѣяны благіе совѣты, не однимъ наставникамъ, но и родителямъ. Беречь здоровье и упражнять тѣлесныя силы, пріучать къ перемѣнамъ воздуха и къ простотѣ домашняго быта, наблюдать простоту въ одеждѣ и пищѣ, соблюдать умѣренность и воздержаніе — вотъ правила для воспитанія физическаго. «*Въ дѣятельности, воздержаніи, въ простотѣ жизни и умѣренности*» велитъ сочинитель искать крѣпости силъ — и здѣсь примѣръ всей его жизни: лучшее доказательство сказанной имъ истины. Приведу нѣсколько выписокъ изъ его книги: «Никто не родится въ свѣтъ ни счастливымъ, ни добродѣтельнымъ, ни просвѣщеннымъ. Природа, производя человѣка, кажется, даетъ ему только жизнь и силу дѣйствія; а образовать его предоставляетъ времени и опытамъ. Большіе или малые успѣхи ума въ человѣкѣ зависятъ отъ различныхъ случаевъ въ жизни, болѣе или менѣе ему благопріятныхъ. Необыкновенныя и общія, худыя и добрыя свойства его зависятъ отъ первыхъ производимыхъ въ немъ впечатлѣній, отъ первыхъ внушаемыхъ ему чувствованій и понятій—отъ *воспитанія*». — «Никто не родится въ свѣтъ, не получивъ къ чему нибудь способности.—Сталь не прежде даетъ искры, какъ по прикосновеніи къ ней кремня. Внутренняя наклонность всегда готова раскрыться въ насъ: надобно токмо удачно тронуть ее.»

«Судьба цѣлыхъ народовъ наиболѣе зависитъ отъ воспитанія молодыхъ людей. Дѣти должны нѣкогда составлять общество и быть его членами. Они утверждаютъ благосостояніе его, если съ юности напоены добродѣтелью и любовію къ отечеству; разрушаютъ порядокъ его и тишину, если отравлены развратомъ. Какъ бы славно и могущественно ни казалось государство; но если утвержденіемъ ему не служитъ доброе воспитаніе, то падетъ оно — и блескъ славы его изчезнетъ....» — «И если всегда доброе воспитаніе необходимо, то особливо въ нынѣшнія времена, когда роскошь повсюду влечетъ за собою распутство и болѣзни, суемудріе разстроиваетъ всѣхъ умы и сердца, а жадность къ корысти потушаетъ гласъ совѣсти и вѣры....»—«Когда зло нравственное достигало высшей степени? когда порокъ дерзновеннѣе возвышалъ чудовищную главу свою? и добродѣтель, кроткая, святая добродѣтель, когда болѣе страдала на землѣ?... Но для чего сіи вопросы? Развѣ Франція изцѣлила уже язвы свои? развѣ болѣзненные стоны ея не отдаются еще въ нашемъ слухѣ?—Ахъ! время, время почувствовать, что просвѣщеніе безъ чистой нравственности и утонченіе ума безъ образованія сердца есть злѣйшая язва, истребляющая благоденствіе не единыхъ семействъ, но и цѣлыхъ народовъ.»

Подумаешь, что это писано въ 1848 году!

«Безъискуственная и простая *пища*—самая лучшая, самая полезная для здоровья. Различныя приправы портятъ соки, возбуждаютъ неестественный голодъ, отягощаютъ органы, безвременно родятъ страсти и разстроиваютъ сложеніе. Величайшій порокъ въ воспитаніи, особливо между знатными—излишнее пресыщеніе и раннее леченіе дѣтей. Обычай, введенный прихотливою изнѣженностью, предохранять ихъ отъ болѣзней, иногда пагубнѣе самой болѣзни. Преждевременно лекарствами истощая силу натуры, умножаютъ только въ нихъ слабость и увеличиваютъ недуги. Если разсудить, сколь много безъ разбору отягощаютъ желудокъ дѣтей пищею, а лекарствами разслабляютъ его, то дивиться должно еще, какъ переносятъ онѣ такое пагубное излишество.»—«Между тѣмъ какъ утонченное сластолюбіе изобрѣтаетъ ко вреду нашему разнородныя приправы, суетность вводитъ многоразличныя *одежды* къ ущербу здоровья и къ порчѣ характера, натура возбуждаетъ въ насъ нѣкоторыя нужды, всегда съ добрымъ и полезнымъ для насъ намѣреніемъ: но превратность нашихъ нравовъ и обыкновеній часто обращаетъ ихъ во вредъ намъ и ближнимъ нашимъ. Одежда, долженствующая служить защитою отъ перемѣнъ воздуха, становится бременемъ, нарядомъ: вмѣсто должной выгоды причиняетъ тысячи невыгодъ и принужденій. Сперва дѣтей неумѣренно стягивая, мѣшаютъ ихъ росту, обращенію крови, разстроиваютъ въ самомъ началѣ органы здоровья; потомъ, наряжая ихъ, на подобіе куколъ, портятъ умъ и нравы.»—«Нѣтъ сомнѣнія, что по различію климатовъ должно быть и разное одѣяніе, приличное странѣ и обычаю; но надлежитъ, чтобъ оно было однообразно и служило не для прихоти, а для опрятности и сбереженія здоровья....» — «*Красота лица* есть даръ природы. Здравіе живитъ ее, болѣзни помрачаютъ. Есть средства, кои придаютъ ей больше блеску; есть упражненія, кои увеличиваютъ стройность тѣла. Но не льзя не признаться, что какъ красота, такъ и безобразіе физическое весьма много зависятъ отъ красоты и безобразія нравственнаго. Лице есть зеркало души. Не много Лафатеровъ, не для многихъ значительно сіе зеркало, не многіе способны читать въ самыхъ тонкихъ, едва примѣтныхъ оттѣнкахъ лица сокровенныя свойства души человѣческой; однако всякой почти легко можетъ различить ощутительныя черты добродѣтели и порока. Хотя бы кто превосходилъ красотою и стройностію самого Антиноя, самого Аполлона Бельведерскаго; но если душа его не сіяетъ небесной красотой чистоты и невинности, если развратъ гнѣздится въ сердцѣ его, то тщетны сіи преимущества. Въ глазахъ самаго обыкновеннаго наблюдателя покажется онъ безобразнымъ и гнуснымъ. Такъ, при самомъ первомъ взглядѣ на порочнаго и злаго человѣка, чувствуемъ мы какое-то къ нему отвращеніе; но въ глазахъ, во всѣхъ чертахъ добродѣтельнаго и кроткаго находимъ нѣчто болѣе, нежели прелестное, нѣчто такое, что влечетъ насъ къ нему тайною нѣкоею силой, открываетъ предъ нимъ сердце наше и заставляетъ любить его. Заключимъ, что только красота души можетъ доставить истинную красоту, стройность и даже самую крѣпость тѣлу. Но чѣмъ пріобрѣтаются неоцѣненныя сіи нравственныя сокровища?—Просвѣщеніемъ ума и образованіемъ сердца: *нравственнымъ воспитаніемъ.*»

Далѣе говорится о нравственномъ воспитаніи, объ умственномъ образованіи, о душевныхъ способностяхъ, о направленіи разсудка, изощреніи памяти, обузданіи воображенія, объ изученіи иностранныхъ языковъ и преимущественно отечественнаго, о пользѣ физическихъ и математическихъ наукъ, исторіи народовъ и природы, изящныхъ искусствъ и художественнаго чтенія (декламаціи), о поощреніяхъ и наказаніяхъ, во всякомъ случаѣ не обидныхъ, о воспитаніи женщинъ.... «Общество требуетъ гражданъ здоровыхъ, разсудительныхъ, благонамѣренныхъ и честныхъ»—«*Самые превосходные таланты, самыя обширныя и глубокія знанія пагубны, если не освящаетъ ихъ чистота правовъ, невинность сердца.*»—«Питомцы не только разумъ имѣютъ, но и сердце. Одною рукою дѣлая ученыя исчисленія, другою должны они отирать слезы несчастныхъ.» «Сердце требуетъ особаго надзора и потому, что страсти безпрестанно тревожатъ его, забавы и роскошь на уловленіе его простираютъ свои сѣти, и что за всѣ усилія въ стремленіи къ добродѣтели никакихъ общественныхъ наградъ оно не получаетъ, между тѣмъ какъ умъ часто имѣетъ сильныя побужденія: славу, честь, отличіе. Въ воспитаніи сердца, въ удаленіи его отъ пороковъ и прилѣпленіи къ добродѣтели, *примѣръ*—лучшій и дѣйствительнѣйшій наставникъ. Дѣти любопытны и переимчивы. На все смотрятъ они съ примѣчаніемъ и всему стараются подражать. При такомъ счастливомъ природномъ расположеніи, чего не могутъ сдѣлать родители, которыхъ они чрезмѣрно любятъ и почитаютъ, на которыхъ смотрятъ, какъ на единственный образецъ, достойный ихъ подражанія, которыхъ всякое движеніе, всякой шагъ, всякое слово и, можно сказать, всякое мановеніе родитъ въ нихъ новыя понятія, новыя чувства, новыя впечатлѣнія.» — «При внушеніи дѣтямъ благодарности, соболѣзнованія и благотворительности, не должно забывать и другихъ добродѣтелей. Надобно, чтобы молодой человѣкъ, который нѣкогда будетъ гражданиномъ, будетъ воиномъ, судіею, супругомъ, отцомъ, который нѣкогда войдетъ въ разныя отношенія и связи по собственнымъ своимъ и общественнымъ дѣламъ, отъ коихъ не рѣдко зависитъ благосостояніе не только малаго частнаго, но и великаго государственнаго семейства, — надобно, чтобы онъ былъ *правдивъ, честенъ, твердъ въ предпріятіяхъ, рѣшителенъ, неустрашимъ, безкорыстенъ, чтобы умѣлъ исполнять данное и хранить тайну.* Для преподаванія ему уроковъ въ сихъ добродѣтеляхъ не нужно назначать извѣстныхъ часовъ. Благоразумный отецъ или наставникъ не преминетъ преподавать ихъ всегда и вездѣ, дома и въ прогулкахъ, во время упражненій и отдыха, при забавахъ и увеселеніяхъ — только бы встрѣтился благопріятный къ тому случай, только бы юное сердце раскрылось къ принятію сѣмянъ мудрости и добродѣтели. — Мудрости! добродѣтели!.... Но что онѣ, если *религія* не озаритъ ихъ; религія, освящающая всѣ наши дѣла, желанія, мысли; религія преобразующая, обновляющая человѣка, возносящая его надъ всѣмъ бреннымъ, ничтожнымъ и отверзающая предъ нимъ врата неба! Ею, сладкимъ и спасительнымъ ея ученіемъ, да внидетъ въ душу его тотъ страхъ Господень, тотъ священный страхъ, который есть начало премудрости, основаніе и утвержденіе всякія добродѣтели; да проникнетъ все существо его благость, могущество, всевѣдѣніе и правота Существа Высочайшаго! Не фанатизмъ, не суевѣріе и мрачную лжесвятость должно внушать ему; но благоговѣніе, сыновнюю преданность и чистѣйшую вѣру къ Зиждителю міровъ».

«Дни благоденствія народовъ были вмѣстѣ и днями торжества религіи. Невѣріе и злочестіе всегда влекло за собою лютѣйшія бѣдствія и часто низпровергало могущественныя царства. Гдѣ гласу вѣры болѣе не внемлютъ, гдѣ вольнодумство и суемудріе заражаютъ умы и дерзостно возстаютъ противъ самого неба, тамъ перстъ Божій тяготѣетъ и громы пробуждаются на пораженіе преступниковъ. Блюстители общественнаго блага! самый важный, самый священный долгъ вашъ — распространять и утверждать въ народѣ духъ религіи, духъ страха Божія. — Родители и наставники! самый первый, самый главный предметъ вашъ — впечатлѣвать въ умы и сердца дѣтей святыя истины религіи, болѣе всего споспѣшествующей добрымъ нравамъ, истинному просвѣщенію».

Говоря о домашнемъ и общественномъ воспитаніи, взвѣшивая выгоды и невыгоды того и другаго, вооружаясь противъ наемниковъ, забредшихъ въ Россію иноземцевъ-учителей и — съ чѣмъ нельзя нынче согласиться безусловно — осуждая наклонность Русскихъ къ путешествіямъ за границу, сочинитель заключаетъ такъ:

«Пусть домашнее воспитаніе даетъ дѣтямъ болѣе людскости и искусства въ обращеніи; но всегда ли оно впѣряетъ въ нихъ священныя чувства, — не того ложнаго честолюбія, соединеннаго съ именами князей и графовъ, не того суетнаго искусства — *держать себя*, которое часто зависитъ отъ моды и отъ другихъ обстоятельствъ, — но того истинно-благороднаго честолюбія, которымъ одушевляется добрый кругъ молодыхъ товарищей по ученію! — Пойдите, взгляните въ ихъ общество! Гдѣ съ большимъ благоговѣніемъ и энтузіазмомъ произносятся имена знаменитыхъ героевъ, философовъ, благодѣтелей человѣчества, Суворовыхъ и Румянцовыхъ, о которыхъ часто не знаютъ въ цѣломъ домѣ и учитель-иноземецъ и ученикъ его? — Гдѣ съ большимъ жаромъ говорится объ отечествѣ, о будущей службѣ, о славѣ, которую молодые друзья обѣщаются раздѣлить вмѣстѣ также, какъ раздѣляютъ свои забавы? — У нихъ все общее: всѣ охотно помогаютъ другъ другу и увѣряются заблаговременно въ необходимости взаимнаго вспомоществованія: они уже — граждане, члены общества, и въ маленькомъ кругу своемъ вмѣщаютъ начала тѣхъ важныхъ обязанностей, на которыхъ основываются огромныя общества.—Самыя забавы — наставительны. Дитя, играя одно, не наслаждается своею игрою и не будетъ умѣть играть вмѣстѣ съ другими; въ семъ заключаются первыя черты того будущаго неоцѣненнаго искусства,—*живучи для себя, жить для другихъ*. Тутъ взаимная *уступчивость*, *взаимныя пожертвованія*, тутъ *справедливость* и *честность* вперяются безъ уроковъ сами собою!—Тутъ истинная *дружба*, божественное чувство, столь мало извѣстное въ свѣтѣ!—гораздо высшее, нежели самыя родственныя связи, и столько рѣдкое, даже между родными—чувство, предполагающее необходимо твердость характера, вѣрность и безкорыстную доброту сердца!—и замѣтьте, что воспитанные въ публичныхъ училищахъ гораздо болѣе способны къ дружеству и сохраняютъ его вѣчно. Счастливое время! кто бы не хотѣлъ возвратить тебя»!...

Кромѣ этого сочиненія, Антонъ Антоновичъ издалъ, въ разныя времена, между прочимъ: «Магазинъ натуральной исторіи», въ 10 томахъ; «Трудолюбца», въ 4 частяхъ; «Чтеніе для сердца и разума», также въ 4; «Постановленіе Московскаго Университетскаго Благороднаго Пансіона» и нѣсколько учебныхъ для него книгъ; составилъ первое, правильное и подробное описаніе кабинета натуральной исторіи, который и привелъ въ систематическій порядокъ; написалъ «Уставъ Общества любителей учености,» которое было учреждено при Университетѣ и въ которомъ онъ былъ секретаремъ (въ 1789).

Въ 1795 г. Екатерина II повелѣла учредить цензуру. Антонскій былъ (первый) назначенъ цензоромъ печатаемыхъ въ университетской типографіи книгъ. Въ 1796 г., когда цензура зависѣла отъ П. сената, онъ составилъ штатъ московской цензуры. По преобразованіи ея онъ оставленъ въ ней членомъ; по упраздненіи же (въ 1802) опять переименованъ цензоромъ «печатаемыхъ въ университетской типографіи книгъ»; наконецъ, въ 1803, при образованіи цензурнаго комитета, утвержденъ членомъ его. — Замѣчательно, что при всѣхъ перемѣнахъ по цензурѣ, которая, то была независима отъ гражданскихъ властей, то была въ завѣдываніи П. сената, то даже была нѣкоторое время подчинена московской полиціи, изъ множества одобренныхъ имъ, въ теченіе столькихъ лѣтъ, сочиненій или переводовъ на разныхъ языкахъ, изъ всѣхъ всякаго содержанія книгъ, повременныхъ изданій, журналовъ, вѣдомостей, отдѣльныхъ статей, тетрадокъ, листковъ объявленій и т. д., никогда, ни одна строка не подверглась замѣчанію правительства.

Собственно по Университету Антонъ Антоновичъ занималъ каѳедры: энциклопедіи, натуральной исторіи, сельскаго хозяйства и минералогіи; былъ смотрителемъ ботаническаго сада, членомъ «Училищнаго комитета», «Общества соревнованія физическихъ и медицинскихъ наукъ (въ 1804)», «Временнаго комитета (изъ трехъ только лицъ: Баузе, Страхова и его) для составленія ученой Россійской исторіи» (въ 1805); деканомъ физико-математическаго отдѣленія, потомъ проректоромъ, непремѣннымъ засѣдателемъ въ Правленіи Университета, ректоромъ (въ продолженіе 8 лѣтъ) и, наконецъ, по званію заслуженнаго профессора (съ 1818 г.), почетнымъ членомъ Университета съ 1833 года.

Внѣ Университета онъ былъ членомъ «Вольнаго экономическаго общества—съ 1805, почетнымъ членомъ «Общества натуралистовъ»—съ 1806, членомъ «Общества исторіи и древностей россійскихъ — съ 1807, предсѣдателемъ Общества любителей россійской словесности — съ 1811, членомъ Россійской академіи—съ 1813, почетнымъ членомъ Обществъ: словесности—при Ярославскомъ Демидовскомъ училищѣ—съ 1815, соревнователей просвѣщенія и благотворенія—съ 1818, любителей россійской словесности, наукъ и художествъ—съ 1820, дѣйствительнымъ членомъ московскаго сельскаго общества съ 1820 же, почетнымъ членомъ общества любителей коммерческихъ знаній—съ 1821, начальникомъ 1-го отдѣленія московскаго земледѣльческаго общества — съ 1823, вицепрезидентомъ Россійскаго общества садоводства—съ 1840, вицепрезидентомъ общества земледѣльческаго (сельскаго хозяйства) съ 1844 года.

Исполняя, съ неутомимо-постояннымъ усердіемъ всѣ, принимаемыя имъ на себя обязанности и всегда оказывая дѣятельное, гдѣ можно, по силамъ, участіе въ благихъ намѣреніяхъ и трудахъ столькихъ обществъ, Антонъ Антоновичъ особенно ознаменовалъ предсѣдательство свое въ Обществѣ любителей россійской словесности: издавъ подъ руководствомъ его труды свои въ 26 книгахъ (послѣдняя 27 вышла уже послѣ него) и рѣчи профессоровъ—въ 4-хъ частяхъ, оно внесло 5000 р. въ Московскій опекунскій совѣтъ на вѣчныя времена, съ тѣмъ, чтобы изъ процентовъ съ этихъ денегъ содержать одного или двухъ студентовъ, по отдѣленію словесности при Московскомъ Университетѣ.

Нынѣ это общество существуетъ только именемъ, въ дѣлахъ архива, въ памяти его членовъ и въ адресъ-календаряхъ. Уже нѣсколько лѣтъ оно вовсе не собирается. Члены его разсѣялись, кто на востокъ, кто на западъ. Жаль! издавая хоть-бы по книгѣ въ мѣсяцъ, оно могло бы, охраняя чистоту языка роднаго, противодѣйствовать вавилонскимъ набѣгамъ нововводителей со всякою чужбиною на мало еще обработанное поле русской словесности.

А много полезнаго и прекраснаго было въ трудахъ этаго общества. Сбиралось оно въ домѣ нашего Университетскаго Пансіона.

Собранія бывали приватныя и общественныя. *Въ первыхъ*, шла работа пріуготовительная и, такъ сказать, домашняя: текущая переписка, денежные счеты, годовые отчеты, сужденія и постановленія по разнымъ случаямъ, избраніе почетныхъ, дѣйствительныхъ членовъ, сотрудниковъ, секретаря, библіотекаря, распредѣленіе работъ и занятій, оцѣнка статей и стихотвореній и рѣшеніе: печатать ихъ или не печатать, читать или не читать при гостяхъ. *Во вторыхъ* торжественное чтеніе предъ посѣтителями и посѣтительницами сочиненій и переводовъ въ стихахъ и прозѣ.

Особенное вниманіе Общества любителей россійской словесности было устремлено на изслѣдованія исторіи, стихій и правилъ русскаго и славянскихъ языковъ и нарѣчій. Такъ одни изъ членовъ разработывали русскую граматику, разсуждали о правописаніи, отыскивали корни производныхъ словъ, ратовали за чистоту нашего языка (А. В. Болдыревъ, А. Х. Востоковъ, М. Г. Гавриловъ, И. И. Давыдовъ). Другіе подбирали и объясняли синонимы (слова, имѣющія, при всемъ различіи своемъ, одинаковыя или близкія значенія) и возбуждали вопросы о той или другой части рѣчи, напримѣръ о предлогахъ, о глаголахъ (Саларевъ, Калайдовичи.). Прочіе собирали помѣстныя слова и выраженія, для изданія словаря областныхъ нарѣчій, собирали пословицы, присловья и поговорки, собирали свѣдѣнія о старинныхъ русскихъ праздникахъ и т. д. (И. М. Снегиревъ, М. Н. Макаровъ) или составляли некрологи членовъ общества. (И. И. Давыдовъ написалъ о Сѣларевѣ, И. М. Снегиревъ о Вельяшевѣ-Волынцовѣ и о преосвященномъ Августинѣ.)

Засѣданія обыкновенно открывались рѣчью предсѣдателя о томъ или другомъ предметѣ, всегда кстати, всегда современною. Статьи въ прозѣ большею частью были въ свою пору занимательны. Въ числѣ писателей и переводчиковъ встрѣчается имя и извѣстнаго нынче поэта А. С Хомякова. Стихотворенія, иногда замѣчательныя, нерѣдко перемѣжались съ очень посредственными стишками. Здѣсь встрѣчались произведенія извѣстныхъ и даже славныхъ уже въ то время и (частью) по тому времени поэтовъ съ опытами новыхъ, юныхъ, еще возникавшихъ только стихотворцевъ: А. Ѳ. Мерзляковъ, В. А. Жуковскій, Н. И. Гнѣдичъ, В. В. Капнистъ, Е. С. Бобровъ, Н. М. Шатровъ, Д. И. Вельяшевъ-Волынцевъ, А. Ѳ. Воейковъ, В. Л. Пушкинъ, Ѳ. Ѳ. Кокошкинъ, кн. П. И. Шаликовъ, А. П. Степановъ, Ѳ. Ѳ. Ивановъ, С. Е. Раичъ, С. Г. Саларевъ, А. Г. Родзянка, А. С. Норовъ, Ѳ. И. Тютчевъ, А. И. Писаревъ, А. П. Мансуровъ, М. А. Дмитріевъ и юнѣйшій изъ юнѣйшихъ тогда поэтовъ—А. С. Пушкинъ. Три стихотворенія его напечатаны въ 9 и 10 ч. 1) «На возвращеніе императора Александра изъ Парижа въ 1815 году» 2) «Безвѣріе» 3) «Гробница Анакреона».

Здѣсь непримиримый врагъ романтизма, упорный классикъ Мерзляковъ, читалъ свои критическія статьи. Между прочимъ его письмо изъ Сибири о гекзаметрахъ и балладахъ чуть не поссорило съ нимъ Жуковскаго и если бы не искусный миротворецъ Антонскій—эти двѣ добрыя, поэтическія души подверглись бы тяжелому и несродному имъ чувству вражды (прил. XVI).

Полезные труды этого общества извѣстны были и за границей. Такъ, въ 1827 г., Revue encyclopedique (энциклопедическое обозрѣніе), упоминая о немъ съ похвалою, не забыло примолвить, что оно sous la presidence de Mr. Procopovitch Antonsky. Въ чужихъ краяхъ могли знать о существованіи О. люб. росс. словес.; но свѣдѣнія о трудахъ его, разумѣется, были сообщены Парижанамъ изъ Россіи. Кажется, статейка, въ которой упоминается о немъ, принадлежитъ С. Д Полторацкому. За то, когда Антонскій отказался отъ предсѣдательства, общество, издавъ только одну (27-ю) книгу «Трудовъ», прекратило свои собранія. Правда, что многіе члены удалились изъ него въ слѣдъ за своимъ предсѣдателемъ. Ни Ѳ. Ѳ. Кокошкинъ, ни А. А. Писаревъ, ни М. Н. Загоскинъ, побывавшіе короткое время предсѣдателями (*), не имѣли той осторожной ловкости, той миротворной ласковости, вліяніемъ которыхъ такъ удачно всегда ладилъ Антонъ Антоновичъ съ самолюбіемъ и щекотливостью — не только стихотворцевъ, но и ученыхъ мужей. И такъ общество закрылось, или, лучше сказать, какъ водопадъ, съ шумомъ въ вѣчность пронеслось: князь Шаликовъ, редакторъ Московскихъ вѣдомостей, какъ-то снисходительно отозвался въ нихъ о какомъ-то произведеніи гр. Д. И. Хвостова. М. А. Дмитріевъ, по пылкости молодыхъ лѣтъ и прямизнѣ неуклончиваго характера (таковъ онъ былъ и на службѣ), вознегодовалъ на лицепріятіе редактора, не подумавъ, что холодная, изъ приличій, благосклонность къ одному изъ членовъ общества вовсе не означала пристрастія. Въ послѣднемъ собраніи Дмитріевъ насмѣш-

---

(*) *Прим.* При Загоскинѣ не было уже ни одного торжественнаго собранія.

ливо повелъ рѣчь о похвалахъ Московскихъ вѣдомостей гр. Хвостову. Вспыльчивый кн. Шаликовъ обидѣлся. Закипѣлъ споръ—и соперники до того разгорячились, что чуть было не дошли до единоборства, вопреки возгласу Гнѣдича:

> Единоборцевъ честь съ ихъ жизнью погибаетъ!
> Одна прямая честь—отечеству служить!...
>
> *(Трагедія Танкредъ.)*

Комическая сцена: яблоко раздора — творенія гр. Хвостова!... Переводчикъ «Мизантропа» и страстный актеръ Кокошкинъ, въ движеніи трагическаго ужаса, возноситъ вертикально надъ головой своей руки и стоитъ, какъ оцѣпенѣлый, раскрывъ ротъ и вытаращивъ глаза. Члены въ почтительномъ отдаленіи отъ арены словопренія притаили дыханіе и чего-то смутно ожидаютъ. Дюжій Загоскинъ быстро схватываетъ поперекъ одного изъ соперниковъ обѣими руками и громогласно рѣшаетъ другаго удалиться... Занавѣсъ опустили... Когда-то онъ поднимется?

Мысль постоянная, задушевная и при всякомъ удобномъ случаѣ проявляющаяся, мысль — подать руку помощи нуждающимся въ средствахъ къ просвѣщенію, эта мысль не покинула старца и на краю могилы: за два дня до кончины своей, прослушавъ мою о себѣ статью, онъ между прочимъ, сказалъ: «Радъ бы внести деньги и на содержаніе одного воспитанника въ дво-«рянскомъ институтѣ—въ память нашего Пансіона: вѣдь изъ Пансіона-то образованъ этотъ ин-«ститутъ». Такъ въ 1818 году, когда Пансіону дарованы были права и преимущества, онъ принялъ шестерыхъ бѣдныхъ воспитанниковъ на безплатное содержаніе изъ остаточныхъ отъ сбереженія суммъ. Такъ въ 1846 г. пожертвовалъ онъ 3000 руб. сер. на воспитаніе изъ процентовъ съ нихъ ученика въ земледѣльческой школѣ. Такъ и занятія любителей словесности онъ умѣлъ слить съ добрымъ дѣломъ.

При всѣхъ многоразличныхъ трудахъ и обязанностяхъ своихъ по всѣмъ отраслямъ наукъ, словесности, художествъ, государственнаго хозяйства, сельскаго домоводства и — главное — по долголѣтнему воспитанію и образованію двухъ, трехъ поколѣній всѣхъ въ Россіи сословій, Антонъ Антоновичъ не забылъ и службы Богу — попеченіе о благолѣпіи Дома Господня: онъ радостно принялъ на себя смиренное званіе церковнаго старосты при храмѣ во имя св. Николая Чудотворца (въ хлыновѣ), въ приходѣ которагo, оставя по разстроенному здоровью Пансіонъ, купилъ поземный, скромный о 5 окнахъ съ теремкомъ (мезониномъ) домикъ, ребромъ въ леонтіевскій переулокъ и крыльцами въ садъ и на дворъ. Внутри старческой обители — чистота, уютность, простота; кругомъ ея — каменная ограда, чугунная рѣшетка и львы надъ воротами. Дворъ усыпанъ крупнымъ пескомъ. Садъ опрятенъ, свѣжъ и прохладенъ.

Въ этомъ-то философскомъ пріютѣ онъ доживалъ свой вѣкъ въ мирныхъ занятіяхъ мудреца-христіанина, слѣдя за успѣхами просвѣщенія на Руси и вспоминая о быломъ въ продолженіи своей многолѣтней, безмятежной, созерцательной жизни.—Онъ не зналъ бурныхъ тревогъ сердца, побѣдилъ въ себѣ соприродныя сыну земли страсти, помнилъ слова Апостола Павла. «Хощу же васъ безпечальныхъ быти. Неоженивыйся печется о Господнихъ — како угодити Господѣви. А оженивыйся печется о мірскихъ, како угодити женѣ» (первое посланіе къ Коринѳянамъ) Онъ вѣрилъ апокалипсическому числу *искупленныхъ отъ земли*: «Сіи суть, иже съ женами неосквернишася: занѣ дѣвственницы суть: сіи послѣдуютъ Агнцу, аможе аще пойдетъ: сіи суть куплени отъ людей первенцы Богу и Агнцу» (Откровеніе Св. Іоанна.). Но кто же не испыталъ скорби на своемъ вѣку? — Такъ и Антонъ Антоновичъ печалился объ утратахъ близкихъ людей—отца, матери, брата, друга. Но печаль мудраго и христіанина не знаетъ ропота и тоски; смиреніе и молитва—ея пища. — Два только случая глубоко, на первую пору, отозвались въ его невозмутимой душѣ: супружество племянницы его (избранный ею покинулъ для нея свою монашескую въ Донскомъ монастырѣ келлію) и неожиданное посѣщеніе государемъ императоромъ нашего Пансіона, передъ преобразованіемъ его въ гимназію. Государь изъявилъ неудовольствіе свое касательно наружнаго порядка, пестроты въ одеждѣ воспитанниковъ и т. п. Антонскій заплакалъ. Императоръ сказалъ ему успокоительное, ласковое слово. Въ первомъ случаѣ евангельская, всепрощающая любовь къ ближнему побѣдила родственную досаду дяди — и онъ заботился въ послѣдствіи объ увлеченной страстью четѣ: о службѣ мужа, о безбѣдности жены. Вспоминая объ этой грустной полосѣ своей жизни, онъ говорилъ о племянницѣ съ нѣжнымъ сожалѣніемъ и горячимъ участіемъ. О второмъ случаѣ онъ не говорилъ.

Первою наградою его служебныхъ съ 1784 по 1806 подвиговъ былъ бриліантовый перстень—за 22 года трудовъ и лишеній! Въ 1807 онъ пожалованъ *за образованіе юношества* орденомъ Св. Анны 2-й степени. Въ 1811 Св. Равноапостольнаго князя Владиміра 3-й степени, *за долговременную службу и пользу, принесенную Московскому Университету, особенно же учрежденному при ономъ Благородному Пансіону*. По обоимъ онъ получалъ уже изъ Капитула россійскихъ императорскихъ и царскихъ орденовъ пенсіи: по первому съ 1847 года, по послѣднему съ 1844 г. Въ чинѣ дѣйствительнаго статскаго совѣтника былъ съ 1817. Знакъ отличія безпорочной службы имѣлъ за 45 лѣтъ, съ 1835. Стало быть, онъ былъ на службѣ 58 лѣтъ. Въ 1816 г. прислана ему пожалованная россійскому дворянству бронзовая медаль, за пожертвованія въ 1812 г. По должности начальника 1-го отдѣл. земледѣльческаго общества награжденъ въ 1835 г. алмазнымъ перстнемъ, съ вензелемъ государя императора; а въ 1840 г. удостоился высочайшаго благоволенія и получилъ золотую медаль. Въ 1842 и 1848 г., по званію вицепрезидента Россійскаго общества садоводства, состоящаго подъ покровительствомъ государыни императрицы, удостоился и отъ ея императорскаго величества высочайшаго благоволенія. При празднованіи Россійскою академіею пятидесятилѣтняго юбилея (въ 1842 г.) получилъ медаль. Въ 1843 г., по званію церковнаго старосты, награжденъ *золотою медалью* за разныя пожертвованія и особенно за постройку каменнаго для церковнослужителей дома. Въ этой церкви, гдѣ въ теченіе столькихъ лѣтъ возносился онъ молитвою къ Богу, воздали ему, въ пятницу, 9-го іюля 1848 г. «послѣднее цѣлованіе» и изъ нея проводили его до послѣдняго жилища персти, брошенной просвѣтленнымъ духомъ,—до обители Донской, въ которой подвизался братъ Антона Антоновича, архимандритъ Викторъ. Проповѣдникъ (архимандритъ Митрофанъ), почтилъ покойника словомъ при похоронной литургіи (прилож. XVII). Почтенный законоучитель въ нашемъ Пансіонѣ скончался въ 1851 году. Сверхъ «словъ и рѣчей», изданныхъ имъ въ 1850 г., онъ напечаталъ въ 1849 г. «Наставленія христіанину для руководства въ религіозно-нравственной дѣятельности» (въ письмахъ по

Блозію) и «Жизнеописательное стихотвореніе въ девяти пѣсняхъ: Радонежскій пустынникъ Св. Сергій чудотворецъ».

Въ 1846, на юбилеѣ Общества сельскаго хозяйства, Антонскій, получивъ, какъ одинъ изъ его учредителей, большую серебряную медаль, получилъ въ торжественномъ собраніи и орденъ Св. Станислава 1-й ст. въ качествѣ вицепрезидента общества и начальника земледѣльческой школы—и какъ онъ доволенъ былъ этой наградой!

Но, кромѣ всѣхъ служебныхъ отличій и наградъ, Антонъ Антоновичъ стяжалъ другія, высшія, неотъемлемыя возмездія за безкорыстную службу человѣчеству: спокойствіе совѣсти и смиренное сознаніе, что дѣло свое совершилъ, призваніе оправдалъ и благословенное имя свое потомству завѣщалъ.

Этѣ награды, не земныя, духовныя, онъ взялъ съ собою туда, гдѣ нѣтъ зависти и лицепріятія, нѣтъ клеветы и лукавства, гдѣ судъ праведенъ и непреложенъ, гдѣ дѣти, предстоящія Отцу Небесному—«*таковыхъ бо есть царство небесное*»—встрѣтятъ старца съ любовію.

БІОГРАФИЧЕСКІЯ И АНЕКДОТИЧЕСКІЯ
ЧЕРТЫ

О МНОГИХЪ ИЗЪ ВОСПИТАННИКОВЪ МОСКОВСКАГО УНИВЕРСИТЕТСКАГО БЛАГОРОДНАГО ПАНСІОНА

и

о профессорѣ А. Ѳ. Мерзляковѣ.

Много бы можно сказать любопытнаго объ очень многихъ изъ воспитанниковъ, наставниковъ и учителей Университетскаго Пансіона; но чтобъ говорить о нихъ основательно, надобно собрать подробныя и пространныя свѣдѣнія; а это не легко. Я ограничусь нѣсколькими чертами о дошедшемъ до меня по преданіямъ про нѣкоторыхъ изъ давнихъ пансіонеровъ и нѣсколькими воспоминаніями объ иныхъ изъ своихъ товарищей, объ одномъ изъ профессоровъ—о Мерзляковѣ, и еще объ одномъ изъ давнѣйшихъ воспитанниковъ нашего Пансіона—объ Инзовѣ.

Иванъ Никитичъ Инзовъ. Я зналъ его коротко. Въ первый разъ довелось мнѣ съ нимъ встрѣтиться въ Крыму, въ 1822 или въ 1823 году, не помню. Не смотря на разстояніе лѣтъ (мнѣ было двадцать пять, шесть, а ему за 60), мы сошлись какъ-бы старые знакомцы: мысль, что оба мы воспитанники Университетскаго Пансіона, скоро сроднила насъ. Замѣчательна вообще готовность къ сближенію между бывшими *въ разныя времена* въ этомъ заведеніи: мнѣ по крайней мѣрѣ случалось встрѣчать сочувствіе, почти дружественное расположеніе въ людяхъ при новомъ знакомствѣ, чуть-только доходила рѣчь до Пансіона—такъ давно извѣстнаго и, вмѣстѣ съ тѣмъ, такъ мало знакомаго пишущей братіи на Руси!—Я указалъ уже на невѣрность приведенныхъ о немъ свѣдѣній однимъ изъ его воспитанниковъ. Теперь еще долженъ указать на невѣрность сказаннаго собственно объ Инзовѣ въ живой, остроумной полемической статьѣ В. П. Горчакова: «Воспоминаніе о Пушкинѣ» (Московскія вѣдомости 13 февраля 1858, № 19). Владиміръ Петровичъ объявилъ, будто бы Иванъ Никитичъ, живучи, отъ колыбели своей до поступленія своего на службу, у кн. Н. Н. Трубецкаго, и взросъ и воспитанъ въ его домѣ. — Если авторъ этой статьи не хотѣлъ положиться на «Воспоминанія о М. У. Пансіонѣ« (первое изданіе), то могъ бы повѣрить Антонскому и самому Инзову, на которыхъ я ссылаюсь, или хоть бы поискать имени послѣдняго въ изданіяхъ воспитанниковъ Пансіона.

Въ 1826 г., когда я былъ членомъ Бессарабскаго верховнаго (позже областнаго) совѣта, живя почти безвыѣздно въ Кишиневѣ, я часто видался съ И. Н. Инзовымъ и имѣлъ всѣ случаи оцѣнить вполнѣ старца-философа. Много ужь о немъ говорено: служебные подвиги его описаны Михайловскимъ-Данилевскимъ въ «Военной Галереѣ Зимняго Дворца» (выпускъ 29.); «потаенный сердца человѣкъ» подсмотрѣнъ въ немъ покойнымъ греко-славянскимъ патріотомъ, полезнымъ писателемъ и переводчикомъ на французскій языкъ нѣсколькихъ «Словъ и рѣчей» московскаго митрополита Филарета, А. С. Стурдзою; о посмертной наградѣ христіанина напечатано въ Одесскомъ вѣстникѣ и перепечатано въ Московскихъ вѣдомостяхъ. Была о немъ статейка Ѳ. Н. Глинки и въ Московскомъ городскомъ листкѣ Драшусова.

Инзовъ былъ помѣщенъ въ Пансіонъ еще при Крупениковѣ, вмѣстѣ съ кн. Трубецкимъ, внукомъ фельдмаршала. Неизмѣнные товарищи юности, они шли рука объ руку по пути ученія, *побратались* на всю жизнь, какъ говорится на Руси, какъ братались и древніе Римляне, и оба въ одно время выпущены съ честью изъ Пансіона. У кн. Николая Никитича было три сына: Сергѣй, Платонъ и Николай (Россійская родословная книга, изданіе к. П. В. Долгорукова); но который изъ нихъ былъ товарищемъ Инзова, не знаю.

Начавъ службу отечеству на военномъ поприщѣ (адъютантъ при фельдмаршалѣ кн. Репнинѣ въ 1789 году, командиръ Апшеронскаго полка въ арміи богатыря Суворова во время швейцарско-алпійскаго похода, начальникъ штаба 2-й западной арміи въ 1812, безотлучный спутникъ потомъ Кутузова Смоленскаго и т. д.), Инзовъ довершилъ ее, вмѣстѣ съ жизнью своей, мирными трудами во благо разнородныхъ племенъ, ввѣренныхъ его христіанской любви. Какъ «попечитель колоній южнаго края Россіи,» онъ равно заботился о благосостояніи Славянина и Нѣмца, Еврея и Румелійца (Молдавана или Волоха), православнаго и папежника, лютеранина и талмудійца. Управленіе его было совершенно патріархальное — и переселенцы любили и уважали его, какъ роднаго отца, Различіе породъ, вѣрованій, обычаевъ, нарѣчій не существовало для него — мудреца-христіанина: всѣ переселенцы—его дѣти, всѣ они—братья въ Богѣ. Вліяніе Ивана Никитича на ихъ нравы было таково, что уголовныя происшествія почти неслыханны въ колоніяхъ. Онъ ненавидѣлъ изслѣдованій и тяжбъ, самъ, большею частью, разбиралъ на мѣстѣ возникавшія ссоры и недоразумѣнія между поселенцами, сближалъ, мирилъ и никогда не допускалъ ихъ до суда. «Для достиженія благоустройства и покойной жизни» онъ составилъ *правила* въ руководство имъ, и постановленіе сельскимъ приказамъ. «Инструкція» его напечатана въ 1821 г. въ кишиневской духовной типографіи, переведена съ русскаго на болгарскій и молдавскій языки и теперь, какъ сказалъ Одесскій вѣстникъ, становится уже рѣдкостью.

Иванъ Никитичъ любилъ уединенье. Въ концѣ города, на горѣ, занималъ онъ каменный, въ два жилья, домъ, окнами въ садъ. Пространный дворъ былъ наполненъ домашними птицами: павлины, журавли, индѣйскіе пѣтухи и разныхъ породъ куры и утки. Около крыльца почти всегда сторожилъ бессарабскій орелъ. Инзовъ часто самъ раздавалъ кормъ своему пернатому population. Станицы голубей, всѣхъ возможныхъ видовъ и названій, утромъ и вечеромъ, чуть завидятъ его бѣлую, полуобнаженную голову, слетаются къ нему на балконъ, и онъ лакомитъ ихъ сарачинскимъ пшеномъ, приговаривая: «Это мои янычары: главное лакомство янычаръ также было пшено.»

Книги духовныя и частью мистическія составляли его любимое чтеніе. И любимый разговоръ его былъ: о будущей жизни, о высокомъ назначеніи человѣка—*потрудиться здѣсь, чтобы отдохнуть тамъ*, о таинственномъ смыслѣ Апокалипсиса, о твореніяхъ Экартсгаузена и Юнга Штиллинга, о месмеризмѣ, духовно объясняемомъ, о многихъ догадкахъ и гаданіяхъ человѣчества въ стремленіи предчувствій его за завѣсу грядущаго Іерусалима, о безплотныхъ силахъ, населяющихъ неисчислимые міры вселенной, о чудесахъ, о видѣніяхъ и явленіяхъ по смерти душъ, или тѣней, объ ангелахъ-хранителяхъ, о духахъ тьмы и т. д. Какъ прекрасно одушевлялось, при разгарѣ рѣчи, свѣтлое свѣтлостью дѣвственной жизни лице семидесятилѣтняго старца, мудреца-христіанина и подъ часъ мечтателя—мистика!

Въ Кишиневѣ не многіе имѣли право нарушать его уединенье. Два, три гостя изъ избранниковъ обыкновенно являлись къ обѣду, безъ зову. Пища — простая, вино — бессарабское, крымское или молдавское, лакомство—изъ садовъ и виноградниковъ роскошной Бессарабіи. Городскія сплетни, одесскіе слухи, столичныя вѣсти мало его занимали. Онъ охотнѣе разсказывалъ о своихъ поселенцахъ, о житьѣ-бытьѣ, о нравственномъ развитіи ихъ. Иногда воспоминалъ онъ о шалостяхъ и остротахъ кипучаго Пушкина, котораго и баловалъ и журилъ, и любилъ и цѣнилъ. За то и Пушкинъ любилъ и уважалъ Ивана Никитича, такъ что ни полу-эпиграммы на него не написалъ и не сказалъ.—Оскорбительный разсказъ для поэта въ запискахъ Вигеля (если, пересматривая ихъ, онъ не вычеркнулъ его) не имѣетъ никакого основанія: Вигель съ вѣтра схватилъ, будто бы Пушкинъ выучилъ ручную сороку лепетать нескромныя слова, чтобы сердить Инзова!... Сколько знаю, ни сороки, ни попугая, не было ни у того, ни у другаго. Александръ Скарлатовичъ Стурдза совсѣмъ не такъ отзывался о чувствахъ Пушкина къ Ивану Никитичу.

Будучи самъ нѣкоторое время полномочнымъ намѣстникомъ Бессарабской области, Инзовъ никогда не умалялъ подвиговъ на пользу края своихъ предмѣстниковъ и преемниковъ. Онъ отдавалъ полную справедливость А. Н. Бахметеву, графу Ланжерону, князю М. С. Воронцову и графу Ѳ. П. Палену. Гр. Ѳедоръ Петровичъ управлялъ Новороссійскимъ краемъ во время отбытія кн. Михаила Семеновича въ Лондонъ.—Не забывалъ Иванъ Никитичъ и дюка Ришелье, когда доходила рѣчь до Одессы. Любилъ онъ и аббата Николя (abbé Nicol), который оставилъ по себѣ память въ Новороссійскомъ краѣ, какъ ревнитель воспитанія юношества. Онъ возвратился во Францію вслѣдъ за дюкомъ.

На посѣщеніе знакомыхъ, ради свѣтскихъ приличій, Инзовъ не тратилъ времени. Кромѣ покойнаго Димитрія, всѣми уважаемаго пастыря, который также почти не покидалъ своей «митрополіи,» занимаясь дѣлами «духовной дикастеріи», рѣдко кто могъ похвалиться посѣщеніемъ Ивана Никитича. Никто и не сѣтовалъ на него: всѣ хорошо знали его неспѣсивость, привѣтливую улыбку и ласковый взглядъ. Два раза въ полтора года онъ порадовалъ меня своимъ нечаяннымъ появленьемъ въ моей тѣсной хатѣ на песчаной степи, называемой городскою площадью. И прежде и послѣ него бывали жь у меня гости всѣхъ достоинствъ и разрядовъ; однакожь ни кому я такъ не радовался, какъ ему, да такому же старцу, съ такою же дѣвственной душою, незабвенному Антону Антоновичу. Только одинъ еще гость отраденъ мнѣ всегда, какъ красный день больному! Правда, онъ и даритъ своей бесѣдой предпочтительно больныхъ духомъ: пастырь любовный, проповѣдникъ глубокомысленный, искусный врачъ души, онъ спѣшитъ съ утѣшеніемъ Креста подъ кровъ скорбящихъ объ утратахъ сердца! И сколько ропотной грусти въ одной Москвѣ смирилъ онъ своимъ назидательнымъ участіемъ! Сколько заблужденій озарилъ свѣтомъ Евангелія! Сколько лжемудровавшихъ и бредившихъ ученіемъ духовно распадающагося въ невѣріи Запада обратилъ онъ проповѣдію на путь смиренія и покаянія! многіе изъ нихъ, можетъ статься, теперь, не увлекаясь уже лжеученіемъ, справедливо благоговѣютъ предъ наукою того же Запада.

Удалясь съ дѣятельнаго военнаго поприща, Инзовъ посвятилъ себя вполнѣ мирнымъ занятіямъ гражданина и съ 1818 г. не покидалъ уже Новороссійскаго края. Впрочемъ онъ вообще не любилъ отдаляться отъ круга своихъ дѣйствій и правило: «всегда быть неотлучно въ томъ мѣстѣ, куда позвала его служба», соблюдалъ до такой степени, что даже въ Петербургъ никогда не заглянулъ—хоть-бы изъ любопытства.

Изъ всѣхъ поселеній онъ особенно любилъ Болградъ, главное тогда мѣстоуправленіе задунайскими переселенцами. Красиво раскинутый, въ тѣни садовъ, возлѣ нижняго Троянова вала, на верхнемъ концѣ нѣсколькими истоками соединяющагося съ Дунаемъ озера Ялпуха, по лѣвой его сторонѣ и при рѣчкѣ того же названія, Болградъ находится на пути къ мѣсту Кагульской битвы съ его памятниками, въ 45 в. отъ Рени, въ столько же почти отъ Киліи, въ 12 отъ р. Прута и въ 40 отъ Измаильской крѣпости и его предмѣстія—уѣзднаго города Тучкова. Послѣдній такъ названъ въ память его основателя, роднаго брата того Тучкова, который увѣковѣченъ любовью своей жены, воздвигшей ему памятникъ молитвы — женскую обитель на Бородинскомъ полѣ. Примѣромъ своимъ назидала въ ней отшельницъ смиренная вдова-игуменья, нынѣ уже умершая.

Въ Болградѣ, сверхъ пространной церкви, окончательно сооруженной въ 1834 г. во имя Спасителя, пожертвованіями дунайскихъ переселенцевъ, употребившихъ на это святое дѣло около 200,000 р., въ 1840 построена другая на болгарскомъ кладбищѣ, во имя св. Митрофана. Послѣдняя стоила переселенцамъ около 6000 р. сер. Здѣсь-то Инзовъ желалъ сложить свою тѣлесную хижину—и завѣщалъ, вѣроятно, словесно, задушевную мысль Болгарамъ и Румелійскимъ выходцамъ.—Онъ родился въ 1768, а скончался въ Одессѣ 27 мая, 1845 г. Задунайскія дѣти его свято исполнили послѣднюю волю своего отца: они—болѣе 6000 душъ мужчинъ и женщинъ, въ 83 обществахъ—единодушно ходатайствовали о всемилостивѣйшемъ дозволеніи имъ перенести бренные остатки своего благодѣтеля,—и 9 ноября 1846 г., кладбище одесское уступило ихъ кладбищу болгарскому. Умилительно было, какъ говорили очевидцы, зрѣлище временнаго освобожденія изъ могилы и перенесенія въ церковь гроба. Послѣ молитвъ о упокоеніи души—уже не генерала отъ инфантеріи, не болярина, а раба Божія Іоанна, при звукахъ погребальной музыки, великолѣпная колесница взяла его прахъ и отправилась въ путь, въ сопровожденіи признательныхъ покойному спутниковъ... Такъ задунайскіе выходцы, желая сохранить навсегда память объ Инзовѣ въ потомствѣ, возвратили своего благодѣтеля въ нѣдра обитаемой ими земли. Около 5000 р. сер. пожертвовано ими на дѣло благодарности живыхъ усопшему.

Когда покойный Антонскій прочелъ въ Московскихъ вѣдомостяхъ статью о посмертной наградѣ Инзова, трогательно было его умиленіе! съ какимъ увлеченіемъ вспоминалъ онъ о примѣрномъ ученикѣ времени Крупеникова, съ какою гордостью говорилъ о зародышѣ своего Пансіона!.. «Нѣтъ! заключилъ онъ,—это перенесеніе остатковъ благороднаго мужа, мирнаго гражданина и просвѣщеннаго христіанина многозначительнѣе, чувствительнѣе и поучительнѣе, чѣмъ сплавъ Наполеонова праха съ острова Елены то въ Парижъ.»

С. Н. Озеровъ.—Семенъ Николаевичъ замѣчателенъ въ лѣтописи нашего училища тѣмъ, что онъ открылъ рядъ именъ, завѣщанныхъ Пансіону лучшими изъ лучшихъ его воспитанниковъ: его имя первымъ стало на доскѣ, сіявшей именами Жуковскаго, Кайсаровыхъ, Дашкова и прочихъ (живыхъ не называю). Какъ гордился нѣкоторыми изъ нихъ Антонскій! Краса и честь его сѣдинъ, они были отрадою его старости: вспоминая о нихъ, онъ молодѣлъ духомъ. Но никого, кажется, онъ такъ не любилъ, какъ Василія Андреевича Жуковскаго (да развѣ еще С. Г. Саларева), никѣмъ онъ такъ не хвалился, какъ имъ, ни чьей душой такъ не плѣнялся, какъ его душою... Правда: велика и признательность къ нашему Нестору-наставнику не только воспитанниковъ его, но и всѣхъ бывшихъ съ нимъ въ сношеніяхъ, по Университету ли, по разнымъ ли обществамъ: ученымъ, литературнымъ и проч., по знакомству ли только, въ качествѣ ли земляка и т. д. Съ той поры, какъ узнали въ Москвѣ, что я пишу о Пансіонѣ, много получилъ я словесныхъ и письменныхъ удостовѣреній отъ почтенныхъ лицъ въ ихъ чувствахъ любви и благодарности къ Антону Антоновичу. Тѣмъ онъ пособилъ попасть, при бѣдности, въ число казенныхъ студентовъ, тѣхъ оградилъ отъ клеветы, или гоненія, одныхъ поощрилъ къ вступленію на ученое поприще, другихъ направилъ къ занятіямъ литературнымъ, инымъ открылъ первый путь къ службѣ добрымъ словомъ и усерднымъ за нихъ ходатайствомъ, нѣкоторыхъ вывелъ изъ затруднительныхъ обстоятельствъ денежными, часто значительными, иногда постоянными пожертвованіями и т. п. Многіе изъ обязанныхъ имъ людей, не только прямо называли мнѣ его своимъ благодѣтелемъ, но даже просили меня объявить объ этомъ въ «Воспоминаніяхъ о Пансіонѣ.»

До какой степени онъ пользовался всеобщимъ уваженіемъ, можно отчасти видѣть изъ письма ко мнѣ С. Д. Нечаева, который не былъ однако въ нашемъ Пансіонѣ. Вотъ оно:

«Искренно благодарю васъ за доставленіе книжки (некрологъ Антонскаго), напоминающей мнѣ о необыкновенномъ человѣкѣ, съ которымъ я былъ въ теченіе тридцати лѣтъ въ лучшихъ отношеніяхъ.

«Тотъ же вопросъ, какой вы нынѣ мнѣ дѣлаете о мѣстѣ моего воспитанія, сдѣлалъ мнѣ, въ 1817 году, бывшій министръ народнаго просвѣщенія и мой первѣйшій благодѣтель, кн. Александръ Николаевичъ Голицынъ, когда я въ первый разъ представлялся ему — въ мундирѣ губернскаго директора училищъ. Я однако не обучался въ Благородномъ Пансіонѣ, но нѣсколько лѣтъ служа по ученой части, находился подъ начальственнымъ вліяніемъ Антона Антоновича, имъ введенъ въ Общества русской словесности и исторіи и проч., и потому сохраню навсегда признательное объ немъ воспоминаніе.»

Патріархальная жизнь Озерова протекла мирно, ровно, благополучно. Онъ былъ женатъ на кн. Анастасіи Борисовнѣ Мещерской. Отецъ девяти дочерей и одного сына, Семенъ Николаевичъ умеръ въ безмятежной старости, окруженный дѣтьми всѣхъ возрастовъ: отъ двугодовой малютки до тридцатилѣтней дѣвицы. Семейныя, тихія радости, служебныя занятія и смиренные, негласные подвиги христіанина на благо ближняго — вотъ вся его жизнь. Будучи первоприсутствующимъ въ одномъ изъ московскихъ департаментовъ II. сената, онъ былъ Римлянинъ твердостію и правотой въ своихъ мнѣніяхъ по дѣламъ, при рѣшеніи участи тяжущихся и подсудимыхъ

Старшая дочь его Евдокія Семеновна, приведя по смерти отца въ порядокъ дѣла, раздѣливъ наслѣдство родительское между братомъ и сестрами своими и устроивъ опеку надъ малолѣтными изъ нихъ, отказалась отъ міра и удалилась въ Борисоглѣбскую общину, которая основана ея бабкой княгиней Евдокіей Николаевной Мещерской, по рожденію Тютчевой. Игуменіей въ ней была одна изъ служанокъ кн. Мещерской (когда княгиня жила въ мірѣ). У нея то сенаторская дочка пребывала нѣсколько лѣтъ въ послушаніи, подвизаясь въ постѣ и молитвѣ. Московскій митрополитъ Филаретъ оцѣнилъ смиреніе инокини и поставилъ ее впослѣдствіи игуменіей въ родной ей обители. И бабкѣ и внучкѣ при постриженіи, въ замѣнъ мірскаго имени Евдокіи, дано имя Евгеніи.

М. А. Офросимовъ — одинъ изъ старѣйшихъ воспитанниковъ нашего Пансіона. Не отставая отъ своихъ товарищей по ученію и по военной службѣ, онъ не покидалъ и занятій литературныхъ. Одно изъ лучшихъ его произведеній — комедія въ вольныхъ стихахъ: «Мальтійскій Кавалеръ» (вольный переводъ съ французскаго), помѣщено въ «Драматическомъ альбомѣ» П. Н. Арапова. Піэса эта въ первый разъ была играна въ 1830 году въ пользу извѣстной артистки Истоминой.

М. Л. Магницкій — авторъ «Краткаго руководства къ дѣловой и государственной словесности,» и постоянный спутникъ гр. М. М Сперанскаго: съ нимъ онъ шелъ по пути къ чинамъ и почестямъ, усердно подвизаясь на служебномъ поприщѣ, съ нимъ сошелъ со сцены политической, съ нимъ возвратился изъ опалы къ жизни дѣятельной. Я зналъ его по С-петербургскому обществу. Встрѣчалъ и сына его. Но мнѣ не довелось распросить о родѣ и племени ихъ. Знаю только, что Михаилъ Леонтіевичъ женатъ былъ на англичанкѣ, которая пользовалась полнымъ уваженіемъ въ кругу своихъ родныхъ и знакомыхъ. Не потомокъ ли онъ Леонтія Филипповича Магницкаго, учителя математики въ навигаторской школѣ на Сухаревой башнѣ, издателя первой печатной ариѳметики въ Россіи и одного изъ любимцевъ Петра Великаго?

В. П. Гурьевъ — извѣстенъ своею любовью къ нововведеніямъ и прослылъ *прожектеромъ* Предположенія его были отчасти въ ходу во времена всемогущества гр. А. А. Аракчеева.

Тургеневы. Трое Тургеневыхъ воспитаны въ нашемъ Пансіонѣ. *Андрей, Николай* и *Александръ* — дѣти извѣстнаго Ивана Петровича. Всѣ трое писатели. Изъ нихъ *Андрей* былъ въ душѣ поэтъ. Его элегія «Осень» исполнена мрачныхъ мыслей и чувства задумчивости. И это — не поддѣлка подъ образцы учителей: тогда еще *меланхолія* не была пущена въ ходъ плаксивыми стихотворцами, элегическая стихія чуть-только проявлялась въ иныхъ изъ стихотвореній Н. М. Карамзина, И. И. Дмитріева, Ю. А. Нелединскаго - Мелецкаго, В. В. Капниста и позже въ прекрасныхъ пѣсняхъ Мерзлякова. Элегій Сумарокова давно ужъ никто не читалъ; въ литературѣ нашей преобладалъ элементъ сатирическій — посланія, комедіи, басни и т. д. Сатира — родоначальница нашей поэзіи со времени кн. Кантемира. Стихъ въ этой единственной элегіи А. И. Тургенева, особенно для той поры, когда она вылилась изъ тоскливаго сердца юноши, когда еще не были извѣстны ни Жуковскій, ни Батюшковъ, ни Пушкинъ, стихъ Тургенева плавенъ, строенъ, звученъ:

> Угрюмой осени мертвящая рука
> Уныніе и мракъ повсюду разливаетъ.

> Холодный, бурный вѣтръ поля опустошаетъ
> И грозно пѣнится ревущая рѣка! и т. д.

Печальное и тихое настроеніе души возникавшаго поэта какъ-бы предсказывало ему ранній исходъ изъ здѣшней, тревожной жизни въ жизнь вѣчнаго міра.

Прекрасно письмо о немъ Мерзлякова къ Жуковскому (Біогр. словарь И. М. У.) Вотъ оно:

«Нѣтъ! я не могу мстить тебѣ, милый мой другъ, за то, что ты забылъ меня въ продолженіе трехъ мѣсяцевъ! Добрый другъ нашъ, разставаясь съ свѣтомъ, приказалъ жить намъ дружно и мирно. Онъ любилъ насъ обоихъ: будто это не можетъ заставить насъ любить другъ друга?

«Третьяго дня пріѣхалъ я изъ деревни. Тамъ жилъ я весело; но это веселье случилось такъ нечаянно, что я теперь не могу воспоминать объ немъ съ удовольствіемъ.—Воейковъ тебѣ кланяется.—По сію пору я не являлся еще къ Ивану Петровичу.—Боюсь ему показаться.—Скажи пожалуй, для чего ты не пріѣдешь утѣшить почтеннаго старика и бѣдныхъ друзей своихъ?—Мнѣ очень тяжело, потому что не съ кѣмъ плакать.

«Я слышалъ, что въ Вѣстникъ посланы какіе-то стихи на мое имя. — Ради Бога, пощади (если это въ твоихъ силахъ) покойника отъ грубаго лепетанья нашихъ стиходѣевъ.—Я не вѣрю, чтобъ истинная горесть могла писать акростихи: но одинъ изъ чудотворцевъ написалъ ихъ и послалъ къ Николаю Михайловичу. — (Н. М. Карамзину.) Еще прошу тебя, постарайся, чтобъ не были напечатаны эти стихи и не пиши ничего *теперь* самъ,—*теперь*, когда горесть твоя больше твоей поэзіи.

«Я желалъ бы сердечно тебя увидѣть. — Должность, обстоятельства и можетъ быть счастіе волокутъ меня въ Петербургъ. По крайней мѣрѣ я могу сходить на могилу моего безцѣннаго, ничѣмъ не замѣняемаго друга.

«Прости, милый мой Василій Андреевичъ.—Сегодня получилъ я письмо твое къ Кайсарову; постараюсь поскорѣе отправить его.—Что ты дѣлаешь? Что твоя поэзія? Можно ли знать объ этомъ твоему Мерзлякову. 3-го числа 1803 года.

«На слѣдующей почтѣ напишу къ Александру Ивановичу!—Что и писать къ нему!...»

Андрей Тургеневъ не пренебрегалъ и прозой: онъ перевелъ на русскій языкъ рѣчь профессора Ватэ, сказанную въ 1798 г. (30-го іюня) при торжественномъ собраніи Университета: Discours sur les sciences considérées dans leurs diverses periodes. Тогда же появилось впервые и сочиненіе Антонскаго «о воспитаніи».

Николай Ивановичъ занимался вопросами и задачами государственныхъ финансовъ. Его «Теорія о государственныхъ налогахъ» возбудила въ свое время много толковъ. Позже онъ писалъ статьи и книги политическаго содержанія, на французскомъ языкѣ, на примѣръ: «La Russie en presence de la crise européenne» (1848) «La Russie et les Russes» и т. д. Любовь къ отечеству и тоска по родинѣ проявляются порой въ заграничныхъ изданіяхъ его. Такъ сказанное имъ «la Russie qu'helas? je ne reverai jamais» вполнѣ выкупаетъ все, что встрѣчается иногда ошибочнаго или преждевременнаго въ его заглазныхъ сужденіяхъ и гаданіяхъ о Россіи. Къ счастью печальное предчувствіе невольнаго переселенца не сбылось. Онъ опять принадлежитъ

Россіи. Онъ уже посѣтилъ матушку—Москву. Въ ней, послѣ тридцатилѣтняго отсутствія, онъ съ умиленіемъ вспомнилъ:

> Златыя игры первыхъ лѣтъ
> И первыхъ лѣтъ уроки.

Александръ Ивановичъ служилъ по министерству духовныхъ дѣлъ и народнаго просвѣщенія подъ дружелюбнымъ начальствомъ кн. А. Н. Голицына. Покинувъ службу, онъ путешествовалъ въ чужихъ краяхъ. Послѣдніе же годы своей жизни безпрерывно—какъ говорится—сновалъ между Москвой и Парижемъ, гдѣ жилъ его братъ Николай Ивановичъ и гдѣ онъ имѣлъ литературныя и общественныя, или *салонныя*, какъ пишутъ нынче, связи. Прославленная красавица Рекамье и когда-то славный Шатобріанъ были главными его идолами въ Парижѣ. Правда, первой онъ нерѣдко измѣнялъ въ своихъ скитаніяхъ: сердце его легко и безкорыстно поддавалось обаянію женской красоты и любезности—и на Руси и на чужбинѣ. Но Шатобріана онъ превозносилъ до конца. Много любопытныхъ свѣдѣній и современныхъ новостей присылалъ онъ изъ-за границы на родину. Нѣкоторыми изъ нихъ воспользовались наши журналы. Много осталось послѣ него не-общедоступныхъ рукописей.—Я помню Александра Ивановича еще красивымъ, кудрявымъ молодымъ человѣкомъ, любившимъ толкаться по разнымъ кругамъ столичнаго общества, въ людяхъ часто очень разсѣяннымъ и (не смотря на нѣкоторую нетерпѣливость при спорахъ въ дружескихъ бесѣдахъ) всегда и со всѣми добрымъ и мирнымъ. Такимъ онъ былъ и въ дружескомъ-литературномъ кружкѣ «Арзамасъ». Объ этомъ обществѣ, случайно, ради шутки составившемся при войнѣ между *Шишковщиной* и *Карамзинщиной* (такъ толпа непосвященныхъ — профановъ, называла эти два направленія литераторовъ) говорили: А. С. Стурдза — (одинъ изъ арзамасцевъ) — «въ Москвитянинѣ»; М. А. Дмитріевъ—въ «Мелочахъ изъ запаса моей памяти» и достойный послѣдователь давно извѣстнаго у насъ и за границей, неутомимаго, опытнаго библіофила С. Д. Полторацкаго, М. Н. Лонгиновъ—въ «Современникѣ.» Вѣроятно и Ф. Ф. Вигель не забылъ Арзамаса и арзамасцевъ въ своихъ запискахъ. Изъ воспитанниковъ нашего Пансіона принадлежали къ этому веселому и подвижному обществу (оно сбиралось то въ Петербургѣ, то въ Москвѣ) Д. В. Дашковъ, В. А. Жуковскій, Н. И. и А. И. Тургеневы, кн. Г. И. Гагаринъ, А. Ѳ. Воейковъ, С. П. Жихаревъ и Д. А. Кавелинъ. Вотъ алфавитный (за одинъ годъ) списокъ арзамасцевъ (изъ статьи Лонгинова) съ означеніемъ ихъ прозвищъ. За полноту не ручаюсь.

1. Батюшковъ, Константинъ Николаевичъ (Ахиллъ). Блудовъ, Дмитрій Николаевичъ, нынѣ графъ (Кассандра). 3. Вигель, Филиппъ Филипповичъ (Ивиковъ журавль). 4. Воейковъ, Александръ Ѳедоровичъ (Печурка и Двѣ огромныя руки). 4. Вяземскій, князь Петръ Андреевичъ (Асмодей). 6. Давыдовъ, Денисъ Васильевичъ (Армявинъ). 7. Дашковъ, Дмитрій Васильевичъ (Чу!). 8. Жихаревъ, Степанъ Петровичъ (Громобой). 9. Жуковскій, Василій Андреевичъ (Свѣтлана). 10. Кавелинъ, Дмитрій Александровичъ (Пустынникъ). 11. Орловъ, Михаилъ Ѳедоровичъ (Рейнъ). 12. Плещеевъ, Александръ Алексѣевичъ (Черный вранъ). 13 Полетика, Петръ Ивановичъ (Очарованный челнокъ). 14. Пушкинъ, Александръ Сергѣевичъ (Сверчокъ). 15. Пушкинъ, Василій Львовичъ (Вотъ!) 16. Северинъ, Дмитрій Петровичъ (Рѣзвый котъ). 17. Тургеневъ, Александръ Ивановичъ (Эолова арфа). 18. Тургеневъ, Николай Ивановичъ (Варвикъ). 19. Уваровъ, Сергѣй Семеновичъ, въ послѣдствіи графъ (Старушка).

Почетными членами безъ прозвищъ были:

1. Гагаринъ, князь Григорій Ивановичъ. 2. Дмитріевъ, Иванъ Ивановичъ. 3. Карамзинъ, Николай Михайловичъ. 4. Нелединскій-Мелецкій, Юрій Александровичъ. 5. Солтыковъ, князь Александръ Николаевичъ. 6. Солтыковъ, Михаилъ Александровичъ (котораго дочь Софья Михайловна вышла въ послѣдствіи замужъ за барона А. А. Дельвига.).

Поэтъ Дельвигъ былъ однимъ изъ лицейскихъ друзей А. С. Пушкина.

Имя А. И. Тургенева въ печати встрѣчается рѣдко. Въ словаряхъ я отыскалъ только двѣ подъ его именемъ книги: «Критическія примѣчанія касательно древней славяно-русской исторіи» и «Нѣкоторыя разсужденія, почерпнутыя изъ натуральной исторіи Блуменбаха.»

Александръ Ивановичъ умеръ въ Москвѣ въ 1845 году. Московскій митрополитъ Филаретъ отдалъ послѣдній долгъ покойному послѣднимъ, пастырскимъ благословеніемъ его на землѣ и напутственной къ небу молитвою любви.

Былъ еще у Тургеневыхъ братъ *Сергѣй*. Не знаю, принадлежитъ ли онъ къ числу воспитанниковъ нашего Пансіона? Прекрасный молодой человѣкъ! Мы встрѣтились съ нимъ въ Симбирскѣ, гдѣ жила его мать, и скоро сдружились, какъ обыкновенно дружатся юноши — однолѣтки, по сходству въ понятіяхъ и убѣжденіяхъ,—правильнѣе сказать: въ мечтаніяхъ и заблужденіяхъ.—Это было въ грустное время всеобщаго бѣгства изъ Москвы. По изгнаніи наполеоновыхъ полчищъ изъ Россіи, я пустился въ Москву за студентскимъ аттестатомъ, чтобъ вступить въ службу; онъ пустился за границу. Рано умеръ Сергѣй Ивановичъ печальнымъ недугомъ поэта Батюшкова.

Д. И. Вельяшевъ-Волынцевъ—одинъ изъ лучшихъ и давнихъ воспитанниковъ Пансіона. Онъ былъ въ немъ въ одно время съ Инзовымъ и Шереметевымъ при самомъ почти его открытіи. Математикъ и драматургъ—онъ составилъ «Словарь математическихъ и военныхъ наукъ», переводилъ «Исторію математики» (Монтюкло и Лаланда) и вмѣстѣ съ тѣмъ издалъ «Талію» (журналъ) и «Театральное поприще Иффланда». Дмитрій Ивановичъ занимался и русской исторіей. И. М. Снегиревъ написалъ его біографію («Труды общества любителей россійской словесности»).

А. С. Хвостовъ—авторъ извѣстной шуточной оды «Хочу къ безсмертью пріютиться».—Александръ Семеновичъ писалъ не по ремеслу, не по призванію, а такъ, шутя, кстати, ради бездѣлья. Напримѣръ: жена его родила дочь—и вотъ онъ въ радости пишетъ экспромтомъ:

   Наконецъ
   Я—отецъ!
   Въ эту ночь
   Богъ мнѣ дочь
   Даровалъ! и т. д.

Встрѣчается онъ съ записнымъ волокитой—и вотъ ему совѣтъ (начала не помню,

   И за дичинкою на ловлю
   Въ чужіе не ходи края.
   Тотъ, кто чужую кроетъ кровлю
   Смотри: не протекла бъ своя....

Такъ переписывался онъ въ стихахъ съ А. В. Храповицкимъ. Ихъ посланія отъ X. къ X. (Раутъ 1854) имѣли для современниковъ особенное, какъ слышалъ я отъ стариковъ, значеніе; имъ понятны были въ нихъ намеки на иное и на иныхъ. Одинъ X. (Храповицкій) говоритъ другому X. (Хвостову), что должно имъ вести между собой дѣла in statu quo:

> Людей ты знаешь самъ, политикъ былъ и воинъ —
> И знаешь: кто креста и кто кнута достоинъ.

X. отвѣчаетъ X.:

> Я въ strictus status quo, какъ видно, удостоенъ, —
> И чтобы не былъ я доволенъ, ни покоенъ,
> Ни веселъ, ни счастливъ, ни знатенъ, ни богатъ —
> Есть, кажется, моей судьбины ultimat.

Такъ написалъ онъ за споромъ и свою *непереводимую* на иностранные языки оду: «Хочу къ безсмертью пріютиться». И дѣйствительно въ ней множество выраженій, словъ и оборотовъ непереводимыхъ.

Съ молоду впрочемъ Хвостовъ трудился надъ переводами и напечаталъ: изъ Бишинговой географіи «о Португаліи», изъ Леграна піэску «Любовные оборотни», изъ Теренція комедію «Андріанка» (Andria). Подъ старость же онъ былъ членомъ Державинской бесѣды, о которой воспоминаніе теперь остается только въ шуточной передѣлкѣ стихотворенія Жуковскаго: «Пѣвецъ во станѣ русскихъ воиновъ», обыкновенно приписываемой Батюшкову, но частью, сколько помню, принадлежащей и А. Е. Измайлову—баснописцу.—Надобно однако по правдѣ сказать, что Бесѣда любителей русскаго слова совсѣмъ не такъ смѣшна, какъ теперь о ней думаютъ, что много дѣльнаго, частью прекраснаго завѣщала она потомству, что въ ней принимали участіе и знаменитости, не по своему только времени: не говоря уже о Г. Р. Державинѣ, ни объ А. С. Шишковѣ, который все-же остается замѣчательнымъ лицемъ въ исторіи нашей литературы, довольно назвать И. А. Крылова, Н. И. Гнѣдича, А. Н. Оленина, гр. М. М. Сперанскаго, А. Х. Востокова. Далѣе—вовсе не смѣшны были В. А. Озеровъ, В. В. Капнистъ, кн. А. А. Шаховской, П. А. Кикинъ (статсъ-секретарь). Этотъ едва ли что писалъ для Бесѣды, за то онъ говорилъ чуть ли не больше, особенно же громче всѣхъ—и всегда прямо, смѣло, рѣзко. Такъ говорилъ онъ и въ гостинныхъ петербургскаго общества и въ кабинетѣ императора Александра I-го. Петръ Андреевичь въ 1812 году былъ дежурнымъ генераломъ 1-й арміи. — Можно бы и еще нѣкоторыхъ исключить изъ конечной опалы, напримѣръ: кн. С. А. Ширинскаго - Шихматова, С. И. Висковатова и А. С. Хвостова, который впрочемъ былъ болѣе извѣстенъ своимъ остроуміемъ, нежели стихотвореніями. Забавно было видѣть съ нимъ и Ю. А. Нелединскимъ-Мелецкимъ А. С. Шишкова. Мнѣ случалось быть свидѣтелемъ дружескихъ бесѣдъ этихъ трехъ умныхъ и просвѣщенныхъ стариковъ на вечеринкахъ у Хвостова, на которыя онъ иногда приглашалъ меня въ качествѣ воспитанника Университетскаго Пансіона. Шишковъ, всегда чинный и холодный, съ строгимъ лицемъ, съ угрюмо-отвислою губой; Нелединскій, живой, веселый, открытый, какъ юноша; Хвостовъ—остряк и балагуръ. Тутъ точно можно сказать:

> Рѣчь за рѣчью какъ рѣка,
> Сказка сказку погоняетъ:… (Мерзляковъ)

Одинъ разсказываетъ и припоминаетъ нецѣломудренные анекдоты и случаи; другой отпускаетъ несовсѣмъ назидательныя двусмысленности; Хвостовъ и Нелединскій оживляются, молодѣютъ; разговоръ становится также все моложе и вольнѣе; разсѣянный Шишковъ многое пропускаетъ безъ вниманія; но вотъ какое-то слово, шутка, острота возмущаютъ чистоту и строгость его помысловъ — и два весельчака, замѣтивъ, что чело Александра Семеновича морщится, сводятъ рѣчь на корни словъ, на славянскія нарѣчія, на русскую словесность—на его книгу «О старомъ и новомъ слогѣ», на «Бесѣду любителей россійскаго слова»—Шишковъ пробуждается, брови его уже не хмурятся, лице свѣтлѣетъ и онъ говоритъ о старомъ и новомъ слогѣ, о порчѣ языка, о чтеніяхъ у Державина и т. п. Вечеръ кончается. Старички разстаются, довольны и веселы—всякой по своему.

Я. А. Галинковскій—авторъ двухъ романовъ: «Часы задумчивости» и «Ѳеона или прекрасная Валдайка.» Послѣдній извѣстенъ былъ только по отрывкамъ въ журналѣ «Любителей словесности.» Онъ издалъ еще «Корифей или ключъ литературы», «Дамскій календарь» и «Красоты Стерна.»

П. П. Сумароковъ. — Изъ сочиненій его всего извѣстнѣе: «Путешествіе по всему Крыму и Бессарабіи въ 1798» и «Досуги крымскаго судьи». Журналисты и книгопродавцы вспомнили о послѣднемъ сочиненіи въ минувшую войну, когда Британцы и Турки, Французы и Зуавы, Сардинцы и сбродная со всего міра вольница, ратуя соединенными силами противъ Севастополя, помышляли завоевать Таврическій полуостровъ.

И. П. Пнинъ и П. Ю. Львовъ—издатели журналовъ.

С. Е. Родзянка и С. М. Соковнинъ. Родзянка былъ товарищемъ Жуковскаго—и это одно уже ручалось за возможность развитія его стихотворнаго дарованія: идя по слѣдамъ такого учителя, онъ пошелъ бы далеко... И онъ и Соковнинъ остановлены на пути развитія своего болѣзнію духа... Первый изнемогъ подъ тяжестью ужаснаго недуга; второй страдалъ нѣсколько лѣтъ—и вдругъ пришелъ въ себя. Любовь мечтательная—источникъ его болѣзни; любовь прозаическая—родникъ его изцѣленія. Больной—онъ искалъ въ Москвѣ встрѣчи съ NN***... и упалъ передъ нею на колѣни въ толпѣ гулявшихъ по никитскому бульвару. Изцѣленный—онъ удалился въ свою деревню, уже не мечтать, а хозяйничать. Замѣчательно, что Соковнинъ не переставалъ и въ продолженіе своего недуга писать порой стихи. Недавно родная сестра его, А. М. Павлова, передала мнѣ двѣ его пѣски. Вотъ нѣсколько стиховъ изъ одной:

1824 года 3-го Февраля.

Анюта! другъ мой съ юныхъ лѣтъ!
Прими въ день ангела отъ брата поздравленье.
Хоть для него погибъ ужъ свѣтъ;
Но въ дружествѣ твоемъ найдетъ онъ утѣшенье!

Пусть грозная рука судьбы
Надъ бѣднымъ юношей всечасно тяготѣетъ;
Но къ небу возсылать мольбы
О другѣ дѣтскихъ дней онъ все еще умѣетъ!

> И я прошу тебя, мой другъ,
> Когда умру, вели мой холмъ уединенный
> Ветлами обсадить вокругъ....
> Пусть зеленѣетъ онъ, ихъ тѣнью покровенный.
>
> И камень дикой и простой
> Велишь поставить мнѣ на холмъ безъ украшеній —
> На что мнѣ мовзолей пустой?
> Давно ужъ гордости не знаю наслажденій!
>
> И такъ, прости, другъ милой мой!
> Будь счастлива моимъ желаньемъ!
> Да будетъ Богъ и миръ съ тобой!..
> Вотъ поздравленые.... съ завѣщаньемъ!

Г-жа Павлова поправила и ошибку мою, въ первомъ изданіи «Воспоминаній о Пансіонѣ»: тетрадка стихотвореній, изданная въ 1819, принадлежитъ не Сергѣю, а брату его, Павлу Михайловичу Соковнину.

А. Г. Родзянка — уже моего времени — поэтъ Державинской школы Добрый товарищъ и страстный любитель поэзіи, онъ отыскивалъ грядущихъ стихотворцевъ по всѣмъ комнатамъ Пансіона, даже въ отдѣленіи маленькихъ. Нрава онъ былъ не столько вспыльчиваго, сколько подъ часъ нетерпѣливаго, и это отъ того, что, немножко заикаясь, при продолжительномъ иногда спорѣ о какой нибудь одѣ Ломоносова, или Державина, не поспѣвалъ за скороговоркою своихъ противниковъ. Аркадій Гавриловичъ первый подмѣтилъ и во мнѣ возникавшую страсть къ стихотворству, и, какъ **одинъ изъ старшихъ** и изъ членовъ нашего литературнаго собранія, принялъ меня подъ свое руководство, на основаніи § XIV «Законовъ собранія» — и если ужъ на кого плакаться читателямъ моихъ прошедшихъ, настоящихъ и будущихъ стиховъ и прозы, такъ конечно на него, на добраго Аркадія. Очень нравились намъ, его товарищамъ, прощальные стихи Родзянки, при выходѣ изъ Пансіона:

> Корабль мой окрыленъ! пора друзья разстаться! и т. д.

А. Мещевскій. Онъ проявлялъ замѣчательное дарованіе. Между прочимъ помню переводъ его изъ Ракана:

> Тирсисъ! пора! пора любить уединенье!
> Свѣтило нашихъ дней на западъ свой течетъ!.. и проч.

Какъ-то вовсе не дико встрѣтить эти стихи въ одномъ собраніи съ прекраснымъ переводомъ Жуковскаго изъ Грея «Сельское Кладбище.»

П. А. Петинъ. — Онъ рѣшительно сталъ бы въ ряду нашихъ извѣстныхъ баснописцевъ, если бы посвятилъ себя литературѣ. Въ 1808 году, едва 12-ти лѣтъ, далеко еще отъ вышнихъ классовъ, онъ писалъ уже басни Въ «Утренней зарѣ» помѣщены изъ нихъ: Оселъ и Левъ, Волкъ и Журавль, Солнечные часы, Сова и Кузнечикъ, Волкъ и Ягненокъ, Перемѣна времени, Алеша, Рыбакъ, щука и угорь. — Въ первомъ изданіи моихъ воспоминаній о Пансіонѣ, положась на память свою, я приписалъ Петину и басню «Голубь и муравей,» но подъ ней поставлено: С... не Соковнинъ ли?.. Чья бы впрочемъ она ни была, поученье въ ней:

> Дѣлая добро другимъ —
> Дѣлать и себѣ велимъ. —

долго было пословицею въ Пансіонѣ при всякой между товарищами услугѣ, уступчивости, снисхожденьи.

Призваніе къ военной службѣ повлекло Петина изъ Пансіона въ пажескій корпусъ. Тамъ онъ занимался поэзіей; здѣсь переводами математическихъ статей. Будучи на службѣ, онъ обогащалъ, какъ говоритъ К. Н. Батюшковъ, «Военный журналъ» (издаваемый полковникомъ Рахмановымъ) прекрасными переводами по части артиллеріи, егерскихъ эволюцій и практики полевой. «*Умъ зрѣлаго человѣка и сердце ребенка: вотъ въ двухъ словахъ его изображеніе*» —сказалъ Батюшковъ про своего друга. «Я вѣрю симпатіи (продолжаетъ Константинъ Николаевичъ), ибо опытъ научилъ вѣрить неизъяснимымъ таинствамъ сердца. Души наши были сродны. Однѣ пристрастія, однѣ наклонности, таже пылкость и таже безпечность, которыя составляли мой характеръ въ первомъ періодѣ молодости, плѣняли меня въ моемъ товарищѣ. Часто и кошелекъ и шалашъ, и мысли и надежды у насъ были общія.» Петинъ погибъ на поляхъ Лейпцига, будучи, на 26 году жизни, уже полковникомъ гвардейскаго егерскаго полка. Два прекраснѣйшіе отрывка изъ воспоминаній Батюшкова о Петинѣ, помѣщенные, при письмѣ кн. П. А. Вяземскаго къ М. П. Погодину, въ 5 № Москвитянина 1851, ярко обнаруживаютъ всю прелесть сердечныхъ сокровищъ и трогательной дружбы воина-поэта и воина-математика.

Кн. Г. И. Гагаринъ. Съ молоду онъ писалъ стихи. Смирдинъ въ росписи своихъ книгъ указалъ на его «Эротическія стихотворенія» Изъ прозаическихъ трудовъ его въ росписи показанъ переводъ съ французскаго, въ которомъ участвовалъ нашъ же давній воспитанникъ П. Лихачевъ: «О началѣ и постепенномъ приращеніи языка и изобрѣтеніи письма.»

Яковъ Лизогубъ—переводчикъ разныхъ романовъ, повѣстей и драматической піэсы Дюпати и Діелафуа: «Пажи герцога Вандомскаго.»

Кайсаровы: Паисій, Петръ, Михаилъ и Андрей Сергѣевичи. Всѣ братья писали въ Пансіонѣ. У Смирдина указаны романы и повѣсти, переведенныя Петромъ и Михаиломъ, да «Рѣчь о любви къ отечеству» Андрея, изданная имъ въ Дерптѣ въ 1811 г. П. С. перевелъ также «Женскій якобинскій клубъ» ком. Коцебу.

Д. Н. Бѣгичевъ—авторъ очень извѣстнаго въ свое время романа: «Семейство Холмскихъ.»

С. Г. Саларевъ—также моего времени—былъ бы полезенъ своими трудами, по самому направленію своему съ молоду, еслибъ не такъ рано умеръ. Его статьи «о синонимахъ,» показывая уже нѣкоторую начитанность и достаточное знанье какъ древнихъ, такъ и новыхъ языковъ, составляютъ какъ-бы начало большаго труда, который, вѣроятно, онъ свершилъ бы на пользу русскаго языка. Заслуживаетъ также вниманія и написанное имъ позже сочиненіе: «Изображеніе нынѣшнихъ нравовъ и нынѣшняго воспитанія».

Антонскій любилъ и лелѣялъ его, какъ сына, и дѣйствительно вполнѣ замѣнилъ родителей ему— круглому сиротѣ съ дѣтства. Въ сношеніяхъ своихъ съ товарищами Саларевъ отличался я какою-то мягкостію, дѣвической застѣнчивостью, дѣтскою кротостію. Его и звали товарищи красною дѣвушкой. Женясь по любви, онъ посвятилъ себя женѣ и ребенку — и былъ счастливъ, хоть не долго, но до конца. Говорятъ, что отъ горя никто не умиралъ. Однако — ссылаюсь на свидѣтельство друга и сослуживца его по вѣдомству опекунскаго совѣта, П. И. Иванова — вдова Саларева именно убита горемъ: она не пережила своей съ нимъ разлуки и черезъ нѣсколько дней послѣ его смерти, безъ всякой болѣзни, умерла — отъ тоски.

Изъ послѣднихъ опытовъ Сергѣя Гавриловича въ стихахъ была піэса на день тезоименитства императрицы Маріи Ѳеодоровны. Государыня изъявила ему за нее высочайшее благоволеніе. — Говоря, между прочимъ, о безпріютной матери, страстью вовлеченной въ заблужденія, скитающейся, въ раскаяніи, съ несчастно-рожденнымъ младенцемъ на рукахъ и недоумѣвающей: гдѣ скрыть свой стыдъ? Саларевъ обращается къ любовно-готовой подать руку помощи отверженнымъ судьбою и людьми:

Монархиня! одно твое благотвореньe—
Двумъ жертвамъ можетъ жизнь и счастье возвратить!...

Сколько печально-сладостныхъ и трогательныхъ картинъ можно нарисовать изъ быта и внутренней жизни страдальцевъ, по своей ли винѣ или безвинно впавшихъ въ нищету, сиротство, безславіе, униженье — и призрѣнныхъ государственною или правительственною, общественною или частною благотворительностью! И за всѣмъ тѣмъ, приведу кстати, уже помѣщенныя мною въ современной драмѣ «Бѣдность и благотворительность» нѣсколько прекрасныхъ строкъ изъ прекраснѣйшихъ Словъ и Рѣчей Филарета, митрополита московскаго. — «Мы, которые сами, по щедротамъ Божіимъ, не были нищими, знаемъ ли душу нищаго? Знаемъ ли, что онъ думаетъ и чувствуетъ, проходя, напримѣръ, близъ обширныхъ хранилищъ богатаго, или близъ огромнаго дома зрѣлищъ, или встрѣчаясь съ одѣтымъ въ драгоцѣнную одежду, не по требованію званія, или обоняя чадъ тучнаго пира, или слыша мусикійскій громъ изъ чертоговъ роскоши, и видя въ нихъ въ полночь — полуденный свѣтъ?...» О! «блажени милостивіи: яко тіи помиловани будутъ.»

П. П. Давыдовъ съ любовію говорилъ о Саларевѣ, о его трудахъ, о его жизни и кончинѣ: «Воспоминаніе о С. Г. Саларевѣ» (Труды Общества любителей россійской словесности).

М. В. Милоновъ. Талантъ его неоспоримъ. Сочиненія его напечатаны. Всѣ читающіе у насъ читали ихъ. Кудрявый и бѣлокурый сатирикъ и острякъ мало заботился о славѣ. Онъ писалъ, потому что писалось ему иногда «отъ нечего дѣлать.» Отпускалъ подчасъ эпиграмму, острое словцо, потому что приходилось кстати. Жилъ, со дня на день, недолго и безпечно, вовсе не заботясь *сегодня* о томъ, что будетъ съ нимъ *завтра*. Въ его время миѳологія преподавалась еще въ Пансіонѣ, какъ наука, — и онъ, будучи уже въ Петербургѣ, называлъ себя жрецомъ Вакха. Не скажу, чтобъ Михаилъ Васильевичъ былъ страстно преданъ братинѣ; но въ пріятельской бесѣдѣ любилъ порой погулять, покутить. Да и много ли найдется людей на свѣтѣ, которые бы никогда не были молоды, никогда не пошалили въ дружескомъ кружкѣ? Такъ однажды, кончивъ возліянія въ честь Вакха, онъ пошелъ освѣжиться вольнымъ воздухомъ и вдругъ остановился передъ памятникомъ, который воздвигла «Петру I Екатерина II.» Это былъ табельный день: городъ начали мало по малу освѣщать; улица, по которой онъ шелъ къ площади, дворецъ, адмиралтейство, бульваръ, сенатъ и всѣ почти окрестныя зданія уже свѣтились зажженными плошками, шкаликами, разноцвѣтными фонарями; только нѣкоторые щиты и кой-какая тумба оставались еще въ темнотѣ, да около памятника также не успѣли зажечь приготовленныя плошки. Милоновъ, на-веселѣ, возопилъ въ патріотическомъ нетерпѣніи:

«Нѣтъ благодарности, о Россы, въ васъ ни крошки!
Весь Петербургъ въ огняхъ, а у Петра ни плошки.»

Второй стихъ этого экспромпта иные изъ пустившихъ его въ свѣтъ читали такъ:

«Петръ стоитъ олтарей, а вы ему ни плошки!»

Вѣроятно, что, повторяя свой экспромптъ, по просьбамъ пріятелей, Милоновъ говорилъ и такъ и этакъ, смотря, какъ ему приходило на память.

М. Н. Макаровъ.—Усердный труженикъ, онъ сбиралъ помѣстныя слова, присловья, поговорки и т. п., составилъ замѣтки о земляхъ рязанскихъ, опытъ русскаго простонароднаго словотолковника, историко-филологическія замѣтки къ словарю Линде, издалъ «Русскія преданія» и «Драматическій журналъ» (въ 1811 г.). Писалъ онъ и для театра. О повѣстяхъ, оставшихся послѣ добрѣйшаго, простодушнаго и смиреннѣйшаго Михаила Николаевича, упомянуто въ Раутѣ 1854 г. (стр. 323). Чуть ли не Макаровъ же первый заговорилъ и о семисотлѣтіи Москвы въ письмѣ къ редактору «Наблюдателя» (въ 1835 г.?...

Н. Ѳ. Граматинъ. Болѣе ученый, чѣмъ стихотворецъ, онъ написалъ разсужденіе «О древней русской словесности» и перевелъ (и стихами и прозой) «Слово о полку Игоревѣ», которое съ 1796 г. по нынѣ возбудило столько преній, гаданій, изслѣдованій: повременныя изданія, Карамзинъ, К. Ѳ. Калайдовичъ, Максимовичъ, Вельтманъ, Руссовъ, Дубенскій, Ѳ. И. Буслаевъ, Н. Г. Головинъ, Филаретъ (епископъ харьковскій, прежде рижскій), болѣе или менѣе, говорили объ этомъ «Словѣ». Переводили его, послѣ перваго изданія въ 1800, т. е. послѣ Малиновскаго, Бантышъ-Каменскаго и гр. Мусина-Пушкина, кромѣ Граматина, Сиряковъ, А. С. Шишковъ, Левитскій, Пожарскій, Палицынъ, Язвицкій, Деларю, Минаевъ, Мей, Гербель и М. Максимовичъ (на украинское нарѣчіе). «Досуги»—стихотворенія Граматина—мало извѣстны теперь. Его «Англійско-россійскаго словаря» мнѣ не случилось и видѣть. Онъ перевелъ и два-три отрывка изъ Оссіана, съ англійскаго.

Зрѣлую въ отрочествѣ разсудительность, твердыя правила и привѣтливо-мирный характеръ Николая Ѳедоровича Антонскій долго ставилъ въ образецъ намъ, позже его вступившимъ въ Пансіонъ

Кн. А. А. Шаховской—даровитый и—до Кукольника—самый плодовитый у насъ драматургъ, къ сожалѣнію черезъ-чуръ только неравнодушный къ успѣхамъ другихъ театральныхъ писателей. И это тѣмъ неизвинительнѣе, что онъ долго не встрѣчалъ опасныхъ соперниковъ на сценѣ. Да и теперь заслуженное имъ мѣсто въ литературѣ остается за нимъ вполнѣ. «Полубарскія затѣи, «Липецкія воды,» «Пустодомы», «Аристофанъ», «Соколъ К. Ярослава» «Какаду,» «Ломоносовъ», «Казакъ стихотворецъ,» и еще нѣкоторыя изъ его произведеній никогда не утратятъ своего достоинства. Образователь столькихъ артистовъ, замѣчательныхъ въ исторіи сценическаго у насъ искусства, князь и нынче, при столѣтнемъ юбилеѣ театра на Руси, убитъ изъ-за гроба своего давнею піэсою «Ѳ Г. Волковъ» піэсы живыхъ соперниковъ: гр. Соллогуба и Зотова, даромъ что цѣнители (правда въ числѣ ихъ не было ни полудраматурга) присудили имъ премію на конкурсѣ.—Но вотъ еще важная заслуга кн. Александра Александровича: онъ первый ввелъ вольный стихъ въ комедію, самый естественный для передачи разговорнаго языка. Безъ его піэсы «Не любо не слушай, а лгать не мѣшай» не было бы, можетъ быть, и «Горя отъ ума» и другихъ комедій, написанныхъ вольными стихами съ рифмою, какъ пишутъ басни. Многіе стихи Грибоѣдова обратились въ поговорки, многія выходки и намеки на извѣстныхъ въ его время лицъ затвержены какъ эпиграммы; но—правду молвить—разговорный языкъ вообще въ «Горѣ отъ ума» далеко не такъ ловокъ, гладокъ, простъ, какъ въ комедіи: «Не любо не слушай, а лгать не мѣшай.» По стиху въ ней кн. Шаховской на столько выше Грибоѣдова, на сколько Хмельницкій во всѣхъ своихъ переводахъ выше кн. Шаховскаго.

Въ «Раутѣ» 1854 года (стр 291 — 293) разсказано, какою хитростью М. Н. Загоскинъ пробилъ себѣ дорожку на сцену—до того драматургъ-монополистъ не любилъ чужихъ произведеній! Да зато и ему нерѣдко доставалось отъ соперниковъ и особенно отъ арзамасцевъ —Такъ одинъ изъ нихъ (Д. В Дашковъ) написалъ кантату съ припѣвомъ:

Хвала тебѣ, о Шутовской!

Долго пѣли эту кантату недовольные закулисными продѣлками кн. Шаховскаго. Чья музыка, не вспомню. Такъ многіе изъ стихотворцевъ сердили его эпиграммами. Особенно двѣ изъ нихъ (кн. П. А. Вяземскаго) удались: одна на паденіе драмы «Коварный» и другая на переводъ трагедіи Вольтера «Китайскій сирота».

А. С. Грибоѣдовъ.—Пріятный музыкантъ-любитель (пьянистъ), добрый товарищъ, забавно-острый собесѣдникъ, бережно-насмѣшливый пріятель, благородной, красивой наружности, комикъ по призванію, дипломатъ по службѣ, Александръ Сергѣевичъ первоначально испыталъ свои стихотворныя способности переводомъ комедіи «le secret du menage,» въ одномъ дѣйствіи. Эта піэска—«Молодые супруги»—какъ онъ назвалъ ее, очень мила и довольно гладко написана. Потомъ онъ написалъ, вмѣстѣ съ А. А. Жандромъ, комедію: «Притворная невѣрность.» Наконецъ, составилъ одно явленіе въ комедіи кн. Шаховскаго: «своя семья». Хмельницкій также написалъ одно въ ней явленіе.—Вотъ все, чѣмъ былъ извѣстенъ Грибоѣдовъ до своей знаменитой и истинно оригинальной—не скажу: комедіи, да еще и съ танцами, а оригинальной и замысловатой сатиры въ лицахъ: «Горе отъ ума»—горе, полное ума и несообразностей, ѣдкихъ, мѣткихъ, пословичныхъ эпиграммъ и стиховъ тяжелыхъ, напыщенныхъ, вовсе не разговорныхъ, высокаго комизма (**высъ-комики**) въ толкахъ о съумасшествіи Чацкаго и непростительной ходульности въ иныхъ разглагольствіяхъ.

С. П. Жихаревъ—авторъ прекраснаго, занимательнаго и всѣми читаемаго "Дневника студента" ("Дневникъ чиновника" не заслужилъ такой извѣстности, какъ его первый дневникъ).

А. П. Офросимовъ.—Едва ли онъ писалъ, по выходѣ изъ Пансіона, что-либо кромѣ тяжебныхъ бумагъ—и нынѣ соприкасается къ нашей литературѣ, уже не какъ писатель, а какъ лице, извѣстное упорной тяжбой своей съ переводчикомъ Мольерова «Мизантропа,» съ Ѳ. Ѳ. Кокошкинымъ. Какая-то Офросимова подписалась на духовномъ завѣщаніи *Офосимовой*: пропущенная буква *р*—источникъ тяжбы, и Гоголь, какъ многіе утверждали, написалъ свою комедію «Тяжбу» по поводу тяжбы Офросимова съ Кокошкинымъ. Ни того, на другаго уже нѣтъ на свѣтѣ.

А. Ѳ. Раевскій.—Онъ написалъ «Воспоминанія о походахъ 1813 и 1814 г.» и перевелъ соч. эрцъ-герцога Карла: «Правила стратегіи, объясненныя описаніемъ похода 1796 г. въ Германіи.»

А. И. Писаревъ —водевилистъ, довольно веселый, часто остроумный, всегда благопристойный. Надобно сознаться, что послѣднее достоинство (благопристойность) нерѣдко нарушается, болѣе или менѣе, въ новѣйшихъ водевиляхъ—и каюсь! не смѣю исключить и своихъ театральныхъ грѣшковъ изъ огромнаго числа піесъ, въ которыхъ не вездѣ соблюдены приличія, строгій вкусъ и уваженіе къ публикѣ. Многіе изъ писателей и переводчиковъ особенно же изъ подражателей и передѣлывателей иностранныхъ вздоровъ для театра рѣшительно приносятъ въ жертву *райку*, не только *ложи*, а даже и *партеръ*, вообще менѣе взыскательный, нежели *бель-этажъ*. Вотъ, сколько помню, водевили Писарева: Дядя на прокатъ, Средство выдавать дочерей замужъ, Учитель и ученикъ, Двѣ записки, Три десятки, Тридцать тысячъ человѣкъ, Хлопотунъ, Забавы калифа, Пастушка, Старушка-волшебница или вотъ что любятъ женщины, Волшебный сонъ, Пять лѣтъ въ два часа. Изъ комедій его стихами «Лукавинъ,» извѣстнѣе «Поѣздки въ Кронштатъ» и «Наслѣдницы». Музыку для куплетовъ въ піесахъ Писарева писали А. А Алябьевъ, А. Н. Верстовскій и Ѳ. Е. Шольцъ.

А. С. Норовъ—достойный соперникъ А. Н. Муравьева *на пути къ Святымъ мѣстамъ*. Сочиненія и того и другаго заслужили всеобщую извѣстность. Съ молоду Авраамъ Сергѣевичъ писалъ и стихи. Но лиру свою онъ давно покинулъ въ пыли; а путешествія его: «къ семи (апокалипсическимъ) церквамъ» и «по Святой землѣ» остаются замѣчательными явленіями нашей мистико-духовно-исторической литературы.

А. Ѳ. Вельтманъ.—Одинъ изъ старѣйшихъ теперь у насъ писателей сказокъ, повѣстей и романовъ, издатель иллюстрированной, хорошей и для дѣтей и для взрослыхъ книги «Картины Свѣта» и сотрудникъ извѣстнаго археолога и знатока русской старины, преданій, повѣрій и т. п. И. М. Снегирева, по описанію рисунковъ въ великолѣпномъ изданіи "Древности Россійскаго Государства." Сверхъ этого труда, Александръ Ѳомичъ занимался историческимъ описаніемъ достопамятностей Московскаго кремля (картины въ немъ покойнаго художника Рабуса), оружейной палаты и новаго кремлевскаго дворца. Въ послѣднемъ изданіи рисунки большею частью прекрасно составлены Н. Черкасовымъ и три-четыре изъ нихъ Сахаровымъ и Шадурскимъ.

Авторъ разныхъ, стихотворныхъ и драматическихъ сочиненій, Александръ Ѳомичъ, въ концѣ 1856 г., издалъ спорный въ нѣкоторыхъ отношеніяхъ трудъ «объ Индо-Германскихъ племенахъ» подъ придуманнымъ вновь заглавіемъ: «Сайване (т. е. Славяне) отъ «Сива», божество Индійской миѳологіи (Будда, Сива, Вишну). Это изданіе, плодъ многолѣтнихъ изысканій, изслѣдованій, соображеній, встрѣтитъ сильныя возраженія со стороны ученыхъ, возбудитъ новые вопросы въ наукѣ, послужитъ, можетъ быть, и къ новымъ еще открытіямъ. Во всякомъ случаѣ оно достойно глубокаго, просвѣщеннаго вниманія. Какъ отчетлива и художественна приложенная къ нему ландкарта! Авторъ самъ надъ нею трудился, какъ видно, съ горячею любовью къ дѣлу, которое и продолжаетъ съ свойственною ему неутомимостью. Онъ объясняетъ теперь значеніе Славянъ и Руссовъ въ IV и V столѣтіяхъ. Новый трудъ его только-что вышелъ въ свѣтъ подъ заглавіемъ: «Аттила и Русь IV и V вѣка, сводъ историческихъ и народныхъ преданій» М. 1858.

С. П. Шевыревъ — профессоръ и академикъ. Не упоминаю о его ученыхъ и литературныхъ изданіяхъ, о лекціяхъ и чтеніяхъ, о критикахъ и путешествіяхъ. «Біографія» Степана Петровича достаточно обрисовала всю полезную дѣятельность его.

Написавши исторію столѣтней жизни Московскаго Университета, онъ смѣло можетъ воскликнуть съ Державинымъ:

«Я памятникъ себѣ воздвигъ!»

Если не вѣчно будетъ помнить о немъ потомство, то, по крайней мѣрѣ, при празднованіи втораго, третьяго столѣтія Университету, его трудъ не останется въ сторонѣ; онъ будетъ источникомъ справокъ и свѣдѣній, о немъ будутъ говорить ученые мужи грядущихъ вѣковъ.

Д. А. Милютинъ — сочинитель «Исторіи войны 1799 г. между Россіей и Франціей въ царствованіе императора Павла I,» достойный безсмертнаго Суворова біографъ, если не историкъ (статья въ Русскомъ Вѣстникѣ 1856 о славномъ генералиссимусѣ) и авторъ «Первыхъ опытовъ военной статистики».

Н. И. Тарасенко-Отрѣшковъ — одинъ изъ опекуновъ надъ малолѣтними дѣтьми и надъ имуществомъ А. С. Пушкина. Его политико-экономическая книга «о золотѣ и серебрѣ» добытомъ въ цѣломъ мірѣ чуть не съ допотопныхъ временъ, требовала много работы и усидчивости. Она напечатана и въ переводѣ на французскомъ языкѣ — и удостоилась одобрительныхъ въ Парижѣ отзывовъ. Занимаясь экономіею политическою, онъ издалъ еще (въ 1857 году) «Обзоръ нынѣшняго положенія внѣшней торговли Россіи» и «Значеніе системы свободной торговли.» Когда-то издавалъ и «Журналъ общеполезныхъ свѣдѣній.» А недавно (въ 1858) напечаталъ бѣглый очеркъ Индіи. — Уже и въ тетрадкѣ, подъ заглавіемъ: «Посѣщеніе въ Крыму арміи союзниковъ» Отрѣшковъ обнаружилъ особенное расположеніе свое къ Британцамъ; а здѣсь имъ явно обуяла англоманія!... Жаль, что до него не дошло — по всѣмъ вѣроятіямъ — замѣчательное произведеніе редактора «Экономическаго указателя» столь противоположное «Индіи» Отрѣшкова изложеніемъ, взглядами, выводами и т. д. Если бы онъ вникнулъ въ книгу И. В. Вернадскаго: «Политическое равновѣсіе и Англія», то, конечно, не завѣщалъ бы несчастную Индію въ вѣчное и потомственное владѣніе Великобританіи.

П. Н. Араповъ — драматическій писатель и издатель «Драматическаго Альбома», изъ котораго можно почерпнуть много любопытныхъ свѣдѣній о театрахъ на Руси со времени родоначальника нашихъ актеровъ — Волкова, о драматическихъ произведеніяхъ и писателяхъ, объ актерахъ и актрисахъ, до настоящаго времени.

П. П. Свиньинъ — писатель и основатель журнала «Отечественныя Записки».

А. Ѳ. Воейковъ — издатель «Инвалида» (послѣ Пезаровіуса), переводчикъ скучной поэмки «Сады» прескучнаго Делиля, творецъ неконченной и безконечной поэмы: «Искусства и науки»,

Которая лишь попадется въ руки —
Уснешь, какъ-бы въ «садахъ» отъ скуки!

Неудачный соперникъ Мерзлякова въ попыткѣ, послѣ его перевода Виргиліевыхъ эклогъ прекрасными шестистопными стихами съ риѳмами, перевести двѣ, три изъ нихъ длинно-долгимъ гексаметромъ, что гораздо легче писателю и несравненно тяжеле читателю, который вправѣ повторить стихъ Мерзлякова изъ посланія къ Пизонамъ:

«Пусть каждый родъ стиховъ въ своемъ краю живетъ!...»

Самъ поборникъ гексаметровъ, М. А. Дмитріевъ, привелъ такіе стихи Росйкова въ своихъ «Мелочахъ», что хоть у кого отобьетъ охоту читать его гексаметры (прилож. XVIII). За то Александръ Ѳедоровичъ—преудачный сочинитель шуточной поэмы: «Домъ съумасшедшихъ,» въ которомъ онъ размѣстилъ по нумерамъ очень забавно и товарищей и пріятелей и учителей своихъ.

М. А. Дмитріевъ—словесникъ во всей силѣ слова: онъ любитъ, знаетъ и понимаетъ литературу. *Любитъ* до того, что и при честномъ, усердномъ, полезномъ служеніи Ѳемидѣ (онъ былъ оберъ-прокуроромъ П. сената) не покидалъ музъ, какъ и дядя его И. И. Дмитріевъ—поэтъ и министръ юстиціи. *Знаетъ* такъ, что кромѣ С. Д. Полторацкаго — библіофила-знатока, едва ли кто вѣрнѣе его можетъ прослѣдить исторію нашей литературы, отъ кн. Кантемира до нынѣ. *Понимаетъ* въ такой степени, что если бы онъ вздумалъ составить критико-ученое (безпристрастное) обозрѣніе трудовъ хоть-бы только своего времени дѣятелей, то ужъ конечно оцѣнка его была бы всегда основательна. Разумѣется, тутъ ужъ должно будетъ Михаилу Александровичу опять облечься во всеоружіе своего прежняго оберъ-прокурорства: безпристрастіе и твердость, — чтобъ при рѣшеніи дѣла о писателяхъ честно сказать правду о другѣ и недругѣ, не только въ качествѣ поклонника Феба, а и по достоинству благороднаго служителя Ѳемиды. Критико-ученое обозрѣніе литературныхъ трудовъ — не мимолетныя замѣчанія, шутки или эпиграммы на повременныя явленія въ словесности: здѣсь степенность, правда, неторопливость и законность выводовъ и заключеній; тамъ—спѣшность, направленіе журнала, отношенія критика къ писателю заслоняютъ истину—и часто выводы и заключенія бываютъ черезъ-чуръ несправедливы. Въ журналахъ, въ сборникахъ, въ листкахъ кто не грѣшилъ? И вы, мой дорогой товарищъ отрочества, грѣшили, и я, не очень покорный приговорамъ журналистовъ, грѣшилъ, и вы гг. рецензенты, особенно фельетонные (листовые) газетные, тяжко грѣшили, нераскаянно грѣшите и будете безнаказанно грѣшить противъ безпристрастія до скончанія вѣковъ!.. Михаилъ Александровичъ частью показалъ ужъ на дѣлѣ, какъ онъ любитъ, знаетъ и понимаетъ литературу: его «Мелочи изъ запаса моей памяти»—крупный, драгоцѣнный запасъ преданій о многихъ изъ нашихъ писателей. Все почти вѣрно въ этой прекрасной и прелюбопытной тетрадкѣ.

Дмитріевъ предпочтительно владѣетъ эпиграммой и полное право имѣетъ переводить Сатиры Горація, которыя уже въ печати. Смолоду впрочемъ онъ писалъ и не сатиры. Въ стихотвореніяхъ его, изданныхъ въ 1830 г., много найдется хорошаго въ разныхъ родахъ. Проза его больше извѣстна. Когда возникъ «Москвитянинъ», Дмитріевъ явился однимъ изъ усерднѣйшихъ его сотрудниковъ, и дѣльныя статьи въ прозѣ и нерѣдко хорошія піесы въ стихахъ украшали многіе №№ журнала отъ колыбели и до могилы его.

Значительнѣйшій трудъ Михаила Александровича на литературномъ поприщѣ—это, конечно, его переводъ Посланія къ Пизонамъ Квинта Горація Флакка. Наука: «Поэзія» или «Наука о Поэзіи» римскаго стихотворца издана переводчикомъ не только на русскомъ, но и въ подлинникѣ, съ приведеніемъ различныхъ о ней мнѣній и толковъ ученыхъ и съ присовокупленіемъ очень полезныхъ примѣчаній для читателей классическаго произведенія.

Изъ позднѣйшихъ стихотвореній Дмитріева замѣчательны: «На битву 27 августа», «На возшествіе на престолъ Императора Александра II» и «На коронованіе и мѵропомазаніе его Императорскаго Величества.»—Въ нихъ совершенно тотъ же строй, тѣ же красоты и сила, тѣ же и неправильности, иначе *вольности піитическія*, какими переполнены оды Ломоносова, Державина, Петрова и другихъ. Мерзляковъ меньше всѣхъ позволялъ себѣ эти вольности; а И. И. Дмитріевъ почти никогда ихъ себѣ не дозволялъ. Теперь Михаилъ Александровичъ готовитъ къ изданію свои «Московскія элегіи.»

Строевы.—Изъ нихъ: *Павелъ Михайловичъ*, академикъ, извѣстенъ, между прочимъ, какъ издатель Софійскаго времянника, Описанія (вмѣстѣ съ К. Ѳ. Калайдовичемъ) Славяно-Россійскихъ рукописей, принадлежавшихъ гр. Ѳ. А. Толстому, Судебника ц. Іоанна В. (также вмѣстѣ съ К. Ѳ. Калайдовичемъ), Описаній библіотеки Императорскаго Московскаго Общества исторіи и древностей россійскихъ и библіотекъ нѣсколькихъ русскихъ монастырей. Любопытное въ свое время сочиненіе Пуквиля «Жизнь Али Паши Янинскаго» переведено имъ же и Василіемъ Озеровымъ. *Владиміръ Михайловичъ*, будучи въ Парижѣ (въ 1838—1839), составилъ «путевыя записки и замѣтки», которыя и теперь еще занимательны. *Сергій Михайловичъ* описалъ находимыя имъ въ заграничныхъ библіотекахъ Европы славяно-русскія рукописи, издалъ «Описаніе памятниковъ славяно-русской литературы.» Сильно онъ возставалъ, подъ именемъ *Скромненко*, на историческіе труды М. П. Погодина, особенно же на пріемы или методу его.

Гр. Н. С. Толстой (перешедшій изъ Пансіона въ школу подпрапорщиковъ) издалъ статистико-этнографическое, частью полемическое, частью анекдотическое и миѳологическое, съ прикрасами и присказками, вообще же любопытное, занимательное и небезполезное сочиненіе въ двухъ книгахъ: *одна*: «Заволжская часть Макарьевскаго уѣзда Нижегородской губерніи;» *другая*: (продолж. первой) «Заволжскіе очерки, критическіе взгляды и разсказы.»

В. Е. Вердеревскій, Е. И. Познанскій, Д. П. Ознобишинъ, И. П. Бороздна, Д. П. Сушковъ (братъ писательницы гр. Ростопчиной), пять поэтовъ, не разъ являвшихся на судъ просвѣщенныхъ читателей. Изъ нихъ *Вердеревскій* извѣстенъ, какъ одинъ изъ переводчиковъ Горація. — *Познанскій* переходомъ своимъ въ школу колонновожатыхъ изъ нашего Пансіона, гдѣ его знали какъ стихотворца, доказалъ, что поэзія не помѣха математикѣ и точнымъ наукамъ.—*Ознобишинъ*, кажется, рѣже всѣхъ своихъ товарищей появлялся въ печати; онъ впрочемъ издалъ вмѣстѣ съ С. Е. Раичемъ «Сѣверную лиру.» *Бороздна* напечаталъ свои стихотворенія въ пользу Черниговскаго дѣтскаго пріюта подъ нѣсколько вычурнымъ въ наше время заглавіемъ: «Лучи и тѣни.»—Правда, въ нихъ-таки встрѣчается и то и другое, однако болѣе падаетъ на читателя лучей, нежели тѣней—болѣе въ нихъ хорошаго, нерѣдко прекраснаго, нежели посредственнаго, и по стиху и по чувству и по передачѣ мѣстами вѣчныхъ псалмовъ Давида. *Д. П. Сушковъ* также издалъ свои стихотворенія сперва въ 1838 и потомъ въ 1858 г.

Н. В. Калачевъ—извѣстный издатель полезнѣйшаго юридическаго сборника «Архивъ историко-юридическихъ свѣдѣній».

П. М. Леонтьевъ—издатель «Пропилеевъ», которые всѣ образованные люди читали, читаютъ и будутъ читать.

А. А. Майковъ—авторъ «Исторіи Сербскаго языка по письменнымъ Кирилловскимъ памятникамъ, въ связи съ исторіею народа.» Хороша и вступительная рѣчь его на каѳедру русской словесности въ Московскомъ Университетѣ (20-го января 1858).

Не распространяюсь о прочихъ ученыхъ—о Л. Ѳ. Гольдбахѣ, объ А. М. Гавриловѣ (преподававшемъ русскую словесность гр. Е. П. Ростопчиной), объ А. Г. Фишеръ-фонъ-Вальдгеймѣ—объ нихъ сказано въ Біографическомъ словарѣ. Жалѣю, что не имѣю данныхъ, чтобъ упомянуть о многихъ еще изъ литераторовъ и ученыхъ, напримѣръ о Ѳ. И. Гильфердингѣ, также о Шишковѣ, Карновичѣ и другихъ *хозяевахъ-писателяхъ*, какъ называлъ ихъ А. А. П.-Антонскій.

М. Ю. Лермантовъ—соперникъ Пушкина (также убитый на поединкѣ) въ нѣкоторыхъ стихотвореніяхъ и побѣдитель его въ легкой прозѣ: языкъ въ «Героѣ нашего времени» чуть ли не выше языка всѣхъ прежнихъ и новыхъ повѣстей, разсказовъ и романовъ, кромѣ, разумѣется, многихъ прекраснѣйшихъ страницъ и отрывковъ изъ столькихъ произведеній Гоголя, да еще развѣ повѣствованій Загоскина, Лажечникова и С. Т. Аксакова, которые постоянно отличаются правильностью, простотой и ясностью слога. О новѣйшихъ писателяхъ романовъ, очерковъ, повѣстей, разсказовъ, и т. п. здѣсь говорить не мѣсто.

Въ запискахъ моихъ о быломъ (Раутъ 1854, начало записокъ: «Обозъ къ потомству») я откровенно высказалъ мое мнѣніе о произведеніяхъ Лермантова.

Не говорю и о поэтѣ Е. А. Баратынскомъ—если Антонъ Антоновичъ не ошибкою поставилъ его въ числѣ перешедшихъ изъ нашего Пансіона въ другія учебныя заведенія—о немъ будутъ говорить критики, когда его вдова издастъ сочиненія этой доброй души.

Какъ въ «обозъ» попали еще двое изъ лучшихъ воспитанниковъ нашего Пансіона: *А. П. Степановъ*, давнихъ временъ, и кн. *В. Ѳ. Одоевскій*, новѣйшихъ, и когда удастся мнѣ напечатать окончаніе этой статьи, не знаю, то я и рѣшаюсь выписать сказанное въ ней о нихъ. И такъ:

Степановъ.—Сочинитель незнаменитой поэмы «Суворовъ» (который и на Глинку—С. Н. съ Полевымъ, и на Писарева—А. А. съ Москвитяниномъ, и на Лаверна съ Фуксомъ, кричитъ сердито пѣтухомъ, помахивая крыльями) всего лучше написалъ повѣсть, напечатанную когда-то въ «Библіотекѣ для чтенія», подъ названіемъ «Прихоть».

Эта бездѣлка подобна тѣмъ драгоцѣннымъ бездѣлкамъ, которыми прихотливыя красавицы щеголяютъ и радуются: она также отдѣлана съ изящнымъ вкусомъ и легкими прикрасами. — «Постоялый дворъ» его могъ бы служить введеніемъ въ «Парижскія таинства». По распорядительности земской полиціи, вѣроятно, каторжный герой романа давно ужъ пойманъ и препровожденъ, при статейномъ спискѣ, въ Тобольскій приказъ о ссыльныхъ; героиня — надо справиться — не помѣщена ли у Саблера — (частное въ Москвѣ заведеніе для ума лишенныхъ); а самъ авторъ сидитъ себѣ *на постояломъ дворѣ* своемъ, да поглядываетъ, какъ мимо воротъ тянется «обозъ къ потомству» съ тюками романовъ, сказокъ, повѣстей и всякихъ новостей. Но, шутки въ сторону, нельзя не сознать таланта въ Степановѣ: сверхъ премиленькой «Прихоти» въ самой поэмѣ «Суворовъ» есть прекрасныя мѣста и мѣстами удачные стихи, картины и разсказы; а романъ «Постоялый дворъ,» какъ ни странна задача, читался легко и охотно въ цѣлой Россіи. Надо и то сказать, что Степановъ, особенно въ послѣдніе годы своей жизни, писалъ между дѣломъ и досугомъ отъ служебныхъ занятій; это однакоже не помѣшало ему написать и «Поѣздку въ Маймачинъ» и полезную, а не просто литературную книгу: «Енисейская губернія», на которую наши путешественники по Сибири часто ссылаются, заимствуя изъ нея и нѣкоторыя свѣдѣнія.

Князь Одоевскій. Хороши «Вечера на Карповкѣ» (подвода кн. Одоевскаго пошла «въ обозѣ» за подводой г-жи Жуковой); а каковы «Русскія ночи»? — Очень занимательны; да ихъ нельзя читать, какъ обыкновенно читаютъ романы, повѣсти и разсказы, пробѣгая, *перелистывая*.—Это словцо я взялъ, по наслѣдству, изъ записокъ дяди моего А. В. Храповицкаго, который *перелюстрацію* (егоже словечко) заграничныхъ писемъ въ кабинетѣ Екатерины замѣнялъ иногда *перелистываніемъ*. Иное изъ произведеній кн. Одоевскаго нельзя читать мимоходомъ. Тутъ нужно вниманіе, тутъ встрѣчаются мысли, вопросы, гаданія. — Есть надъ чѣмъ голову поломать!... Мнѣ случалось слышать, что кн. Одоевскій—мистикъ.... кн. Одоевскій—скептикъ.... кн. Одоевскій— Ѳома невѣрный въ наукахъ.... кн. Одоевскій—гонитель запада.... славянофилъ.... рѣшительно западникъ — отщепенецъ.... князь.... всего не переслушаешь!.... Пусть себѣ видитъ въ немъ всякой по своему, что кому угодно. Я въ немъ вижу писателя, большею частію благоразумнаго, нравственнаго и благонамѣреннаго; христіанина, не отуманеннаго пышными рѣчами любомудрыхъ балясниковъ, Русскаго въ нѣкоторой полнотѣ этого слова. «Девятнадцатый вѣкъ принадле-«житъ Россіи... Западъ гибнетъ.... мы новы и свѣжи.... мы непричастны преступленіямъ ста-«рой Европы.... мы поставлены на рубежѣ двухъ міровъ.... Провидѣніе хранитъ народъ, дол-«женствующій показать снова путь, съ котораго совратилось человѣчество....» Вотъ строчки, изъ которыхъ могутъ вырости цѣлыя книги pro и contra. Вѣра, наука, искусства, обновленіе или перерожденіе запада, усовершеніе человѣчества, разработка тайниковъ сердца, хитрости врага, успѣхи или просвѣтленіе духа, приближеніе къ истинѣ, благу, красотѣ неземной—вотъ искомыя полунощниковъ кн. Одоевскаго.

Остальныя части его сочиненій доступнѣе толпѣ: но гораздо ниже первой во всѣхъ отношеніяхъ.

Жаль, что его «душа» полу-очищенная и въ полномъ раскаяніи исповѣдавшая свои грѣхи ангелу-хранителю, задержана при дверяхъ рая *гордостію смиренія*. Хотѣлось бы мнѣ вступиться за нее, потому-что и его и моя и ваша душа, мой читатель, хорошо еще какъ толкнется въ двери рая полуочищенною:—перечиталъ я исповѣдь ея—и убѣдился, что она точно грѣшна, да не столько *гордостію смиренія*, сколько *отсутствіемъ евангельской любви*. Въ такомъ состояніи духа самое очищеніе наше бѣдами, горемъ, страданіями, однимъ словомъ: крестами— очищеніе невольное и мало-полезное, доколѣ мы не смиримся и не поймемъ любовію справедливости суда Божія.

«Не обойденный домъ» утѣшительнѣе для грѣшниковъ: тутъ любовь ко врагамъ побѣдила закоснѣлость злодѣйства, и прощеніе вѣнчаетъ раскаянье. Но «живой мертвецъ»—элегія въ сатирѣ и сатира въ элегіи.... хорошо, да какъ-то неотрадно и не назидательно, и смѣшно — не-смѣшно, грустно—негрустно.

«Двѣ княжны: Мими и Зизи,» «Свидѣтель,» «Привидѣнье,» «Новый годъ», «Jmbroglio»—бездѣлки, «Черная перчатка» какъ-будто занимательнѣе. «Сильфида»—и такъ и сякъ. А ужъ «Саламандра» едва ли лучше въ своемъ родѣ Пестрыхъ сказокъ, Игоши, Пѣтуха, кошки и лягушки, недостойныхъ пера и вкуса сочинителя «русскихъ ночей». За то въ сценахъ изъ домашней жизни много хорошаго, и если бы эту драму обдѣлать для театра, она была бы болѣе замѣчена, нежели теперь. Не такъ удачны иныя статьи кн. Одоевскаго въ «Сельскомъ чтеніи.»—О «сиротинкѣ» я не говорю; о ней говорено уже въ «Московскомъ ученомъ и литературномъ сборникѣ 1847,» изданіе покойнаго Панова.

Да, много Университетскій Пансіонъ подготовилъ полезныхъ дѣятелей литературѣ и наукѣ. Не говоря уже о родоначальникѣ его литературной славы, о В. А. Жуковскомъ, о которомъ говорить—значитъ: написать цѣлую книгу, и о которомъ уже написаны и еще напишутся цѣлыя книги,—сколько вообще вышло изъ нашего училища даровитыхъ и болѣе или менѣе извѣстныхъ писателей!... сколько еще изъ его воспитанниковъ могли бы составить себѣ почетное имя въ русской словесности? напримѣръ: Д. О. Барановъ, П. А. Кикинъ, Д. В. Дашковъ (авторъ статьи: «о легчайшемъ способѣ возражать на критику» — статьи противъ Шишкова за Карамзина), Величко, Полетика, Титовъ, Мансуровъ, Философовъ и многіе изъ живыхъ и умершихъ издателей: «Распускающагося цвѣтка,» «Полезнаго упражненія юношества,» Утренней зари,» Калліопы,» «Избранныхъ сочиненій» и проч. Къ сожалѣнію, однихъ похитила ранняя смерть, другіе пренебрегли своими талантами—и пошли по иной дорогѣ жизни, менѣе поэтической и не всегда болѣе вѣрной.

Кончу мою книгу воспоминаніемъ о простодушномъ нашемъ учителѣ А. Ѳ. Мерзляковѣ.

Приземистый, широкоплечій, съ свѣжимъ, открытымъ лицемъ, доброй улыбкой, приглаженными въ кружокъ волосами съ проборомъ вдоль головы, уроженецъ холодной Сибири (города Далматова), былъ горячъ душой и кротокъ сердцемъ. — Его страстныя посланія «къ Элизѣ,» нѣкоторые заунывные романсы, напримѣръ: «Любя любезной не видать,» «Въ часъ разлуки пастушокъ» «Чего желалъ, что пѣлъ», многія элегическія стихотворенія, самый переводъ идиллій мечтательной и нѣжной Дезульеръ, показываютъ, какъ онъ любилъ въ жизни: пламенно, довѣрчиво, безотчетно — поэтомъ! И конечно, онъ былъ въ душѣ поэтъ — и заслуги его въ словесности достойны исторической оцѣнки. Онъ первый началъ ближе знакомить Россію съ образцами древнихъ произведеній Греціи и Рима, не тяжелыми переводами прозой, а прекрасными, звучными, сильными стихами. Правда, Горація «Наука о стихотворствѣ» прежде его «Посланія къ Пизонамъ» переведена стихами же Поповскимъ, переводчикомъ «Опыта о человѣкѣ» Попе; но труды Поповскаго, какъ и труды Кострова, переводчика Оссіана и Гомера, устарѣли, даромъ-что Штелинъ хвалитъ въ запискахъ своихъ переводъ Науки о стихотворствѣ Мерзляковъ первый же, (если позволено забыть о «Телемахидѣ» бездарнаго стиходѣя, но ученаго и полезнаго труженика Третьяковскаго) испыталъ гекзаметры на русскомъ языкѣ и объяснялъ своимъ ученикамъ правила этого, не вполнѣ сроднаго склада нашей рѣчи, или, по крайней мѣрѣ, хоть не для всѣхъ родовъ поэзіи сроднаго. Доказательствомъ, что еще дѣти въ нашемъ Пансіонѣ писали гекзаметры, можетъ служить сказка «Прохожій», помѣщенная въ «Избранныхъ сочиненіяхъ и переводахъ въ прозѣ и стихахъ — труды благородныхъ воспитанниковъ Университетскаго Пансіона. Вотъ ея начало:

«**Батюшка!** кто-то стучитъ въ окошко, такъ поздно и въ вьюгу.

Такъ что жъ ты сидишь на печи? встань, посмотри, не лѣнися!

Мальчикъ послушался—вышелъ и воротился съ прохожимъ.»

Конечно, Гнѣдичь и Жуковскій вполнѣ овладѣли гекзаметромъ; но вообще немногіе постигаютъ его музыку: все что-то уху недовольно. Мерзляковъ не любилъ гекзаметровъ. Однако онъ не хотѣлъ уступить своего первенства въ начальныхъ опытахъ и введеніи ихъ на русскомъ языкѣ. Приведу выписку изъ письма его къ Погодину въ 1830 г., напечатанную въ «Москвитянинѣ» 1842 года.

«Гекзаметрами и амфибрахіями (какъ вы ихъ называете), я началъ писать тогда, когда Гнѣдичь еще былъ у насъ въ Университетѣ ученикомъ и не зналъ ни гекзаметровъ, ни пентаметровъ, и даже не писалъ стихами (прилож. XIX): свидѣтель этому Вѣстникъ Европы и господинъ Востоковъ, который именно приписываетъ мнѣ первую попытку, въ своемъ Разсужденіи о стихосложеніи; такъ какъ пѣсни мои русскія въ этой же мѣрѣ были пѣты въ Москвѣ и Петербургѣ прежде, нежели Дельвигъ существовалъ на свѣтѣ. Теперь не могу указать пьесы моей въ Вѣстникѣ Европы, издаваемомъ, кажется, при Жуковскомъ, но ее можно отыскать; въ Вѣстникѣ есть многія пьесы этой мѣры, относящіяся къ Павлову времени, напр. «Призываніе Калліопы на берега Непрядвы» и проч. Я надѣюсь доставить вамъ эти пьесы: Побѣдоносцевъ, Петръ Васильевичъ, обѣщалъ мнѣ найти эти нумера; ибо я теперь собираю всѣ мои сочиненія, чтобы выбрать изъ нихъ что-нибудь путное.

«Гнѣдичъ, бывши здѣсь въ Москвѣ и квартируя у Кокошкина, самъ признавался предъ всѣми, что я первый началъ писать этимъ родомъ стиховъ, и укорялъ меня за то, что я послѣ возставалъ противъ нихъ (спустя лѣтъ десять), въ письмѣ моемъ изъ Сибири, читанномъ въ Собраніи и напечатанномъ: это всѣ знаютъ.

«Просто, сказать вамъ: Н. Н. умышленно молчитъ обо мнѣ, дабы быть творцомъ... и ... предъ журналистами, которые теперь ему нужны. Нынѣ всѣ литераторы позабыли совѣсть и торгуютъ всѣмъ, чѣмъ могутъ.... А Н. Н. еще всегда назывался моимъ первымъ почитателемъ и другомъ!...

«Прощайте, постараюсь вамъ доставить, какъ можно скорѣе, документъ, хотя для меня и безполезный, но чрезъ это, по крайней мѣрѣ, докажу, что всѣ Н. Н.—тѣже М. М.»

Видно, заживо задѣли добраго Мерзлякова! Не даромъ, при всей безпечности своей, сталъ онъ отстаивать свои права на гекзаметры. Не безъ основаній же и выходка его противъ литературныхъ торгашей 1830 года. Чтожъ бы онъ сказалъ десять, пятнадцать лѣтъ позже? Что до его простонародныхъ русскихъ пѣсень, впрочемъ почти одного времени съ пѣснями Дмитріева и Нелединскаго-Мелецкаго, то ужь, конечно, ни Дельвигъ, ни Кольцовъ, посвятившіе себя исключительно, можно сказать, этому роду поэзіи, ничего не написали лучше нѣкоторыхъ пѣсень Мерзлякова, напр. «Среди долины ровныя,» «Не липочка кудрявая.» «Что не дѣвица во теремѣ своемъ» «Чернобровый, черноглазый» «Вылетала бѣдна пташка на долину» «Ахъ, чтожъ ты, голубчикъ!» «Ахъ, дѣвица! красавица!» и т. п.

М. А. Дмитріевъ—(«Мелочи изъ запаса моей памяти») говоритъ, что бо́льшая часть романсовъ и простонародныхъ пѣсенъ Мерзлякова написана въ помѣстьѣ Вельяминовыхъ-Зерновыхъ (Жодочахъ).

Вотъ какъ вылилась, напримѣръ, изъ души поэта пѣсня: *Среди долины ровныя* (разсказъ М. А. Дмитріева): «Онъ разговорился о своемъ одиночествѣ, говорилъ съ грустію, взялъ мѣлъ и на открытомъ ломберномъ столѣ написалъ почти половину этой пѣсни. Потомъ ему подложили перо и бумагу: онъ переписалъ написанное, и кончилъ тутъ же всю пѣсню». «Когда въ 1830 году (говоритъ М. А. Дмитріевъ) онъ вздумалъ издать ихъ, или, лучше сказать, рѣшился ихъ издать по просьбѣ книгопродавца Салаева, многихъ піесъ у него не было: иныя онъ позабылъ, иныя растерялъ. Тогда онъ обратился ко мнѣ, чтобы достать, что есть, изъ *Жодочей*.» Вотъ полушутливое, полугрустное, письмо его (отъ 5 апр. 1830): «Вы нѣкогда проговаривали мнѣ, что у васъ есть нѣкоторые вздоры мои, писанные во время моихъ мечтаній и той сладостной *жизни*, или *не-жизни*, о которой жалѣемъ и въ которой не можемъ дать себѣ отчета, какъ во снѣ. — Я совершенно забылъ объ нихъ, ибо обстоятельства настоящаго, настоящее состояніе нашей литературы, духъ господствующій, и все.... уморили уже меня для свѣта и для крамолъ бурной нашей словесности; но онъ, г. Салаевъ, солитъ мои раны и хочетъ, чтобы я не отчаявался и собиралъ кой-какъ мои вздоры. И такъ, подражая великому примѣру подобнаго мнѣ страстотерпца, гр. Хв., и я хочу еще одурачить себя собраніемъ своихъ сочиненій.»

«Сдѣлайте одолженіе, почтеннѣйшій Мих. Алекс., сообщите, если можно, мнѣ, больному отцу хворыхъ дѣтокъ, всѣ тѣ бездѣлки, которыя у васъ находятся, или которыя можете вы достать изъ пыли стараго комода, принадлежащаго почтеннѣйшему и вѣчно для меня незабвенному семейству. Можетъ быть, я нашелъ бы что нибудь похожее на дѣло, выбралъ, поправилъ, какъ смогу. Я дѣйствительно собралъ всѣ свои маранья — преогромную жертву на алтарь невѣжества, злобы и подлости — трехъ божествъ нынѣшней литературы.»

Изданіе Салаева теперь библіографическая рѣдкость. Только у книгопродавца Полеваго, пріобрѣвшаго старокнижный запасъ отъ Хрусталева, да развѣ еще у Кольчугина, сберегающаго давнія изданія, можно найти пѣсни и романсы Мерзлякова, въ которыхъ такъ много чувства и мысли, теплоты и поэзіи, простоты и художества. Приведу на выдержку нѣсколько стиховъ изъ разныхъ пѣсенъ и романсовъ его.

<blockquote>
Встрѣчаюсь ли съ знакомыми — поклонъ, да былъ таковъ!
Встрѣчаюсь ли съ пригожими — поклонъ, да пара словъ....
Однихъ я самъ пугаюся (*), другой бѣжитъ меня:
Всѣ други, всѣ пріятели до чернаго лишь дня!
</blockquote>

Послѣдній стихъ обратился въ пословицу.

<blockquote>
То ли въ свѣтѣ здѣсь любовью прослыло?
. . . .
Злые люди все украдкою глядятъ,
Меня дѣвушку заочно всѣ бранятъ....
Какъ-же слушать пересудовъ мнѣ людскихъ?
Сердце любитъ, не спросясь людей чужихъ;
Сердце любитъ, не спросясь меня самой!
Вы уймитесь, злые люди, говорить!
</blockquote>

(*) *Варіантъ*: чуждаюся.

> Не уймётесь—научите не любить!
> Было время—и на васъ была бѣда.
> Чье сердечко не болѣло никогда?...

Это отрывокъ изъ любимой пѣсни извѣстной актрисы, Е. С. Сандуновой: «Я не думала ни о чемъ въ свѣтѣ тужить.» Когда она пѣвала ее (помнится въ оперѣ А. Ѳ. Малиновскаго: «Старинныя святки»), не однѣ рукоплесканія, но слезы бывали завидной наградой пѣвицѣ, поэту и музыканту.

> Пропадай ты, красота, моя злодѣйка!
> . . . .
> Я пропала не виной, а простотою....
> . . . .
> Для него съ отцемъ я съ матерью разсталась,
> За бѣдой своей летѣла на чужбину,
> За позоромъ пробѣжала долы, степи,
> Будто дома жениховъ бы не сыскалось,
> Будто въ городѣ любовь совсѣмъ другая,
> Будто радости живутъ лишь за горами....
> Иль чужа-земля теплѣе для могилы?...
>
> Не съ кѣмъ слезъ моихъ къ любезной переслать
> У тоски моей нѣтъ крыльевъ полетѣть,
> У души моей нѣтъ силы потерпѣть,
> У любви моей нѣтъ воли умереть!
>
> Легче, знавъ бѣду, однажды умереть,
> Чѣмъ, не знавъ ее, всечасно умирать.
> И слезамъ моимъ завидуетъ, злодѣй!...

> Головушка молодецкая!
> Не знала ль ты, что рвутъ цвѣты
> Не круглый годъ—морозъ придетъ....
> Не знала ль ты, что счастье—цвѣтъ:
> Сегодня есть, а завтра нѣтъ!
> Любовь—роса, на полчаса!
> Веселье пухъ.... взовьется вдругъ!
> Тоска—свинецъ внутри сердецъ!...

Кончу эти выписки однимъ изъ лучшихъ стихотвореній Мерзлякова:

«Объ ней.»

> Чего желалъ, что пѣлъ, что въ свѣтѣ могъ любить —
>   Все въ ней, все только въ ней!
> Чѣмъ можетъ Богъ однихъ счастливцевъ наградить,
>   Все въ ней, все только въ ней!
> Какъ легкой, томной сонъ, бѣды мои прошли,
>   Все чрезъ нее, и съ ней...

> Я счастія искалъ напрасно на земли:
>> Ахъ! счастье только съ ней!
>
> Кому всю жизнь свою охотно я отдамъ —
>> Все ей, все только ей!
>
> Когда добрѣе былъ къ несчастнымъ, къ сиротамъ?
>> При ней, всегда при ней!
>
> Когда я выше всѣхъ и смертныхъ и боговъ?
>> Когда сижу при ней!
>
> Я цѣлый міръ забылъ: богатство, блескъ чиновъ;
>> Что нужды въ нихъ при ней?
>
> Что къ счастью я рожденъ, что сердце я имѣлъ,
>> Я то узналъ отъ ней.
>
> Въ безвѣстности, въ глуши я новый міръ обрѣлъ,
>> Съ одною только съ ней!
>
> О Боже праведный! послѣдній часъ пошли
>> Сперва ко мнѣ, не къ ней!
>
> Въ комъ ты достойнѣе сіяешь на земли?
>> Въ душѣ Элизы—въ ней!
>
> Чѣмъ лучше возмогу тебѣ я угождать,
>> Какъ не любовью къ ней!
>
> И тамъ, на небесахъ, въ обители отрадъ,
>> Моя отрада въ ней!...

Рѣчь его на каѳедрѣ Университета и въ классѣ Пансіона всегда была одушевлена истинною любовію къ словесности. Чтенія же Алексѣя Ѳедоровича, уже не для учениковъ, а для самихъ литераторовъ и любителей русскаго слова, для образованныхъ посѣтителей и прекрасныхъ посѣтительницъ, въ числѣ которыхъ бывала, можетъ быть, и его Елеонора или Лаура, его жестокая и милая Элиза, чтенія его увлекали вниманіе слушателей и слушательницъ. Тутъ бывали не одни юноши-писатели, но и заслуженные литераторы, государственные мужи, почетныя изъ ученыхъ лицъ особы: Н. М. Карамзинъ, И. И. Дмитріевъ, Ю. А. Нелединскій-Мелецкій, кн. И. М. Долгорукій, Ѳ. Ѳ. Кокошкинъ, Ѳ. Ѳ. Ивановъ, В. Л. Пушкинъ, Н. И. Ильинъ, кн. Д. В Голицынъ, А. А. П.-Антонскій, М. Т. Каченовскій и многіе изъ членовъ Университета. Москва давно уже славится любознательностью. Такъ удостоивала она своимъ вниманіемъ и безпристрастною оцѣнкою чтенія краснорѣчиваго Страхова, позже: отчетливаго, увлекательнаго художника-профессора Грановскаго, трудолюбиваго Шевырева, молодаго, рано насильственною смертію похищеннаго у науки, Линовскаго, и другихъ.

Въ 1812 Мерзляковъ читалъ свои лекціи въ домѣ кн. Б. В. Голицына на басманной. Война прервала его чтенія. Въ 1815 онъ возобновилъ ихъ въ домѣ А. Ѳ. Кокошкиной у арбатскихъ воротъ, на углу вздвиженки.

Признательность Мерзлякова къ Хераскову, который всѣхъ раньше оцѣнилъ труды его на блистательномъ въ тѣ золотыя времена поприщѣ литератора, до того была сильна, что онъ, при всякомъ случаѣ, старался всѣми средствами вознести произведенія его выше и выше. Такъ, въ «Амфіонѣ» своемъ онъ поставилъ «Россіаду» на недоступной ей высотѣ!.... Простимъ ему благородное пристрастіе любви и признательности! Это не то, что пристрастіе зависти и вражды.... Прежде Хераскова, И. И. Панаевъ и проповѣдникъ Платонъ первые предузнали призваніе Сибиряка-писателя. Д. Н. Бантышъ-Каменскій (Словарь достопамятныхъ людей русской земли, изданіе 1847. С. П. Б.), говоря о Панаевѣ, указалъ, какое суждено было Ивану Ивановичу имѣть вліяніе на судьбу Мерзлякова: «При открытіи народныхъ училищъ, Панаевъ вызвался принять въ свое завѣдываніе пермское народное училище — и обязанность свою исполнилъ съ истиннымъ отеческимъ попеченіемъ. Однажды, посѣтивъ вечеромъ ассессора тамошней гражданской палаты, онъ случайно завелъ разговоръ съ 14-лѣтнимъ, худо одѣтымъ мальчикомъ, который принесъ въ комнату черный чайникъ (самовары были тогда не въ общемъ употребленіи). Отвѣты мальчика, изъ которыхъ между прочимъ оказалось, что онъ племянникъ хозяина (человѣка весьма недостаточнаго), и читаетъ уже книги, такъ понравились Панаеву, что онъ, сдѣлавъ дядѣ выговоръ за пренебреженіе дальнѣйшимъ воспитаніемъ племянника и употребленіе вмѣсто слуги, на другой же день записалъ его въ училище и сталъ обращать на него особенное вниманіе. Спустя годъ, мальчикъ принесъ ему сочиненную имъ оду на день возшествія на престолъ императрицы. Достоинство стихотворенія было выше всякаго ожиданія. Иванъ Ивановичъ съ восхищеніемъ увидѣлъ, что для развитія такого дарованія, кругъ пермскаго народнаго училища слишкомъ тѣсенъ. Въ этомъ убѣжденіи онъ поручилъ одному изъ новыхъ друзей своихъ, г. Походяшину, отъѣзжавшему въ Москву, свезти его въ тамошній Университетъ; надѣлилъ мальчика рекомендательными письмами къ тогдашнимъ кураторамъ: Хераскову, Тургеневу и Фонъ-Визину (*); а супруга Ивана Ивановича снабдила его нужнымъ бѣльемъ. Этотъ мальчикъ былъ — Алексѣй Ѳедоровичъ Мерзляковъ, одно изъ блестящихъ свѣтилъ нашей поэзіи, принесшее столько чести и пользы Московскому Университету. Упомянутое, первое стихотвореніе его, Панаевъ тогда же послалъ напечатать въ одномъ Петербургскомъ журналѣ; подлинный экземпляръ съ собственноручными поправками Панаева донынѣ хранится у его наслѣдниковъ». Не у сына ли его, Владиміра Ивановича, автора Идиллій?

Въ первомъ изданіи Словаря (Ширяева) 1836 года Дмитрій Николаевичъ, говоря о Мерзляковѣ нѣсколько иначе объяснилъ два, важныхъ въ его жизни, обстоятельства: первое стихотвореніе Сибиряка, обратившее вниманіе на него императрицы-писательницы, и отправленіе его въ Москву. «Миръ со Швеціею, пробудивъ въ 14-лѣтнемъ Мерзляковѣ талантъ піитическій, внушилъ ему оду *на заключеніе мира*,» (какъ сказано въ Біографическомъ словарѣ профессоровъ и преподавателей Московскаго Университета, а не на возшествіе Екатерины II на престолъ). «Эта ода доставлена была Завадовскому черезъ пермскаго и тобольскаго (какъ говоритъ Шевыревъ) генералъ-губернатора А. А. Волкова, при которомъ дядя Алексѣя Ѳедоровича А. Л. Мерзляковъ служилъ правителемъ канцеляріи.—«Благодѣтельная Государыня (собственноручная *записка* Мерзлякова, бывшая

(*) *Примѣчаніе.* Тургеневъ и Фонъ-Визинъ никогда не были кураторами; а были, каждый въ свое время, директорами.

въ рукахъ Погодина) приказала напечатать сіе сочиненіе въ издаваемомъ тогда при академіи журналѣ и сверхъ того нѣсколько экземпляровъ особенно для сочинителя.»—«По окончаніи Мерляковымъ курса наукъ въ Перми — продолжаетъ Бантышъ-Каменскій — Государыня приказала отправить его въ Московскій Университетъ, съ тѣмъ, чтобы ей докладываемо было чрезъ каждые полгода о его успѣхахъ. Юный поэтъ порученъ былъ пѣвцу Россіады — Хераскову.»

И М. М. Херасковъ, съ поступленія Алексѣя Ѳедоровича въ гимназію разночинцевъ — въ 1793, а потомъ въ Университетъ — въ 1798, постоянно слѣдилъ за его успѣхами и до конца жизни своей поощрялъ нашего классика. Наконецъ Платонъ («Жизнь московскаго митрополита Платона» соч. И. М. Снегирева), замѣтивъ Мерзлякова у обѣдни, еще мальчикомъ, спросилъ его: «умѣешь ли пѣть?» и на отрицательный отвѣтъ сказалъ: «такъ будешь писателемъ. — Эта хороша голова!» примолвилъ архипастырь.

Мы любили послушать Алексѣя Ѳедоровича въ классѣ, съ каѳедры университетской, въ литературномъ собраніи Пансіона. Но чтобъ вполнѣ оцѣнить его краснорѣчіе и добродушіе, простоту обращенія и братскую любовь къ ближнему, надо было встрѣчаться съ нимъ въ дружескихъ бесѣдахъ, за чашей круговой, или въ небольшомъ обществѣ коротко знакомыхъ людей, гдѣ, часто видая хозяйку, съ ея гостьями и пріятельницами, онъ ужъ не дичился любезныхъ представительницъ прекраснаго пола. Въ чопорныхъ собраніяхъ Мерзляковъ былъ страненъ, неловокъ, молчаливъ. А гдѣ онъ могъ быть запросто, тамъ и разговоръ его былъ всегда живъ, свободенъ, увлекателенъ.

Въ 1813 и 1814 жилъ въ Москвѣ Ѳ. Ѳ. Ивановъ — весельчакъ, остракъ и писатель. Его «Марѳа Посадница» — трагедія въ стихахъ, «Семейство Старичковыхъ» «Награжденная добродѣтель» — драмы, «Не все то золото, что блеститъ,» «Казачій офицеръ,» «Женихи или вѣкъ живи и вѣкъ учись» — комедіи, почти всѣ имѣли въ свое время успѣхъ на сценѣ. Къ сожалѣнію — скажу словами Мерзлякова — «онъ не имѣлъ въ надлежащей степени изящнаго слога.» Въ стихотвореніяхъ его встрѣчаются иногда удачныя, даже прекрасныя выдержки; но въ цѣломъ нѣтъ ни одной піэски отдѣланной. Двѣ, три эпиграммы и кой-гдѣ выходки сатирическія — вотъ все, что отъ нихъ остается. Сочиненія и переводы его изданы въ 1824 извѣстнымъ книгопродавцемъ А. С. Ширяевымъ, по порученію Общества любителей россійской словесности при Московскомъ Университетѣ. — Очень забавно иногда Ивановъ пѣвалъ въ дружескомъ кружкѣ у камина, покуривая трубку и прихлебывая пуншъ, русскія пѣсни на французскомъ языкѣ. Разумѣется, эти вольные и превольные переводы-экспромпты тутъ же и слагались, тутъ же и забывались. Напримѣръ, однажды онъ при мнѣ пропѣлъ почти всю пѣсню: «ахъ! по мосту, мосту, по калиновому»

> Sur le pont, pont, pont, de Kalinow pont
> Il passait un garçon en blanc caleçon,
> Il avait sur soi un mouchoir en soie,
> Il portait des souliés par des boucles liés.... и т. д.

Насъ очень смѣшили эти ребяческія проказы, эти намѣренныя глупости умнаго человѣка. Мерзляковъ, дружный съ нимъ съ дѣтства, какъ родной былъ въ его семьѣ. Въ шесть, семь часовъ вечера сбирались къ Ѳедору Ѳедоровичу его пріятели и добрые знакомые, почти каждый день. Тутъ часто бывали А. М. Пушкинъ — пѣвунъ и балагуръ (переводчикъ Мольерова «Тартюфа» и авторъ «Пролога, въ честь нашей побѣды надъ Наполеономъ»), смиренно-степенный въ людяхъ и, при всей скудости, не стяжательный на службѣ Н. И. Ильинъ (авторъ Рекрутскаго набора, Лизы и Торжества благодарности — драмы, Влюбленнаго нелюдима, Недовѣрчивости и хитрости, Подложнаго клада, Физіогномиста и хиромантика—комедіи), всегда любезно говорливый поэтъ кн. И. М. Долгорукій, съ дочерью (В. И. Новиковой) и съ пасынкомъ Пожарскимъ, кн. Е. И. Горчакова и В. И. Кошелева—сестры жены Ѳ. Ѳ. Иванова, С. И. Смирновъ, впослѣдствіи женившійся на его сестрѣ (переводчикъ траг. Шиллера «Коварство и любовь)», авторъ шуточныхъ и неудобопечатаемыхъ стиховъ С. С. Неѣловъ и т. д.; бывали по временамъ: кн. П. А. Вяземскій, Ѳ. Ѳ. Кокошкинъ, А. Ѳ. Воейковъ, В. Л. Пушкинъ и пр.

Въ разговорахъ и спорахъ пріятельскихъ, забавныхъ, остроумныхъ, подчасъ важныхъ, поучительныхъ, ученыхъ, мы забывали, что живемъ на развалинахъ сожженной Москвы! Музыка, пѣнье, танцы подъ клавикордъ, перемѣжались чтеніемъ припасенныхъ хозяиномъ или гостями стиховъ, а иногда и тутъ же написанныхъ подъ шумокъ, по вдохновенью, или по задачѣ. Переводчикъ Тасса рѣшительно доказалъ не одинъ разъ возможность *италіянской импровизаціи* на русскомъ языкѣ. Онъ именно былъ импровизаторъ: по заказу, тутъ же, сразу, писалъ, порой и говорилъ стихи на заданные предметы. Любимая у насъ игра была — *омонимы* (слова, имѣющія разныя значенія). Кто не разгадаетъ слова, долженъ, въ наказанье, написать стихи, или что нибудь спѣть, или проплясать и т. д. Разумѣется, первое наказанье доставалось всѣхъ чаще профессору красноречія. Противъ него дѣйствовали скопомъ и заговоромъ. И онъ всегда выходилъ съ честью изъ затрудненія—писать когда-ни-попало, по заказу, хочешь-не-хочешь. Мы, прочіе, частенько-таки отдѣлывались бѣлыми стихами, а иногда и на русскій ладъ, почти-что безъ всякой мѣры. А Мерзляковъ большею частью писалъ съ риѳмами, если жь безъ риѳмъ, такъ ужь пѣвучимъ размѣромъ своихъ, гекзаметрическихъ пѣсенъ, какъ онъ ихъ называлъ. Такъ, однажды, въ часъ времени, нашъ импровизаторъ написалъ разсказъ, — теперь можно прямо сказать — быль въ повѣсти объ одной изъ нашихъ собесѣдницъ, на пяти, или шести, семи страницахъ. Помню только нѣсколько стиховъ изъ вступленья и заключенья:

    Въ зимній вечеръ предъ огнемъ
      Дѣвушки собрались....
    Всѣ съ работой, всѣ кругомъ....
    Въ посидѣлки разыгрались....
    Рѣчь за рѣчью, какъ рѣка —
    Сказка сказку погоняетъ...
    То веселье, то тоска
    Бѣлы груди колыхаетъ.

Обрисовавъ нашъ веселый кругъ и очеркнувъ нѣкоторыя лица намекомъ, стишкомъ, онъ выводитъ впередъ главное лицо одной мечтательницы, тоскующей о миломъ.... Онъ далеко, въ ратной дружинѣ.... Она боится за него, боится за себя, живъ ли сердечный другъ? помнитъ ли одинокую, красную дѣвицу? не измѣнилъ ли завѣтной любви? Наконецъ, Мерзляковъ доводитъ свой разсказъ до появленья жданнаго-нежданнаго гостя... двери—настежъ!.... Ахъ!....

— И домашній стиходѣй,
Мерзляковъ, съ перомъ, съ бумагой
И съ обычною отвагой....
. . . .
Палецъ ко лбу! рюмку въ руки!
Отъ тарабарской науки —
Ну читать! читалъ... читалъ....
И урокъ свой докончалъ!

Вспоминая объ этомъ несравненномъ для меня времени, когда мнѣ бывало такъ весело всякій день съ шести часовъ вечера до полуночи въ дружескомъ кружкѣ литераторовъ, остряковъ и образованныхъ женщинъ, не могу не замѣтить, что карты (въ это покрайней мѣрѣ время — въ 1813—1814 г.) были изгнаны изъ дома Иванова: что Мерзляковъ никогда не любилъ и не понималъ ни какой игры въ карты; что и Воейкова ни тогда, ни позже (въ Петербургѣ) я не видывалъ за картами, о которыхъ и помину не было на его вечерахъ, по середамъ или четвергамъ — не помню; что Мерзляковъ отплачивался стихами, именно, какъ я сказалъ, за каждое неразгаданное имъ слово при игрѣ въ омонимы и — прибавлю — при игрѣ въ фанты; что такимъ образомъ мнѣ кажется сомнительнымъ источникъ, изъ котораго почерпнутъ разсказъ М. А. Дмитріева, повторенный и С. П. Шевыревымъ въ біографіи Мерзлякова, о томъ, будто бы онъ игралъ съ Воейковымъ въ карты на стихи (впрочемъ въ 1811 г). Мерзляковъ, и безъ картъ и безъ фантовъ, многое множество раздарилъ своихъ стиховъ (такъ мало онъ дорожилъ ими) всѣмъ намъ, писавшимъ для годичныхъ актовъ въ Пансіонѣ и для изданій нашихъ: поправляя тѣ изъ стихотвореній своихъ учениковъ, которые признавалъ лучшими, онъ щедро пересыпалъ ихъ своими прекрасными строчками, иногда совершенно передѣлывалъ, порой оставлялъ только форму, мысль, господствующее въ нихъ чувство. — Любя всѣми силами своей поэтической души русскій языкъ, русскую словесность, русскую поэзію, поддерживая, поощряя едва - возникающій талантъ въ каждомъ изъ насъ, онъ не пренебрегалъ и нашими дѣтскими изданіями: онъ помѣщалъ въ нихъ иногда и свои классическія произведенія. Да и большая часть его трудовъ, отдѣльно изданныхъ, совершена предпочтительно для насъ же, его учениковъ — въ Пансіонѣ и слушателей — въ Университетѣ: онъ старался познакомить насъ съ классическои литературой древнихъ, развить въ насъ чувство художественное, усилить стремленіе къ прекрасному, благородному, образовать вкусъ и примѣрами изящнаго укоренить правила искусства и науки. — Такъ изданы имъ: «Краткое начертаніе теоріи изящной словесности,» «Краткая риторика, или правила, относящіяся ко всѣмъ родамъ сочиненій прозаическихъ», «Подражанія и переводы изъ греческихъ и латинскихъ стихотворцевъ» (въ числѣ которыхъ и эклоги Виргилія, прежде отдѣльно напечатанныя), «Освобожденный Іерусалимъ — поэма Торквато Тассо. Далѣе: Идилліи Дезульеръ, Пѣсни и романсы; но это ужъ не занятія трудолюбиваго профессора-классика; а—въ идилліяхъ: сочувствіе простой души къ женской мечтательности; въ пѣсняхъ: отголоски сердца—русскаго по природѣ своей стихотворца. Въ немъ сливались двѣ разнородныя стихіи: поэта-классика и пѣвца чисто народнаго. Не упоминая о написанныхъ на разные случаи и особыми тетрадками напечатанныхъ стихахъ и прозѣ Мерзлякова, должно упомянуть еще о его журналѣ «Амфіонъ», который онъ издавалъ вмѣстѣ съ С. И. Смирновымъ, къ сожалѣнію, только динъ (1815) годъ.—Молодежи вообще и прекрасному полу въ особенности больше всего нравились эклоги, идилліи, пѣсни и романсы его. Прекрасны и сцены изъ древнихъ трагедій. Мнѣ довелось видѣть ихъ на домашнемъ театрѣ Ѳ. Ѳ. Кокошкина. Съ любовью любители артисты выражали звучные стихи переводчика.

Сколько мнѣ извѣстно, многое еще изъ его изданій можно найти у дочери Алексѣя Ѳедоровича, Софьи Алексѣевны Мерзляковой.

Стыдно молвить, а грѣшно промолчать: нынѣшняя молодежь, даже пишущая и особенно критикующая все и всѣхъ, «не на животъ, а на смерть», развѣ по наслышкѣ только знаетъ, что былъ на свѣтѣ Мерзляковъ; а въ сущности также мало съ нимъ знакома, какъ съ Сумароковымъ и Николаевымъ, какъ съ Третьяковскимъ и графомъ Хвостовымъ! Исключенія очень рѣдки. Съ многими изъ молодыхъ цѣнителей нашей литературы я заводилъ рѣчь о старшихъ у насъ труженикахъ — и убѣдился, что они почти ничего не читали, что писано до нихъ и не ими!...

> Ихъ геній—демонъ, музы—дуры!
> И чтожь осталось намъ отъ нихъ?
> Остался пятистопный стихъ.
> Безъ риѳмы и цезуры.

(Москвитянинъ 1844. № 8, посвященіе Жуковскому баллады «Сны и толки»). Они и не подозрѣваютъ, напримѣръ, что Кольцовъ и баронъ Дельвигъ еще не родились, когда Мерзляковъ слагалъ чисто русскія пѣсни и вводилъ размѣры, неизвѣстные до него, въ письменной у насъ литературѣ. Они не знаютъ, что переводчикъ Гомера, Н. И. Гнѣдичь, былъ еще студентомъ, когда Мерзляковъ писалъ уже гекзаметрами (приложеніе XIX). А объ урокахъ, о чтеніяхъ, о рецензіяхъ, о переводахъ его нечего имъ и говорить!... Странное дѣло, какъ доселѣ еще мало оцѣнены заслуги Мерзлякова! Даже въ «Пропилеяхъ», гдѣ именно должно бы, прежде всего, подробно обозрѣть всѣ попытки предшественниковъ новѣйшихъ дѣятелей по части классической литературы, даже (какъ-бы въ нѣмецкихъ пропилеяхъ Гете) въ этомъ прекрасномъ, замѣчательномъ, классическомъ изданіи Леонтьева мало еще рѣчи объ однихъ и не дошла очередь до другихъ: а многое можно сказать и вѣроятно скажется о кн. Кантемирѣ, Ломоносовѣ, Поповскомъ, Рубанѣ, Костровѣ, Петровѣ (В. П.), Державинѣ, Мерзляковѣ, Гнѣдичѣ, Жуковскомъ, Голенищевѣ-Кутузовѣ, Капнистѣ, Воейковѣ, Раичѣ, Коссовичѣ (братъ оріенталиста), также о сотрудникахъ М. Н. Муравьева «въ Эфемеридахъ» (1804 г), о профессорахъ Московскаго Университета, объ «Амалтеѣ» и «Минервѣ»—изданія профессора Харьковскаго Университета Кронеберга, объ «Опытѣ Исторіи театра у древнихъ народовъ» М. Е. Кублицкаго и т. д. Спокойная, безпристрастная, небездоказательная, *во время оно*, критика также вела свое начало отъ А. Ѳ. Мерзлякова, первенца новѣйшихъ «Пропилеевъ:» онъ первый ввелъ насъ въ преддверіе древней литературы Грековъ и Римлянъ. О санскритской, персидской, арабской, китайской и т. п. тогда еще почти и не думали. Нужно было дождаться учено-остраго Сенковскаго (недавно умершаго), просвѣщеннаго китаефила отца Іакинфа Бичурина, трудолюбиваго Коссовича и прочихъ оріенталистовъ, чтобъ начать намъ знакомство съ востокомъ и съ поднебесной срединной Имперіей.— Однако-же и тогда была уже «Багуатгета, правда, переведенная не съ санскритскаго, а съ нѣмецкаго А. А. Петровымъ, не лирикомъ, а ученымъ и другомъ Карамзина; были въ Трудахъ М. И. Веревкина: «Китайскія записки», «Исторія турецкая», «жизнь Конфуціева» конечно переведенныя или взятыя съ французскаго, да вѣдь и Жуковскаго Одиссея переложена не съ подлинника. Наконецъ въ наше время, сверхъ Іакинфа Бичурина, сколько уже разработано свѣдѣній о Китаѣ, въ «Трудахъ членовъ россійской духовной миссіи въ Пекинѣ.»

Хорошо-бы собрать все, Мерзляковымъ напечатанное тамъ и сямъ и оставленное въ рукописи, все разсѣянное въ альбомахъ и пріятельскихъ письмахъ, и издать избранные труды его въ стихахъ и прозѣ съ присовокупленіемъ и очерка жизни поэта, профессора и человѣка. И сколько прекраснаго въ переводахъ Мерзлякова изъ Эсхила, Софокла, Эврипида, Гомера, Каллимаха, Клеанта, Сафо, Тиртея, Пиндара, Ѳеокрита, Мосха, Біона, Тибулла, Овидія, Проперція, Горація, Виргилія! Сколько найдется у него стиховъ, сильныхъ, звучныхъ, полныхъ мысли и чувства! Его пѣснь на переходъ Моисея черезъ Чермное море отличается лирическимъ движеніемъ и вѣрностью разсказа, духа, картинъ библейскихъ. Посланія къ Пизонамъ долго послѣ него никто не переводилъ. Едва въ 1855 появился новый переводъ М. А. Дмитріева. При всемъ уваженіи моемъ къ труду переводчика, я не согласенъ съ его мнѣніемъ о переводѣ Мерзлякова шестистопнымъ риѳмованнымъ ямбомъ, будто: «самая мѣра стиха и риѳма не допускали близости»?... — Стало быть, всѣ возможные переводы на всѣ возможные языки съ греческаго и латинскаго *не-гекзаметрами* не допускаютъ близости — и слѣдовательно Мерзлякова переводы эклогъ Виргиліевыхъ, (съ примѣчаніями), элегій и идиллій изъ Тибулла, Проперція, Овидія, Мосха, Біона, также нѣсколькихъ одъ и гимновъ изъ древнихъ поэтовъ, наконецъ сцены изъ греческихъ трагедій и отрывки изъ Энеиды, всѣ эти труды, труды цѣлой жизни, посвященной наукѣ и словесности, всѣ эти добросовѣстные и упорные труды — напрасный трудъ, потому только, что все это не въ гекзаметрахъ... А между тѣмъ скромный Мерзляковъ, обращая вниманіе судей своихъ на заглавіе своей книги: «Подражанія и переводы» и сказавъ въ предисловіи: «благомыслящій и знающій древнихъ читатель самъ увидитъ, *гдѣ я хотѣлъ быть переводчикомъ и гдѣ подражателемъ*» — собственно о посланіи Горація къ Пизонамъ (и еще о нѣкоторыхъ произведеніяхъ), смиренно говоритъ: «стремленіе, сколько можно *приблизиться къ оригиналамъ*, управляло моими занятіями и услаждало скуку *работы*». — Не отнимая достоинства отъ переводовъ гекзаметрами, въ которыхъ дѣйствительно легче достичь близости къ подлиннику, нельзя не сказать однако, что не рѣдко и мѣрные съ риѳмою стихи не хуже безмѣрныхъ гекзаметровъ, и что кто ни пытался, послѣ стихотворныхъ переводовъ Мерзлякова, переложить нѣкоторыя изъ Виргиліевыхъ эклогъ гексаметромъ, всѣ по-сю-пору попытки были неудачны, ни одинъ переводъ не увѣнчался славою и всѣ эти переводы, сказать по совѣсти, проза не проза, стихи не стихи — сухо, вяло, скучно, длинно... а переводы, и подражанія Алексѣя Ѳедоровича цѣнились и цѣнятся высоко всѣми любителями изящнаго и классическаго. Многіе стихи, именно изъ «Посланія къ Пизонамъ» обратились въ пословицы, поговорки и правила стихотворенія между воспитанницами Университетскаго Пансіона. На примѣръ:

Учиться — нѣтъ стыда; невѣждой — стыдно быть.
Я знатенъ, я богатъ, я баринъ — и пишу!
Съ ногами голова въ мучительномъ расколѣ.
Но дурно, если мы, простыми быть боясь,
Умчимся далѣ звѣздъ съ умомъ разрушивъ связь!...
Да царствуетъ вездѣ единство съ простотой!
Исправность въ правилахъ не дастъ еще вѣнца.
Умѣй заплакать самъ, чтобъ плакать насъ заставить.
Искусство мыслить — ключь къ искусству сочинять.
Готовой мысли въ слѣдъ слова всегда готовы.
Блестящихъ словъ наборъ — пустой кимвальный звонъ.
Успѣхъ нечаянный бываетъ часто ложный.
Я краткость сохранилъ: нельзя понять меня;
Пріятность, легкость есть; нѣтъ силы и огня;
Желая воспарить, въ безсмыслицѣ теряюсь;
Хочу исправнымъ быть — и въ прахѣ пресмыкаюсь.
Но смѣлость безъ границъ — всегда губитель свой!...
Берите трудъ всегда не выше силъ своихъ,
Умѣйте разбирать, судить себя самихъ....
Слѣпая страсть къ стихамъ опаснѣе чумы.
Піявица, не ставъ сыта, не отпадетъ.
О, нашъ прекрасный вѣкъ! вѣкъ милый для глупцовъ!
Мы безъ ума — умны! мы славны — безъ трудовъ!... и т. д.

Вотъ коротенькое предисловіе къ этому переводу:

«Горацій написалъ сіе посланіе къ Люцію Калпурнію Пизону, одному изъ знаменитѣйшихъ вельможъ римскихъ.—Пизоны происходятъ отъ Калпы, сына Нумы Помпилія. Люцій Пизонъ былъ консуломъ въ 738 году отъ построенія Рима.—Онъ и два сына его славились пламенною любовію къ наукамъ и искусствамъ изящнымъ, обширными и глубокими свѣдѣніями и высокой образованностію. Домъ ихъ почитался училищемъ вкуса.—Посланіе можно раздѣлить на три части. Первая содержитъ общія правила: о поэзіи, о различныхъ родахъ ея, о слогѣ стихотворномъ.—Вторая: разсужденія о трагедіи и зрѣлищѣ театральномъ.—Третія заключаетъ совѣты Горація о необходимости критики, о исправности и точности въ сочиненіяхъ» и пр.

Полнаго вниманія заслуживаютъ и примѣчанія русскаго ученаго, профессора и учителя нашего: онъ не удовлетворился въ наукѣ повтореніемъ или призведеніемъ чужихъ мнѣній — и про него ужъ конечно нельзя сказать, чтобъ онъ не любилъ труда продолжительнаго, настойчиваго, головоломнаго, чтобы въ немъ не было усидчивости... До него знакомство наше съ древними ограничивалось только сатирами кн. Кантемира, подражавшаго имъ, посильными трудами Поповскаго, Рубана и Кострова, Анакреонскими пѣснями Ломоносова и Державина, да нѣсколькими попытками въ Горацiанскомъ родѣ Капниста и другихъ. Вотъ бы Обществу любителей россiйской словесности (при Московскомъ Университетѣ) заняться изданiемъ, не всего кряду, каждымъ написаннаго, а только образцовыхъ произведенiй всѣхъ нашихъ писателей въ стихахъ и прозѣ, въ сочиненiяхъ и переводахъ, въ подражанiяхъ и переиначенныхъ шуткахъ (пародiяхъ).

Мерзляковъ скончался въ годъ преобразованiя нашего Пансiона въ гимназiю, 26-го iюля 1830 года. Онъ похороненъ на ваганьковскомъ кладбищѣ. Литургiю и отпѣванiе совершали преосвященные Иннокентiй — викарiй московскаго митрополита, и епископъ Дiонисiй съ архимадритами Виталiемъ и Арсенiемъ и протоiереемъ Василiемъ Богдановымъ Вотъ нѣсколько словъ И. И. Дмитрiева о погребенiи его. Я взялъ ихъ изъ «Москвитянина» 1844 года.

Отъ 8-го августа 1830 года. «Мы лишились Мерзлякова. Я былъ у него на погребенiи въ Сокольникахъ. Прекрасное утро; сельскiе виды; повсюду зелень; скромный домикъ, откуда несли его въ церковь; присутствiе двухъ архiереевъ, трехъ кавалеровъ съ звѣздами (изъ коихъ два были: Кудрявцевъ и Бантышъ-Каменскiй; одинъ товарищъ покойника въ студентахъ, другой ученикъ его) и подлѣ гроба, на подушкѣ, одинъ только крестикъ Владимiра: все какъ-то сказывало, что погребаютъ поэта!»

К О Н Е Ц Ъ.

ПРИЛОЖЕНІЯ.

I.

ВЫПИСКА ИЗЪ СОЧИНЕНІЯ И. Ѳ. ТИМКОВСКАГО.

ДОМЪ И ДВОРЪ.

Университетъ, прежде бывшій у воскресенскихъ воротъ, занималъ выстроенный для него домъ въ четыре этажа, съ переднимъ дворомъ и боковыми выступами, на улицу моховую, правымъ бокомъ на никитскую. Другой домъ, нынѣ принадлежащій Университету, вспоручь тому черезъ никиткую, на бугрѣ, съ видомъ на Кремль, чей былъ изстари, обветшалый, не вспомню; за его исправленіемъ съ 1793 года, занимала главная запасная аптека

Неотлучные, въ идеяхъ мѣста, историческіе вопросы: гдѣ что было? что здѣсь было? заставляютъ меня дать подробное размѣщеніе Университета въ домѣ и на дворѣ его.

1. Нижній этажъ дому занимали службы, погреба, кладовыя, кухни, особенно кухня и запасы для казенныхъ учениковъ.—Ходы въ прочіе три этажа были: съ лица—средній, парадный съ колоннами, и два у воротъ въ помянутыхъ боковыхъ выступахъ; съ задней стороны тотъ же средній, пролетный и два малыхъ по угламъ у заломовъ во вторый этажъ — въ жилыя комнаты учениковъ и студентовъ.

2. Середній входъ изъ большихъ сквозныхъ сѣней ведетъ по заднимъ лѣстницамъ въ 3-й и 4-й этажи. Въ 3-мъ этажѣ во первыхъ на серединѣ, надъ передними сѣнями круглая зала торжественныхъ собраній, съ хорами въ 4-мъ этажѣ.—Изъ залы по лицевой сторонѣ на право, къ западу библіотека, на лѣво кабинетъ естественной исторіи и за нимъ порожняя запасная зала.—Въ параллель съ ними съ задней стороны въ 3-мъ этажѣ, окнами на задній дворъ, къ западу три залы для авдиторій математики и физики и для физическаго кабинета. Съ другой стороны, тоже окнами на задній дворъ, залы для искусствъ: рисованья, музыки, танцованья и фехтованья.—Подъ тѣми же авдиторіями во 2-мъ этажѣ, входомъ изъ большихъ заднихъ сѣней, были столовыя для казенныхъ учениковъ.—Съ ходомъ по середнимъ лѣстницамъ, въ 4-мъ этажѣ были классическія залы гимназіи.

3. Боковымъ входомъ снизу праваго выступа дому, что по никитской, во 2-мъ этажѣ двѣ комнаты угловыя на моховую принадлежали директору, а отъ нихъ на право съ коридоромъ канцелярія университетская съ ея архивомъ.—Въ 3-мъ этажѣ помѣщеніе директора съ семействомъ на обѣ стороны выступа.—Въ 4-мъ этажѣ три комнаты угловыя на моховую и никитскую занималъ профессоръ Панкевичъ. Въ прочихъ, отдѣльно коридоромъ, помѣщались казенные ученики, имѣя ходъ по задней угловой лѣстницѣ.

4. Входомъ лѣваго выступа дому, что къ сторонѣ тверской, во 2-мъ этажѣ три комнаты угловыя на моховую занималъ инспекторъ. Отъ нихъ, на лѣво по коридору, двѣ большія комнаты съ разгородками, окнами на передній дворъ, были помѣщеніемъ настоятеля, іеромонаха университетской церкви; и подлѣ него, окнами на задній дворъ, помѣщеніе іеродіакона церкви.—Въ 3-мъ этажѣ двѣ угловыя комнаты, съ пробитою изъ одной въ другую аркою, церковь. Самая церковь, занимая верхъ и 4-й этажъ, была съ двойнымъ свѣтомъ; а надъ переднимъ ея притворомъ комната 4-го этажа составляла церковные хоры.

5. Въ 3-мъ же этажѣ, вдоль по выступу съ его коридоромъ, длинныя залы авдиторій. Изъ нихъ, окнами на передній дворъ, первая факультету философскому, за нею вторая юридическому; въ рядъ съ ними черезъ коридоръ, тоже двѣ, окнами на задній дворъ; первая смежная церкви, съ дверью въ нее, порожняя для случайныхъ по часамъ ожиданій, и она же въ видѣ придѣла церковнаго; вторая факультету медицинскому, съ его шкафами. — Юридическая авдиторія, расписанная, съ царскимъ портретомъ, имѣла два другихъ назначенія; въ ней конференція Университета имѣла свои присутствія; въ ней же производились публичные акты въ степеняхъ магистра и доктора, также малыя собранія въ иныхъ случаяхъ; для чего стояла въ ней тройная каѳедра.—За тѣми залами по выступу одна или двѣ порожнія, запасныя давали сообщеніе, чрезъ кабинетъ естественной исторіи, съ большою залою собранія. По тому же входу выступа въ 4-мъ же этажѣ были классическія залы гимназіи.

6. Всѣ лекціонныя и гимназическія залы, кромѣ физической, и то въ 1791 только устроенной тройнымъ амфитеатромъ съ пульпетами, имѣли во всю ихъ длину широкіе столы съ подвижными скамьями по обѣ стороны столовъ, что находили удобнѣе для входа и выхода, а впереди стола профессорамъ большія кресла, учителямъ стулья, и къ стѣнѣ, гдѣ было нужно, треногую черную доску.

7. Передній дворъ содержался чистымъ и былъ съ карауломъ у воротъ.

ЗАДНІЙ ДВОРЪ.

Дворъ занималъ мѣсто по никитской улицѣ до перваго переулка и по тому проходящему отъ нея переулку, а шириною отъ него заключался мимо церкви Георгія до моховой. На этомъ пространствѣ оставались двѣ небольшія, каменныя, старыя церкви, одна на углу къ никитской, гдѣ сталъ уголъ больницы, другая Діонисія по переулку, на томъ кажется мѣстѣ, гдѣ сталъ ректорскій домъ. Говорили, что она принадлежала дому князя Волконскаго, находившемуся подлѣ нея черезъ переулокъ. Первая сломана въ 1790, вторая 1792 году. Зданія на дворѣ были:

1. Старинный, вѣроятно, отъ прежнихъ владѣній до постройки Университета оставшійся, каменный домъ въ два этажа, съ пристройкою, близъ церкви Георгія. Въ верхнемъ этажѣ, къ сторонѣ Университета, помѣщались оба эфоры. Въ нижнемъ маіоръ полиціи и анатомія; а позади съ особымъ ходомъ, въ верхнемъ университетская больница, въ нижнемъ—наблюдающій при ней докторъ и разныя прислуги.

2. Между церковію Георгія и главнымъ корпусомъ, длинный деревянный домъ, выходящій бокомъ на моховую, педагогическій или баккалаврскій институтъ, съ жильемъ испектора его на улицу.

3. Такой же длинный домъ, позади означеннаго каменнаго дому, вдали, гдѣ жили ректоръ гимназіи и нѣкіе должностные; и такой же домъ на серединѣ двора, гдѣ жили прозекторъ анатоміи и должностные.

4. По переулку отъ никитской длинная связь въ два этажа, гдѣ первое свое мѣсто имѣлъ Университетскій Благородный Пенсіонъ, до перемѣщенія его на тверскую на 1791 году.

5. На серединѣ двора, правѣе по переулку за церковью Діонисія, три большія деревянныя постройки. Двѣ изъ нихъ были прачечною, черною и чистою, для стола и бѣлья казенныхъ учениковъ, третья жильемъ пристава съ женою кастеляншею. Это семейство отпущенное Шуваловымъ. Сынъ ихъ, изъ студентовъ Университета, до 1791 года былъ секретаремъ у куратора Хераскова. Онъ первый разсказывалъ мнѣ о новомъ тогда, дивномъ твореніи поэта: Кадмъ и Гармонія.

II.

О НОВИКОВѢ.

(Изъ сочиненія И. М. Снегирева: «Жизнь Московскаго Митрополита Платона», 3 изд. 1856 г.)

Когда духъ нечестія взволновалъ Францію и распространяемый агентами тайныхъ обществъ, проникалъ и въ другія государства; тогда дальновидная Екатерина II употребила всѣ средства, внушаемыя ея политикой, для предупрежденія умственной заразы въ своемъ государствѣ; особенно обращено было ея вниманіе на учебныя заведенія, ученыя общества, на вольныя типографіи и книги, кои могли быть проводниками зловреднаго ученія. Высочайшимъ указомъ 1785 г. декабря 24, присланнымъ московскому архіепископу Платону и главнокомандующему въ Мсквѣ графу Брюсу, повелѣно было разсмотрѣть напечатанныя въ типографіяхъ Новикова и въ вольныхъ книги сомнительнаго содержанія. По сношенію архіепископа съ главнокомандующимъ касательно этого дѣла избраны цензорами и слѣдователями съ духовной стороны архимандритъ Серапіонъ и игуменъ Моусей; а съ гражданской—полицеймейстеръ Годеинъ. Первымъ предписано «освидѣтельствовать книги, выходящія изъ вольныхъ типографій, гдѣ что либо касается до «вѣры, или дѣлъ духовныхъ и наблюдать, чтобъ таковыя печатаны не были, въ коихъ какія либо «колобродства, нелѣпыя умствованія и расколъ скрываются.» Подозрительныя книги были разсмотрѣны и продажа ихъ остановлена до окончанія слѣдствія; потомъ собраны были содержатели вольныхъ типографій и обязаны подписками впредь не печатать никакой книги безъ цензуры одного изъ духовныхъ и свѣтскихъ цензоровъ. На донесеніе коммисіи послѣдовалъ Высочайшій указъ, коимъ повелѣвалось запечатать и запретить, на основаніи замѣчаній архіепископа московскаго Платона, слѣдующія книги: 1) О заблужденіяхъ и истинѣ; 2) Апологія, или защищеніе вольныхъ каменщиковъ; 3) Братское увѣщаніе; 4) Хризомандеръ, аллегорическая и сатирическая повѣсть; 5) Карманная книжка и 6) Парацельса, химическая псалтырь; прочія же книги Новиковскія и вольныхъ типографій были дозволены. По приказанію Императрицы, содержатель типографіи и членъ Дружескаго общества Новиковъ отданъ былъ Платону на испытаніе въ православіи потому, что онъ подозрѣваемъ былъ въ сношеніяхъ съ тайными обществами. Зная неблагопріятное о Новиковѣ мнѣніе Государыни, Платонъ, по испытаніи подозрѣваемаго, не обинулся донести объ немъ въ такихъ именно словахъ: «Въ слѣдствіе Высочайшаго Вашего Император-«скаго Величества повелѣнія, послѣдовавшаго на имя мое отъ 28 сего декабря, поручикъ Нови-

«ковъ былъ мною призванъ и испытуемъ въ догматахъ православной нашей Греко-Россійской «Церкви, а представленныя имъ Новиковымъ ко мнѣ книги, напечатанныя въ типографіи его, «были мною разсмотрѣны. Какъ предъ престоломъ Божіимъ, такъ и предъ предстоломъ твоимъ, «Всемилостивѣйшая Государыня, я одолжаюсь по совѣсти и сану моему донести тебѣ, что молю «всещедраго Бога, чтобы не только въ словесной паствѣ, Богомъ и тобою, Всемилостивѣйшая Го- «сударыня, мнѣ ввѣренной, но и во всемъ мірѣ были Христіане таковые, какъ Новиковъ. Чтожь «касается до книгъ, напечатанныхъ въ типографіи его Новикова и мною разсмотрѣнныхъ, я раз- «дѣляю ихъ на три разряда: въ 1-мъ находятся книги собственно литературныя, и какъ литера- «тура наша доселѣ крайне еще скудна въ произведеніяхъ, то весьма желательно, чтобъ книги «въ этомъ родѣ были еще болѣе и болѣе распространяемы и содѣйствовали бы къ образованію; «во 2-мъ я полагаю книги мистическія, которыхъ не понимаю, а потому не могу судить объ «нихъ; наконецъ въ 3 разрядѣ суть книги самыя зловредныя, развращающія добрые нравы и «ухищряющіяся подкапывать твердыни св. нашей вѣры. Сіи-то гнусныя и юродивыя порожденія «такъ называемыхъ энциклопедистовъ слѣдуетъ исторгать, какъ пагубныя плевела, возрастающія «между добрыми сѣменами.» Такое откровенное и безпристрастное мнѣніе, основанное, сколько съ одной стороны на видимости, столько съ другой на сущности дѣла, по свидѣтельству сенатора И. В. Лопухина, было уважено Императрицею.

III.

ПИСЬМО КЪ ПРІЯТЕЛЮ ВЪ СИМБИРСКЪ. (*)

(Ф. Ф. Вигеля.)

Увѣдомленіе о намѣреніи твоемъ, любезный другъ, провести зиму въ Москвѣ меня бы порадовало, еслибъ я самъ не сбирался въ Петербургъ. Я знаю, что ты будешь бранить меня, осуждать, какъ и всегда, глупое пристрастіе мое къ чухонской столицѣ. Ты не любишь ее, изъ ложнаго патріотизма ты даже ненавидишь ее; это происходитъ отъ того, что ты ее совсѣмъ не знаешь, что ты никогда не бывалъ въ ней. И что скажешь ты, когда я позволю себѣ объяснить, что именно Руссолюбіе мое заставляетъ меня предпочитать ее Москвѣ. Ты вскрикнешь, ты начнешь осыпать меня проклятіями. Какъ! новый городъ съ нѣмецкимъ названіемъ болѣе русскій, чѣмъ древняя, православная Москва! Что дѣлать, какъ быть, оно такъ и есть. Для поддержанія мнѣнія моего, которое назовешь ты страннымъ, даже нелѣпымъ, долженъ я раскрыть передъ тобою исторію обѣихъ столицъ, въ продолженіи цѣлаго столѣтія.

Когда начинался, когда строился Петербургъ, въ немъ долженъ былъ царствовать настоящій хаосъ отъ внезапной встрѣчи быстрыхъ нововведеній и иностранныхъ нравовъ съ навыками, повѣріями Русскихъ, даже съ ихъ закоренѣлыми предразсудками; одно время могло извлечь изъ того порядокъ и устройство. Брошенный Петромъ II, Петербургъ при Аннѣ Іоанновнѣ возшелъ опять на степень столичнаго города. Усѣянный костями первыхъ русскихъ переселенцевъ, онъ тогда уже былъ наполненъ ихъ сыновьями и внуками, приросшими къ его болотистой почвѣ, свыкшимися съ новою жизнію. Но Руссоненавистникъ, звѣронравный Биронъ, съ помощію Нѣмцевъ, имъ на всѣ главныя мѣста посаженныхъ, принялся терзать всѣ состоянія сего новаго населенія; съ терпѣніемъ, свойственнымъ всѣмъ богобоязненнымъ народамъ, жите-

---

(*) *Примѣчаніе.* На сколько въ этомъ письмѣ-сатирѣ правды и на сколько неправды — пусть судитъ читатель. Н. С.

ли увидѣли въ томъ гнѣвъ Божій, вавилонское плѣненіе, новое татарское нашествіе и безъ ропота переносили мученія Но желаніе освобожденія и мести таилось во всѣхъ сердцахъ, въ послѣдствіи вспрянуло и превратилось въ вѣчно живущее преданіе.

Москва совсѣмъ не въ такой мѣрѣ испытывала жестокости Бирона. Онъ болѣе щадилъ ее и видя въ ней сердце Россіи, опасался совершенно раздражить его. Нравы небольшаго числа Нѣмцевъ, въ ней жившихъ и господствовавшихъ, какъ будто смягчились посреди огромной массы ея добродушнаго и безпечнаго населенія. Конечно, она должна была принимать сострадательное участіе въ судьбѣ Петербурга; но кто знаетъ, можетъ быть, не безъ удовольствія видѣла она бѣдствія своего юнаго соперника. Вспомнимъ Новгородъ, богатый и торговый, нѣсколько онѣмеченный тѣснымъ союзомъ съ Ганзой и сосѣдствомъ съ Ливоніей, и равнодушіе его къ уничиженію Москвы и страданіямъ другихъ русскихъ городовъ, раздавленныхъ татарскимъ игомъ.

Съ воцареніемъ Елисаветы Петровны въ Петербургѣ началось сильное противудѣйствіе. Народъ готовъ былъ вырѣзать всѣхъ Нѣмцевъ, еслибъ человѣколюбіе ея не спасло ихъ. Но съ тѣхъ поръ прошла въ немъ рѣзкая черта, раздѣляющая двѣ вѣчно борющіяся стихіи, изъ коихъ по временамъ одна беретъ верхъ числомъ, другая искусствомъ и осторожностію.

Тогда Москва не ощутила очень большой перемѣны; только та же Елисавета, любя ее всѣмъ русскимъ сердцемъ своимъ, учредила въ ней Университетъ, главный, почти единственный тогда разсадникъ наукъ въ Россіи. Но гдѣ было взять профессоровъ? Всѣ они были выписаны изъ Германіи. Русское юношество, не въ большомъ еще числѣ, съ алчнымъ остервенѣніемъ кинулось къ этому источнику и добровольно, безусловно покорило себя наставникамъ своимъ. Съ своей стороны и тѣ возлюбили послушныхъ, прилежныхъ, внимательныхъ питомцевъ своихъ. И вотъ, по моему мнѣнію, начало совсѣмъ не насильственнаго преобладанія Нѣмцевъ въ Москвѣ. Такъ продолжалось долго, очень долго! Я даже помню въ отрочествѣ своемъ, съ какимъ колѣнопреклоненіемъ Москвичи произносили имена Шадена, Гейнриха, Дильтея, Маттея и другихъ, мало извѣстныхъ, а нынѣ совсѣмъ забытыхъ профессоровъ, тогда-какъ въ Петербургѣ даже о великомъ Эйлерѣ, о Палласѣ и Гмелинѣ, хотя и говорили съ большимъ уваженіемъ, но не возносили ихъ до Олимпа.

Царствованіе двухъ незабвенныхъ женщинъ, Елисаветы и Екатерины, можно почитать въ Россіи вѣкомъ двухъ Астрей. При первой возродилось у насъ, при другой возрасло и утвердилось чувство народнаго достоинства; при обѣихъ—въ Петербургѣ. Не за долго до Елисаветы въ немъ родилась новая наша русская литература: Кантемиръ писалъ свои сатиры и жилъ одинъ изъ первородныхъ нашихъ поэтовъ, почитаемый худшимъ, за то трудолюбивѣйшій изъ нихъ, Тредіаковскій. При Елисаветѣ процвѣтали въ немъ: вдохновенный и ученый Ломоносовъ и вѣчный соперникъ его Сумароковъ. Отъ сихъ звеньевъ, все тамъ же, почти до нашихъ дней потянулась длинная цѣпь писателей и стихотворцевъ. Всѣ они проникнуты были патріотическимъ чувствомъ; согрѣтые имъ, иные бывали увлекательны, какъ, напримѣръ, Богдановичъ, Петровъ и даже

Рубанъ. Въ Петербургѣ сочиненіями трагедій, безуспѣшно, хотя и прилежно, занимались Майковъ и Николевъ; въ немъ явились лучшіе наши комическіе авторы, Княжнинъ и Фонъ-Визинъ. Наконецъ первая опера, совершенно въ русскомъ вкусѣ, Мѣльникъ, тамъ же писана Аблесимовымъ и тамъ же въ первый разъ представлена. Всѣ эти люди едва ли были знакомы съ Москвой. На берегахъ Невы впервые загремѣли великолѣпные звуки отечественной лиры Держазина и потомъ слабѣли и угасали на берегахъ Волхова; до Яузы только доходили они какъ до всѣхъ отдаленныхъ мѣстъ Россіи.

Собственнымъ примѣромъ Екатерина поощряла подвизавшихся на полѣ словесности. Конечно, ея творенія, Февей, Федулъ съ дѣтьми, далеки отъ совершенства, за то другимъ великимъ твореніемъ подарила она словесность нашу. Она создала въ Петербургѣ Россійскую академію, верховное литературное судилище. Оно уже не существуетъ; но труды его заслуживаютъ вѣчную благодарность потомства. Безпрестанно отъ иностранныхъ вкравшихся изреченій очищая русской языкъ, оно оказало ему неисчислимыя услуги, и наконецъ издало Словарь, который можетъ служить кодексомъ для будущихъ писателей. . . . . Впрочемъ отсутствіе вкуса, вѣрныхъ и строгихъ правилъ, совершенное безначаліе въ литературѣ уже предшествовали сему окончательному истребленію порядка.

Съ изящнымъ вкусомъ Екатерины, съ тонкостію ея ума, ей невозможно было не плѣниться французской литературой, тогда богатѣйшей въ Европѣ. Слѣдствіемъ того было введеніе во всеобщее употребленіе французскаго языка и въ лучшемъ Петербургскомъ обществѣ. Молодые знатные люди, посѣтители Версали и Фернея, отъ того начинали было забывать русскій языкъ; но вмѣстѣ съ тѣмъ болѣе чѣмъ когда гордились именемъ Русскихъ. Нѣкоторые изъ нихъ писали даже плохіе русскіе стихи, какъ напримѣръ Бѣлосельскій, авторъ смѣшной, а не забавной оперы: «Олинька или Первоначальная любовь.»

Хорошее общество вездѣ болѣе или менѣе одинаково, и Петербургское съ Московскимъ находится въ сродствѣ; въ гостиныхъ послѣдняго скоро послышался модный языкъ. Но не говоря уже о купечествѣ, многіе богатые и старинные дворяне не вдругъ рѣшились дѣтей своихъ учить по французски, продолжая предпочитать нѣмецкій языкъ. Въ послѣдствіи почти всѣ благовоспитанные Москвичи выучились по французки и хотя безошибочно, но говорили съ нѣкоторымъ затрудненіемъ и какъ бы на непривычномъ имъ языкѣ.

Во Франціи весьма неизвѣстный Сенъ Мартенъ основалъ секту мартинистовъ. Германія себѣ ее присвоила, и она быстро распространилась и усилилась между ея мечтателями. Какъ на приготовленную для нея почву, она удобно пересажена была въ Москву. Николай Новиковъ, другъ и поборникъ просвѣщенія, человѣкъ чистѣйшей нравственности, плѣнился ея ученіемъ, сдѣлался у насъ ея главою и привлекъ въ нее много извѣстныхъ людей, между прочими Лопухина, Трубецкаго и наконецъ честнѣйшаго Тургенева. Не смотря на то, дальновидность Екатерины нашла тутъ корень зла—и всѣ они разосланы были по дальнимъ губерніямъ. Извѣстно, какъ неохотно и только по необходимости приступала она къ строгимъ мѣрамъ. Между тѣмъ мартинизмъ въ Москвѣ усилился и утвердилъ германизмъ, особенно когда, по воцареніи Павла, Тургеневъ вызванъ былъ изъ ссылки и сдѣланъ директоромъ Университета.

Въ Петербургѣ мартинизма не знали. Общество совершенно офранцузилось, весьма несправедливо гнушаясь всѣмъ нѣмецкимъ; литература же и науки устремились ко всему отечественному. Показались въ немъ русскія имена ученыхъ, Крашенинникова и Рычкова, которые взялись описывать Россію; тамъ же Татищевъ и Щербатовъ принялись было писать ея исторію, а Болтинъ разсуждать объ ней. Въ Петербургѣ же родилась первая мысль объ изученіи ея древностей, и была издаваема Древняя Русская Вивліоѳика.

Во храминѣ Россійской академіи все дышало патріотизмомъ. Къ сожалѣнію, исключая духовныхъ ораторовъ, она не изобиловала великими талантами. Отъ того одинъ морякъ, въ самой первой молодости преплывшій воды Балтійскаго моря, а остальное время долголѣтія своего проведшій на берегахъ его, взялъ первенство между ея членами. Умъ и знанія старца Шишкова не соотвѣтствовали пламенному желанію его усовершенствовать русскій языкъ. Но онъ первый заговорилъ о сродствѣ его съ другими славянскими нарѣчіями, первый возбудилъ въ насъ участіе къ единокровнымъ и единовѣрнымъ намъ народамъ—и, Москвичамъ въ насмѣшку, первый прозванъ былъ славянофиломъ. За то и онъ вооружился на вовсе ему незнакомую Москву и взялъ къ себѣ въ союзники даровитаго, плодовитаго, замысловатаго, но слабодушнаго и легкомысленнаго комика Шаховскаго. Въ тоже время нѣсколько извѣстныхъ писателей, въ разныхъ странахъ Россіи родившихся, Капнистъ, Крюковской, лучшій доселѣ нашъ трагикъ Озеровъ и наконецъ безпримѣрный нашъ баснописецъ Крыловъ—загорѣлись и сѣвернымъ сіяніемъ проблистали въ нашей сѣверной столицѣ.

Утверждали тогда, будто зависть заставляетъ Шишкова и Шаховскаго возставать на московскихъ писателей. И дѣйствительно между ими были два человѣка, которые великими дарованіями, высокими достоинствами и всеобщимъ уваженіемъ, коимъ пользовались, могли возбудить сіе жалкое чувство. Первый—Дмитріевъ все лучшее, все прекраснѣйшее по чувству любви къ родинѣ, «Ермака», «Освобожденіе Москвы», «Причудницу» написалъ въ Петербургѣ, будучи гвардіи капитаномъ; а тутъ жилъ онъ почти безъ дѣла, принимая у себя московскихъ писачекъ, дурача ихъ и забавляясь ихъ нелѣпыми притязаніями: съ какой же стати было завидовать ему? Послѣ того, пробывъ министромъ, онъ опять отправился сюда дремать; но сонъ его былъ тревожимъ возрастающими глупостями, имъ видѣнными и слышанными—и писалъ къ пріятелю, что радъ бы былъ переселиться въ Петербургъ, еслибъ не былъ прикованъ къ Москвѣ *проклятыми* хоромами, въ ней построенными.

Другой, Карамзинъ, былъ питомецъ московскихъ Музъ. Вліяніе на него тогдашней нѣмецкой литературы было весьма чувствительно въ его первыхъ произведеніяхъ и особенно въ «Письмахъ Русскаго Путешественника.» Но природа съ самаго отрочества вывела его изъ круга обыкновенныхъ людей; не изъ подражанія иноземному, а изъ собственныхъ ума и сердца извлекъ онъ новый, имъ созданный, плѣнительный слогъ. По возвращеніи изъ-за границы поселился онъ въ Москвѣ и слѣдуя ея вѣрованіямъ, усердно покланялся Западу, такъ что издаваемый имъ журналъ назвалъ Вѣстникомъ Европы (*). Но когда весь погрузился онъ въ изученіе исторіи древней Россіи, когда во тьмѣ невѣжества, страданій и преступленій, со временъ Петра презираемыхъ нами предковъ, заблистало передъ нимъ такъ много доблестей, когда открылись ему ихъ твердость въ злополучіи, покорность къ волѣ Неба, постоянная вѣра и надежда на его помощь, вмѣстѣ со смѣтливостію ума простота ихъ нравовъ, о! тогда предсталъ ему новый міръ! Въ немъ ясно увидѣлъ онъ, какъ собственными средствами, собственными небольшими силами Русь постепенно освободилась отъ татарскаго ига, и какъ, вышедъ изъ бездны золъ и уничиженія, руководимая свыше, она пошла къ настоящему величію, не смотря на всѣхъ сильныхъ окружающихъ ея враговъ. Тогда, можно сказать, онъ не жилъ въ Москвѣ, а въ вѣкахъ, съ коими бесѣдовалъ и кои вопрошалъ. Москва обратилась для него въ пустыню, въ которой напрасно онъ сталъ бы проповѣдовать—и онъ оставилъ ее. Въ Петербургѣ же, гдѣ онъ поселился и гдѣ окончилъ дни свои, святая любовь къ родинѣ разливалась вокругъ него и сообщалась тѣмъ, кои къ нему имѣли доступъ; тамъ вездѣ встрѣчалъ онъ сочувствіе, и въ лѣтахъ болѣе чѣмъ зрѣлыхъ, обрѣлъ молодыхъ друзей, достойныхъ понимать его.

Германія и Дерптъ первые возстали на безсмертный трудъ его. Москва же, почитавшая его своею собственностью, не могла простить ему лишеніе оной. Вскорѣ въ ней выскочилъ изъ . . . . Полевой, который, подстрекаемый многочисленными недоброжелателями Карамзина, задумалъ сдѣлаться его соперникомъ, затмить его славу и новой исторіей своей уничтожить ту, которой дивилась вся Россія.

Мнѣ кажется, что Шишковъ смотрѣлъ въ увеличительное стекло на недостатки Москвы. Ему и Шаховскому было совѣстно, даже унизительно состязаться съ ея литературною сволочью, съ Владиміромъ Измайловымъ, Шаликовымъ, Макаровымъ, Бланкомъ и другими, бездарными, жеманными и приторными подражателями Карамзина. Они нападали на нихъ, а указывали на него, почитая его главою людей, ему совершенно чуждыхъ. Подъ знамена Шишкова между тѣмъ собралась дружина и хотя въ этомъ сбродѣ ничтожныхъ людей, въ Станевичѣ, Анастасевичѣ, Львовѣ, Гераковѣ, Висковатомъ и многихъ другихъ не встрѣчалось ни единаго таланта, за то сочиненія ихъ исполнены были безмѣрной, даже преувеличенной любви къ отечеству. Почти въ тоже время, когда въ Москвѣ жалкіе писатели охали, вздыхали, на нѣмецкой манеръ сентиментальничали, въ Петербургѣ истинная глубокая чувствительность находилась въ стихахъ нѣкоторыхъ извѣстныхъ поэтовъ. Когда плѣнительные звуки лиры Нелединскаго умолкли, послышался тамъ звонкій, нѣжный, трогательный голосъ Батюшкова, который всѣхъ очаровалъ.

(*) Прошу замѣтить, что въ Петербургѣ всѣ прежніе журналы носили русскія названія: Живописецъ, Собесѣдникъ и другіе. Въ Москвѣ же были Меркурій, Иппокрена, Аглая, Мнемозина, все изъ миѳологіи; показался было Европеецъ; за нимъ Телескопъ, Телеграфъ: русскими названіями какъ будто брезгали; василу появился Москвитянинъ.

Примѣчаніе автора.

Въ губерніяхъ Тульской и Орловской жило семейство или, лучше сказать, цѣлый родъ Бунино-Протасовской, коего всѣ члены замѣчательны были умомъ и любознаніемъ. По сосѣдству часто посѣщая Москву и черпая въ ней просвѣщеніе, до того прилѣпились ко всему нѣмецкому, что многія изъ дѣвицъ, къ нему принадлежащія, выходили за мужъ преимущественно за нѣмцевъ. Въ этомъ семействѣ воспитанъ былъ Жуковскій.

Надобно всегда говорить правду: въ началѣ столѣтія въ Москвѣ, при Александрѣ, нѣмцы усмирились или, лучше сказать, примирились съ Россіей. Они продолжали почитать себя нашими единственными образователями; но съ нѣжностію смотрѣли на мнимыхъ своихъ воспитанниковъ. Пріятно теперь вспоминать объ нихъ. Съ расчетливостію, съ аккуратностію, они совсѣмъ не были алчны къ неправедной добычѣ; и какая была въ нихъ добросовѣстность, какое вѣрованіе въ добро и въ слѣдствіе того какое легковѣріе! (*) Всѣ почти были Кандиды, Панглосы, всѣ пессимисты. Надобно было семилѣтнее порабощеніе Наполеону, возмущенія имъ порожденныя и развратъ долго находившейся между ими французской революціонной арміи, чтобы совершенно испортить ихъ нравы и извратить ихъ характеръ до того, что мы нынѣ видимъ. Слѣдуя, не общему примѣру, а влеченію вселюбящаго, дѣвственнаго сердца, привлеченъ былъ къ нимъ неопытный юноша Жуковскій. Онъ боготворилъ также и Россію. Двѣ страсти, изъ коихъ нынѣ кажется одна должна бы истребить другую, наполнили кроткую его душу и—два свѣтильника, чистѣйшимъ огнемъ горящіе, до конца освѣщали ему путь прекрасной жизни его.

Какъ нарочно Германія прославилась тогда знаменитѣйшими писателями, Шиллеромъ, Гёте, Виландомъ, которые далеко за собою оставили предшественниковъ своихъ и въ литературной вѣрѣ должны были произвести переворотъ. Ими воспламенялся нашъ Жуковскій. Я помню, какъ, возвратившись изъ геттингенскаго университета, другъ его, Александръ Тургеневъ, сынъ и братъ извѣстныхъ и самъ довольно извѣстный, посѣтилъ мое скромное жилище. У меня на сосновыхъ, выкрашенныхъ полочкахъ стояло нѣсколько французскихъ классиковъ, дешеваго стереотипнаго изданія, которыхъ тогдашнія скудныя средства мои дозволяли мнѣ покупать. Съ презрительною улыбкою воскликнулъ онъ: «что это такое? Расинъ и Буало, Волтеръ и Лагарпъ, ха, ха, ха!». У него же шкапы наполнялись фоліантами въ пожелтѣвшихъ пергаментныхъ переплетахъ, въ которые никогда не заглядывалъ, но которые показывали нѣмецкую его ученость. Я не думалъ тогда, чтобы сами французы, неблагодарные, сумасбродные, бѣшенные, принялись бы когда либо истреблять литературную славу свою.

Прочиталъ ли ты, любезный другъ, въ послѣднихъ номерахъ Москвитянина любопытный дневникъ студента, писанный въ 1805 и 1806 годахъ. Не знаю, можно ли умнѣе, забавнѣе и вѣрнѣе изобразить тогдашнее состояніе Москвы. Любо читать то, что пишетъ онъ о широкомъ, роскошномъ и вмѣстѣ неприхотливомъ и неразорительномъ житьѣ послѣднихъ бояръ. Въ тоже время съ какимъ подобострастіемъ говоритъ онъ о нѣмцахъ, объ ихъ умѣ и знаніи. Какъ

(*) Нашъ простой народъ умѣлъ тѣмъ пользоваться. Извѣстный анекдотъ: «ну что, извощникъ, возмешь къ Никитѣ мушеннику на стары башмаки?—Да три алтына.» Нѣтъ, много, возьми два полтинъ.— Ну ладно, баринъ.»

Примѣчаніе Вигеля.

о важномъ дѣлѣ толкуетъ онъ о прибытіи изъ Петербурга нѣмецкой труппы, на представленія которой изъ порядочныхъ людей тамъ никто не ѣздилъ, а въ которой Москвичи увидѣли ниспосланную имъ благодать. Всѣ драматическія творенія Коцебу сполна были здѣсь переведены на русской языкъ и ими наводнена была здѣсь русская сцена, тогда-какъ въ Петербургѣ только нѣмцы изъ-рѣдка играли ихъ, и онѣ тамъ прозваны были Коцебятиной.

Не знаю полно осуждать ли мнѣ Москву за ея пристрастіе къ нѣмецкому. Можетъ быть оно до нѣкоторой степени предохранило ее отъ другаго, постыднаго пристрастія ко всему французскому. Оно господствовало въ Петербургѣ, особенно въ высшемъ обществѣ. Только и тогда случалось мнѣ слышать, какъ знатные господа и дамы, коверкая русской языкъ, превозносили его благозвучіе, его сладкозвучіе.

Петербургъ стоитъ лицомъ къ лицу съ Европой и прямо смотритъ ей въ глаза. Въ немъ всѣ, довольные или недовольные правительствомъ, судятъ одинаково о заграничныхъ дѣлахъ. Обиды, наносимыя ему, то есть самой Россіи, державами или народами, почитаютъ они собственными и безъ равнодушія, безъ робости готовы вступиться за народную честь нашу. До 1812 г. или,—лучше сказать—до 1815 года былъ у насъ одинъ только обидчикъ Наполеонъ.— Я помню, какъ съ безпокойствомъ, исполненнымъ однакоже рѣшимости и достоинства, смотрѣли тамъ на приближеніе послѣдней окончательной съ нимъ борьбы.

Москва же веселилась и сохраняла свою безпечность до самаго того дня, въ который онъ ворвался въ наши границы. Тогда она вдругъ взволновалась, отъ части, можетъ быть, возбуждаемая тугендбундомъ, страждущими заграничными братіями. Четверо изъ богатыхъ, молодыхъ, великодушныхъ бояръ и все купечество вообще сдѣлали великія, сильныя пожертвованія; простой народъ просто готовился за родину положить свой животъ. И въ Москвѣ былъ тогда одинъ и только одинъ до иступленія влюбленный въ свою Россію, Сергѣй Глинка, предметъ постоянныхъ насмѣшекъ просвѣщеннаго въ ней класса; въ страшную же для нея годину нѣсколько времени былъ онъ въ ней честимъ. Я былъ тогда въ провинціи и видѣлъ многихъ бѣжавшихъ изъ Москвы. Конечно не всѣ, но нѣкоторые изъ нихъ показались мнѣ и гадки и жалки. Одни съ досадой обвиняли правительство, за чѣмъ оно, не допустивъ врага до древней столицы, не пало къ его ногамъ и не вымолило мира, на какихъ бы условіяхъ ему ни угодно было предписать его; другіе проклинали Растопчина, за то, что онъ не вышелъ къ Наполеону съ хлѣбомъ и солью и не предложилъ контрибуціи; за сгорѣвшіе дома свои дали бы они выкупу сколько бы потребовалось. Было даже двое мерзавцевъ, которые, съ примѣтнымъ удовольствіемъ, вычитывали непріятельскія силы, умножали ихъ и доказывали невозможность имъ сопротивляться. Одинъ московской писатель встрѣтилъ у себя французовъ привѣтственною рѣчью на плохомъ французскомъ языкѣ; за то былъ онъ раздѣтъ, разутъ, ограбленъ....... и полунагой едва успѣлъ спастись отъ нихъ бѣгствомъ.

За то какъ славно вели себя наши провинціалы. Древній Римъ изъявлялъ благодарность сынамъ своимъ, которые не отчаявались въ фортунѣ Рима. По всей справедливости и эти сыны отечества заслуживали бы подобную награду.

Напрасно почитать Москву изключительно, чисто нѣмецкимъ городомъ: преимущественно — такъ. И за предѣлами Германіи находитъ она для себя множество предметовъ обожанія. Тысячи иноземцевъ ежегодно пристаютъ къ берегамъ Невы; на нихъ смотрятъ тамъ безъ всякаго замѣчанія; только отборнѣйшіе изъ нихъ по рожденію, талантамъ и воспитанію получаютъ приглашенія въ общества. Въ Москвѣ всякой иностранецъ въ диковинку. Не знаю, случалось ли тебѣ читать плохіе Московскіе журналы до 1812 года. Ты бы нашелъ въ нихъ объявленія о пріѣздѣ всякаго неизвѣстнаго лѣдащаго англичанина, француза или итальянца, описаніе его костюма, наружности и разумѣется все въ похвалу. Мнѣ приходитъ на память одна пѣсенка, слышанная мною въ совершенномъ ребячествѣ, написанная какимъ-то тогдашнимъ проказникомъ по случаю прибытія плѣннаго шведа графа Вахтмейстера, Екатериною отправленнаго въ Москву. Вотъ что помню изъ нея:

     Умы дамски помутились,
     У всѣхъ головы вскружились,
     Какъ сказали, что въ воксалъ
     Будетъ Шведской Адмиралъ.....
А далѣе: Дочерей и внукъ толкаютъ,
     Танцовать съ нимъ посылаютъ:
     Пошла, дура, не стыдись!
     Съ адмираломъ повертись.

И не удивительно ли, что съ тѣхъ поръ и понынѣ все тоже. Мнѣ случалось видѣть на балахъ у важныхъ особъ молодыхъ сидѣльцовъ съ кузнецкаго моста. Грибоѣдовъ въ комедіи своей помѣстилъ французика изъ Бордо. Не ужели не помнишь ты, немного лѣтъ тому назадъ, плѣшиваго, пятидесятилѣтняго купца изъ того же города, высокаго, сухопараго, неутомимаго танцовщика, который хвасталъ тѣмъ, что каждый вечеръ заставляетъ плясать (fait danser) двѣнадцать барышень (*). Около того же времени былъ молодой, красивый купеческой прикащикъ (commis voyageur) по имени впрочемъ Стюартъ; его рѣшительно всюду знали на расхватъ. Съ распростертыми объятіями принимали также самозванца барона Джіордано, изобличеннаго мошенника, которому доказали, что видѣли его когда-то мальчикомъ савоіяромъ, съ суркомъ, пляшущимъ на улицахъ. Спросилъ бы ты у этихъ господъ: кого знали они въ Петербургѣ? (**)

Пожаръ 1812 года — важнѣйшая эпоха въ исторіи Москвы. Были люди, которые и тогда видѣли въ немъ небесную кару за отступничество высшихъ слоевъ ея жителей. Для всѣхъ же вообще сдѣлалась она драгоцѣннѣе прежняго, какъ искупительница цѣлаго царства, какъ камень

(*) *Примѣчаніе.* Этотъ плясунъ — Баль (bal) — по шерсти кличка. Н. С.

(**) *Примѣчаніе.* Лѣтъ десять назадъ Вигель самъ и неспросту снабдилъ изъ Одессы письмами къ своимъ знакомымъ въ Москвѣ двоихъ самозванцевъ. Одинъ изъ нихъ величалъ себя барономъ и возилъ съ собою въ общество взятую имъ гдѣ-то на прокатъ баронессу, которую выдавалъ за отличную пѣвицу и которая всегда, когда просили ее что нибудь спѣть, была нездорова: то кашель, то боль въ горлѣ, то ломота въ груди; а взглянуть на нее — гора горой!... Не помню, какъ называлъ себя второй спутникъ баронессы; а этотъ не скрывалъ своего имени: Таландіе или Тальяндеръ. По высылкѣ ихъ изъ Москвы, я видѣлъ въ иностранныхъ газетахъ объявленіе о побѣгѣ барона съ галеры. Н. С.

преткновенія для властителя Европы. Она названа градомъ чудесъ и для сердецъ руссолюбивыхъ стала тоже что Мекка для мусульманъ, что Іерусалимъ для христіанскаго міра. Этотъ предразсудокъ сохраняется и по нынѣ и кто болѣе меня былъ увлеченъ, не смотря на то, что Москва пуще прежняго возлюбила сокрушившихъ ея древнія сокровища, наругавшихся надъ ею святынею.

Въ Кишиневѣ жила одна гречанка Калипсо, коей блистательныя очи воспламенили поэтическое сердце Пушкина, находившагося тогда въ ссылкѣ. Въ 1824 году одинъ хорошій знакомый его изъ Кишинева писалъ къ нему въ Одессу и именемъ этой Калипсо умолялъ его посѣтить мѣсто его жительства, въ шутку называя его странствователемъ Телемакомъ. Въ отвѣтъ вотъ что между прочимъ сказалъ онъ ему стихами:

> Скучной ролью Телемака,
> Я наскучилъ, о друзья!
> О Москва, Москва-Итака!
> Скоро ли тебя увижу я? (*).

Онъ ее не зналъ, выросъ въ Царскомъ селѣ, жилъ въ Петербургѣ и сосланъ былъ въ южную Россію; но, въ душѣ патріотъ, одну Москву почиталъ отчизной. Онъ не со всѣмъ ошибся; ибо въ ней нашелъ онъ счастіе, красавицу—подругу.

Въ 1832 году и нѣсколько лѣтъ послѣ Москва была и моею любимою мечтою: въ ней видѣлъ я мѣсто злачно, мѣсто покойно, гдѣ на лонѣ родномъ могу отдохнуть отъ бурь житейскихъ: туда, туда! Въ помянутомъ году объяснялъ я Пушкину свои желанія и надежды. «Нѣтъ—сказалъ онъ мнѣ—не ѣздите туда, я самъ долженъ былъ оставить Москву; я васъ знаю, вы будете изнывать, глядя на все, что тамъ происходитъ. Въ обществѣ какая безтолковщина и какой мрачный характеръ принимаетъ зрѣющее, учащееся юношество (ему самому не съ небольшимъ было тридцать лѣтъ): грустно смотрѣть на него, что за правила, что за сужденія!» Я не повѣрилъ ему и послѣ долженъ былъ испытать жестокое разочарованіе. Кромѣ самаго себя мнѣ некого упрекать въ своей ошибкѣ; ибо другой пріятель письменно предупреждалъ меня на счетъ того, что я долженъ былъ найдти. (**)

Въ Петербургѣ выросъ, возмужалъ, женился и началъ авторствовать Загоскинъ; въ Петербургѣ возгорѣлъ онъ священнымъ огнемъ любви къ отечеству. Наконецъ онъ переселился въ давно желанную Москву. У меня цѣлы письма, въ которыхъ выражаетъ онъ горесть свою и глубокое негодованіе на все, его окружающее. Онъ свыкся съ своимъ положеніемъ: съ необыкновенною добротою души, онъ никакъ не умѣлъ возненавидѣть заблуждающихся братій, онъ даже ихъ любилъ; но безпрестанно ропталъ на нихъ.

(*) *Прим.* Нѣтъ мѣры—должна быть описка. Н. С.

(**) Я видѣлъ Руссомана Лермонтова въ послѣдній проѣздъ его чрезъ Москву. «Ахъ еслибъ мнѣ позволено было оставить службу—сказалъ онъ мнѣ—съ какимъ бы удовольствіемъ поселился бы я здѣсь навсегда. Не надолго, мой любезнѣйшій! отвѣчалъ я ему.

Примѣчаніе Вигеля.

Петербургскій писатель Грибоѣдовъ, за что-то прогнѣвавшійся на Москву, въ «Горѣ отъ ума» не пощадилъ ея странностей, ея слабостей, которыя тогда уже начинали изчезать и о которыхъ теперь приходится вспоминать съ сожалѣніемъ; онъ нападалъ на ея предразсудки, на ея хвастливое гостепріимство, однимъ словомъ, на ея смѣшную сторону. Она заимствовала у старой Германіи чинопочитаніе, титломанію, уваженіе къ лѣтамъ, до нѣкоторой степени любовь къ порядку: отъ того толковала она о своихъ тузахъ, о каммергерскихъ ключахъ. Новая, молодая Германія принялась все это истреблять. Изъ-за Эльбы, изъ-за Одера, привычнымъ путемъ въ слѣдъ за нѣмецкимъ добромъ потекло сюда нѣмецкое зло. Удивляться ли послѣ того успѣху комедіи Грибоѣдова, помогавшей разрушенію былаго?

Въ комедіяхъ, сатирахъ, эпиграммахъ мнѣ кажется легко отличить веселую склонность автора къ насмѣшкамъ или желаніе мести, желаніе уязвить ненавистныхъ отъ крика болящаго сердца, вырывающагося изъ глубины его при видѣ пороковъ ближняго. Во всѣхъ твореніяхъ Загоскина, ты найдешь намѣреніе, желаніе осмѣяніемъ исправить ихъ, особенно же въ славной комедіи его «Недовольные.» Именно отъ того, что онъ слишкомъ удачно попадаетъ въ язвы общества московскаго, она не могла имѣть удачи. Не отдавая ни малѣйшей справедливости его золотому сердцу, его наблюдательному уму, искусству вѣрно изображать нравы, Москва злилась на него, поносила его и если ему оказываема была нѣкоторая снисходительность, то благодаря занимаемому имъ мѣсту. Увы, его уже нѣтъ, а на него и доселѣ нападаютъ, въ особенности щеголихи, и за что же? за дурное его французское произношеніе.

За Красными воротами существовалъ отель Левашевъ, предметъ всеобщаго уваженія, который не въ шутку называли отель Рамбулье. Общество его состояло изъ Руссофобовъ, а еще гораздо болѣе изъ Руссофобокъ. Денисъ Давыдовъ, почти съ ребячества вступившій на военное поприще въ С-Петербургѣ, проведшій большую часть жизни на бивакахъ, подъ шатрами, и по обстоятельствамъ поселившійся въ Москвѣ, не могъ равнодушно смотрѣть на нее, гдѣ, какъ говоритъ онъ, *Россіи тоска, да какая!* Какъ забыть стихи его по сему предмету, въ которыхъ такъ забавно и остроумно выставляетъ онъ заговорщицу блоху съ мухой якобинкой и старую дѣвку стрекозу и маленькаго аббатика съ маленькимъ набатикомъ.

Надобно замѣтить нѣчто весьма странное. Петербургцы, перееѣзжая въ Москву, къ счастію, не измѣняютъ своимъ вѣрованіямъ, не становятся противниками Россіи. Москвичи же, еще не состарѣвшіеся въ Петербургѣ, спустя нѣсколько времени совершенно переливаются въ Русскихъ. Я укажу тебѣ на одинъ примѣръ. Посреди молодости, проведенной въ Москвѣ, Вяземскій написалъ куплеты, которые тамъ иностранцы съ удовольствіемъ вытвердили наизусть (*). По нуждѣ, по обстоятельствамъ пришлось ему жить въ Петербургѣ. И что же? можно ли было ожидать, что послѣ немногихъ лѣтъ, въ немъ проведенныхъ, напишетъ онъ чудные стихи къ памяти Орловскаго, въ которыхъ такъ мило будетъ восхвалять и русскую телѣжную ѣзду на перекладныхъ и удальство нашихъ ямщиковъ. Ты не забылъ ихъ, вѣроятно; ибо я помню, какъ, улыбаясь сквозь слезы, ты прочиталъ то мѣсто, гдѣ говоритъ онъ объ ямской пѣснѣ, исполненной тоски:

(*) Эти куплеты — остроумная сатира. Н. С.

> Но тоска, струя живая
> Изъ роднаго тайника,
> Полюбовная, святая,
> Молодецкая тоска!

За границей воспѣвалъ онъ самоваръ и недавно еще въ Саксоніи съ какою нѣжною грустію вспоминалъ онъ блескъ и бѣлизну нашего снѣга, веселіе, катанья, попойки и блины нашей масляницы.

Всѣ нѣмцы въ Петербургѣ, употребленные по службѣ, должны болѣе или менѣе казаться русскими, чтобы заслужить уваженіе и довѣренность. Нѣкоторые изъ нихъ, Кюхельбекеръ, бароны Дельвигъ, Розенъ, Корфъ и другіе сдѣлались русскими писателями. Вообще я знаю по опыту, что Россія не имѣетъ сыновъ преданнѣе обрусѣвшихъ нѣмцовъ и враговъ злѣе онѣмеченныхъ русскихъ. Въ Петербургѣ, какъ искусно, какъ удачно, какъ мастерски …ъ, …ъ и …й прикидываются усердными сынами Россіи! И спасибо имъ за то; честь и слава ожидаютъ ихъ въ потомствѣ, которое лично ихъ не будетъ знать; въ Москвѣ они не имѣли бы нужды того дѣлать. Тамъ уваженіе къ Россіи почитается варварствомъ; тамъ знаменитѣйшій Чаадаевъ, сочинитель безъ сочиненій и ученый безъ познаній, останется на всегда Англо-французомъ, тогда-какъ, продолжая жить въ Петербургѣ, онъ бы непремѣнно сдѣлался преполезнѣйшимъ русскимъ человѣкомъ.

Русское добродушіе въ Петербургѣ облекается вѣжливыми формами прежней Европы; въ Москвѣ оно обратилось въ грубое чистосердечіе Германцевъ, безпощадное для всякаго самолюбія. И вотъ что плѣнило меня, когда въ 1840 году переѣхалъ я въ Москву на вѣчное житье: мнѣ казалось, что, оставивъ въ дали отъ себя притворство, нахожу наконецъ милую откровенность: я не подумалъ, что тоже самое могъ бы я встрѣтить между крестьянами въ любой деревнѣ, въ которой я не былъ бы помѣщикомъ.

Славянофиловъ, коихъ такъ много было въ Москвѣ, принялъ я за настоящихъ патріотовъ и гораздо болѣе года находился въ семъ пріятномъ заблужденіи: нѣкоторыхъ изъ нихъ я посѣщалъ и видѣлъ у себя, другихъ встрѣчалъ на ученыхъ вечернихъ собраніяхъ, на которыхъ умиралъ со скуки. Всѣ эти господа почитали себя великими мыслителями или хотѣли казаться ими. Вопросы касались самой высшей философіи; о Кантѣ было рѣдко упоминаемо; а всѣ сужденія и споры шли болѣе о Шеллингѣ и о Гегелѣ. Все мнѣ являлось въ какомъ-то тускломъ свѣтѣ, посреди коего однако слова одного необыкновенно умнаго человѣка часто блистали, какъ молнія, послѣ коихъ все погружалось опять во тьму непроницаемую. Да это просто нѣмцы, сказалъ я наконецъ самъ себѣ, нѣмцы новѣйшихъ временъ, нѣмцы, переряженные въ армяки и красныя рубашки съ косыми воротниками; кромѣ этого, въ нихъ ровно ничего нѣтъ русскаго. И дѣйствительно славянизмъ былъ не что иное какъ предметъ изученія, новая система, которую надлежало поддерживать и распространять; Славянофилы были точно тоже, что нынѣ Негрофилы, а прежде Филлены; между тѣми и другими не было ни одного арапа, ни одного грека: въ Англіи, говорятъ, теперь множество Туркофиловъ. Еще болѣе убѣдился я въ мнѣніи своемъ, когда увидѣлъ, какъ чуждаются они всѣхъ умныхъ русскихъ, сохраняющихъ древній образъ мыслей на счетъ Россіи, съ какимъ омерзѣніемъ смотрятъ на нихъ, тогда-какъ дружатся съ русскими Европейцами.

Какъ часто среди худаго встрѣчаешь и славное. Родственными и прежними дружескими связями къ славянофиламъ прикованъ былъ вдохновенный мученикъ Языковъ. Тѣлесныя страданія его умножались еще душевными, при видѣ отступничества ближнихъ отъ постоянно имъ исповѣдаемой вѣры въ величіе Россіи; они прекратили дни его. Негодованіе его иногда изливалось въ энергическихъ стихахъ, коихъ къ сожалѣнію не льзя было печатать, а мнимые друзья его, будто изъ любви къ нему, спѣшили ихъ истреблять, какъ произведенія поврежденнаго.

О диво! и нынѣ въ Москвѣ есть еще ученые и писатели съ умомъ, которые осмѣливаются оставаться русскими, Ѳедоръ Глинка, Вельтманъ, Михаилъ Дмитріевъ, Снегиревъ, Бодянскій и другіе. Дерзновенные! Они наслѣдовали Загоскину въ презрѣніи и ненависти всѣхъ московскихъ литературныхъ матадоровъ.

Но грѣха таить нечего, и въ Петербургъ тихомолкомъ пробралась Москва. Одинъ изъ ея безчисленныхъ князьковъ, весь укутанный въ юродливость Гофмана и въ музыкальную метафизику Баха и Бетговена, пріѣхалъ туда искать счастія—и нашелъ его. Онъ не изъ числа тѣхъ людей, у которыхъ есть убѣжденія, а вездѣ одинъ только разсчетъ. Что, спросилъ онъ у себя, если я распахнусь, если предстану въ природной наготѣ, то не буду имѣть никакого вѣса? Отъ того повидимому онъ одинъ остался неизлеченнымъ отъ московскаго германизма.

Время благопріятствовало его успѣхамъ. Въ Парижѣ сами Французы гнули тогда колѣна предъ нѣмецкими учеными и философами, новая революція происходила въ идеяхъ, романтическая школа преуспѣвала и распространилась, совершенное безвкусіе начинало заступать мѣсто прежняго строгаго вкуса въ литературѣ; по примѣру Германцевъ Французы курили на улицахъ и готовились къ возмущеніямъ; по примѣру ихъ, тѣ скоро стали отпускать бороды. На крыльяхъ моды все парижское прилетаетъ въ Петербургъ и скоро имъ усвоивается; все безобразное начинало изгонять все граціозное, когда въ немъ появился нашъ князекъ. Странный ученый нарядъ, который онъ на себя накинулъ, контрастъ смѣлыхъ его сужденій съ тихимъ, почти молящимъ гласомъ, коимъ онъ ихъ произносилъ, должны были возбудить удивленіе и онъ прослылъ не чудакомъ, что немного прежде могло бы случиться, а необыкновеннымъ мужемъ. Духъ отрицанья, духъ сомнѣнья (стихъ Пушкина), кажется, пролетѣлъ надъ его колыбелью; еще въ отрочествѣ не вѣрилъ онъ существованію невидимаго Творца вселенной, а послѣ случилось мнѣ самому слышать, какъ онъ отвергаетъ бытіе всѣми видимой Россіи: и вотъ образчикъ оригинальности князька.

По пятамъ мрачнаго юноши изъ Москвы потянулась цѣлая вереница людей, пресмыкавшихся въ неизвѣстности. Примѣръ его ничтожества и успѣховъ возбудилъ ихъ надежды. По большой части то были какіе-то незаконнорожденные, непомнящіе родства, грамотѣи-бродяги, всѣ почти изъ низкаго состоянія. Изъ нихъ образовался ему небольшой княжеской дворъ, свита, партія. Но ихъ число умножалось, масса становилась плотнѣе; они устыдились такого жалкаго меценатства, увидѣли, что упираются не на твердый камень, а на гнилое деревцо, отшатнулись отъ него и начали жить собственною жизнью, промышлять собственнымъ умомъ. Даромъ—что Москвичи, что имъ было до Германіи! Нелѣпости въ разныхъ видахъ и измѣненіяхъ потекли тогда изъ Франціи; они начали безпрестанно воспѣвать хвалебную пѣснь всѣмъ чудовищнымъ новизнамъ, оттуда приходящимъ, и наконецъ въ Петербургѣ овладѣли всѣмъ журнализмомъ.

Когда она перешла къ крайней противоположности, должны были умолкнуть ихъ руссохульныя уста. Но они должны были утѣшиться и даже возрадоваться, увидѣвъ, что точно также, какъ съ ними, поступаютъ и съ самыми благонамѣренными писателями. О еслибъ они не принуждены были величественно отмалчиваться, какими бы перунами грянули они изъ Петербурга въ злодѣевъ нашихъ на Западѣ. Вспомнимъ стихи Пушкина «Клеветникамъ Россіи» въ 1831 году; съ какимъ живымъ участіемъ рукоплескали имъ въ Петербургѣ; въ Москвѣ же, знаешь самъ, названы они огромнымъ пятномъ въ его поэтической славѣ.

Какъ неизмѣнно въ Москвѣ передъ всѣмъ отечественнымъ предпочтеніе Германіи, что бы въ ней ни происходило! Директоръ императорскихъ театровъ долго жилъ въ ней и хорошо ее зналъ, когда отправилъ изъ Петербурга для барышей на зиму нѣмецкую оперу, которой представленія тамъ никто не посѣщалъ. И что же? никогда еще тамъ столько не восхищались райскимъ пѣніемъ Гризи и Віардо, Рубини и Маріо, какъ здѣсь крикуньей Нейрейтеръ и безгласнымъ Голландомъ. За сумасбродную овацію, которая ожидала Фанни Эльслеръ при прощаніи съ Москвою, она столько же обязана своему великому таланту, какъ и нѣмецкому прозванію

Вотъ еще новое доказательство цѣлымъ вѣкомъ вскоренившагося здѣсь уваженія къ нашимъ западнымъ сосѣдямъ. Нѣмецкій клубъ овладѣлъ большою частію великолѣпнаго зданія нашего благороднаго Собранія и окуриваетъ его. Лѣтомъ помѣщается онъ въ прекрасномъ воксалѣ Петровскаго парка, такъ недавно служившаго увеселительнымъ мѣстомъ для лучшаго, высшаго нашего общества. Члены, новые владѣльцы, горделиво и презрительно смотрятъ на проходящихъ и проѣзжающихъ. Нѣкоторые изъ нашихъ почитаютъ за честь попасть въ число членовъ сего общества торговыхъ и ремесленныхъ людей. Сыщется ли въ Москвѣ хотя одинъ человѣкъ, который бы дерзнулъ осмѣять его, какъ сдѣлалъ Шаховской въ забавной поемѣ своей «Расхищенныя шубы». — Танцовальное собраніе давно уже существуетъ въ Петербургѣ, только не подъ исключительнымъ названіемъ нѣмецкаго: люди всѣхъ націй имѣли право вступать въ него. Но по большей части его балы и обѣды посѣщаемы были изъ нѣмцевъ людьми почтенными, просвѣщенными, иными весьма чиновными съ ихъ благовоспитанными семействами. Шалуны изъ офицеровъ и молодыхъ гражданскихъ чиновниковъ охотно туда ѣздили; и за чѣмъ же? чтобы проказничать, дурачиться, издѣваться надъ нѣмцами, достойными ихъ уваженія, и дѣлать дерзости дамамъ. Разумѣется, по всей справедливости для нихъ закрылся входъ въ сіе собраніе. Но прозваніе шустеръ-клуба, ему изъ мщенія ими данное, осталось за нимъ и доселѣ. Скажи, по совѣсти, изъ двухъ городовъ, который болѣе надлежитъ почитать нѣмецкимъ?

Конечно и петербургскія дамы плѣняются Европой, бродяжничаютъ по ней, но подобно московскимъ барынямъ по крайней мѣрѣ не ругаютъ Россію, а превозносятъ ее, гордятся ею. Галломанія же москвитянокъ и смѣшна, а иногда бываетъ и гадка. Одна изъ нихъ, въ память мужа, деревеньку свою назвала mon mari, что въ послѣдствіи мужички передѣлали въ Мымыри; другая хорошенькой рѣчкѣ, въ ея владѣніи протекающей, дала названіе Шармашки.

И послѣ того есть люди, которые Петербургъ попрекаютъ самымъ именемъ его, какъ будто онъ самъ себѣ его далъ, какъ будто бы оно не можетъ измѣниться. На югѣ есть также великій градъ, который поперемѣнно назывался Византіей, новымъ Римомъ, Константинополемъ,

Стамбуломъ и Царьградомъ. Отсѣчь только бургъ и все останется: градъ и великаго Петра и святаго Петра. Подъ благословеніемъ послѣдняго, мнѣ кажется, онъ скорѣе въ духовномъ отношеніи можетъ состязаться съ городомъ, коего епископы дерзаютъ почитать себя преемниками великаго Апостола.

А впрочемъ и въ Москвѣ: Кремль, Арбатъ, Басманныя, Таганка, Бальчугъ не суть ли татарскія названія? и за чѣмъ не сохранять ихъ? Это рубцы, излеченныя раны героя побѣдителя, который съ гордостію можетъ ихъ показывать.

Отъ чего Петербургъ сдѣлался болѣе русскимъ городомъ, чѣмъ Москва? Вся тайна состоитъ въ томъ: Россія и Православіе всегда будутъ тамъ, гдѣ царь, гдѣ правительство, гдѣ главное духовное управленіе.

Тамъ главныя лица и по учебной части наперерывъ стараются сохранить и утвердить между преподавателями и студентами добрыя правила, любовь и уваженіе къ отечественному. Нужно ли называть Плетнева, Куторгу, Устрялова?

Въ образцахъ патріотизма Москва не нуждается; въ ней на высотахъ духовнаго краснорѣчія, геніальности и мірской власти стоятъ люди, въ душѣ русскіе, каковы Филаретъ и другіе.

Когда съ набережной возведешь взоры на высокій, древній, зубчатый, златоглавый Кремль и опустишь ихъ на этотъ народъ, неизмѣнный въ своихъ обычаяхъ, вѣрованіяхъ, привычкахъ и одѣяніи, сердце начнетъ какъ-бы таять отъ удовольствія. Когда же потомъ войдешь въ любую гостиную и найдешь въ ней Европу въ искаженномъ видѣ, то оно начнетъ съ какою то болію сжиматься.

Бѣдная Москва! надъ нею какъ-будто тяготѣетъ какое-то наказаніе свыше. Не смотря на всѣ усилія веселиться, пиршествовать, какое царствуетъ въ ней уныніе, какая тоска! Какое разъединеніе въ обществѣ! вся она, кажется, размежеванною на особнячки. Къ ней слѣдуетъ примѣнить стихъ Жихарева, надъ которымъ такъ смѣялись:

«Тамъ тѣни кучами сидятъ уединенны».

О, наша сердечная! наша родимая! что сталось съ тобою? куда дѣвались твое прежнее веселіе, твое радушіе и хлѣбосольство? До того дошла ты, православная, что кто-то въ печатныхъ стихахъ осмѣлился назвать тебя старой грѣховодницей. Опомнись!...

Повѣрь, я ни на что не досадую и никого не обвиняю; а только съ сокрушеннымъ сердцемъ смотрю, какъ единоземцы мои, а паче Москвитяне, не умѣютъ или не хотятъ передъ иноземцами поддержать наше народное достоинство, показать нашу народную гордость и тѣмъ самымъ даютъ имъ право явно неуважать Россію. Еслибъ при концѣ дней моихъ могъ бы я въ этомъ увидѣть какую либо счастливую перемѣну, то, кажется, спокойнѣе закрылъ глаза свои на вѣки.

※

Москва. Сентябрь. 1853 года.

IV.

ПИСЬМО Ф. Ф. ВИГЕЛЯ.

(къ *Н. В. Гоголю*).

Сочинитель этихъ писемъ также высоко стоитъ надъ авторомъ «Ревизора» и «Мертвыхъ душъ», какъ сей послѣдній далеко отстоитъ отъ Шаликова. Не могу описать восторговъ, съ которыми смотрѣлъ я на перерожденіе Гоголя. Я смѣялся надъ тѣми, которые сравнивали его съ Гомеромъ. Теперь я каюсь въ томъ, признавая въ нихъ великій даръ предчувствія, предвидѣнія, хотя сравненіе ихъ въ глазахъ моихъ нѣсколько сохраняетъ еще свою преувеличенность. Гоголь былъ доселѣ вѣрный наблюдатель нравовъ, искусный ихъ живописецъ, остроумный и оригинальный авторъ; но какъ все это далеко отъ необыкновеннаго мужа, умѣвшаго соединить въ себѣ глубокую мудрость съ пламенной поэзіей души. Святость и геройство христіанина и патріота, которыми онъ кажется весь проникнутъ, превыше таланта, превыше даже генія, котораго впрочемъ въ сей книжкѣ даетъ онъ несомнѣнныя доказательства. Меня увѣряли, что тутъ гордость болѣе видна, чѣмъ смиреніе: это не совсѣмъ справедливо; правда, и она мѣстами выказывается; но въ этомъ-то несовершенствѣ вся и прелесть сочиненія! Я смотрѣлъ на него, какъ на изнеможеніе, какъ на остатокъ слабости послѣ сильной борьбы и побѣды надъ собою. И что за мысли! и какая ихъ выразительность! Съ фейерверкомъ сравнить ихъ мало! въ нихъ нѣчто молніи подобное. Читая, право, какъ-будто идешь ослѣпленный свѣтомъ и оглушенный громами; глазамъ и слуху надобно привыкнуть къ его слогу. Меня также увѣряли (ибо я почти никого не вижу), что это дѣйствіе произвело появленіе книги на всѣхъ глупцовъ, которые, съ бѣшенымъ ревомъ, въ безсиліи своемъ пали ницъ. Позвольте съ ихъ внезапною ненавистью поздравить васъ, г. Гоголь! Честь и хвала—ихъ досада и осужденія! Вмѣстѣ съ тѣмъ, позвольте мнѣ изъявить сожалѣніе о томъ, что въ вашемъ прекрасномъ твореніи есть мѣста, на которыя съ большою основательностію имѣютъ они право нападать На примѣръ, какъ можно, въ глаза или въ письмѣ, что все равно, грозить почтенному старцу, вами уважаемому, вами же вездѣ достойно прославляемому, названіемъ *гадкаго старичишки*, если онъ не воздержится отъ негодованія. Не хорошо, какою бы короткостію ни почтилъ онъ васъ, сей незлобивый, безобидный, великій поэтъ. Не будемте слишкомъ пренебрегать приличіями свѣта. Источникъ учтивости между новѣйшими народами находится въ христіанскомъ законѣ, который поучаетъ насъ не оскорблять самолюбіе брата, съ осторожностію говорить ему полезныя истины, не раздражать, а скорѣе смягчать его гнѣвъ ласковымъ словомъ Древніе народы до Христа знали только лесть, подлость, или грубость. Вотъ почему, кажется, надлежало бы вамъ говорить съ большею умѣренностью о мнимомъ неряшествѣ и растрепанности слога почтеннаго Погодина. Какъ вы на то рѣшились? особливо, когда среди безчисленныхъ красотъ, вами созданныхъ, не рѣдко встрѣчаются или лайковые штаны, или что нибудь тому подобное. Позвольте же изъ васъ же взять тому сравненіе; это напоминаетъ тѣ засаленныя бумажки, которыя валяются въ гостиной, гдѣ все блеститъ позолотой, зеркалами и лакомъ паркетовъ, и о которыхъ вы говорите. Простите мнѣ; никакого орудія, вами поданнаго, не хотѣлось бы мнѣ видѣть въ рукахъ новыхъ враговъ вашихъ. Воротимтесь къ нимъ: именъ я ихъ не знаю, или въ уединеніи моемъ давно ихъ позабылъ. Люди, которые достойны теперь понимать васъ, которые сочувствуютъ вамъ, которые раздѣляютъ со мною восхищенное удивленіе къ произведенію вашему, сказывали мнѣ, что всѣ эти враги были недавно великими почитателями, даже обожателями вашими. Когда, въ первой молодости, создали вы себѣ идеалъ совершенства и начали искать его между вашими соотчичами, когда, вмѣсто того, встрѣчали вы часто множество гнусныхъ пороковъ—и вооруживъ руку огромнымъ хлыстомъ, перевитымъ колючимъ терніемъ, съ ожесточеніемъ, безъ милосердія, стали стегать въ нихъ, тогда эти люди съ остервенѣніемъ вамъ рукоплескали. Что побуждало ихъ къ тому? любовь ли къ родинѣ, коей сынамъ чаяли они отъ того исправленія? ненависть ли къ ней за неудачи свои, въ коихъ, право, не она и не правительство, а природа ихъ была виновата? Невольно надобно придержаться послѣдняго мнѣнія; ибо сколь тщательно убѣгали они отъ всякихъ сношеній, даже отъ простыхъ встрѣчь съ писателями добрыми, умными, восторженными, которыхъ вся жизнь была любовь и гимнъ отечеству, столь усердно искали они сближенія со всѣми отъявленными Руссофобами, въ числѣ коихъ и вы были ими помѣщены. Блескъ необыкновеннаго ума вашего ихъ восхитилъ, они въ состояніи были понять, даже оцѣнить его; особенно же всю ѣдкость вашей, тогда неумолимой, чудесной, какъ бы не сказать, изящной, злости.

Долго, долго близорукіе ихъ очи любовались доступными ихъ зрѣнію, всѣми признанными, великими, литературными вашими достоинствами Они гордились вами, они уже почитали васъ *своимъ*, какъ вдругъ вамъ вздумалось швырнуть въ нихъ небольшимъ, но для нихъ не менѣе тяжелымъ томомъ, на которомъ какъ-будто написано: *Ненашинъ*. И въ тоже время, съ быстротою фузеи, отдѣлившись отъ ихъ взоровъ, вознеслись вы въ нѣчто, для нихъ заоблачное, на вершину недосягаемой для нихъ высоты. Что можетъ сравниться съ ихъ изумленіемъ!

   Разкрывъ уста,
   Безъ слезъ рыдая,

какъ влюбленная черкешенка Пушкина, стояли они и не вдругъ могли опомниться. Наконецъ опомнились и никакъ не умѣя объяснить себѣ причину столь страшной перемѣны, заскрежетавъ зубами, пустились обвинять васъ, кто въ лицемѣріи, кто въ поврежденіи ума. Все это преданіе, или просто современный разсказъ, до меня нечаянно дошедшій, коему, хотя и передаю его вамъ, я не совсѣмъ вѣрю, тѣмъ болѣе, что упоминаемыя здѣсь лица мнѣ вовсе незнакомы. До нѣкоторой степени онѣ въ глазахъ моихъ извинительны: какъ вѣрить тому, чего не понимаешь? Вотъ почему и я плохо вѣрю озлобленію людей за великій, умилительный подвигъ сердечнаго раскаянія, за краснорѣчивое, увлекательное изображеніе истинъ, поучаемыхъ нашею матерью Православной церковію, за выраженіе нѣжнѣйшей сыновней любви къ нашему великому отечеству. Но если правда все сказанное мнѣ, если дѣйствительно сіи несчастные, измѣнившіе чести своей родины, васъ дерзаютъ называть отступникомъ, тогда.... о Русской Богъ! прости имъ прегрѣшеніе ихъ, не вѣдаютъ, что врутъ.—Мнѣ кажется, вы гдѣ-то говорите о двухъ станахъ, о Славянистахъ и Европистахъ, о Восточникахъ и Западникахъ, о старовѣрахъ и нововѣрахъ: я тоже что-то такое слышалъ, только не совсѣмъ такъ. Утверждаютъ, что есть двѣ какія-то партіи, но ничего не упоминается ни о станахъ, ни о враждѣ, ни о ратоборствѣ. Сравниваютъ это со спортомъ (отъ того-то такъ много въ журналахъ о спортѣ и порютъ вздору!) у этихъ скакуновъ, говорятъ, одна цѣль, но только двѣ разныя дороги, по которымъ каждый надѣется удобнѣе и скорѣе доскакать. Убѣжденій во мнѣніяхъ, ими излагаемыхъ и проповѣдуемыхъ, уже не ищите; онѣ только средства, а цѣль—знаменитость, которая, подостиженіи, сама тотчасъ обращается въ средство.... къ полученію приза, т. е. успѣховъ, какихъ бы то ни было и гдѣ бы то ни было, въ гостиныхъ ли, въ университетѣ, или въ канцеляріяхъ министерствъ; иной ограничивается губернскими дворянскими выборами. Этѣ двѣ паралельныя линіи такъ близко одна отъ другой и такъ дружно бѣгутъ, что, безъ напряженнаго вниманія, трудно одну отъ другой отличить. Къ наукамъ, къ словесности ни у кого нѣтъ жару, страсти; и потому, по навыку, встрѣчаются изрядные ремесленники; артиста ни одного. Говорите же имъ потомъ языкомъ Гомеровымъ, или библейскаго вдохновенія, толкуйте имъ объ Одиссеѣ, или о Моисеѣ. Давно, давно, лѣтъ семь тому назадъ, случалось мнѣ быть въ одномъ изъ многочисленныхъ ихъ сонмищъ; оглушенный, выходилъ я изъ него и ничего въ памяти моей не осталось, кромѣ какихъ-то невнятныхъ звуковъ, неясныхъ ликовъ, полузабытыхъ именъ. Кто несетъ католицизмъ, кто гегелизмъ, кто коммунизмъ, кто во что гораздъ. Все хладнокровно горячится, все бредитъ Европой, все прославляетъ ее, смѣшиваетъ Россію съ грязью и въ то же время своими непристойными криками, движеніями служитъ вѣрнымъ изображеніемъ нашихъ громогласныхъ, деревенскихъ, мірскихъ сходокъ. Не знаю; такъ было прежде; теперь, можетъ быть, многое уже измѣнилось. О, еслибъ сердца этихъ людей получили способность къ воспріятію двойнаго небеснаго огня, коимъ вы объяты, еслибъ хотя одна искра его туда къ нимъ заронилась! Совершенное перерожденіе ихъ было бы того послѣдствіемъ: всѣ мелочи пустаго, жалкаго ихъ самолюбія отстали бы отъ нихъ, какъ шелуха засохшихъ струпьевъ отпадаетъ отъ изцѣленной кожи. Не улыбки *львицъ*, здѣсь такъ размножившихся, не ничтожная честь показываться въ ихъ *салонахъ*, а любовь и уваженіе, въ толпѣ скрывающихся, достойныхъ согражданъ были бы ихъ наградою. Почтенныя имена, пріобрѣтаемыя одними истинными заслугами и полезными трудами, сдѣлали бы ихъ болѣе извѣстными современникамъ и, можетъ быть, потомству. По ходу дѣлъ можно предсказать, что оно будетъ судить иначе; не возможно, чтобы все оставалось, какъ нынѣ, не льзя, чтобы за безтолковымъ броженіемъ умовъ не послѣдовалъ благоразумный устой; тогда удѣлъ сихъ людей будетъ забвеніе, презрѣніе и, можетъ быть, и проклятія сего, болѣе насъ разсудительнаго, потомства. Васъ ожидаетъ совсѣмъ иная участь: напечатанныя письма ваши писали вы не для эффекта и не для похвалъ, а для блага—и уже дѣйствіе вашего примѣра и поученій становится ощутительно. Вы весьма справедливо замѣтили, что Пушкинъ красотою своего стихотворнаго слога увлекъ и обратилъ въ подражателей другихъ отличныхъ поэтовъ, гораздо прежде его на поприще вступившихъ. Такъ точно и вы красотою вашихъ мыслей и чувствъ сильно подѣйствовали на человѣка, далеко васъ въ жизни опередившаго: вы не могли указать ему на недостатки его; но заставили его самаго съ сокрушеніемъ къ нимъ обратиться въ великіе дни, въ которые церковь наша призываетъ насъ къ покаянію, посту и молитвѣ. Ненависти онъ никогда не зналъ, хотя симъ именемъ и пятнали здѣсь сильное негодованіе его, не на личныхъ своихъ враговъ, а на внутреннихъ враговъ порядка, вѣры и отечества его. Конечно въ чувствѣ глубокаго презрѣнія, которое къ тому примѣшивалось, таится несогласная съ христіанскимъ смиреніемъ гордыня. Отнынѣ потщится онъ и сіе чувство замѣнить состраданіемъ къ заблужденіямъ ихъ. Вы сами заставляете кого-то молить Господа, чтобъ онъ далъ ему гнѣвъ и любовь: сіи дары почти всегда бываютъ неразлучны; я получилъ ихъ, но, вѣроятно, не умѣлъ сдѣлать изъ нихъ благаго употребленія для человѣчества. Теперь же мнѣ, дряхлому, забытому и забывшему остается только молить Его о терпѣніи и о сохраненіи душевнаго спокойствія.—Въ избыткѣ чувствъ я по-заочности заговорился съ вами; вѣроятно, вы меня никогда не услышите и не прочтете; но мнѣ пріятно мечтать, что я бесѣдую съ вами. Было время, что я васъ долго и близко зналъ (о горе мнѣ) и не узналъ! Съ обѣихъ сторонъ излишнее самолюбіе не дозволяло намъ сблизиться. И какъ, за суровостію вашихъ взглядовъ, могъ бы я угадать сокровища вашихъ чувствъ? До сокровищъ ума не трудно было у васъ добраться; не смотря на всю скупость рѣчей вашихъ, онъ самъ собою высказывался. Если намъ когда либо случится еще встрѣтиться въ жизни, то никакая холодность съ вашей стороны не остановитъ изліяній сердечной благодарности моей за восхитительныя наслажденія, доставленныя мнѣ чтеніемъ послѣдне-изданной вами книги.

V.

ПИСЬМО П. Я. ЧААДАЕВА

(къ к. *П. А. Вяземскому*.)

Спасибо, любезный князь, за ваше милое письмо. Дѣло К. постараемся сами устроить; а васъ все-таки благодаримъ за ваше участіе. Съ вашимъ сужденіемъ о нашемъ житьѣ-бытьѣ я несовершенно согласенъ, хотя впрочемъ вы во многомъ и правы. Что мы умны, въ томъ никакого нѣтъ сомнѣнія, но чтобъ въ умѣ нашемъ вовсе не было проку, съ этимъ никакъ не могу согласиться. Не ужъто надо непремѣнно дѣлать дѣла, чтобы дѣлать дѣло? Конечно, можно дѣлать и то и другое; но изъ этаго не слѣдуетъ, чтобы мысль, и не выразившаяся еще въ жизни, не могла быть вещь очень дѣльная. Настанетъ время, она явится и тамъ. Развѣ люди живутъ въ однихъ только департаментахъ да канцеляріяхъ? Вы скажете, что мысли наши, не только не проявляются въ жизни, но и не высказываются на бумагѣ. Что жъ дѣлать? Знать грамотка намъ не далась. Но за то, еслибъ послушали наши толки! Нѣтъ такого современнаго или несовременнаго вопроса, котораго бы мы не рѣшили, и все это въ честь и во славу святой Руси. Повѣрьте, въ нашихъ толкахъ очень много толку. Міръ всплеснетъ руками, когда все это явится на свѣтъ дневной. Но поговоримъ лучше о дѣлѣ, и вамъ и намъ общемъ.

У васъ, слышно, радуются книгою Гоголя; а у насъ, напротивъ того, очень ею недовольны. Это, я думаю, происходитъ отъ того, что мы болѣе вашего были пристрастны къ автору. Онъ насъ немножко обманулъ, вотъ почему мы на него сердимся. Что касается до меня, то мнѣ кажется, что всего любопытнѣе въ этомъ случаѣ не самъ Гоголь, а то, что его такимъ сотворило, какимъ онъ теперь предъ нами явился. Какъ вы хотите, чтобъ въ наше надмѣнное время, напыщенное народною спѣсью, писатель даровитый, закуренный ладаномъ съ ногъ до головы, не зазнался, чтобъ голова у него не закружилась? Это просто невозможно. Мы нынче такъ довольны всѣмъ своимъ роднымъ, домашнимъ, такъ радуемся своимъ прошедшимъ, такъ потѣшаемся своимъ настоящимъ, такъ величаемся своимъ будущимъ, что чувство всеобщаго самодовольства невольно переносится и къ собственнымъ нашимъ лицамъ. Коли народъ русскій лучше всѣхъ народовъ въ мірѣ, то, само собою разумѣется, что и каждый даровитый русскій человѣкъ лучше всѣхъ даровитыхъ людей прочихъ народовъ. У народовъ, у которыхъ народное чванство искони въ обычаѣ, гдѣ оно, такъ сказать, поневолѣ вышло изъ событій историческихъ, гдѣ оно въ крови, гдѣ оно вещь пошлая, тамъ оно, по этому самому, принадлежитъ толпѣ и на умъ высокій никакого дѣйствія имѣть уже не можетъ; у насъ же слабость эта вдругъ развернулась, на перекоръ всей нашей жизни, всѣхъ нашихъ вѣковыхъ понятій и привычекъ, такъ что всѣхъ застала въ расплохъ, и умныхъ и глупыхъ! мудрено ли, что и люди, одаренные дарами необыкновенными, отъ нея дурѣютъ! Стоитъ только посмотрѣть около себя, сей часъ увидишь, какъ это народное чванство, намъ доселѣ чуждое, вдругъ изуродовало всѣ лучшіе умы наши, въ какомъ самодовольномъ упоеніи они утопаютъ, съ тѣхъ поръ, какъ совершили свой мнимый подвигъ, какъ открыли свой новый міръ ума и духа! Видно, не глубоко врѣзаны въ душахъ нашихъ завѣты старины разумной; давно ли, повинуясь своенравной волѣ великаго человѣка, нарушили мы ихъ предъ лицемъ всего міра, и вотъ вновь нарушаемъ, повинуясь какому-то народному чувству, Богъ-вѣсть откуда къ намъ занесенному!

Недостатки книги Гоголя принадлежатъ не ему, а тѣмъ, которые превозносятъ его до безумія, которые преклоняются предъ нимъ, какъ предъ высшимъ проявленіемъ самобытнаго русскаго ума, которые ожидаютъ отъ него какого-то преображенія русскаго слова, которые налагаютъ на него чуть не всемірное значеніе, которые, наконецъ, навязали на него тотъ гордый, несродный ему патріотизмъ, которымъ сами заражены, и такимъ образомъ задали ему задачу неразрѣшимую, задачу невозможнаго примиренія добра со зломъ: достоинства же ея принадлежатъ ему самому. Смиреніе, на сколько его есть въ его книгѣ, плодъ новаго направленія автора; гордость, въ ней проявившаяся, привита ему его друзьями. Это онъ самъ говоритъ, въ письмѣ своемъ къ к. Львову (*), написанномъ по случаю этой книги. Разумѣется, онъ родился не вовсе безъ гордости, но все-таки главная бѣда произошла отъ его поклонниковъ. Я говорю въ особенности о его московскихъ поклонникахъ Но знаете ли, откуда взялось у насъ на Москвѣ это безусловное поклоненіе даровитому писателю? Оно произошло оттого, что намъ понадобился писатель, котораго бы мы могли поставить наряду со всѣми великанами духа человѣческаго, съ Гомеромъ, Дантомъ, Шекспиромъ, и выше всѣхъ иныхъ писателей настоящаго времени и прошлаго. Это странно, но это сущая правда. Этихъ поклонниковъ я знаю коротко, я ихъ люблю и уважаю, они люди умные, хорошіе; но имъ надо, во что бы то ни стало, возвысить нашу скромную, богомольную Русь, надъ всѣми народами въ мірѣ, имъ непремѣнно захотѣлось себя и всѣхъ другихъ увѣрить, что мы призваны быть какими-то наставниками народовъ. Вотъ и нашелся, на первый случай, такой крошечный наставникъ, вотъ они и стали ему про это твердить на разные голоса, и вслухъ и на ухо; а онъ, какъ простодушный, довѣрчивый поэтъ, имъ и повѣрилъ. Къ счастію его и къ счастію русскаго слова, въ немъ таился, какъ я выше сказалъ, зародышъ той самой гордости, которую въ немъ силились развить ихъ хваленія. Хваленіями ихъ онъ пресыщался; но къ самимъ этимъ людямъ онъ не питалъ ни малѣйшаго уваженія. Это можете видѣть изъ самой его книги и выражается въ его разговорѣ на каждомъ словѣ. Отъ этаго родилось въ немъ какое-то тревожное чувство къ самому себѣ, усиленное сначала болѣзненнымъ его состояніемъ, а потомъ новымъ направленіемъ, имъ принятымъ, быть можетъ, какъ убѣжищемъ отъ преслѣдующей его грусти, отъ тяжкаго, неисполнимаго урока, ему заданнаго современными причудами. Нѣтъ сомнѣнія, что еслибъ эти причуды не сбили его съ толку, еслибъ онъ продолжалъ идти своимъ путемъ, то достигъ бы чудной высоты; но теперь, Богъ знаетъ, куда заведутъ его друзья, какъ вынесетъ онъ бремя ихъ гордыхъ ожиданій, неразумныхъ внушеній и неумѣренныхъ похвалъ!

(*) *Примѣчаніе.* Покойный к. В. В. Львовъ. Н. С.

У насъ въ Москвѣ, между прочимъ, вообразили себѣ, что новымъ своимъ направленіемъ обязанъ онъ, такъ называемому западу, странѣ, гдѣ онъ теперь пребываетъ, іезуитамъ. На этой счастливой мысли остановился нашъ замысловатый пріятель въ Московскихъ Вѣдомостяхъ, и, вѣроятно, разовьетъ ее въ слѣдующемъ письмѣ съ обычнымъ своимъ остроуміемъ. Но іезуитство, какъ его разумѣютъ эти господа, существуетъ въ сердцѣ человѣческомъ съ тѣхъ поръ, какъ существуетъ родъ человѣческій; за нимъ нечего ходить въ чужбину; его найдемъ и около себя, и даже въ тѣхъ самихъ людяхъ, которые въ немъ укоряютъ бѣднаго Гоголя. Оно состоитъ въ томъ, чтобы пользоваться всѣми возможными средствами для достиженія своей цѣли; а это видано вездѣ.—Для этаго, не только не нужно быть іезуитомъ, но и ненадо вѣрить въ Бога; стоитъ только убѣдиться, что намъ нужно прослыть или добрымъ христіаниномъ, или честнымъ человѣкомъ, или чѣмъ нибудь въ этомъ родѣ. Въ Гоголѣ ничего нѣтъ подобнаго. Онъ слишкомъ спѣсивъ, слишкомъ безкорыстенъ, слишкомъ откровененъ, откровененъ иногда даже до цинизма, однимъ словомъ, онъ слишкомъ неловокъ, чтобы быть іезуитомъ. Нѣкоторые изъ его порицателей особенно отличаются своею ловкостію, искусствомъ промышлять всѣмъ, что ни попадетъ имъ подъ руки, и въ этомъ отношеніи они совершенные іезуиты. Онъ больше ничего, какъ даровитый писатель, котораго чрезъ мѣру возвеличили, который попалъ на новый путь и не знаетъ, какъ съ нимъ сладить. Но все-таки онъ тотъ же самый человѣкъ, какимъ мы его и прежде знали, и все-таки онъ, и въ томъ болѣзненномъ состояніи души и тѣла, въ которомъ находится, стократъ выше всѣхъ своихъ порицателей—и когда захочетъ, то сокрушитъ ихъ однимъ словомъ и размечетъ, какъ быліе непотребное.

Эти строки были написаны до полученія вашей книжечки (*); съ тѣхъ поръ былъ я боленъ и не могъ писать. Благодарю за присылку. — Не стану переначивать письма; а скажу вамъ въ двухъ словахъ, какъ съумѣю, свое мнѣніе о вашей статьѣ. Вамъ, вѣроятно, извѣстно, что на нее здѣсь очень гнѣваются. Разумѣется, въ этомъ гнѣвѣ я не участвую. Я увѣренъ, что если вы не выставили всѣхъ недостатковъ книги, то это потому, что вамъ до нихъ не было дѣла, что они и безъ того достаточно были высказаны другими. Вамъ, кажется, всего болѣе хотѣлось показать ея важность въ нравственномъ отношеніи и необходимость оборота, произшедшаго въ мысляхъ автора, и это, по моему мнѣнію, вы исполнили прекрасно. Что теперь ни скажутъ о вашей статьѣ, она останется въ памяти читающихъ и мыслящихъ людей, какъ самое честное слово, произнесенное объ этой книгѣ. Все, что ни было о ней сказано другими, преисполнено какою-то странною злобою противъ автора. Ему, какъ будто, не могутъ простить, что, веселивши насъ столько времени своею умною шуткою, ему разъ вздумалось поговорить съ нами не смѣясь, что съ нимъ случилось то, что ежедневно случается въ кругу обыкновенной жизни съ людьми, менѣе извѣстными, и что онъ осмѣлился намъ про это разсказать по вѣковѣчному обычаю писателей, питающихъ сознаніе своего значенія. Позабываютъ, что писатель, и писатель, столь извѣстный, не частный человѣкъ, что скрыть ему свои новыя, задушевныя чувства было невозможно и не должно; что онъ, не однимъ словомъ своимъ, но и всей своей душею, принадлежитъ тому народу, которому посвятилъ даръ свыше ему данный; позабываютъ, что при нѣкоторыхъ страницахъ слабыхъ, а иныхъ и даже грѣшныхъ, въ книгѣ

(*) *Примѣчаніе.* Сочиненіе к. П. А. Вяземскаго, подъ заглавіемъ: «Языковъ—Гоголь». Н. С.

его находятся страницы красоты изумительной, полныя правды безпредѣльной, страницы такія, что, читая ихъ, радуешься и гордишься, что говоришь на томъ языкѣ, на которомъ такія вещи говорятся. Вы одни относитесь съ любовію о книгѣ и авторѣ: спасибо вамъ! День ото дня источникъ любви у насъ болѣе и болѣе изсякаетъ, по крайней мѣрѣ, въ мірѣ печатномъ: и такъ, спасибо вамъ еще разъ! На меня находитъ невыразимая грусть, когда вижу всю эту злобу, возникшую на любимаго писателя, доставившаго намъ столько слезныхъ радостей, за то только, что пересталъ насъ тѣшить и, съ чувствомъ скорби и убѣжденія, исповѣдается предъ нами и старается, по силамъ, сказать намъ доброе и поучительное слово. Все, что мнѣ бы хотѣлось сказать вамъ на этотъ счетъ, вы отчасти уже сказали сами несравненно лучше, чѣмъ бы мнѣ удалось тоже выразить, особенно на языкѣ, которымъ такъ безсильно владѣю; но одно, о чемъ намѣкалъ уже въ первыхъ своихъ строкахъ, кажется, упустили изъ виду, а именно: высокомѣрный тонъ этихъ писемъ. Я уже сказалъ, какому вліянію его приписываю; но нельзя же, однако, и самаго Гоголя въ немъ совершенно оправдать, особенно при томъ духовномъ стремленіи, которое въ книгѣ его обнаруживается. Это вещь, по моему мнѣнію, очень важная. Мы искони были люди смирные и умы смиренные; такъ воспитала насъ церковь наша, единственная наставница наша. Горе намъ, если измѣнимъ ея мудрому ученью! Ему обязаны мы всѣми лучшими народными свойствами своими, своимъ величіемъ, всѣмъ тѣмъ, что отличаетъ насъ отъ прочихъ народовъ и творитъ судьбы наши. Къ сожалѣнію, новое направленіе избраннѣйшихъ умовъ нашихъ именно къ тому клонится, и нельзя не признаться, что и нашъ милый Гоголь, тотъ самый, который такъ рѣзко намъ высказалъ нашу грѣшную сторону, этому вліянію подчинился. Пути наши не тѣ, по которымъ странствуютъ прочіе народы; въ свое время мы, конечно, достигнемъ всего благаго, изъ чего бьется родъ человѣческій; а можетъ быть, руководимые святою вѣрою нашею, и первые узримъ цѣль, человѣчеству Богомъ предозначенную; но по-сю пору мы еще столь мало содѣйствовали къ общему дѣлу человѣческому, смыслъ значенія нашего въ мірѣ еще такъ глубоко таится въ сокровеніяхъ Провидѣнія, что безумно бы было намъ величаться предъ старшими братьями нашими. Они не лучше насъ; но они опытнѣе насъ. Ваша дѣловая петербургская жизнь заглушаетъ васъ; вамъ не все слышно, что гласится на землѣ русской. Прислушайтесь къ глаголамъ нашимъ: они повѣдаютъ вамъ дивныя вещи. Въ первой половинѣ статьи вашей, вы сказали нѣсколько умныхъ словъ о нашей новоизобрѣтенной народности; но ни слова не упомянули о томъ, какъ мы невольно стремимся къ искаженію народнаго характера нашего. Помыслите объ этомъ. Не повѣрите, до какой степени люди въ краю нашемъ измѣнились съ тѣхъ поръ, какъ облеклись этой народною гордынею, невѣдомой боголюбивымъ отцамъ нашимъ. Вотъ что меня всего болѣе поразило въ книгѣ Гоголя и чего вы, кажется, не замѣтили. Во всемъ прочемъ, съ вами за одно. Поклонитесь Тютчеву, княгинѣ сердечный мой поклонъ; сыну вашему une bonne poignée de main.

Басманная. 29 апрѣля 1847 г.

Раздѣляя, очень, очень во многомъ мысли покойнаго Чаадаева собственно о Гоголѣ, я далеко несогласенъ съ нимъ во многомъ изъ сказаннаго не о Гоголѣ. Я привожу это замѣчательное письмо, какъ смѣлый голосъ современника о лицѣ, столь видномъ посреди большаго числа дѣятелей на поприщѣ русской словесности, хотя ему достался — какъ сказалъ И. И. Давыдовъ — на долю трудный и неблагодарный участокъ. *Н. С.*

VI.

ПОЛЕЗНОЕ ИЗОБРѢТЕНІЕ: СИЛОТВОРЪ ШЕНГЕЛИДЗЕВА.

Гдѣ взять силы, которой нѣтъ? Какъ выработать одному, что вырабатываютъ тысячи, десятки тысячь рукъ? Гдѣ достать такого рабочаго, такого движителя, который ничего нестоитъ? Какая сила такъ дешева? Какую силу можно достать даромъ, не имѣя копѣйки?

Я знаю на землѣ двѣ только такія силы: свѣтъ съ солнечною теплотою и ихъ варіаціами: электричествомъ, гальванизмомъ и проч., и тяжесть, или тяготѣніе. Ихъ только отпускаетъ намъ природа даромъ. Но, быть можетъ, вы спросите меня: сила ли свѣтъ, который не въ состояніи, кажется, сдвинуть съ мѣста былинки? Да, это сила. Свѣтъ движется, производитъ впечатлѣнія на чувство нашего зрѣнія, слѣдовательно: производитъ движеніе, или перемѣну, хотя въ самыхъ тонкихъ, въ самыхъ мельчайшихъ, глазныхъ нервахъ и мускулахъ, едва замѣтныхъ для нашихъ чувствъ, но все же замѣтныхъ; а все, что производитъ какое либо движеніе—сила. Слѣдовательно: свѣтъ сила, сила, посредствомъ которой, при искусно устроенномъ механизмѣ, можно произвесть громадныя работы, которыя онъ и производитъ: въ растительномъ и животномъ царствахъ на земномъ шарѣ; но сила, съ которою, господа, да проститъ мнѣ ваша снисходительность мое невѣжество, я еще очень мало знакомъ, какъ и другіе, которые такъ много толковали о свѣтѣ, электричествѣ и гальванизмѣ.

Другая сила тяжесть. Съ этою я, какъ и вы, знакомъ довольно коротко. Нельзя ли изъ нея, какъ либо, добыть милліоны? Природа отпускаетъ ее намъ даромъ и, притомъ, она совсѣмъ неопасна. Преблагородная сила. Не то, что ваши паровые котлы и машины, готовые всегда лопнуть при первой возможности и взорвать на воздухъ все окружающее, отъ чего да спасетъ Господь всякаго православнаго. Но, вотъ вопросъ: какъ приложить ее къ механизму фабрикъ? Какъ запрячь ее вмѣсто лошади и заставить двигать огромныя тяжести, вмѣсто паровъ? Уронить тяжелое тѣло легко; но поднять его совсѣмъ другое дѣло. Нельзя ли какъ нибудь устроить машину такъ, чтобы тѣло, посредствомъ одной и той же тяжести, падая и подымалось само собою? А вотъ увидимъ. Не боги же горшки обжигали. Міръ въ вѣчномъ движеніи. Причина его тяготѣніе, и она у насъ, такъ сказать, подъ руками. Смѣшны мнѣ тѣ люди, которые увѣрены сами и уверяютъ другихъ, что подобная машина невозможна, тогда какъ въ природѣ мы на всякомъ шагу встрѣчаемъ явное опроверженіе этого мнѣнія. Правда, на нашей грѣшной землѣ, тяжесть, до сего времени, была большою препоною вѣчному движенію; но умѣйте ее нейтрализовать, по временамъ, въ нѣкоторыхъ частяхъ машины, тогда равновѣсіе ихъ нарушится и машина, о которой я говорю, готова. Но какъ же ее нейтрализовать? А въ томъ-то и секретъ. Хотите ли знать? Извольте. Я вамъ его открою; но съ маленькимъ условіемъ. Вы всю жизнь пеклись о себѣ, быть можетъ, о вашихъ ближнихъ, пріобрѣтали богатства, жили счастливо. Я всю жизнь посвятилъ на разрѣшеніе предлагаемаго мною здѣсь вопроса. Подѣлитесь со мною пріобрѣтенными вами сокровищами: я подѣлюсь съ вами моимъ секретомъ. И тогда вамъ ненужно будетъ ни лошадей, ни паровъ. За васъ будутъ работать неодушевленные предметы: желѣзо, чугунъ, свинецъ, дерево, кирпичъ, песокъ, булыжникъ, глина, даже простая земля, все, что угодно, что стоитъ дешево, или почти ничего нестоитъ и не можетъ принесть ни малѣйшаго вреда.

Безъ шутокъ: въ концѣ прошлаго 1847 года, я изобрѣлъ такую машину. После восьмнадцатилѣтнихъ трудовъ и изысканій, мнѣ, наконецъ, посчастливилось сдѣлать открытіе, благодѣтельное для всего человѣчества вообще, и для Россіи въ особенности. Я придумалъ машину, которая не расходуетъ движущую силу, но сама ее производитъ, и гидравлическій самодвижитель столь сильный, что онъ вполнѣ можетъ замѣнить силу самыхъ сильныхъ механическихъ движителей. Она дѣйствуетъ отъ дня постройки и до совершенной порчи, отъ тренія, матеріаловъ, изъ которыхъ построена. Силу ея можно увеличить, до какой угодно степени, самыми дешевыми неодушевленными предметами: свинцомъ, булыжникомъ, пескомъ, глиною, даже простою землею, всѣмъ, чѣмъ угодно, что ничего не стоитъ, но имѣетъ значительный вѣсъ или тяжесть. Она вполнѣ можетъ замѣнить силу паровой машины. Издержки на каменный уголь и топливо будутъ сбережены, и нечего опасаться взрывовъ паровыхъ котловъ, въ печахъ паровыхъ машинъ; взрывовъ, истребившихъ, неоднократно, такое множество людей, пароходовъ и паровозовъ. Ее можно употребить: для приведенія въ движеніе механизма всѣхъ фабрикъ, мельницъ, заводовъ, кораблей, судовъ и паровозовъ; для поднятія воды на всякую высоту; для орошенія, во время засухъ, полей, луговъ, садовъ и огородовъ; для осушенія болотистыхъ и низменныхъ мѣстъ и для быстраго тушенія пожаровъ. Во время засухъ, не одинъ, а цѣлые десятки и сотни милліоновъ руб. будутъ сбережены. Во время сильныхъ пожаровъ, не брызги пожарныхъ трубъ, но цѣлыя рѣки воды потекутъ для потушенія бушующаго пламени.

Не входя въ отвлеченныя сужденія, я постараюсь доказать точными исчисленіями, основанными на неопровержимыхъ фактахъ, выгоды, которыя могутъ быть отъ нея получены.

На пр. въ Петербургѣ 450,000 жителей. На питье, кушанье, баню, мытье половъ, стирку бѣлья и умыванье нужно около 2 куб. футъ воды на человѣка, въ сутки. Для всѣхъ 900,000, куб. ф., вѣсящихъ около 1.553,000 пудовъ. Ограничиваясь только необходимымъ, число это можно сократить до 776,500 пудовъ.

Все это количество воды можетъ быть доставлено машиною, для постройки которой нужно, примѣрно, отъ 500 до 600 пудовъ чугуна и до 1500 пудовъ свинцу, или булыжника и нѣсколько стали.

Между тѣмъ нынѣ вода эта должна быть подвезена, положимъ, среднимъ числомъ за версту отъ Невы. Есть много домовъ за 2 и болѣе отъ нея верстъ; а употреблять воду изъ каналовъ, въ иное время года, вовсе невозможно. Полагая по 50 пудъ на лошадь и предполагая, что одна лошадь, обремененная такимъ грузомъ, совершитъ четыре поѣздки въ день за водою, на разноску которой къ жильцамъ нужно не мало времени, мы увидимъ, что для Петербурга нужно до 3882 лошадей и столько же водовозовъ. Увеличивъ работу лошади вдвое и ограничиваясь платою 50 коп. сер. въ день за лошадь и водовоза, нужно 970 руб. 50 к. въ день и 338,232 руб. 50 коп. въ годъ. Это minimum издержекъ; но онѣ могутъ простираться до 1,392,930 р. въ годъ. Въ Россіи не одинъ Петербургъ, и всякій городъ можетъ пользоваться моимъ изобрѣтеніемъ. Слѣдовательно, учетверивъ эту сумму, я нимало непогрѣшу противъ справедливости. И такъ, для всей Россіи нужно въ годъ: 1,392,930 р. с. въ случаѣ крайняго сокращенія издержекъ и 5,571,720 р. с. при избыткѣ средствъ. Значительная часть этой суммы будетъ сбережена, при употребленіи моей машины.

Одна бумагопрядильная фабрика въ С. Петербургѣ расходуетъ въ годъ топлива на сумму отъ 10 до 15 тысячъ руб. сер., которые, при введеніи моей машины, останутся въ экономіи.

Въ Россіи болѣе 8300 фабрикъ, заводовъ, кораблей, пароходовъ и паровозовъ, число которыхъ, при томъ, ежегодно увеличивается. Полагая, среднимъ числомъ, по 7500 р. на топливо въ годъ, содержаніе ихъ обойдется въ 62,250,000 руб. сер. Содержаніе фабрикъ и заводовъ ручныхъ и приводимыхъ въ движеніе лошадьми стоитъ еще дороже. Слѣдовательно, не говоря уже объ орошеніи полей, во время засухъ, въ неурожайные годы, о мельницахъ, число которыхъ, въ мѣстахъ безводныхъ, можетъ простираться до 10,000, и о быстромъ тушеніи пожаровъ,— одно снабженіе водою городовъ и приведеніе въ движеніе механизма всѣхъ фабрикъ, заводовъ, кораблей, пароходовъ и паровозовъ, можетъ доставить, во всякомъ случаѣ, не менѣе 50 милліоновъ ежегодно.

Для исходатайствованія привиллегіи (за которую надо внести при прошеніи о выдачѣ ея 450 р. с. пошлинъ), для постройки моделей и предварительныхъ распоряженій, мнѣ нужно занять отъ 6 до 7 тысячъ р. с. Въ случаѣ удачи, въ которой я не сомнѣваюсь, я возвращу занятый капиталъ въ двое, въ трое, въ четверо, смотря по успѣху операціи, и подарю заимодавцу право: употреблять изобрѣтенную мною машину, во сто лошадиныхъ силъ, во всѣхъ принадлежащихъ ему имѣніяхъ фабрикахъ и заводахъ. Въ теченіи 10 лѣтъ привиллегіоннаго срока, она можетъ доставить отъ пятидесяти до ста тысячъ руб. дохода. Во всякомъ случаѣ, я возвращу занятый капиталъ съ процентами, опредѣленными закономъ. Объ условіяхъ займа и его вѣрномъ обезпеченіи можно узнать у меня на квартирѣ.

Я живу теперь въ 10 квартирѣ 3 этажа дома Артемьева, на углу Слоновой, 9-й Рождественской и большой Болотной улицъ на пескахъ, во 2 кварталѣ Рождественской части. Мой адресъ: Его Благородію Ивану Петровичу Шенгелидзеву.

Меня можно застать дома отъ 2 до 5 часовъ по полудни: въ понедѣльникъ, середу, пятницу и субботу.

Дворянинъ И. Шенгелидзевъ.

Январь 1848 года, С.-Петербургъ.

VII.

РЕЭСТРЪ ИЗОБРѢТЕНІЙ, СДѢЛАННЫХЪ ТИТУЛЯРНЫМЪ СОВѢТНИКОМЪ ИВАНОМЪ ШЕНГЕЛИДЗЕВЫМЪ, ВЪ ТЕЧЕНІИ ЕГО ЖИЗНИ.

1. Колесо-движитель, увеличивающее въ нѣсколько разъ силу рабочаго, отъ одной до нѣсколькихъ лошадиныхъ силъ.

2. Другой механизмъ, достигающій той же цѣли.

3. Раздвижные кили, уменьшающіе боковую морскую качку и предохраняющіе корабль отъ опасности опрокинуться.

4. Предохранительные корабельные плоты, умѣряющіе бѣгъ судна во время бури, уменьшающіе опасность сорваться съ якоря и дающіе экипажу время принять мѣры къ спасенію, въ случаѣ, если бы якорный канатъ лопнулъ.

5. Сапоги и калоши съ металлическими подошвами, для небогатыхъ людей, крестьянъ и солдатъ. Они ни мало не препятствуютъ сгибу ступни ноги и, стоя нѣсколько копѣекъ, могутъ служить въ нѣсколько разъ долѣе обыкновенныхъ.

6. Новые, усовершенствованные самоѣзды, или экипажи безъ лошадей. Въ нихъ можно ѣздить, не только по желѣзнымъ рельсамъ, но по всякой дорогѣ, такъ же легко, скоро и удобно, какъ на лошадяхъ, гораздо легче и скорѣе, чѣмъ въ экипажахъ, употреблявшихся до сего времени. Первоначальная постройка ихъ немного дороже обыкновенныхъ экипажей; но за то, въ послѣдствіи, они не требуютъ ни какихъ издержекъ: не нужно ни лошадей, ни кучера, ни конюшенъ; совершенно безопасны отъ бѣшенства лошадей, будучи вполнѣ послушны волѣ человѣка и способствуютъ чистотѣ и опрятности улицъ, которая не можетъ быть соблюдена при лошадяхъ.

7. Экипажи для ѣзды, во всякое время года, по глубокому снѣгу, грязи, песку и водѣ, какъ по лучшей сухой дорогѣ. Они не только не портятъ дороги, но и дурную дѣлаютъ хорошею. Огромныя издержки, употребляющіяся нынѣ на ремонтъ дорогъ, будутъ сбережены.

8. Способъ двигать корабли въ штиль и противъ вѣтра, безъ пособія парусовъ и паровой машины. Издержки на топливо въ паровыхъ машинахъ и время, теряемое парусными судами при безвѣтріи, или противномъ вѣтрѣ, будутъ сбережены.

9. Способъ спасать карабли отъ потопленія и опрокинутія, посредствомъ запасныхъ воздушныхъ резервоаровъ. Корабль ни въ какомъ случаѣ не можетъ ни потонуть, ни опрокинуться. Если бы, даже, онъ попалъ на подводный камень и разбилъ свое дно, онъ и тогда безопасно дойдетъ до бухты, или гавани.

10. Новыя самыя удобныя вѣтреныя крылья. Онѣ могутъ быть употреблены на мукомольныхъ и другихъ мельницахъ, для приведенія въ движеніе механизма въ разныхъ фабрикахъ и заводахъ и, вообще, вездѣ, гдѣ нужна дешевая движущая сила. Сила, доставляемая ими, довольно удобна и дешева. Вѣтръ ничего нестоитъ, а производимая имъ работа стоитъ десятки и сотни тысячъ рублей. Преимущество этихъ крылъ предъ прочими заключается въ ихъ силѣ и прочности, удобствѣ и быстротѣ, съ которою онѣ поворачиваются ребромъ противъ вѣтра, дѣйствуя равномѣрно и безопасно при всякомъ вѣтрѣ, какъ бы онъ силенъ ни былъ и съ которой бы стороны ни подулъ.

11. Вѣтряные и парусные экипажи. Преимущество ихъ предъ прочими заключается въ дешевизнѣ движущей силы. Они устроены такъ, что во время безвѣтрія могутъ быть приводимы въ движеніе руками сидящихъ въ нихъ людей, безъ всякаго затрудненія.

12. Плугъ-самопахъ, пашущій землю безъ лошадей и паровъ.

13. Машина-тяжеловозъ, посредствомъ, которой одинъ человѣкъ можетъ перевозить огромныя тяжести.

14. **Самопалъ, машина, бросающая отъ 30-ти до 60-ти пуль и ядеръ въ минуту съ силою и на разстояніе не менѣе ружейнаго или пушечнаго выстрѣловъ, безъ пороха, паровъ и огня.**

15. Лодка и, вообще, суда, безъ веселъ, парусовъ и паровъ.

16. Гидравлико-пневматическій самодвижитель.

17. Силотворъ. Обѣ эти машины не расходуютъ движущую силу, какъ всѣ до нынѣ извѣстныя въ механикѣ машины; но сами ее производятъ. Это самый сильный, дешевый и безопасный движитель, какой только быть можетъ. Дѣйствуя, безъ пара и огня единственно силою тяжести частей, расположенныхъ такимъ образомъ, что онѣ никогда не могутъ находиться въ равновѣсіи, онѣ вполнѣ могутъ замѣнить паровую машину и, по справедливости, могутъ назваться земнымъ perpetuum mobile. Цѣль, польза и дѣйствіе ихъ описаны съ большею подробностію въ изданной мною о нихъ брошюрѣ: «Силотворъ.»

18. Самый легкій дешевый и удобный способъ снабжать городъ водою и быстро тушить пожары.

Иванъ Шенгелидзевъ.

VIII.

ОБЪЯВЛЕНІЕ.

(5-й № Харьковскихъ Губернскихъ Вѣдомостей.)

Въ 1848 году я изобрѣлъ способъ двигать суда противъ вѣтра, по прямой линіи и вообще при всякомъ вѣтрѣ, какъ бы силенъ онъ ни былъ и съ которой бы стороны ни дулъ, безъ паровой машины, дорого стоющей и несовершенно безопасной отъ взрывовъ. Чѣмъ сильнѣе вѣтеръ, тѣмъ быстрѣе идетъ противъ него судно, движимое моимъ механизмомъ, не требующимъ малѣйшихъ издержекъ на топливо, или другую какую либо движущую силу.

На основаніи законовъ о привиллегіяхъ, изложенныхъ въ 1 книгѣ 3 раздѣла, 3 части XI тома Св. Законовъ, я долженъ внесть въ Департаментъ мануфактуръ и внутренней торговли 450 р. сер. пошлинъ впередъ, при прошеніи о выдачѣ привиллегіи. Потомъ, когда она мнѣ будетъ выдана, секретъ изобрѣтенія публикуется, и я обязанъ привесть его въ исполненіе въ $2\frac{1}{2}$ года со дня ея выдачи. Если же, по какимъ либо причинамъ, я не успѣю этого сдѣлать въ срокъ, опредѣленный закономъ, я лишаюсь права на изобрѣтеніе, которымъ тогда всякій можетъ пользоваться даромъ. Также я лишаюсь этого права, если изобрѣтеніе мое сдѣлается извѣстнымъ и войдетъ въ употребленіе до выдачи привиллегіи.

Не имѣя денегъ, я не могу ни привесть ее въ исполненіе, еслибы она была мнѣ выдана, ни построить модели, ни внесть въ Департаментъ пошлинъ. По этому я рѣшился продать мое изобрѣтеніе.

По Волгѣ, Камѣ, Окѣ и другимъ, впадающимъ въ Волгу рѣкамъ, по Тихвинскому, Вышневолоцкому, Маріинскому и Ладожскому каналамъ проходитъ въ годъ отъ Астрахани до С.-Петербурга болѣе 10,000 судовъ, изъ которыхъ большая часть тянется, противъ вѣтра и теченія, бичевою и лошадьми, болѣе 4000 верстъ, съ большимъ трудомъ и чрезвычайно медленно. Если каждый судохозяинъ заплатитъ только сто рублей единовременно за право вѣчно пользоваться моимъ изобрѣтеніемъ, то и тогда составится милліонъ рублей, не говоря уже о выгодахъ отъ судоходства по Сѣверной и Западной Двинамъ, по Бугу, Дону, Днѣпру, Днѣстру, Дунаю, Вислѣ,

Нѣману и рѣкамъ въ нихъ впадающимъ, по Ладожскому, Онежскому, Чудскому и другимъ озерамъ и по Черному, Каспійскому, Балтійскому, Бѣлому, Аральскому и Байкальскому морямъ. Выгоды эти неменѣе выгодъ отъ судоходства по Волгѣ и, потому, съ достовѣрностію можно заключить, что доходъ отъ моего изобрѣтенія превышаетъ нѣсколько милліоновъ рублей; но мои желанія гораздо ограниченнѣе, и я его продамъ за наличную сумму, несравненно меньшую.

Я о немъ объявляю съ тою цѣлію, что, быть можетъ, кто либо изъ просвѣщенныхъ и предпріимчивыхъ капиталистовъ его купитъ. Они могутъ быть увѣрены, что я чуждъ всякаго обмана. Деньги я получу тогда, когда покупщикъ на опытѣ удостовѣрится въ основательности изобрѣтенія, а опытъ произведетъ онъ самъ, по моимъ указаніямъ, планамъ и чертежамъ. Онъ самъ наймется мастеровъ и купитъ матеріалы, такъ что я не воспользуюсь ни одною его копѣйкою даромъ. Мой адресъ: Его Благородію Ивану Петровичу Шенгелидзеву, помѣщику Богодуховскаго уѣзда Харьковской губерніи, въ заштатномъ городѣ Краснокутскѣ.

Помѣщикъ Иванъ Шенгелидзевъ.

IX.

ЗАКОНЫ

СОБРАНІЯ ВОСПИТАННИКОВЪ УНИВЕРСИТЕТСКАГО БЛАГОРОДНАГО ПАНСІОНА.

1799 ГОДА, ФЕВРАЛЯ 9-го ДНЯ.

ГЛАВА ПЕРВАЯ.

ОБЩІЯ УЗАКОНЕНІЯ.

§ 1. *Цѣль Собранія.*

Цѣль сего Собранія — исправленіе сердца, очищеніе ума и вообще обработываніе вкуса.

§ 2. *Качество Членовъ.*

Слѣдственно *Члены* его должны быть изъ тѣхъ только воспитанниковъ, кои отличили себя примѣрнымъ поведеніемъ, тихостію нравовъ, послушаніемъ, прилежностію къ наукамъ, и вообще кои показали уже на опытѣ и способности свои и любовь свою къ отеческому языку.

§ 3. *Засѣданія.*

Однажды, или, смотря по нуждѣ, и дважды въ недѣлю Члены будутъ имѣть *Засѣданіе*, въ извѣстное время.

§ 4. *Предсѣдатель и Секретарь.*

Чтобы засѣданія такія были въ надлежащемъ порядкѣ и лучше отвѣтствовали предположенной цѣли, то Члены избираютъ между собою *Предсѣдателя*, которому особенное поручается смотрѣніе за всѣмъ тѣмъ, что происходить будетъ въ Собраніи; и *Секретаря*, коего должность, между прочимъ, вести исправный Протоколъ. Какъ тотъ, такъ и другой, долженъ быть изъ способнѣйшихъ и самыхъ примѣрныхъ воспитанниковъ.

§ 5. *Работы.*

Въ каждомъ Засѣданіи Члены будутъ читать, по очереди, рѣчи о разныхъ, большею частію, нравственныхъ предметахъ, на русскомъ языкѣ; будутъ разбирать критически собственныя свои сочиненія и переводы, которыя должны быть обработаны съ возможнымъ тщаніемъ; будутъ судить о примѣчательнѣйшихъ произшествіяхъ историческихъ; а иногда будутъ читать, также по очереди, образцевыя отечественныя сочиненія въ стихахъ и прозѣ, съ выраженіемъ чувствъ и мыслей авторскихъ и съ критическимъ показаніемъ красотъ ихъ и недостатковъ. Къ таковому чтенію и разбору чередной долженъ предварительно приготовиться. Что касается до собственныхъ сочиненій и переводовъ, то трудившійся приноситъ работу свою въ Собраніе и отдаетъ ее Секретарю, или Предсѣдателю, а Предсѣдатель чередному Члену, который беретъ ее съ собою, дѣлаетъ на нее письменныя замѣчанія и въ слѣдующее присутствіе разсказываетъ изустно планъ и содержаніе піесы, читаетъ ее, судитъ; а Члены общимъ рѣшеніемъ одобряютъ судъ его, или опровергаютъ, или ограничиваютъ и проч. Чтобы работы Собранія текли безостановочно, то Члены сдѣлаютъ между собою положеніе: какъ и по сколько вносить имъ трудовъ своихъ.

§ 6. *Какъ Членамъ поступать при засѣданіяхъ и внѣ оныхъ.*

При засѣданіяхъ должна быть соблюдаема возможная благопристойность въ поступкахъ, разговорахъ, въ самыхъ взорахъ и во всемъ наружномъ видѣ. Всякое пристрастіе должно быть совершенно отсюда изгнано. Вообще, между Членами, какъ въ Собраніи, такъ и внѣ его, всегда и вездѣ свято должна быть хранима искренняя любовь, совершенное единодушіе и взаимная учтивость и уваженіе. Сверхъ того, Члены поставятъ себѣ непремѣннымъ закономъ внѣ засѣданій хранить ненарушимое молчаніе обо всемъ, что въ нихъ ни происходитъ, и отнюдь ни съ кѣмъ не говорить о томъ ни слова, кромѣ другъ друга. Черезъ то, во первыхъ, пріучатся они къ храненію тайны, что необходимо нужно всякому человѣку, а во вторыхъ, предохранятъ себя отъ многихъ непріятныхъ слѣдствій, въ противномъ случаѣ по дѣламъ Собранія произойти могущихъ.

§ 7. *Голоса. Какъ ихъ подавать.*

Каждый Членъ имѣетъ *голосъ*; но всѣ дѣла и мнѣнія рѣшатся или *всеобщимъ согласіемъ*, или, въ случаѣ раздѣленія на части, большинствомъ голосовъ. Голосъ Предсѣдателя имѣетъ силу двухъ. Голоса или мнѣнія свои подавать съ возможною скромностію, отнюдь не перебивая другъ у друга рѣчи.

§ 8 *Протоколъ.*

Послѣ каждаго засѣданія Секретарь будетъ вносить въ Протоколъ все, что примѣчательнаго произойдетъ въ немъ, на примѣръ: кто были присутствовавшіе; кто читалъ рѣчь и о чемъ; какое разбирали сочиненіе и какія сдѣлали на него замѣчанія; оставлено ли оно при Собраніи, или возвращено автору, и проч. Каждой такой Протоколъ скрѣпленъ рукою Предсѣдателя и всѣхъ Членовъ.

§ 9. *Исправленныя сочиненія и переводы.*

Прочитанныя и *исправленныя* сочиненія и переводы остаются на рукахъ у Предсѣдателя и Секретаря. Они должны быть хранимы въ томъ мѣстѣ, гдѣ бываютъ засѣданія, въ порядкѣ, и со временемъ, когда наберется довольное ихъ число, могутъ быть *напечатаны*.

§ 10. *Рѣчи для концертовъ.*

Въ зимнее время, когда бываютъ концерты, Члены должны говорить въ нихъ рѣчи, перечитывая и исправляя ихъ предварительно въ общемъ засѣданіи.

§ 11. *Пріемъ Членовъ.*

Кто изъ воспитанниковъ пожелаетъ быть принятъ въ это Собраніе, тотъ сперва долженъ объясниться съ кѣмъ нибудь изъ Членовъ, который объявляетъ желаніе его въ общемъ засѣданіи, и если всѣ Члены будутъ согласны, то желающій подаетъ письмо и потомъ принимается.

§ 12. *Работы стороннихъ. Что при нихъ примѣчать.*

Если же кто и не будучи Членомъ Собранія, пожелаетъ участвовать въ его работахъ, то оно съ удовольствіемъ и благодарностію приметъ такое похвальное его расположеніе. Охотникъ, при каждомъ случаѣ, когда пожелаетъ представить Собранію сочиненіе свое, или переводъ, долженъ приложить къ тому письмо, на примѣръ, такого содержанія, что онъ проситъ Членовъ разсмотрѣть его работу и сдѣлать свои замѣчанія и проч. — И все вмѣстѣ отдаетъ Секретарю, который представляетъ въ слѣдующее Засѣданіе, и читаетъ письмо. Члены, разсмотрѣвъ безпристрастно, установленнымъ порядкомъ, присланный трудъ и выправивъ, если можно, оставляютъ при дѣлахъ своихъ, чтобы со временемъ напечатать; если жъ онъ, по какимъ нибудь причинамъ, не можетъ помѣщенъ быть въ число работъ ихъ, то Секретарю поручается возвратить его обратно и принести благодарность трудившемуся какъ въ томъ, такъ и въ другомъ случаѣ. Если кто изъ такихъ стороннихъ сотрудниковъ Собранія пожелаетъ, чтобы имя его было неизвѣстно, то онъ не подпишется ни подъ письмомъ, ни подъ сочиненіемъ, и даетъ знать о томъ Секретарю, который въ такомъ случаѣ долженъ соблюсти всю возможную скромность.

§ 13. *Еще о засѣданіяхъ.*

Если въ опредѣленный для обыкновеннаго засѣданія день случится праздникъ, и нужда потребуетъ, чтобы оное было непремѣнно, въ такомъ случаѣ Предсѣдатель или въ предъидущемъ засѣданіи объявляетъ о томъ членамъ, изъясняя побудительныя причины, или, если дѣла Собранія потребуютъ того, послѣ, снесшись съ Секретаремъ, поручаетъ ему написать повѣстную записку и послать къ членамъ, которые всѣ непремѣнно должны собраться въ обыкновенное время. Такимъ же образомъ должно бы поступить и тогда, когда бы нужда потребовала быть засѣданію и не въ опредѣленный для того день. Вообще Члены отнюдь не должны пропускать ни однаго общаго присутствія, подъ опасеніемъ исключенія изъ числа составляющихъ Собраніе. Если жъ кому изъ нихъ воспрепятствуютъ быть въ засѣданіи важныя причины, какова, на примѣръ, болѣзнь и другія весьма немногія: тотъ, для порядку, непремѣнно долженъ отозваться къ Секретарю письмомъ, съ показаніемъ удержавшей его причины, а Секретарь объявляетъ письмо такое въ общемъ засѣданіи и записываетъ въ Протоколъ.

§ 14. *Обязанность Членовъ, въ отношеніи къ мѣсту, гдѣ воспитываются.*

Польза и честь мѣста, гдѣ Члены воспитываются, есть такой предметъ, котораго никогда не должны они выпускать изъ виду. И такъ они непремѣннымъ и святымъ долгомъ своимъ поставять непрестанно возбуждать всѣхъ вообще товарищей своихъ, какъ примѣромъ, такъ и дружескими совѣтами, къ надлежащему исполненію ихъ обязанностей, то есть, чтобы всѣ они хранили, какъ драгоцѣнное сокровище, чистоту нравовъ; чтобы всѣ они были прилежны, кротки, послушны, учтивы не только къ высшимъ, но и къ равнымъ и низшимъ себя; словомъ, чтобы благородные воспитанники были прямо благородны и сердцемъ и умомъ Сверхъ того каждый изъ Членовъ возметъ особенно на свои руки одного, а если можно и двухъ изъ младшихъ воспитанниковъ и будетъ руководствовать ихъ, удѣляя имъ нѣкоторую часть своего времени, и вспомоществуя всѣми знаніями своими въ классическихъ ихъ упражненіяхъ, наблюдая при томъ и за нравственными ихъ поступками. Членъ объявятъ въ общемъ засѣданіи имена избранныхъ ими для особеннаго руководства воспитанниковъ, и Секретарь внесетъ ихъ въ Протоколъ.

§ 15. *Число Дѣйствительныхъ Членовъ.*

Число *Дѣйствительныхъ* Членовъ не должно простираться далѣе *десяти*; и всѣ они должны быть, какъ и выше сказано, только изъ однихъ воспитанниковъ.

§ 16. *Почетные Члены.*

Если кто изъ составляющихъ Собраніе воспитанниковъ, вышедъ изъ Пансіона, пожелаетъ остаться Членомъ его; или если кто изъ стороннихъ, благородныхъ, знакомыхъ людей захочетъ быть участникомъ Собранія, такой можетъ быть принятъ подъ именемъ *Почетнаго Члена.* Почетные Члены также имѣютъ голоса. Они могутъ говорить рѣчи и вносить свои работы, но не обязуются. Вообще Почетные Члены будутъ составлять родъ посѣтителей, которые во внутреннее правленіе дѣлъ Собранія отнюдь не должны мѣшаться. Это единственно предоставляется хозяевамъ.

§ 17. *Библіотека.*

Хорошія, особливо нравственныя и литтературныя, книги составляютъ такой предметъ, безъ котораго Собраніе никакъ обойтись не можетъ. И для того предполагается имѣть при немъ особую *библіотеку* изъ самыхъ отборныхъ и образцовыхъ книгъ. Члены надѣются, что мѣсто, гдѣ они воспитываются, не преминетъ оказать имъ по сей части возможнаго пособія.

§ 18. *Книгохранитель. Должность его.*

Для соблюденія въ надлежащемъ порядкѣ и цѣлости библіотеки Собранія, Члены избираютъ между собою *Книгохранителя,* коего должность: 1) имѣть книгамъ списокъ, въ которомъ бы показано было заглавіе книги на томъ языкѣ, на какомъ она напечатана; имя автора, форматъ ея, годъ и мѣсто ея изданія. Такой списокъ долженъ быть скрѣпленъ по листамъ Предсѣдателемъ и Секретаремъ, а на концѣ всѣми Членами. 2) На самыхъ книгахъ подписывать, отъ кого какая получена и когда. 3) Для книгъ, получаемыхъ только на время отъ споспѣшествующихъ Собранію особъ, имѣть особливую тетрадь; и по возвращеніи такихъ книгъ, кому слѣдуетъ, вычеркивать заглавія изъ сего списка. 4) Онъ долженъ имѣть также особую тетрадь, въ которой бы расписывались Члены, желающіе взять изъ библіотеки какую либо книгу; а по возвращеніи оной вычеркивать имена ихъ.—Кромѣ Членовъ никто не можетъ пользоваться библіотекою Собранія, и никакой Членъ не долженъ держать у себя взятую книгу болѣе двухъ, или трехъ недѣлъ. Наконецъ, 5) у Книгохранителя на рукахъ должны быть всѣ вещи, принадлежащія Собранію, какъ то: бумага, сургучъ, и проч, исключая печать, которая хранится у Секретаря, и симъ вещамъ также долженъ онъ вести исправный списокъ, и во всемъ давать отчетъ Собранію.

§ 19. *Споспѣшествующій Собранію.*

Для надежнѣйшаго достиженія предположенной Собранію общеполезной цѣли, надлежитъ стараться имѣть, кто бы или по связи своей съ мѣстомъ, или по своимъ опытамъ и знаніямъ могъ споспѣшествовать толь похвальнымъ упражненіямъ, и къ кому бы, при встрѣчающихся по дѣламъ Собранія нуждамъ, можно было относиться.

§ 20. *Сила и важность законовъ Собранія.*

Постановленія какъ сіи, такъ и тѣ, кои ниже слѣдуютъ о порядкѣ при засѣданіяхъ, должны скрѣплены быть рукою Предсѣдателя и всѣхъ Членовъ, и свято наблюдаемы во всѣхъ своихъ статьяхъ.— Въ случаѣ жъ нарушенія ихъ кѣмъ либо изъ Членовъ,—чего, впрочемъ, и предполагать, кажется, нельзя, — Предсѣдатель, не обинуясь, долженъ сдѣлать въ общемъ засѣданіи выговоръ нарушителю. А если онъ не почувствуетъ справедливости его, и не перемѣнитъ своихъ поступковъ: въ такомъ случаѣ, въ силу законовъ, должно его исключить навсегда изъ числа составляющихъ Собраніе. Быть можетъ, что время и обстоятельства потребуютъ нѣкоторыхъ перемѣнъ въ предписанныхъ здѣсь узаконеніяхъ; но это не иначе должно быть сдѣлано, какъ по общему согласію всѣхъ Членовъ и по причинамъ весьма важнымъ.

ГЛАВА ВТОРАЯ.

О ПОРЯДКѢ, КАКОЙ ДОЛЖНО НАБЛЮДАТЬ ПРИ ЗАСѢДАНІЯХЪ.

Засѣданіе.

Члены должны собраться въ назначенное время и мѣсто, наблюдая возможную благопристойность какъ въ поступкахъ, такъ и въ самой одеждѣ. Послѣ сего засѣданіе начинается слѣдующимъ образомъ.

§ 1. *Порядокъ въ немъ.*

Предсѣдатель проситъ Членовъ приступить къ дѣлу и садится на свое мѣсто, а Секретарь на свое подлѣ него.

§ 2. *Рѣчь.*

Когда всѣ Члены съ тихостію и благопристойностію займутъ по старшинству слѣдующія имъ мѣста, Предсѣдатель проситъ череднаго оратора открыть Собраніе рѣчью, въ продолженіе которой всякой Членъ долженъ внимать и не говорить ни слова. По прочтеніи рѣчи Предсѣдатель, именемъ Членовъ, приноситъ оратору благодарность.

§ 3. *Протоколъ.*

Потомъ проситъ Секретаря прочитать протоколъ послѣдняго засѣданія и вмѣстѣ со всѣми Дѣйствительными Членами подписываетъ. Подписавъ, проситъ Секретаря прочитать, если есть какія письма или отъ отсутствующаго Члена, или отъ кого нибудь стороннихъ.

§ 4. *Работы.*

Потомъ, сдѣлавъ по сему нужныя замѣчанія, или распоряженія, проситъ онъ Членовъ выслушать какое либо сочиненіе или переводъ, къ чтенію котораго чередной приступаетъ за симъ непосредственно. Въ продолженіе онаго всякой Членъ долженъ внимательно слушать и стараться не упустить безъ замѣчанія, если какія найдутся погрѣшности противъ здраваго разсудка, противъ святой религіи, противъ чистоты нравовъ, благопристойности, или противъ свойства русскаго языка.

§ 5. *Судъ объ нихъ.*

Исправивъ оныя, Предсѣдатель спрашиваетъ Членовъ, достоинъ ли переводъ этотъ, или сочиненіе быть между работами Собранія? и если оно будетъ одобрено, то Секретарь беретъ его къ себѣ для помѣщенія между бумагами Собранія; еслижъ нѣтъ, то для возвращенія трудившемуся, съ принесеніемъ ему какъ въ томъ, такъ и въ другомъ случаѣ, благодарности.

§ 6. *Примѣчаніе.*

Такимъ образомъ продолжается чтеніе и другихъ піесъ по крайней мѣрѣ два часа. При чемъ всякъ долженъ остерегаться, чтобы какъ при чтеніи ораторомъ рѣчи не сдѣлать какого либо огорчительнаго поступка и не показать, хотя не съ умыслу, непріятнаго или насмѣшливаго вида, такъ и въ исправленіи погрѣшностей не силиться слишкомъ упорствовать въ доказаніи мнимой своей справедливости, чтобы не оскорбить иногда и самой особы трудившагося.

§ 7 *Предложенія. Конецъ засѣданія.*

По окончаніи чтенія, Предсѣдатель назначаетъ чередняго оратора (и проч.), и дѣлаетъ, если имѣетъ, свои предложенія, по рѣшеніи которыхъ спрашиваетъ Членовъ, не имѣетъ ли кто изъ нихъ предложить чего Собранію? По рѣшеніи жъ предложеннаго, или, если обстоятельства будутъ требовать, по отложеніи того до другаго дня, Предсѣдатель, поблагодаривъ Членовъ за труды ихъ, оканчиваетъ засѣданіе.

X.

О ЦЕРКВИ ВЪ ДОМѢ УНИВЕРСИТЕТСКАГО ПАНСІОНА.

Въ прошломъ году окончано строеніе церкви въ домѣ Пансіона, съ высочайшаго соизволенія, во имя Воздвиженія честнаго и животворящаго Креста Господня. Зданіе храма есть круглая зала голубаго цвѣта подъ куполомъ, на которомъ изображенъ Саваоѳъ. Она занимаетъ въ вышину два яруса, отдѣленные одинъ отъ другаго живописною колоннадою и поясомъ изъ церковныхъ трофеевъ; освѣщается сверху; къ ней примыкаютъ четыре небольшія трапезы, соединенныя съ церковью внизу дверьми, а вверху арками. Алтарь устроенъ въ видѣ круглаго храма. Двѣнадцать лазуреваго цвѣта столповъ коринѳскаго ордена съ вызолоченными капителями, поставленныхъ по два вмѣстѣ и соединенныхъ вверху шестью арками, поддерживаютъ куполъ, на которомъ возвышается Голгоѳа съ Распятіемъ Христа Спасителя. Въ передней аркѣ между колоннами помѣщены Царскія врата; противъ нихъ въ церкви предстоитъ Нерукотворенный Образъ. На Царскихъ вратахъ въ срединѣ Благовѣщеніе Пресвятыя Богородицы; въ верхней половинѣ четыре Евангелиста, а надъ ними въ золотомъ сіяніи Тайная Вечеря. Малиновая гродетуровая завѣса опущена во всю вышину арки.

По правую сторону отъ Царскихъ вратъ въ самомъ иконостасѣ образъ Спасителя и Воздвиженія Креста Господня; по лѣвую—образъ Богоматери и с. Александра Невскаго. Южныя и сѣверныя врата представляютъ архангеловъ Гавріила и Михаила. По карнизу въ двухъ щитахъ иконы Іоанна Крестителя и Андрея Первозваннаго и разныя изображенія ветхаго и новаго завѣта. Престолъ, находящійся подъ самымъ куполомъ алтаря, пріосѣненъ рѣзнымъ изображеніемъ Св Духа. Въ горнемъ мѣстѣ находится Снятіе со креста, а въ церкви по сторонамъ два образа: Воскресеніе и Вознесеніе Господне.

Церковная серебренная, вызолоченная утварь, какъ-то: сосудъ большой съ приборомъ, потиръ съ дискосомъ, звѣздою, двумя блюдцами и лжицею, другой сосудъ меньшій, евангеліе, крестъ напрестольный, другой меньшій крестъ, ковчегъ, кадило,—все сіе заведено изъ пансіонскаго серебра, которое за употребленіемъ оставалось лишнее.

Въ томъ же году по всему дому были передѣлки. Выстроена новая большая зала, а прежде бывшая обращена въ столовую, столовая же прежняя отдѣлена для спальныхъ покоевъ, отъ чего размѣщеніе стало просторнѣе и удобнѣе.

Посуда фаянсовая, мѣдная и хрустальная, столовое бѣлье, кенкеты, столы, каѳедры, шкапы, стулья и другія по дому принадлежности значительно умножены. Въ продолженіи сего времени умножены также и библіотека, коллекція эстамповъ, ландкартъ, физическій и минеральный кабинетъ покупкою изъ пансіонской суммы. Библіотека по сіе время возрасла до 677 сочиненій на разныхъ языкахъ. Минеральный кабинетъ состоитъ изъ 720 штуфовъ.

Пансіонъ, изъявляя живѣйшую свою признательность за дѣятельное участіе почтенныхъ споспѣшествователей постепенному совершенствованію своему, поставляетъ долгомъ симъ довести до общаго свѣдѣнія и имена особъ, удостоившихъ заведеніе вниманіемъ своимъ.

Камней кремнистой породы, между которыми находятся шлифованныя яшмы и большіе куски оникса, рудъ золотыхъ 2, серебряныхъ, мѣдныхъ, желѣзныхъ и свинцовыхъ рудъ, хромій, оловянныхъ и кобальтовыхъ, всѣхъ 275, сверхъ того прекрасную коллекцію раковинъ, состоящую изъ 225, принесъ въ даръ Пансіону коллежскій совѣтникъ и кавалеръ Александръ Петровичъ Степановъ.

Мѣдныхъ и желѣзныхъ рудъ, титанидъ, горныхъ хрусталей, кварцевъ, яшмъ и другихъ сибирскихъ породъ, всего 171 штуфу, подарилъ надворный совѣтникъ Ѳедоръ Ермолаевичъ Секретаревъ.

Воспитанники съ своей стороны, кромѣ приношеній книгами, при освященіи храма, 26-го ноября 1818 года, движимые чувствомъ усердія своего къ церкви Христовой и благоговѣнія къ святому ученію Спасителя, принесли въ даръ для онаго храма богатое Евангеліе въ серебряныхъ съ обѣихъ сторонъ дскахъ и кругомъ вызолоченное.

(Изъ отчета съ 1817 по 1-е іюля 1819, при публичномъ актѣ Пансіона 14 сентября 1819 г.

XI.

ОБЪЯВЛЕНІЕ О БЛАГОРОДНОМЪ ПАНСІОНѢ

(въ 1810 году.)

I.

ПОСТАНОВЛЕНІЕ

Благороднаго Пансіона.

1. Императорскій Московскій Университетъ, движимый патріотическимъ желаніемъ доставить почтенному дворянству всевозможные способы приличнаго сему званію воспитанія, въ 1779-мъ году основалъ Благородный Пансіонъ, и заведеніе сіе существуетъ 30 лѣтъ съ немалою общественною пользою.

Статьи предварительныя.

2. Въ силу 9-й статьи Университетскаго устава, Благородный Пансіонъ входитъ въ составъ Университета; а потому сіе воспитательно-учебное заведеніе, находясь въ зависимости отъ попечителя и ректора, подчинено распоряженіямъ Университетскаго совѣта и правленія.

3. Правленіе располагаетъ его воспитательною частію; Совѣтъ имѣетъ попеченіе о томъ, что относится къ учебнымъ и нравственнымъ онаго предметамъ.

4. Но ближайшее надзираніе за Благороднымъ Пансіономъ ввѣряется одному изъ сочленовъ Университетскаго совѣта, подъ названіемъ инспектора Благороднаго Пансіона, который имѣетъ при себѣ помощника, равномѣрно изъ числа университетскихъ ученыхъ чиновниковъ.

5. Помѣщеніе сего заведенія должно быть отдѣлено отъ прочихъ воспитательныхъ заведеній Университета.

6. Иждивеніе, употребляемое на содержаніе Пансіона, составляется изъ вносимыхъ, за воспитаніе юношества, отъ родителей, или другихъ особъ, денегъ.

Сообразно съ самымъ намѣреніемъ воспитательно-учебнаго заведенія, постановленіе сіе раздѣляется на двѣ части, изъ коихъ одна относится къ воспитанію, а другая къ ученію.

О воспитаніи.

7. Университетъ, принимая на себя обязанность воспитанія благороднаго юношества, употребитъ всевозможные способы къ тому, чтобъ сіе заведеніе во всѣхъ частяхъ своихъ клонилось совершенно къ предполагаемой цѣли, то есть: къ сохраненію здоровья воспитанниковъ, къ ут-

вержденію ума ихъ и сердца въ священныхъ истинахъ Закона Божія и нравственности, къ обогащенію ихъ полезными познаніями, и ко внушенію пламенной любви къ Государю и отечеству.

8. Для достиженія сего будутъ наблюдаемы: порядокъ и строжайшая опрятность, здоровая и умѣренная пища, хозяйство, неусыпный присмотръ, благоразумное и осторожное обращеніе съ дѣтьми, опытность, дарованіе и прилежность въ учителяхъ.

Порядокъ.

9. Дабы обѣщанія и надежды Университета имѣли прочное и твердое основаніе, онъ будетъ принимать въ свой Благородный Пансіонъ юношей не моложе 9-ти и не старѣе 14-ти лѣтъ; при томъ, для сохраненія порядка въ ученіи и для бо́льшихъ успѣховъ, желательно, чтобъ дѣти отдаваемы были въ Пансіонъ или съ Новаго года, или въ первыхъ числахъ августа, и чтобъ вступающіе въ Пансіонъ умѣли читать и писать, и знали начала ариѳметики и закона Божія.

10. Родители или родственники юношей, особливо иногородные, имѣющіе желаніе воспользоваться предлагаемымъ средствомъ воспитанія и ученія, объявляютъ о томъ заблаговременно, смотря по обстоятельствамъ и разстоянію мѣста своего пребыванія. Въ семъ объявленіи означаютъ они свое жительство, число и возрастъ юношей, и знанія, ими уже пріобрѣтенныя, дабы Университетъ могъ предварительно отвѣчать о возможности или невозможности удовлетворить ихъ намѣренію.

11. Всѣ комнаты, опредѣленныя для житья воспитанниковъ, какъ и учебные ихъ покои, должны быть чисты, сухи, высоки, содержимы въ умѣренной теплотѣ и освѣжаемы наружнымъ воздухомъ, лѣтомъ и зимою.

12. Кровати ихъ (когда удобность мѣста позволитъ) расположатся по срединѣ большихъ спальныхъ покоевъ, отдѣляясь одна отъ другой высокою перегородкою. При кроватяхъ должны находиться стулья и столы съ ящиками, для храненія ежедневно употребляемой одежды воспитанниковъ. (Теперь по расположенію комнатъ дѣлаютъ кровати въ видѣ комодовъ, и каждый пансіонеръ, при вступленіи, взноситъ единовременно на кровать десять рублей.)

13. Воспитанники въ учебные дни, въ свободное отъ классовъ время, подъ присмотромъ комнатныхъ надзирателей, занимаются повтореніемъ уроковъ и другими упражненіями въ тѣхъ же классическихъ комнатахъ.

14. Воспитанники ложатся спать въ 10-мъ часу вечера, а встаютъ въ 6-ть утра.

15. Никто изъ пансіонеровъ, или полупансіонеровъ, не имѣетъ права выходить изъ Пансіона безъ позволенія инспектора, или его помощника. Позволеніе на отлучку означается билетами, которые отбираетъ отъ воспитанниковъ помощникъ инспектора, или дневальный комнатный надзиратель, при ихъ возвращеніи.

16. Если кто изъ родителей, родственниковъ и другихъ извѣстныхъ особъ, пожелаетъ взять къ себѣ въ домъ благороднаго воспитанника на праздничное время, тотъ обязанъ прислать за нимъ повозку, или свою прислугу.

17. Въ воскресенье и праздничные дни воспитанники, въ сопровожденіи своихъ надзирателей, идутъ въ Университетскую церковь для слушанія Божественной литургіи.

18. По долгу православнаго христіанскаго исповѣданія, воспитанники обязаны ежегодно говѣть и причащаться Святыхъ Таинъ всегда на страстной недѣлѣ, дабы въ иное время не препятствовать ученію.

Пища.

19. Пища воспитанниковъ имѣетъ быть самая здоровая, безъ роскоши и излишества. Обѣдъ ихъ состоитъ изъ пяти кушаньевъ, а ужинъ изъ четырехъ; первый долженъ быть готовъ въ полдень, второй въ 8 часовъ вечера; обыкновенный завтракъ подаютъ въ семь часовъ утра. Между обѣдомъ и ужиномъ бываетъ полдникъ, состоящiй изъ бѣлаго хлѣба. Ложки, солонки и стаканы употребляются серебряныя; посуда вся фаянсовая. Весь кухонной столовой приборъ и бѣлье должны содержаться въ наилучшей чистотѣ и опрятности.

Присмотръ.

20. За ученiемъ и поведенiемъ воспитанниковъ наблюдаютъ инспекторъ, инспекторскiй помощникъ и комнатные надзиратели.

21. Инспекторъ и помощникъ его имѣютъ своею обязанностiю пещись обо всемъ томъ, что дѣйствуетъ на знанiя, крѣпость здоровья и нравственность юношей. Они назначаютъ ихъ предметъ ученiя, смотря по ихъ знанiямъ и успѣхамъ. Какъ особы, занимающiя мѣста родителей для воспитанниковъ, они никогда не упускаютъ изъ виду образа ихъ жизни, поступковъ и обращенiя между собою. Отъ нихъ, какъ отъ хозяевъ, зависитъ размѣщенiе по комнатамъ, расположенiе, и все то, что касается до благоустройства дома.

22. Инспекторъ и помощникъ его во внутреннемъ управленiи Пансiона распоряжаютъ сами, или по повелѣнiямъ ректора и Совѣта Университетскаго; но во всемъ томъ, что принадлежитъ до хозяйственной части, относятся къ ректору, или въ Правленiе Университета.

23. Инспекторъ и инспекторскiй помощникъ живутъ въ Пансiонномъ домѣ, и получаютъ письменныя или словесныя извѣщенiя отъ учителей и комнатныхъ надзирателей о поступкахъ воспитанниковъ во время ученiя и въ прочее время дня; въ неважныхъ случаяхъ они исправляютъ проступившагося по собственному своему благоразумiю и отеческой нѣжности къ юношеству, въ важныхъ доносятъ ректору, который или самъ рѣшитъ, или доводитъ до свѣдѣнiя Совѣта и вышняго начальства.

24. Комнатныхъ надзирателей полагается не менѣе осьми человѣкъ: два правильно говорящiе на отечественномъ языкѣ, два на нѣмецкомъ, два на французскомъ и два на англiйскомъ. Всѣ они имѣютъ обязанностiю быть неотлучными отъ ввѣреннаго ихъ надзиранiю числа воспитанниковъ во всякое свободное время учебныхъ дней. Въ праздничные дни очередуются они по четыре, и отвѣчаютъ за порядокъ между воспитанниками. Въ часы учебные, когда наблюдаетъ за благоустройствомъ инспекторъ самъ, или его помощникъ съ однимъ дежурнымъ надзирателемъ, прочiе имѣютъ право отлучаться изъ Пансiона по своимъ надобностямъ. Надзиратели во всякое время говорятъ съ дѣтьми на тѣхъ языкахъ, подъ наименованiемъ коихъ они извѣстны: Нѣмецкаго, Французскаго и Англiйскаго надзирателя.

25. Ночью комнатные надзиратели поочередно въ часы, каждосуточно назначенные отъ инспектора или его помощника, проходятъ по спальнямъ, освѣщеннымъ ночниками. Они смотрятъ за порядкомъ и за всѣмъ тѣмъ, что относится къ чистотѣ и исправности воспитанниковъ.

26. Въ лѣтнiе праздничные дни воспитанники прогуливаются по городу или за городомъ съ комнатными надзирателями въ назначенные инспекторомъ часы; зимою, для прiятнаго и полезнаго препровожденiя времени, занимаются они дѣтскими нравоучительными играми и представленiями, играютъ концерты, танцуютъ и проч.

27. Въ число комнатныхъ надзирателей принимаются предпочтительно такіе люди, которые пріобрѣли хорошія свидѣтельства и опытность въ россійской императорской службѣ: ибо главнѣйшая ихъ обязанность должна состоять во всечасномъ направленіи нравовъ и свойствъ юношеи къ единственной цѣли Пансіона: къ образованію истинныхъ и полезныхъ сыновъ отечества.

28. Комнатные надзиратели должны быть люди совершеннаго возраста. Они живутъ въ покояхъ ближайшихъ къ воспитанническимъ комнатамъ, пользуясь мѣстною удобностію для собственныхъ своихъ занятій. Они имѣютъ столъ съ воспитанниками общій.

29. Всѣ воспитанники пользуются въ двѣ недѣли разъ банею, по близости въ удобномъ мѣстѣ для нихъ собственно построенною.

30. Больница Благороднаго Пансіона находится въ отдѣленной части дома, въ чистыхъ и здоровыхъ покояхъ. Она имѣетъ при себѣ особаго доктора и смотрителя.

31. Совѣтъ предписываетъ правила для должностей инспектора, помощника его и комнатныхъ надзирателей, такъ какъ и правила благоповеденія воспитанниковъ. Послѣднія должны быть напечатаны, наклеены на доски и повѣшены въ столовой, спальныхъ и учебныхъ комнатахъ.

Прислуга.

32. Услуга въ Пансіонѣ состоитъ изъ служащихъ при столѣ, при классахъ, при спальныхъ покояхъ и при воспитанникахъ.

33. Прислуга воспитанниковъ можетъ быть ихъ собственная, или университетская, но та и другая подчиненная начальству особаго чиновника. Собственные слуги содержатся на счетъ господъ своихъ, и живутъ, если мѣсто позволитъ, въ домѣ Пансіона. Впрочемъ можно имѣть казенную прислугу со взносомъ за оную отъ Университетскаго Правленія назначеннаго количества денегъ (теперь платятъ за наемъ услуги три рубля).

34. Прислуга для классовъ, для стола и спальныхъ покоевъ нанимается отъ Пансіона.

Хозяйство.

35. Воспитанники Университетскаго Благороднаго пансіона суть или полные пансіонеры, или полупансіонеры. Первые, пользуясь отъ Пансіона житьемъ, пищею, ученіемъ и лѣкарствомъ, взносятъ по триста рублей въ годъ; другіе, находясь въ Пансіонѣ только при обыкновенныхъ классическихъ ученіяхъ, и имѣя въ немъ одинъ обѣденный столъ, платятъ по двѣсти рублей.

36. Платежъ долженъ быть впередъ за годъ, или не меньше какъ за полгода, такъ, чтобы сроки его были приводимы всегда къ первому числу января или іюля, и притомъ безъ всякихъ вычетовъ въ деньгахъ, хотя бы воспитанникъ и не пробылъ въ Пансіонѣ до предположеннаго времени; ибо въ противномъ случаѣ можетъ сдѣлаться разстройка въ хозяйственныхъ и самыхъ учебныхъ распоряженіяхъ.

37. Каждый полный Пансіонеръ, сверхъ взноса полугодичной суммы, доставляетъ въ Пансіонъ столовый приборъ и серебряную ложку; а для единообразія въ комнатахъ (и когда исполнится 12-я статья) вносить будетъ онъ единовременно положенную отъ Университетскаго Правленія сумму денегъ, на заведеніе для него желѣзной кровати, постели, подушекъ и одѣялъ, байковаго и верхняго.

38. Вообще вся одежда и бѣлье воспитанниковъ должны быть ихъ собственныя. Желательно, чтобъ одежда ихъ состояла изъ фраковъ, или мундировъ, Университету Высочайше опредѣленныхъ. Сертуки могутъ имѣть только для комнатнаго употребленія. Обучающіеся военной экзерциціи должны имѣть форменную куртку.

39. Родители или родственники доставляютъ воспитанникамъ бѣлья, какъ постельнаго, такъ и другаго, столько, чтобы первое, состоящее изъ двухъ простынь, двухъ наволочекъ и ночной головной сѣтки или колпака, перемѣнялось еженедѣльно разъ; а прочее, какъ-то: рубашка, галстукъ, ночное исподнее платье, чулки, носовой платокъ и полотенце, не менѣе какъ два раза въ недѣлю.

40. Для хозяйственныхъ должностей Пансіона опредѣляются два смотрителя: первый изъ нихъ наблюдаетъ за пищею и ея принадлежностями, второй за всею прислугою, одеждою и внутренними потребностями дома; оба они находятся въ вѣдѣніи Университетскаго Правленія, какъ мѣста, имѣющаго свое непремѣнное существованіе, и главнѣйше распоряжающаго хозяйствомъ всѣхъ университетскихъ принадлежностей; ибо инспекторъ и его помощникъ суть чиновники, опредѣляемые, по благоусмотрѣнію Попечителя

41. Правленіе даетъ хозяйственнымъ надзирателямъ подробное наставленіе въ ихъ обязанностяхъ.

42. Сверхъ вышеписанныхъ должностей, оба хозяйственные смотрители получаютъ отъ Правленія шнуровыя книги: одинъ имѣетъ книгу для внесенія денегъ, отдаваемыхъ родственниками на мелочныя надобности воспитанниковъ; сіи деньги вписываются въ приходъ или самими родителями, или старѣйшиною, имѣющимъ особое надзираніе за воспитательною частію Университета, когда деньги будутъ присылаемы чрезъ Правленіе. Другой держитъ книгу для записыванія одежды, бѣлья и другихъ вещей, отъ родителей воспитанникамъ отпускаемыхъ.

43. Подряды на надобности стола воспитанниковъ производятся въ Университетскомъ Правленіи при хозяйственномъ смотрителѣ принадлежностей пищи. Количество хранимыхъ имъ вещей должно быть ежемѣсячно освидѣтельствовано однимъ изъ членовъ Университетскаго Правленія и инспекторомъ Пансіона, или его помощникомъ.

44. Смотритель одежды и прочаго (статья 40) обязанъ доносить Правленію заблаговременно, когда онъ предусмотритъ въ чемъ-либо недостатокъ; а Правленіе беретъ всѣ нужныя мѣры для отвращенія онаго.

45. Чрезъ каждые полгода Правленіе назначаетъ особыхъ членовъ для освидѣтельствованія вещей, подвѣдомыхъ оному смотрителю: сходно ли число ихъ съ книгами, достаточно ли оныхъ, и въ исправномъ ли онѣ состояніи находятся.

46. Хозяйственные смотрители имѣютъ быть считаемы Правленіемъ Университета; и сами родители, когда пожелаютъ, могутъ повѣрить въ ихъ книгахъ приходъ и расходъ, какъ денегъ, такъ и вещей, дѣтямъ ихъ принадлежащихъ.

47. Отсутствующіе родители, или родственники, на запросъ свой Университету, получаютъ отъ онаго извѣстія о здоровьѣ, успѣхахъ и поведеніи воспитанниковъ, по начертанному образцу.

48. Всѣ части дома Благороднаго Пансіона, какъ-то: спальныя и учебныя комнаты, столовая, кухня, больница и проч., должны быть открыты во всякое время дня для каждаго благороднаго человѣка, изъявившаго на то свое желаніе инспектору, или его помощнику.

49. Сумма, назначенная за воспитаніе и ученіе юноши въ семъ Благородномъ Пансіонѣ, не полагается непремѣнною навсегда. Начальство Университета можетъ перемѣнять количество оной, сообразуясь съ обстоятельствами и нуждами; въ такихъ случаяхъ всегда будетъ оно имѣть въ виду единственно пользу и благо юныхъ своихъ соотечественниковъ.

Объ ученіи.

50. Предметы ученія, преподаваемаго въ Благородномъ Пансіонѣ Императорскаго Московскаго Университета, должны быть слѣдующіе:

Науки.

1. Законъ Божій и Священная Исторія.
2. Логика и Нравственность,
3. Математика: a. Ариѳметика; b. Геометрія; c. Тригонометрія; d. Алгебра до 3-й степени уравненія; e. Приложеніе Алгебры къ Геометріи и Коническимъ сѣченіямъ и Механика.
4. Военныя науки: Артиллерія и Фортификація.
5. Гражданская Архитектура.
6. Краткая опытная Физика и Естественная Исторія.
7. Исторія: Всемірная и Россійская, и Статистика.
8. Географія: Математическая, Политическая, Всеобщая и Россійская.
9. Древности и Миѳологія.
10. Наука Государственнаго хозяйства, Права Естественнаго и Римскаго.
11. Основанія права частнаго Гражданскаго, Уголовныхъ законовъ и особенно Практическаго Россійскаго Законовѣдѣнія.

Языки.

12. Россійской языкъ: Чтеніе и чистописаніе; Этимологія; Синтаксисъ, и легкія сочиненія въ стихахъ и прозѣ; слогъ и практическое чтеніе лучшихъ писателей.
13. Нѣмецкая словесность: Чтеніе и чистописаніе; Этимологія; Синтаксисъ и переводы; чтеніе хорошихъ писателей и сочиненія.
14. Французская словесность. Тѣ же предметы.
15. Латинская словесность Тѣ же предметы.
16. Англійская словесность. Тѣ же.

Искусства.

17. Рисованье.
18. Танцованье.
19. Музыка: на скрипкѣ; на флейтраверсѣ; на фортепіано.
20. Фехтованье.
21. Ученіе ружьемъ въ лѣтніе, отъ классовъ свободные дни.
51. Ученіе продолжается восемь часовъ въ день, съ осьми до двѣнадцати утра, и съ двухъ до шести по полудни.
52. Юноша, вступая въ Университетскій Пансіонъ, испытуется инспекторомъ, или его помощникомъ и учителями. Въ слѣдствіе такого испытанія, назначаются ему предметы ученія, соотвѣтственные его способностямъ, знаніямъ и желанію родителей. (При вступленіи дается ему росписаніе, въ какихъ классахъ и чему будетъ онъ учиться; при полугодичныхъ же и годичныхъ экзаменахъ пансіонеры переводятся въ классы по успѣхамъ.)

53. Для воспитанниковъ, желающихъ учиться на фортепіано, Пансіонъ имѣетъ собственные инструменты; но на платежъ учителямъ сего искусства должно вносить особую сумму. (Теперь за ученье на фортепіано платятъ въ полгода по 20 рублей). Обучающіеся фехтованью имѣютъ свои перчатки и рапиры.

54. Сверхъ того Университетъ, дабы не упустить ничего, касающагося до благороднаго воспитанія, постарается имѣть по близости манежъ, гдѣ воспитанники могутъ обучаться верховой ѣздѣ за сходную цѣну.

55. Инспекторъ Благороднаго Пансіона испытываетъ успѣхи воспитанниковъ, когда онъ заблагоразсудитъ; но главное испытаніе воспитанниковъ бываетъ въ концѣ года. При семъ испытаніи присутствуетъ назначенная отъ Совѣта коммисія и постороннія благородныя особы, которыя предварительно извѣщаются о семъ печатными программами.

56. Ректоръ Университета отъ имени всего сословія, въ присутствіи благороднаго общества, удостоиваетъ отличившихся успѣхами слѣдующихъ наградъ: въ нижнихъ классахъ провозглашаются имена заслужившихъ особенное одобреніе; въ среднихъ и вышнихъ раздаются книги, ландшафты и похвальные листы, за печатью университетскою и подписаніемъ ректора. Медали серебряныя и золотыя, по установленному при Университетѣ образцу, получаютъ тѣ изъ воспитанниковъ, которые окажутъ отличные успѣхи въ званіи студентовъ.

57. Воспитанникъ, по пріобрѣтеніи достаточныхъ успѣховъ въ ученіяхъ Благороднаго Пансіона, можетъ приступить къ слушанію университетскихъ лекцій. Дабы съ большимъ успѣхомъ воспользовался онъ лекціями Университета, нужно вообще знаніе во всѣхъ языкахъ и наукахъ, преподаваемыхъ въ Пансіонѣ; но особенно требуется языкъ Россійскій и Латинскій, и основательныя математическія свѣдѣнія, какъ необходимыя для того средства, и начала другихъ наукъ; между тѣмъ, для усовершенствованія себя въ разныхъ частяхъ учености, можетъ онъ, будучи въ Пансіонѣ, въ одно и то же время продолжать слушать и пансіонскія и университетскія лекціи.

58. Воспитанники безъ позволенія начальника не имѣютъ права читать никакихъ книгъ, кромѣ тѣхъ, которыя нужны, какъ классическія, при Пансіонѣ и Университетѣ. Для пріятнаго и полезнаго ихъ занятія, Пансіонъ имѣетъ собственную свою библіотеку, изъ которой они могутъ употреблять хорошія и приличныя ихъ возрасту книги.

59. Сверхъ того Благородный Пансіонъ доставляетъ воспитаннику всѣ, обыкновенныя при упражненіяхъ, учебныя пособія, но не учебныя книги, на покупку которыхъ родители, если заблагоразсудятъ, взносятъ особенную сумму, или сами оными снабжаютъ. Университетъ съ своей стороны постарается, чтобъ таковыя книги были въ продажѣ по умѣреннымъ цѣнамъ.

60. Университетскій Совѣтъ, по обстоятельствамъ и нуждѣ, начертывать будетъ порядокъ ученій, въ Пансіонѣ преподаваемыхъ.

61. Предполагается, что благоповеденіе воспитанниковъ будетъ неразлучно съ ихъ отличными успѣхами; ибо противнаго оному Университетъ, послѣ возможныхъ усилій о исправленіи, терпѣть не будетъ.

II.

ИЗВѢСТІЕ

О тѣлесныхъ и нравственныхъ свойствахъ, степеняхъ ученія, и о полезныхъ препровожденіяхъ времени, воспитанника Благороднаго Пансіона при Императорскомъ Московскомъ Университетѣ.

(ТАКОГО-ТО ИМЕНЕМЪ, ОТЕЧЕСТВОМЪ И ФАМИЛІЕЙ; МѢСЯЦЪ, ЧИСЛО И ГОДЪ.)

Свойства общ.	Поведеніе.		Обращеніе.	Науки.	Языки.	Искусства.	Забавы.
Сложеніе.	Вообще.		Посѣщеніе.	Законъ Божій и Священная Исторія.	Россійская Словесность.	Рисованье.	Музыкальн., театральныя, прогулки, невинныя игры.
Ростъ.	Въ отношеніи къ	Высшимъ.	Обхожденіе.	Матем. наук.	Нѣмецкая.	Танцованье.	
Умъ.		Равнымъ.	Дружество.	Естественная Истор. и опытная Физика.	Англійская.	Музыка.	
Сердце.		Низшимъ.		Военныя наук.	Латинская.	Фехтованье.	
Наклонности.				Всеобщая Исторія и Географія.	Французская.	Военная экзерциція.	
				Государств. хозяйство.	Частныя замѣчанія.		
				Росс. Законов. Римск. и част. Греж. Право.			

III.

ОБРАЗЕЦЪ ПРОСЬБЫ,

которую подаютъ при опредѣленіи дѣтей въ пансіонъ.

Въ Императорскій Московскій Университетъ.

Отъ (*чинъ, имя, отечество и фамилія*).

Въ учрежденный при Университетѣ Благородный Пансіонъ желаю я опредѣлить сына моего (или родственника, имя отца его и его самаго), которому отъ роду (столько-то лѣтъ) для обученія разнымъ языкамъ, искусствамъ и наукамъ, въ ономъ Пансіонѣ преподаваемымъ. На содержаніе его впредь (съ января 1-го іюля по 1-е, или съ 1-го іюля по 1-е января такого-то года) безвозвратно представляю при семъ (за полный пансіонъ, за полгода 150 рублей, за годъ 300 руб.; за половинный пансіонъ, за полгода 100 руб. за годъ 200 руб.), въ пріемѣ которыхъ прошу дать мнѣ надлежащую квитанцію.

(*Чинъ, имя и фамилія*).

Такое объявленіе подается въ Пансіонъ только при опредѣленіи дѣтей, а послѣ взносятся деньги безъ письменнаго объявленія; въ пріемѣ ихъ всякой разъ дана будетъ квитанція

IV.

ПОДРОБНОЕ НАЧЕРТАНІЕ УЧЕНІЯ.

Понедѣльникъ, вторникъ, четвертокъ и пятница.

По утру, отъ 8 до 10 часовъ.

Механика, Коническія сѣченія, Алгебра, Тригонометрія, Геометрія, и Ариѳметика.

1. Василій Дмитріевичъ Загорскій, Адъюнктъ Математики, повторивъ, что нужно, изъ Алгебры, будетъ заниматься, по понедѣльникамъ и четвергамъ, приложеніемъ ея къ Геометріи и Коническими сѣченіями; а по вторникамъ и пятницамъ, Механикою, по руководству г. Безу, котораго Математическій курсъ нарочно имъ переведенъ для Пансіона. Въ предложеніи правилъ сихъ наукъ онъ будетъ стараться употреблять, сколько можно, легчайшія средства, наблюдая въ доказательствахъ и рѣшеніяхъ порядокъ, ясность и строгую точность.

2. Гаврила Ивановичъ Мяхковъ, Адъюнктъ Военныхъ Наукъ, повторивъ, что нужно, изъ Геометріи и Тригонометріи, будетъ учить Алгебрѣ, по руководству того же автора.

3. Ѳедоръ Кузьминъ, Магистръ, повторивъ, что нужно, изъ Ариѳметики, будетъ обучать Геометріи и Тригонометріи.

4. Иванъ Гудимъ, будетъ обучать Теоретической и Практической Ариѳметикѣ и первымъ основаніямъ Алгебры, сколько можно съ ясными и вѣрными доказательствами, такъ, чтобъ сія наука служила надежнымъ руководствомъ къ успѣхамъ и въ прочихъ частяхъ Математики. Онъ же пройдетъ и Логариѳмы.

5. Данило Шляхтичъ и Александръ Загорскій, Коллежскій Регистраторъ, практическимъ образомъ съ краткими при томъ и легкими объясненіями, проходить будутъ Ариѳметику до квадратовъ, кубовъ и далѣе.

6. Иванъ Редеръ, Коллежскій Регистраторъ, будетъ учить началамъ Ариѳметики и выкладкамъ на щетахъ.

Отъ 10 до 12 часовъ.

Россійское Практическое Законоискусство, Частное Гражданское Право и уголовные Законы, Слогъ, Логика, Риторика, Миѳологія, Древности, Правила Стихотворства, Синтаксисъ, Этимологія Россійскаго и Латинскаго языковъ, и начала Географіи, особенно Россійской.

По понедѣльникамъ и пятницамъ.

1. Захарій Аникѣевичъ Горюшкинъ, Коллежскій Совѣтникъ и Университетскаго Правленія Синдикъ, предложивъ Исторію Россійскихъ Законовъ и раздѣливъ ихъ на разные роды и виды, будетъ объяснять должности судебныхъ мѣстъ и лицъ; покажетъ, какъ сочинять бумаги, относящіяся до судебныхъ дѣлъ, и производство ихъ.

По понедѣльникамъ и четвергамъ.

2. Левъ Алексѣевичъ Цвѣтаевъ, Надворный Совѣтникъ и Юриспруденціи Экстр. Профессоръ, будетъ преподавать частное Гражданское Право, съ приложеніемъ его къ Россійскому Законовѣдѣнію, и Уголовные Законы.

По вторникамъ и пятницамъ.

3. Алексѣй Ѳедоровичъ Мерзляковъ, Краснорѣчія и Поэзіи Профессоръ Экстраординарный, изъяснитъ правила Поэзіи и Русскаго слога; прочтетъ теорію Краснорѣчія и Изящныхъ Наукъ, по руководству г. Эшенбурга и, дабы утвердить болѣе учащихся въ хорошемъ вкусѣ и Словесности, будетъ разбирать критически образцовыя творенія Россійскихъ и Латинскихъ писателей. Онъ постарается болѣе всего пріучить слушателей къ правильному, чистому и легкому слогу, и для того будетъ чаще заниматься собственными ихъ сочиненіями въ стихахъ и прозѣ.

По вторникамъ и четвергамъ.

4. Николай Ѳедоровичъ Кошанскій, Докторъ Словесныхъ Наукъ, повторивъ предварительно Россійской и Латинской Синтаксисъ, изъяснитъ Россійскую Просодію, Риторику и Логику по изданнымъ для Пансіона книгамъ. Онъ будетъ переводить на Русской лучшія мѣста съ Славянскаго и другихъ языковъ; будетъ задавать выучивать наизустъ образцовыя отечественныя сочиненія въ стихахъ, и постарается, чтобъ ихъ произносили съ чувствомъ и выраженіемъ; объяснивъ кратко Исторію Россійской Литтературы, займется критическимъ разборомъ лучшихъ Россійскихъ писателей, и постарается, чтобъ ученики его и сами упражнялись въ сочиненіяхъ; будетъ разбирать Федровы басни, и учебную Латинскую книгу, изданную для Пансіона; для лучшаго же разумѣнія стихотворцовъ пройдетъ кратко Миѳологію и Древности.

Во всѣ четыре дни.

5. Михайло Покромщиковъ, повторивъ Россійскую Этимологію и Правописаніе, объяснитъ начала Синтаксиса и Просодіи: будетъ читать для произношенія разговоры, изданные для Пансіона; давать выучивать наизустъ стихи Ломоносова, Хераскова, Державина и Дмитріева, и пріучать къ небольшимъ сочиненіямъ; изъяснитъ правила Латинскаго языка, по изданнымъ для Пансіона Латинскимъ книгамъ. Особенно же пройдетъ Россійское Землеописаніе по руководству г. Зябловскаго.

6. Михайло Ханенко и Матвѣй Гавриловъ, Кандидаты, изъяснятъ учащимся у нихъ Россійскую Этимологію и Правописаніе, по изданнымъ для Пансіона правиламъ Грамматики; разбирая небольшія, приличныя дѣтскимъ лѣтамъ піесы, постараются пріучить ихъ къ правописанію; будутъ читать съ ними нѣкоторыя мѣста изъ Св. Писанія, съ изъясненіемъ и переводомъ, и давать выучивать наизустъ мелкіе стихи; для правильнаго произношенія читать будутъ Дѣтскій Театръ. Также будутъ учить началамъ Латинскаго языка по изданной для Пансіона Таблицѣ и Грамматикѣ Тростина. Сверхъ того изъ Географіи пройдутъ Европу.

7. Ѳедоръ Стопановскій, упражняя своихъ учениковъ въ Россійскомъ, Славянскомъ и въ Латинскомъ чтеніи, и въ правильномъ письмѣ, изъяснитъ имъ основанія Россійской Грамматики и начала Географіи. Для чтенія употреблять будетъ Псалтырь, Отдыхъ въ пользу и Латинскую таблицу съ примѣрами.

Для критическаго разбора въ Русскихъ классахъ, будутъ употреблять Избранныя сочиненія въ стихахъ и прозѣ, изданныя Благородными Воспитанниками Пансіона.

По полудни отъ 2 до 4 часовъ.

Нѣмецкій языкъ.

1. Юлій Ульрихъ, Лекторъ, кромѣ разныхъ переводовъ съ Французскаго на Нѣмецкой, будетъ стараться легкими сочиненіями, чтеніемъ отборныхъ мѣстъ изъ лучшихъ писателей и частыми разговорами о различныхъ предметахъ, вселять въ слушателей навыкъ, правильно писать и свободно говорить по Нѣмецки. Успѣвшимъ покажетъ основаніе Нѣмецкаго слога и дастъ общее понятіе о Литературѣ. Для Рускихъ переводовъ будетъ употреблять Утреннюю Зарю и Физическіе разговоры, а для чтенія и разбора Христоматію, имъ изданную.

2. Иванъ Рюифтекъ, обучая Нѣмецкому Синтаксису, будетъ руководствовать учащихся въ различныхъ переводахъ съ Французскаго и Нѣмецкаго языковъ; будетъ разбирать легкихъ авторовъ; задавать выучивать наизустъ лучшія піесы, и показывая свойство языка, практически пріучать къ правильному и свободному объясненію на Нѣмецкомъ языкѣ; особенно же займется чтеніемъ Христоматіи г. Гейма и переводомъ Дѣтскаго Театра, для Пансіона изданнаго.

3. Карлъ Фонъ-Ремеръ, Титулярный Совѣтникъ, повторивъ Этимологію по руководству г. Гейма, пройдетъ начальныя правила Синтаксиса, утверждая учениковъ своихъ въ томъ и другомъ практически разговорами и разборомъ лучшихъ піесъ изъ острыхъ и наставительныхъ изреченій, изданныхъ для Пансіона; а для переводовъ съ Рускаго на Нѣмецкій употреблять будетъ Моральную книжку, изданную же для Пансіона.

4. Иванъ Миллеръ, Титулярный Совѣтникъ, будетъ учить Этимологіи Нѣмецкаго языка по той же Грамматикѣ г. Гейма; разбирать Острыя изреченія и Нравоучительныя мысли, изданныя для Пансіона, и пріучать къ правильному произношенію, письму, переводамъ и разговорамъ.

5. Иванъ Сейль и Иванъ Редеръ, Коллежскій Регистраторъ, будутъ учить началамъ Нѣмецкаго языка и Этимологіи. — Классическія ихъ книги: Первыя правила Нѣмецкаго языка и Полезные уроки, изданные для Пансіона.

6. Антонъ Фонъ Дерштамъ, будетъ учить Нѣмецкому чтенію, письму и разговорамъ, по тѣмъ же книгамъ.

Отъ 4 до 6 часовъ.

Государственная Экономія, Право Естественное, Право Римское и Французской языкъ.

По понедѣльникамъ и пятницамъ.

1. Христіанъ Шлецеръ, Профессоръ Ординарный, будетъ учить на Французскомъ языкѣ Государственной Экономіи, Праву Естественному и Римскому, по изданнымъ имъ для Пансіона на Французскомъ языкѣ книгамъ.

По вторникамъ и четвергамъ.

2. Ѳедоръ Виллерсъ, Магистръ и Лекторъ, будетъ заниматься переводомъ отборнѣйшихъ мѣстъ изъ Утренней Зари, Физическихъ разговоровъ и Вѣстника Европы; критическимъ разборомъ лучшихъ Французскихъ сочиненій въ стихахъ и прозѣ, заставляя нѣкоторыя изъ нихъ выучивать наизустъ; изъяснитъ свойство Французскаго слога; дастъ общее понятіе о Французской Литературѣ, и занимать станетъ сочиненіями въ разныхъ родахъ. Для чтенія возметъ Флоріана и Расина.

Во всѣ четыре дни.

3. Василій Клодель, будетъ учить Французскому Синтаксису и Просодіи; переводить съ Русскаго на Французскій изъ Дѣтскаго театра, разбирать лучшія краткія стихотворенія и задавать выучивать ихъ наизусть. Сверхъ того займется чтеніемъ и разборомъ Боало и Телемака.

4. Тимоѳей Перелоговъ, Адъюнктъ, будетъ учить Французской Этимологіи и началамъ Синтаксиса, по Грамматикѣ, имъ самимъ для Пансіона изданной; пріучать къ переводамъ изъ Моральной книжки, изданной для Пансіона; разбирать разговоры Фенелона и Беркеня и задавать мелкіе анекдоты и стихотворенія.

5. Иванъ Генкень, будетъ учить Этимологіи по Грамматикѣ Ломона, анализу и переводамъ съ Русскаго; также объяснять и задавать наизусть выучивать басни Лафонтена.

6. Петръ Мерсанъ, Коллежскій Регистраторъ, и Алексѣй Брызгаловъ, учить будутъ началамъ Французскаго языка, по изданной для Пансіона Практической Грамматикѣ; пріучать къ правильному письму и разговору; читать и задавать наизусть выучивать Фенелоновы Правила мудрости, Полезные уроки, и басни Эзопа.

Учащіе иностраннымъ языкамъ должны изъясняться не иначе, какъ на томъ языкѣ, которому каждый изъ нихъ учитъ.

Для высшихъ классовъ Русскаго и иностранныхъ языковъ есть особыя библіотеки лучшихъ писателей.

Среда и суббота.

По утру отъ 8 до 10 часовъ.

Богословіе, Нравоученіе, Свящ. и Церк. Исторія, Естественная Исторія, Хронологія и Статистика, Всеобщая и Россійская Географія, Артиллерія, гражданская и военная Архитектура, Англійскій и Латинскій языки и Чистописаніе.

1. Иванъ Алексѣевичъ Двигубскій, Технологіи Профессоръ Ординарный, будетъ проходить Натуральную Исторію и Физику, по изданнымъ имъ для Пансіона книгамъ и Таблицамъ.

2. Михайло Матвѣевичъ Снегиревъ, Философіи Профессоръ Экстраординарный, будетъ изъяснять Христіанскій Законъ, слѣдуя Пространному Катихизису; къ сему присовокупитъ краткое начертаніе Церк. Исторіи, истолкованіе Евангелія и церк. Богослуженія, Давыдовыхъ Псалмовъ и Премудрости Соломоновой; сверхъ того преподастъ главныя основанія Нравоученія, слѣдуя руководству г. Фергусона.

3. Никифоръ Евтроповичъ Черепановъ, Исторіи Профессоръ Экстраординарный, повторивъ что нужно изъ Географіи древней, будетъ проходить Всемірную и Россійскую Исторію, по изданной для Пансіона книгѣ, и изъяснитъ начало Хронологіи и Статистики.

4. Гаврила Ивановичъ Мяхковъ, Адъюнктъ, окончивъ Артиллерію, пройдетъ Фортификацію, по изданному имъ Курсу, и Балистику, по руководству Белидора.

5. Александръ Загорскій, будетъ учить краткому Катихизису и Св. Исторіи, читая вмѣстѣ Св. Евангеліе и книгу: Наставленіе о собственныхъ всякаго Христіанина должностяхъ.

Отъ 10 до 12.

1. Тимоѳей Перелоговъ, Лекторъ, и Ришардъ Брадшо, первый въ вышнемъ, а другой въ нижнемъ классѣ, будутъ учить Англійскому языку.

2. Александръ Калашниковъ, 12-го класса, будетъ проходить Гражданскую Архитектуру, слѣдуя руководству Виньола и другихъ.

3. Иванъ Филипповъ, Губернскій Секретарь, будетъ проходить Математическую, Политическую и Физическую Географію, слѣдуя Всеобщему Землеописанію, изданному для Губернскихъ Гимназій.

4. Алексѣй Николаевъ, Тит. Совѣтникъ, 5. Иванъ Сейль и 6. Василій Азбукинъ будутъ учить чистому Россійскому, Французскому и Нѣмецкому письму.

Въ сіи же часы ученики вышнихъ классовъ займутся особенно Латинскимъ языкомъ.

По полудни, отъ 2 до 6 часовъ.

Искусства: живопись, музыка на скрипкѣ, фортепіано и флейтраверсѣ, пѣніе, фехтованье и танцы.

1. Александръ Дубровинъ, Николай Гребенкинъ, Тит. Совѣтникъ, и Егоръ Николаевъ, Тит. Совѣтникъ, будутъ учить рисовать. Начинающихъ займутъ правильнымъ изображеніемъ частей; а успѣвшихъ будутъ упражнять въ копированіи съ рисунковъ славнѣйшихъ мастеровъ, и предложатъ нужныя замѣчанія и правила живописи.

2. Данило Шпревицъ, Докторъ, и Александръ Волковъ, будутъ учить на фортепіано.

3. Лукьянъ Жіоліо, Исаій Учителевъ, Коллежскій Регистраторъ, Егоръ Сапожниковъ, Коллежскій Секретарь, и Дмитрій Барановъ, Тит. Совѣтникъ, будутъ учить на скрипкѣ.

4. Антонъ Морини, будетъ учить пѣнію.

5. Петръ Брызгаловъ, Коллежск. Регистраторъ, будетъ учить на флейтраверсѣ.

6. Максимъ Севенардъ, будетъ учить фехтованію.

7. Іосифъ Соломони и Францъ Морелли будутъ учить танцованію.

Сверхъ того, въ свободное время, по одному часу въ недѣлю, Ректоръ Университета, Статскій Совѣтникъ и Кавалеръ Иванъ Андреевичъ Геймъ и Инспекторъ Пансіона Статскій Совѣтникъ и Кавалеръ Антонъ Антоновичъ Прокоповичь-Антонскій будутъ проходить, первый Статистику Россіи и другихъ Европейскихъ Государствъ, а второй Сельское Домоводство.

Во время лѣтней вакаціи, т. е. начиная съ 1-го Іюля по 15-е Августа, по причинѣ жаркихъ дней, не будутъ учиться наукамъ, а займутся языками: Французскимъ, Нѣмецкимъ и Англійскимъ, и искусствами: чистымъ письмомъ, Живописью, Музыкою, Танцованьемъ и Военною Экзерциціею. Если кому изъ родителей или родственниковъ заблагорассудится взять воспитанника въ деревню на сіе время; то это не прежде можно сдѣлать, какъ въ первыхъ числахъ Іюля, дабы не прерывать связи и порядка въ ученіи.

VI.

СПИСОКЪ КНИГЪ, ВЪ ПОЛЬЗУ ПАНСІОНА ИЗДАННЫХЪ:

а) употребляемыя въ классахъ.

1. Курсъ Математики г. Безу, новое изданіе.
2. Краткое Руководство къ Фортификаціи.
3. Естественная Исторія г. Миллина.
4. Физика, съ приложенными къ ней особо чертежами.

5. Начертаніе Всеобщей Исторіи.
6. Краткая Логика.
7. Избранныя сочиненія въ стихахъ и прозѣ, изъ Утренней Зари.
8. И отдыхъ въ пользу.
9. Разговоры о физическихъ и нравственныхъ предметахъ.
10. Краткая Русская Просодія.
11. Начальныя правила Русской Грамматики.
12. Учебная Французская книга.
13. Новая Нѣмецкая Азбука.
14. Молодой Англичанинъ.
15. Англійская Христоматія.
16. Практическая Французская Грамматика.
17. Правила и нравоучительныя мысли на Россійскомъ, Французскомъ и Нѣмецкомъ языкахъ.
18. Собраніе острыхъ и наставительныхъ изреченій на Латинскомъ, Французскомъ и Нѣмецкомъ языкахъ.
19. Начальныя основанія Французскаго языка.
20. Полезные уроки на Русскомъ, Французскомъ и Нѣмецкомъ языкахъ.
21. Дѣтской Театръ.
22. Моральная карманная книжка.
23. Правила Латинскаго языка.
24. Principes Elémentaires du Droit Romain.
25. Deutsches Lesebuch.
26. Таблицы: Растеній.
27. — Минераловъ.
28. — Животныхъ.
29. — Латинской Грамматики.
30. Учебная Латинская книга на Латинскомъ и Французскомъ языкахъ
31. Principes Elémentaires du Droit Naturel.

b) *не употребляемыя*

1. Умственная Наука.
2. Краткая Россійская Грамматика.
3. Географическо-Историческое ученіе.
4. Дѣтскія забавы.
5. Миѳологія.
6. Распускающійся цвѣтокъ.
7. Полезное препровожденіе времени.
8. Тактика на Французскомъ языкѣ.
9. О началѣ языка и изобрѣтеніи письма.
10. Утренняя Заря.
11. Рѣчи, разговоры и стихи, читанные на публичныхъ Актахъ Пансіона.

Не всѣ книги, изданныя для Пансіона, каждый пансіонеръ обязанъ имѣть, но тѣ только, которыя употребляются въ классахъ, гдѣ онъ учится.

VII.

ОБЩІЯ НАСТАВЛЕНІЯ

для взрослыхъ и малолѣтныхъ Воспитанниковъ.

I.

МАЛОЛѢТНОМУ ВОСПИТАННИКУ

Благороднаго при Университетѣ Пансіона,

ЧТОБЪ ОНЪ СТАРАЛСЯ БЫТЬ ТАКИМЪ, КАКЪ ЗДѢСЬ ИЗОБРАЖЕНО:

I. Какъ добродѣтельное дитя понимаетъ и любитъ Бога?

Дитя добродѣтельное, при имени: Богъ, чувствуетъ въ невинномъ сердцѣ своемъ радость, любовь, страхъ и почтеніе. — «Кто сдѣлалъ это — такъ думаетъ оно — что я живу на свѣтѣ, что я здоровъ, веселъ, когда веду себя хорошо? Кто маленькимъ моимъ товарищамъ и всѣмъ большимъ сдѣлалъ такое же добро? Кто для всѣхъ насъ создалъ такъ много прекрасныхъ вещей? и мы всѣхъ ихъ лучше?» Это Богъ; Онъ всѣхъ больше, всѣхъ сильнѣе.—Сколько Онъ къ намъ милостивъ! — Мы Его не видимъ; а Онъ насъ знаетъ, все намъ даетъ: какъ же не любить и не почитать Его? какъ не быть къ Нему благодарными? Онъ намъ всѣмъ Отецъ.... Отецъ! восклицаетъ оно—и дитя такое счастливо.

II. Какъ оно чувствуетъ благоговѣніе къ Государю и любовь къ Отечеству.

«Великій Государь нашъ имѣетъ отъ Бога власть надъ нашими батюшками и надъ нами. Сколько людей въ государствѣ!—а Онъ объ нихъ печется и всѣмъ дѣлаетъ добро. Я чувствую къ Нему благоговѣніе. — О если бы мнѣ поскорѣе вырость и научиться всему, чтобъ служить Ему и Отечеству такъ охотно, такъ усердно, какъ тѣ, которыхъ Онъ милостію жалуетъ, и которыхъ всѣ любятъ и почитаютъ!»

III. Какъ оно чувствительно къ родителямъ?

«Какъ нѣжно батюшка и матушка меня любятъ! сколько они ласкаютъ меня, тѣшатъ, всѣмъ довольствуютъ! какъ рады, когда веду себя порядочно! Я и всегда буду такъ поступать. Я ихъ сердечно люблю и почитаю. Сколько я ихъ обрадую, когда они услышатъ, что я прилеженъ, не рѣзовъ и послушенъ!» Такъ говоритъ само себѣ наше прекрасное дитя, и такъ поступаетъ.

IV. Какъ оно почитаетъ Наставниковъ своихъ?

«Начальники, Учители и Надзиратели поступаютъ со мною, какъ родные мои. Они хвалятъ и отличаютъ меня, когда я отмѣнно хорошо учусь, и когда бываю скроменъ; а ежели что худое сдѣлаю, то какъ имъ быть довольными? Они выговариваютъ мнѣ, отводятъ меня отъ того, чтобы я не былъ дуренъ. О! они меня любятъ, и хотятъ мнѣ добра. Я и съ своей стороны буду любить ихъ, почитать и во всемъ слушаться. Куда какъ весело тогда ихъ видѣть и быть съ ними, когда они ласково и пріятно будутъ на меня смотрѣть! Пріѣдетъ батюшка, они меня похвалятъ; и это ему очень будетъ пріятно».— Вотъ чувствованія добронравнаго дитяти!—

V. Какъ оно ведетъ себя въ классѣ?

«Прежде всего я попрошу Бога, чтобъ Онъ помогъ мнѣ все вытверживать и помнить; въ классѣ буду сидѣть смирно, учтиво, безъ спроса и позволенія не встану никогда съ мѣста; буду слушать и примѣчать, что говоритъ мой Учитель, и ежели спроситъ меня, постараюсь отвѣчать исправно. Прекрасно! скажетъ онъ, и всѣ товарищи на меня посмотрятъ. — Какъ тогда мнѣ будетъ весело! У меня все будетъ въ порядкѣ: перо очинено, чернилица чиста, тетради сшиты и написаны, какъ надобно. Учитель и за то меня похвалитъ, подпишетъ мнѣ: *хорошо*, дастъ лучшее мѣсто и скажетъ всѣмъ: вотъ прилежный ученикъ! — такъ-то и вы дѣлайте!» —

VI. Какъ поступаетъ оно при повтореніи уроковъ и во время отдыха?

«У меня есть уроки, говоритъ оно ввечеру при повтореніи. — Я тотчасъ примусь за нихъ; прочту сперва одну строчку; вспомню, какъ изъяснилъ Учитель; повторю ее два, три раза, и замѣчу наизусть; проговорю безъ книжки; ежели ошибусь, еще посмотрю, пока выучу наконецъ твердо; а послѣ такимъ же образомъ поступлю и далѣе, и скоро, скоро весь урокъ у меня поспѣетъ. — Тутъ сдѣлаю и другое, что задано, или перепишу, что нужно, на бѣло. А тамъ гулять! да какъ же? вѣдь не рѣзвиться, не кричать, не толкать другъ друга, не бѣгать безпрестанно. О! этакъ дѣлаютъ только избалованные мальчики. Нѣтъ! я буду всегда подлѣ Надзирателя своего; онъ мнѣ скажетъ, гдѣ я зашалюсь слишкомъ. Съ маленькими товарищами своими буду друженъ, учтивъ, услужливъ; мы никогда не поссоримся, будемъ играть вмѣстѣ; а ежели захочется побѣгать, или во что поиграть, то напередъ спрошусь, да и то играть стану тихонько».

*
* *

Вотъ миніатюрный портретъ прекраснаго, добраго и умнаго дитяти! Имѣйте его, любезные воспитанники, всегда предъ глазами; и ведите себя точно такъ, какъ будто съ васъ снятъ этотъ образецъ: тогда вы будете и сами прекрасными, добрыми и истинно благородными дѣтьми.

II.

ВЗРОСЛОМУ ВОСПИТАННИКУ

Благороднаго при Университетѣ Пансіона, для всегдашняго памятованія.

Цѣль воспитанія.

Главная цѣль истиннаго воспитанія есть та, чтобъ младыя отрасли человѣчества, возрастая въ цвѣтущемъ здравіи и силахъ тѣлесныхъ, получали необходимое просвѣщеніе и пріобрѣтали навыки къ добродѣтели, дабы, достигши зрѣлости, принесть отечеству, родителямъ и себѣ драгоцѣнные плоды правды, честности, благотвореній и неотъемлемаго счастія.

I. Должность къ Богу.

Источникъ сихъ небесныхъ даровъ есть Богъ. Да сіяетъ непрестанно въ умѣ вашемъ, какъ свѣтильникъ, озаряющій все ваше существо, высокая мысль о Его величествѣ, всемогуществѣ, благости, правосудіи, вездѣсущности, всевѣдѣніи! Исполняйте всѣ чувствованія способнаго къ тому сердца вашего съ глубочайшимъ благоговѣніемъ, страхомъ, живѣйшею къ нему любовію и благодарностію! Безъ сего все воспитаніе ваше ничто, и мнимое просвѣщеніе тщетно, или болѣе зловредно.

II. Къ Государю и Отечеству.

Государь есть величественный образъ Божества: милость, щедроты, правосудіе, благоденствіе лются отъ Престола Его на всю Державу.—Ощущайте непрестанно глубочайшую преданность къ правосуднѣйшему въ свѣтѣ Нашему Государю.—Любите Отечество, гдѣ вы родились, гдѣ вы отвсюду защищены, подкрѣплены, облагодѣтельствованы. Старайтесь учиниться истиннымъ и достойнымъ сыномъ Его, и заранѣе изготовить себя къ Его службѣ, дабы жертвуя Ему своими способностями и трудами, заплатить свой долгъ, и сохранить честь своихъ предковъ.

III. Къ родителямъ.

Родители суть виновники бытія и благъ, которыми вы теперь наслаждаетесь. Они въ слабомъ и безпомощномъ младенчествѣ вашемъ со всею горячностью хранили нѣжные начатки жизни вашей, и ревностно предупреждали всѣ ваши нужды; они съ восхищеніемъ видятъ въ васъ себя самихъ, дышатъ къ вамъ любовію, пекутся о васъ, какъ о собственномъ существѣ. Пламенѣйте къ нимъ благодарностію; да трепещетъ юное сердце ваше отъ радости, да исполняется оно нѣжностію при воззрѣніи на нихъ, при единомъ воспоминаніи имени сихъ первыхъ въ свѣтѣ вашихъ благодѣтелей.—Но знайте, что одни только наружные знаки такого дѣтскаго расположенія, безъ точнаго исполненія на дѣлѣ воли ихъ, суть постыдное лицемѣріе и несчастное для васъ самихъ притворство.

IV. Къ наставникамъ.

Воля и желаніе ихъ—чтобъ вы получили воспитаніе, достойное благороднаго человѣка;—попечители, наставники и хранители непорочности вашихъ нравовъ и поведенія обязаны Богу, Государю, Отечеству, родителямъ вашимъ, совѣсти своей, отвѣтомъ въ руководствованіи васъ ко всему, что честно, что полезно, что достохвально; они зиждутъ истинное ваше счастіе, которое на всю жизнь, и даже въ послѣдующую за нею вѣчность простирается; они доставляютъ вамъ сокровище, котораго никакою цѣною, никакими богатствами купить не можно.—Представляйте себѣ часто: что бы вы были, оставшись въ невѣжествѣ, съ предразсудками, пристрастіями, пороками?—и что вы будете, когда свѣтъ познаній и добродѣтелей разліется въ вашей душѣ, и когда станутъ блистать въ васъ превосходныя качества, дарованія и совершенства во всей красотѣ?—Изъ сего увидите всю важность и величество трудовъ просвѣтителей вашихъ, и тогда ощутите къ нимъ во глубинѣ сердца всегдашнюю благодарность, искреннее почитаніе и безпрекословное повиновеніе, при всѣхъ полезныхъ ихъ совѣтахъ и предписаніяхъ въ вашемъ ученіи и поступкахъ Успѣхи ваши будутъ быстры, удовольствіе живо, и вы изліете въ сердце путеводцевъ своихъ сладостное утѣшеніе, сію единую, прямую отъ васъ награду за ихъ попеченія.

V. Что наблюдать должно во время ученія?

При начатіи ученія не забывайте никогда, съ дѣтскою простотою возносить мыслей и желаній своихъ къ высочайшей Премудрости, да возбудитъ и оживитъ всѣ способности ваши къ принятію сѣмянъ истины.—Во все продолженіе онаго храните ненарушимо благоустройство, тишину, вниманіе, скромность повиновеніе, благопристойность и учтивость.—Приходите на мѣсто, наукамъ посвященное, безъ разсѣянія и съ надлежащею готовностію; содержите всѣ учебныя свои вещи въ цѣлости, чистотѣ и порядкѣ. Сіе послужитъ вамъ вмѣстѣ и къ тому полезному навыку, что вы, въ какомъ ни будете состояніи и званіи, точностію и исправностію сдѣлаете всегда честь и украшеніе своей должности.

VI. Какъ вести себя при повтореніи уроковъ, и въ свободные часы отдохновенія?

Всѣ изъясненія учительскія, безъ собственнаго ихъ принятія отъ учащагося, впечатлѣваются слабо, и вскорѣ совсѣмъ изчезаютъ. И такъ, всякой разъ, въ спокойное вечернее и послѣдующее утреннее время, повторите порядочно въ мысляхъ все, чему вы чрезъ цѣлой день тотъ учились. Посредствомъ сего память ваша будетъ изощряться, понятіе становиться отчасу яснѣе и познанія обширнѣе. Все, назначаемое вамъ, дѣлайте съ охотою и поревнованіемъ: сіе послужитъ къ вашимъ успѣхамъ, похвалѣ и чести. Но какъ сіи упражненія непремѣнно нужно умѣрить и облегчать отдохновеніемъ, то болѣе всего сохраняйте невинность, мягкость, чистоту и непорочность нравовъ, какъ въ сіе время, такъ и вообще во всемъ обхожденіи; на дѣлѣ и на словахъ будьте другъ другу примѣромъ и образомъ хорошаго поведенія, доброжелательства, услужливости, честности, вѣжливости и другихъ общественныхъ добродѣтелей.

Если сердце ваше способно чувствовать впечатлѣніе истины, то вы сами признаете важность, силу и пользу сихъ искреннихъ совѣтовъ и напоминаній. Не выпускайте ихъ никогда изъ памяти, а паче держитесь ихъ при всѣхъ внутреннихъ побужденіяхъ своихъ. Читайте ихъ всякой день, чтобъ они, такъ сказать, живыми чертами изобразились во глубинѣ собственной вашей души: тогда познаете опытомъ и утвердитесь, сколь далеко отстоятъ наружныя прикрасы отъ прямаго образованія ума и сердца.

—

VIII.

КОМНАТНЫЯ НАСТАВЛЕНІЯ.

I.

Для Надзирателей Университетскаго Благороднаго Пансіона.

1-е. Каждый Надзиратель долженъ собою подавать примѣръ воспитанникамъ въ добронравіи, трудолюбіи, опрятности, благопривѣтливости и вообще въ строгомъ наблюденіи порядка. 2-е. Быть всегда съ воспитанниками въ тѣ часы, когда нѣтъ классовъ. 3-е. Безъ послабленія наблюдать, чтобъ каждый воспитанникъ его комнаты учился прилежно, велъ себя тихо, вѣжливо и во всемъ порядочно; смотрѣть, чтобъ самые служители наблюдали чистоту и порядокъ въ комнатахъ. 4-е. Имѣть въ своей комнатѣ списокъ пансіонеровъ и записывать, кто въ чемъ одобренъ за ученіе или поведеніе, кто въ чемъ былъ виноватъ, наказанъ, или прощенъ, и кто когда отсутствовалъ; и, каждую субботу, такой списокъ подавать Инспектору; отмѣчать также исправность и неисправность служителей пансіонеровъ. 5-е. Наблюдать, чтобъ пансіонеры заданные имъ уроки изъ классовъ выучивали, а постороннихъ книгъ, сверхъ классическихъ и позволенныхъ, никакихъ не читали. 6-е. Смотрѣть, чтобъ въ учебные дни всегда воспитанники говорили на иностранныхъ языкахъ, и для сего каждый день давать отъ себя билетъ, и воспокивать, смотря по винѣ. 7-е. За хорошіе поступки и ученіе, Надзиратель въ правѣ давать за обѣденнымъ столомъ, при повтореніи уроковъ и въ комнатахъ лучшее мѣсто, дѣлать всякое отличіе и похвалу, и представлять, куда слѣдуетъ, къ ободренію; а за лѣность, невѣжливость, неопрятность, ставить въ уголъ, не давать завтрака или полдника, лишать лучшаго мѣста, не позволять домой ѣхать, дѣлать выговоръ, и—въ случаѣ нужды—давать знать Инспектору, или его Помощнику. 8-е. Каждый Надзиратель съ живущими въ комнатѣ его воспитанниками, за опредѣленнымъ столомъ, долженъ сидѣть во время чаю, обѣда и ужина, раздавать кушанье, смотрѣть, чтобъ вѣжливость и тишина соблюдены были, и по заслугамъ, каждую субботу перемѣнять мѣста ихъ. 9-е. Дежурные Надзиратели, во время праздниковъ, должны смотрѣть вообще за всѣми воспитанниками, и наблюдать, чтобъ во всемъ домѣ былъ порядокъ. Комнатные Надзиратели отдаютъ подъ присмотръ своихъ учениковъ дежурнымъ, во время ужина опять берутъ ихъ, каждый подъ свой присмотръ. 10-е. Ни комнатные Надзиратели, ни дежурные не имѣютъ права отпускать пансіонеровъ домой безъ билета отъ Инспектора или Помощника его. 11-е. Помощникъ Инспектора каждый день отбираетъ отъ комнатныхъ и дежурныхъ Надзирателей вѣдомость о всемъ томъ, что произошло въ классахъ и комнатахъ, и каждый день такую вѣдомость подаетъ Инспектору.

II.

Для Благородныхъ Воспитанниковъ Университетскаго Пансіона.

I. Въ пять часовъ утра, какъ скоро звонокъ пробьетъ, должно каждому воспитаннику вставать съ постели, въ 6 часовъ быть одѣтымъ, причесаннымъ и идти съ своимъ Надзирателемъ въ опредѣленную классическую комнату для повторенія уроковъ и пріуготовленія себя въ классы. II. Въ 7 часовъ порядкомъ собираться въ столовую залу, съ благоговѣніемъ слушать молитву и чтеніе Священныхъ книгъ, и, сидя за опредѣленнымъ столомъ, пить чай и кушать завтракъ, со всею благопристойностію и тихостію. III. Въ 8 часовъ идти изъ комнатъ въ классы, несть съ собою все, что нужно для классическаго ученія: книги, перья, бумагу. Въ классахъ садиться всегда на томъ мѣстѣ, кому какое назначено отъ учащаго; съ мѣста не вставать, и отнюдь не выходить изъ класса безъ позволенія учителя. IV. Въ 12 часовъ за обѣденнымъ столомъ и въ комнатахъ быть неотлучно съ своимъ Надзирателемъ. V. Въ 2 часа послѣ обѣда идти опять въ классы и наблюдать, что предписано въ третьей статьѣ. VI. Послѣ вечернихъ классовъ собираться въ опредѣленныя комнаты, для полдника. VII. Въ 7 часовъ вечера, въ классическихъ покояхъ, каждый съ своимъ Надзирателемъ, долженъ повторять уроки и исправлять классическія упражненія до 8 часовъ т. е. до ужина. VIII. Въ 9 часовъ, послѣ ужина и молитвы, возвращаться въ спальные покои, и ложиться спать благопристойно, безъ малѣйшаго шума. IX. Во время классовъ никому не оставаться въ спальныхъ покояхъ, и ни за чѣмъ не ходить въ нихъ. Также во время отдохновенія, въ учебные и праздничные дни, изъ комнаты въ комнату не ходить, и никуда безъ спроса Надзирателя и безъ билета не отлучаться изъ своей комнаты. X. Получивъ позволеніе отлучиться изъ Пансіона, должно взять на то билетъ у старшаго Надзирателя и ему, или дежурному, опять отдать его, возвратившись въ Пансіонъ;

возвращаться же изъ дому въ Пансіонъ, или наканунѣ ученія, или не позже 8 часовъ утра. Тотъ, кто не во время пріѣдетъ въ классы, или отбудетъ отъ нихъ, занимаетъ послѣднее мѣсто въ классахъ и комнатахъ, пока исправностію не заслужитъ опять высшаго мѣста. XI. Всѣ классическія упражненія имѣть на бѣло списанныя, и во время классовъ быть внимательнымъ, тихимъ, и никогда не выходить изъ классовъ для какихъ-либо надобностей, какъ на пр. для свиданія съ кѣмъ-либо, для писемъ къ родителямъ, или родственникамъ и проч. XII. Въ учебное время въ классахъ и комнатахъ съ Надзирателями и товарищами всегда разговаривать на иностранныхъ языкахъ. XIII. Не только не покупать и не продавать никому ничего, но и не ссужать, безъ вѣдома своего Надзирателя, никого ничѣмъ, ни книгою, ни бумагою, ни другою какою вещію; въ случаѣ же, кто что затеряетъ, то давать знать немедленно Инспектору, или Помощнику его. XIV. Денегъ при себѣ никому изъ пансіонеровъ не держать; а если случатся, то отдавать ихъ подъ сохраненіе своему дядькѣ, г-ну Надзирателю или Смотрителю дома. XV. Безъ позволенія Инспектора не читать никакихъ книгъ, кромѣ классическихъ, и тѣхъ, кои находятся въ библіотекѣ Пансіона. XVI. Вообще въ поступкахъ съ Начальниками и товарищами должно быть вѣжливымъ, не заводить никакихъ между собою споровъ и не дѣлать ни малѣйшаго никому неудовольствія; не давать другъ другу прозвищъ; избѣгать всего того, что бы могло навлечь нареканіе себѣ и мѣсту воспитанія.

IX.

НРАВОУЧИТЕЛЬНЫЯ МЫСЛИ.

а) Латинскія.

Sine doctrina vita est quasi mortis imago.
Adolescentis est majores natu vereri.
Disce libens; quid dulcius est, quam discere multa.
   Ni posces
Ante diem librum cum lumine, si non
Intendas animum studiis et rebus honestis,
Invidia vel amore vigil torqueberis.
Quidquid agis, prudenter agas et respice finem.
Plurimis intentus minor est ad singula sensus.
Qui proficit in litteris et deficit in moribus, plus deficit, quam proficit.
Repetitio est mater studiorum.
Ut sementem feceris, ita et metes.
Volenti nil difficile.
Sanctissimum est meminisse cui te debeas.
Benefactorum recordatio jucundissima est.
Percunctatorem fugito, nam garrulus idem est.
Nisi per te sapias, frustra sapientem audias.
Nulli tacuisse nocet, nocet esse locutum.

Mala est medicina, ubi aliquid naturae perit.
Est modus in rebus, sunt certi denique fines,
Quos ultra citraqua nescit consistere rectum.
Non fortunae, sed hominibus viri boni solent esse amici.
Amicum laedere, ne joco quidem licet.
Bis ad limam, semel ad linguam.
Clara pacta, claros faciunt amicos.
Sit tibi mens sana in corpore sano.
Gutta cavat lapidem non vi, sed saepe cadendo.
Sic homo fit doctus non vi, sed saepe studendo.
Haurit aquam cribro, qui vult discere sine libro.
Cave ne quid incipias quod post poeniteat.
Loquaci parum credendum.
Mendaci ne verum quidem dicenti creditur.
Mores ex verbis cognoscendi.
Sat pulcher, qui sat bonus; sat vixit, bene qui vixit.
Prima adolescentis commendatio proficiscitur a modestia.
Ne insultes miseris.
Fuge magna; licet sub paupere tecto.
Reges et regum vita praecurrere amicos.
Diu apparandum est bellum, ut vincas, celerius.
Nemo ignavia immortalis factus est.
Ut ager, quamvis fertilis, sine cultura
Fructuosus esse non potest, sic sine doctrina animus.
Virtutem primam esse puta, compescere linguam;
Proximus ille Deo est, qui scit ratione tacere.
Contra verbosos noli contendere verbis;
Sermo datur cunctis, animi sapientia paucis.
Plus vigila semper, nec somno deditus esto;
Nam diuturna quies vitiis alimenta ministrat.
Aequa diligite caros pietate parentes;
Nec matrem offendas, dum vis bonus esse parenti.
Instrue praeceptis animum, nec discere cesses;
Nam sine doctrina vita est quasi mortis imago.
Inter convivas fac sis sermone modestus,
Ne dicaris loquax, dum vis urbanus haberi.
Auxilium a notis petito, si forte laboras;
Nec quisquam melior medicus, quam fidus amicus.
Cum te aliquis laudat, judex tuus esse memento:
Plus aliis de te, quam tu tibi credere noli;
Corporis exigui vires contemnere noli;
Consilio pollet, cui vim natura negavit.

Nec te collaudes, nec te culpaveris ipse;
Hoc faciunt stulti, quos gloria vexat inanis.
Utere quaesitis modice, quum sumptus abundat;
Labitur exiguo, quod pactum est tempore longo.
Alterius dictum aut factum ne carpseris unquam.
Exemplo simili ne te derideat alter.
Multorum disce exemplo, quae facta sequaris,
Quae fugias. Vita est nobis aliena magistra.
Disce aliquid; nam, quum subito fortuna recessit,
Ars remanet, vitamque hominis non deserit unquam.
Ne pudeat, quae nescieris, te velle doceri;
Scire aliquid laus est; culpa est nil discere velle.

—

b) *Французскія.*

S'occuper, c'est savoir jouir.
La mollesse est douce et sa suite est cruelle.
Les plaisirs ont leur tems, la sagesse a son tour.
Le travail est souvent le père du plaisir.
L'education fait l'homme.
Aime la vérité, mais pardonne l'erreur.
Un jugement trop prompt est souvent sans justice.
Dites la vérité sans fard, mais aussi sans insolence.
Cultiver les sciences et ne pas aimer les hommes, c'est allumer un flambeau et fermer les yeux.
Le travail est la meilleure ressource contre l'ennui.
Va, paresseux, à la fourmi; regarde ses voies et sois sage.
Leçon commence, exemple acheve.
Oublie les injures, et jamais les bienfaits.
Il n'est point de noblesse ou manque la vertu.
D'un projet, quel qu'il soit, la prudence est l'appui.
L'amitié ne convient qu'à des coeurs vertueux.
Point de lumière sans ombre, point de feu sans fumée.
Le sage doit toujours s'accomoder au tems
Le tems est un tresor plus grand qu'on ne peut croire.
Les ruisseaux détournés de leur cours tendent sans cesse à le reprendre.
Qui sert bien son pays n'a pas besoin d'ayeux.
Le nom de père est saint; il faut qu'on le révère.
Qui change ses desseins découvre sa faiblesse.
Combattre en soldat et penser comme général.
Le plus sage est celui que l'on trompe le moins.

Qui cache ses fautes, en veut faire encore.
Avec l'âge on devient sage.
Bonne renommée vaut mieux que ceinture dorée.
La patience est amère, mais son fruit est doux.
Partout le bonheur est mêlé d'amertume.
Un plaisir innocent n'est poins défendu.
Ceux qui s'appliquent trop aux petites choses deviennent ordinairement incapables des grandes.
Il faut de plus grandes vertus pour soutenir la bonne fortune que la mauvaise.
Rien n'est beau que le vrai, le vrai seul est aimable.
Soyez dans vos discours toujours droit et sincère.
Que font les vertus où manque la constance.
Les envieux sont eux mêmes leurs bourreaux.
On n'a rien sans peine.
A force de forger on devient forgeron.
La sagesse n'a rien d'austère, ni d'affecté; c'est elle qui donne les vrais plaisirs.
Qu'un enfant bien appris doit avoir du souci d'honorer ses parens, leur porter révérance, les aimer, les chérir!
On a toujours assez, quand on sait se contenter de peu.
La philosophie sans moralité est un bel arbre, qui a beaucoup de feuilles, mais qui ne porte pas de fruits.
Les hommes les plus sages sont ceux qui font de la vertu leur affaire la plus grande.
L'orgueil, la lâcheté, la superstition, l'erreur, les préjugés, sont nés de l'ignorance.
Il faut que les enfans cherchent à devenir savans.
La beauté, quelle qu'elle soit, ne vaut pas un bon esprit.
Il est plus beau de se vaincre soi-même, que de vaincre beaucoup d'ennemis.
Le desinteressement attire et enchaîne tous les coeurs.
Entre les devoirs qui regnent parmi nous,
Le soin des malheureux est le plus beau de tous.
Si vous voulez passer sous un arc triomphal,
Campés en Fabius, marchez comme Annibal.
Le monde est médisant, vain, léger, envieux;
Le fuir est très bien fait, le servir encore mieux.
Le bonheur le plus grand, le plus digne d'envie.
Est celui d'être utile et cher à sa patrie.
Les soins qu'on prend de notre enfance
Forment nos sentimens, nos moeurs, notre créance.
Il faut à son ami montrer son injustice,
L'éclairer, l'arrêter au bord du précipice.
Qui souffre constamment un destin rigoureux
Fait voir qu'il mérite d'être moins malheureux.

Quand il s'agit de servir la patrie

Il n'est point de si cher que l'on ne sacrifie.

Le bonheur est un bien que nous vend la nature,

Il n'est pas ici-bas de moissons sans culture.

Votre étude ainsi que la rose a ses epines, ses ennuis;

Surmontez les d'abord avec courage,

Et puis vous aurez l'avantage

D'en recueillir sans peine et les fleurs et les fruits.

—

c) Нѣмецкія.

Der Weisheit erster Schritt ist — seine Fehler kennen.

Es ist nicht immer ein Glück groß, angesehen und mächtig zu seyn; oft ist es eine Strafe des Himmels.

Des Menschen Bestimmung ist — das Wahre erkennen, das Schöne lieben, das Gute wollen, das Beste thun.

Nicht der Glanz unsrer Thaten, sondern unser Herz bestimmet unsern Werth.

Alles ist der Vergänglichkeit unterworfen nur nicht das Herz eines Rechtschaffenen.

Wie du gegen andere bist, so werden andere wieder gegen dich seyn.

Eine kleine Nachläßigkeit bringt oft großes Unglück.

Die Gewohnheit macht alles angenehm, selbst die Verachtung des Vergnügens.

Fühl bey deines Nächsten Noth des Mitleids edle Schmerzen.

Wer Glauben verliert, hat alles verlohren.

Wer seine Fehler nicht kennt, hat noch nichts gelernet.

Wer der Tugend ein Opfer bringt, darf nicht fragen: was wird mir dafür?

Jede gute That ist Saat der Freude für die Zukunft.

Das höchste Glück der Menschen ist Ruhe im Herzen.

Gute Lebens-Ordnung ist die beste Arzney

Stets genug — nie zu viel!

Lebe um zu lernen, und lerne um zu leben.

Für den, der lernen will, giebt es überall eine Schule.

Gute Bücher sind, wie gute Wegweiser auf einer Reise.

Wer sein Gedächtniß nicht übt, nimmt dem Verstande seine Nahrung.

Erkenntniß ohne Tugend ist wie eine Fackel im Grabe.

Das Herz der Unschuld ist der ehrwürdigste Altar Gottes in der ganzen Natur

Nur nach der Mühe blüht die Blume des Genußes.

Der Umgang mit guten Menschen ist die beste Schule für das Herz.

Jung gewohnt — alt gethan.

Eitler Ruhm hat Blüthen aber keine Früchte.

Den Schlägen des Mißgeschicks verdankt die Tugend ihren schönsten Glanz.

Sich allein leben, heißt gar nicht leben.

Sich selbst überwinden, ist der beste Sieg.

Sey stolz auf Unschuld! kenne eigenen Werth und verehre fremden.

Verzagen können nur kleine Seelen; Geduld hat Riesenstärke.

Unthätigkeit ist ein Bild des Todes.

Wirke so viel du vermagst; dann wird die Sonne deines Lebens heiter untergehen.

Angenehm ist der Abend des Lebens, da man sich erinnert, des Tages edel gehandelt zu haben.

Religion und Tugend sind das größte Glück des Sterblichen; sie allein verlassen uns nicht am Grabe, wo Alles uns verläßt.

Heil dem Edeln, dessen Grab mit Blüthen thränend einst die Nachwelt überstreut!

Laß nie den Müßiggang dir deine Zeit verzehren;
Der Träge kömmt zu nichts, der Fleißige zu Ehren.
Die Alten ehre stets, du bleibst nicht ewig Kind;
Sie waren was du bist, und du wirst was sie sind.
Es sey dir nichts so sehr, als Eigensinn verhaßt;
Durch ihn wird man der Welt, so wie sich selbst, zur Last.
Sey dienstbar, höflich, sanft, gefällig und bequem,
Und mache jedem dich beliebt und angenehm.
Wie elend ist der Mensch des Auge nie geweint!
Wie freudenlos sein Herz, wenn es nie Schmerz empfand!
Des Marmors, des Gesangs bedarf der Gute nicht;
Die Freude, die er schuf, wird hier sein Lobgedicht.
Lern daß nichts selig macht, als die Gewissensruh,
Und daß zu deinem Glück dir Niemand fehlt, als — du!
Durch Tugend müssen wir des Lebens würdig werden,
Und ohne Tugend ist kein wahres Glück auf Erden.
Was ist des Menschen Ruhm, des Weisen wahre Größe?
Die Kenntniß seiner selbst, die Kenntniß seiner Blöße!
Pracht, Reichthum, eitle Lust kann Weisheit nicht gewähren;
Was giebt die Weisheit uns? den Geist — das zu entbehren!

—

d) Англійскія.

A word to the wise.

Money makes the mare go.

Keep honest company, and honest thou shalt be.

Trim tram, like master, like man.

Like love like.

One swallow makes no summer.

All truths are not to be spoken at all time.

A bird in the hand, is worth two in the bush.

A rat is oftentimes as good as a cat.

Man proposes, and God disposes.

Every man is the architect of his own fortune.

One misfortune never comes alone.

Silence gives consent.

Honours change manners.

Birds of a feather flock to gather.
It is good fishing in troubled waters.
Idleness is the root of all evil.
Necessity has no law.
One scabby sheep mars the whole flock.
Hunger beats down stone walls.
What the heart thinks, the mouth speaks.
Fair and softly goes far.
Little wealth, little sorrow.
New kings, new laws.
A burnt child dreads the fire.
Patience is a plaster for all sores.
Evil be to him that evil thinks.
Harm watch, harm catch.
Quick at work, quick at meat.
What is **bred** in the bone, will never be out of the flesh.
Familiarity **breeds** contempt.
The evening red, and morning grey, sets forth the pilgrim on his way.
Without a friend the world is but a wilderness.
None knows so well where the shoe pinches, as he that wears it.
A good lawyer is an ill nei**gh**bour.
He whom God assists, does **better** than he that rises betimes in the morning.
He is a fool that will give an egg for an ox.
A little pot is soon hot.
A safe conscience makes a sound sleep.
A friend in court is better than a penny in the purse.
A penny saved is a penny got.
An old dog barks not in vain.
A good tongue is a good weapon.
A lazy youth, a loasy age.
Boys will have toys.
Be a friend to one, and an enemy to none
Better lose a jest than a friend.
Children are poor mens riches.
Discreet women have neither eyes nor ears.
Dirty water will quench fire.
Every man thinks his own geese swans.
He that looks not before finds himself behind.
He who promises and delays, loses his thanks.
He that blows in the duft will fill his eyes.
In too much discourse truth is lost.
Ill news comes apace.

Less of your courtesy and more of your purse.
Measure is treasure.
Might overcomes right.
To a crasy ship all winds are contrary.
The hardest step is over the threshold.
The beggar may sing before a thief.
Whilst the word is in your mouth it is your own, when 'tis once spoken, 'tis another's.
So many men, so many minds.
Contentment goes beyond riches.
A curdled sky and a painted woman are not of long continuance.
No rose without a thorn.
After scorning comes cathing.
A bad bath is better than the open field many drops make a shower.
Fine feathers make fine birds.
The best fish swims nearest the bottom.
Ill weeds grow apace.
Best is cheapest.
A small rain lays great dust.
They who have got a store of butter, may spread much on their bread.
All is not gold that glitters
One nail drives another.
'Tis a wretched family where the grey mare is the best horse.
Hele beat the bush and another caught the hare.
They struggle hard to live.
Lay up something for a rainy day.
When fortune knocks, be sure to open the door.

—

е) Русскія.

Безъ Бога ни до порога.

Безъ матки пчелки пропащія дѣтки.

Береги платье снова, а имя смолода.

Береги денежку про черной день.

Береженаго и Богъ бережетъ.

Богъ тому и даетъ, кто правдою живетъ.

Болванъ лицомъ хорошъ, да къ дѣлу неугожъ.

Будь примѣтливъ, да не будь извѣтливъ.

Бѣда глупости сосѣдъ.

Виноватый винится, а правый ничего не боится.

Во всякомъ мудрецѣ довольно простоты.

Всегда жди бѣды, сидя у морской воды.

Всѣ доброхоты, а въ нуждѣ помочь нѣтъ охоты.

Всякая птичка свои пѣсни поетъ.

Всякое дѣло мастера боится.

Всякой совѣтъ къ разуму хорошъ.

Всякому свое и не мыто бѣло.

Вмѣстѣ тѣсно, а розно грустно.

Въ камень стрѣлять, только стрѣлы терять.

Въ комъ нѣтъ добра, въ томъ и правды мало.

Въ комъ есть страхъ, въ томъ и Богъ.

Въ комъ есть стыдъ, въ томъ и совѣсть.

Въ полѣ пшеница годомъ родится, а доброй человѣкъ всегда пригодится.

Въ чемъ молодъ похвалится, въ томъ старъ раскается.

Въ чужихъ рукахъ ломоть великъ.

Выпьешь вина, такъ убавится ума.

Вѣкъ живи, вѣкъ учись.

Гдѣ грозно, тутъ и честно.

Гдѣ насъ нѣтъ, тамъ и хорошо.

Гдѣ не холодно, тамъ и оводно.

Гласъ Божій, гласъ народа.

Глупой завяжетъ, а умной не скоро развяжетъ.

Глупой ищетъ мѣста, а разумнаго и въ углу видно.

Глупой умнаго, а пьяница трезваго не любятъ.

Глупому сыну не въ помощь богатство.

Говори съ другимъ поменьше, а съ собою побольше.

Голенькой охъ! а о голенькомъ Богъ.

Горбатаго исправитъ могила, а упрямаго дубина.

Громъ не грянетъ, мужикъ не перекрестится.

Дадутъ дураку честь, такъ не знаетъ, гдѣ и сѣсть.

Дай Богъ съ умнымъ и найти и потерять.

Денежка рубля бережетъ.

Дерево хорошо по плодамъ, а человѣкъ по дѣламъ.

Десятью смѣряй, а однажды отрѣжь.

Дитя не плачетъ, мать не разумѣетъ.

Для того и щука въ морѣ, чтобъ караси не дремали.

Добродѣтель не въ словахъ а въ честныхъ дѣлахъ.

Доброе братство лучше богатства.

Доброе молчанье лучше пустаго болтанья.

Доброе скоро забываютъ, а худое долго помнятъ.

Доброе дѣло не бываетъ безъ награды.

Доброй конецъ всему дѣлу вѣнецъ.

Дома жить, чина не нажить.

Домашняго вора не убережешься.

Дорого да мило, дешево да гнило.

Дракою правъ не будешь.

Друга въ вѣрности безъ бѣды не узнаешь.

Друга имѣть, себя не жалѣть.

Дуракъ не боится креста, а боится песта.

Друзей много, да прямыхъ мало.

Друзья прямые, что братья родные.

Дума за горами, а смерть за плечами.

Дурака учить, что мертваго лѣчить.

Дураку законъ не писанъ.

Дуракъ дурака и хвалитъ.

Дурно въ глаза хвалить, а за глаза хулить.

Желѣзо куютъ, когда оно горячо.

За Богомъ молитва, а за Царемъ служба не пропадаетъ.

За доброе дѣло не требуй награды.

За одного битаго двухъ не битыхъ даютъ.

Запасливой лучше богатаго.

Знай сверчокъ свой шестокъ.

Игра не доведетъ до добра.

И мѣсяцъ свѣтитъ, какъ солнца нѣтъ.

Избирай друга по своему нраву.

Каково живешь, таково и слывешь.

Каково аукнется, таково и откликнется.

Каковъ въ колыбельку, таковъ и въ могилку.

Каковъ попъ, таковъ и приходъ.

Каковъ привѣтъ, таковъ и отвѣтъ.

Кто въ тридцать лѣтъ не уменъ, а въ сорокъ не богатъ, тому нечего ждать.

Кто не лѣнивъ пахать, тотъ скоро будетъ богатъ.

Кто спитъ долго, тотъ живетъ съ долгомъ.

Личикомъ бѣленекъ, да умомъ простенекъ.

Лучше хлѣбъ съ водой, чѣмъ пирогъ съ бѣдой.

Молодому рѣзвость, а старому трезвость.

Написано перомъ, не вырубить топоромъ.

На правду словъ не много.

Не боюсь богатыхъ грёзъ, боюсь убогихъ слёзъ.

Не вѣрь чужимъ рѣчамъ, вѣрь своимъ очамъ.

Не давши слова, крѣпись, а давши, держись.

Не всегда громъ изъ тучи, бываетъ и изъ навозной кучи.

Не все то золото, что блеститъ.

Не всякъ, кто родится, и въ люди годится.

Не купи двора, купи сосѣда.

Не надобенъ и кладъ, когда въ семействѣ ладъ.

Не посѣявъ ни горсти, да пошли Богъ пригоршни.

Не силою борются, умѣньемъ.

Не спросясь броду, не суйся въ воду.

Не сойдутся обычаи, не будутъ друзья.

Не стыдно молчать, когда нечего сказать.

Не такъ живи, какъ хочется, а такъ живи, какъ Богъ велитъ

Не тотъ уменъ, кто красно наряженъ.

Не ума набраться, съ дуракомъ подраться.

Не чаешь часу часовать, а приведетъ Богъ и ночь ночевать

Новаго счастья ищи, а стараго не теряй.

Нужда лучшій учитель.

По одёжкѣ протягивай ножки.

Поспѣшить, да людей насмѣшить.

Правдою жить, отъ людей отбыть; а неправдою жить, Бога прогнѣвить.

Правому законъ не писанъ.

Праздность есть мать пороковъ.

Про доброе дѣло говори смѣло.

Скупость не глупость.

Слово не воробей, вылетитъ, не поймаешь.

Солнце тѣмъ не будетъ хуже, что лучи пуснаетъ къ лужѣ.

Спасибо тому, кто поитъ да кормитъ; а вдвое тому, кто хлѣбъ, соль помнитъ.

Спустя лѣто, въ лѣсъ по малину.

Старой другъ лучше новыхъ двухъ.

Съ другомъ дружись, а самъ не плошись.

Тише ѣдешь, дальше будешь.

Угрозы не мука, а впередъ наука.

Умъ хорошо, а два лучше.

Утро вечера мудренѣе.

Ученье свѣтъ, а неученье тьма.

Хозяинъ по двору пройдетъ и рубль найдетъ

Хорошо и честь и гроза.

Худая трава изъ поля вонъ

Худой миръ лучше доброй брани.

Честь честью, а дѣло дѣломъ.

Чинъ чина почитаетъ.

Что посѣешь, то и пожнешь.

Чужимъ умомъ въ люди не выйдешь.

Чужая сторона прибавитъ ума.

Шелудивая овца все стадо портитъ.

Счастье идетъ на костыляхъ, а несчастье летитъ на крылахъ.

Щеголять съ молоду, а подъ старость умереть съ голоду.

XII.

ПИСЬМО С. П. ШЕВЫРЕВА.

Много общительнаго въ васъ, мой почтенный сосѣдъ Николай Васильевичъ: за то васъ и любитъ Московское общество. Но я особенно цѣню въ васъ одну благородную черту: вашу любовь къ мѣсту вашего воспитанія, вашу ему преданность. Вѣдь это часть любви къ отечеству. Вольтеръ сказалъ устами рыцаря Танкреда:

A tous les coeurs bien nés que la patrie est chère!

У насъ стали забывать этотъ стихъ въ послѣднее время. Но вы, конечно, не принадлежите къ числу такихъ забывчивыхъ. Мысль Вольтера можно примѣнить и къ мѣсту воспитанія. Я бы сказалъ такъ:

Мужъ благородный чтитъ преданья:
Онъ любитъ родину и мѣсто воспитанья.

Во имя любви къ Университетскому Благородному Пансіону вы скликаете насъ, всѣхъ вашихъ товарищей, и особенно тѣхъ, которые чѣмъ нибудь оправдали его объ нихъ попеченія. Пансіонскій аттестатъ есть право на ваше гостепріимство, на ваше вниманіе, на вашу любовь.

Вы желаете, чтобы я отдалъ вамъ отчетъ въ томъ эпизодѣ пансіонской жизни, который вы называете *мистическимъ*, потому что въ немъ обнаружилось вліяніе мистицизма. Но, вступивъ въ Пансіонъ въ 1818 году, я уже не засталъ этого періода, а самъ въ высшемъ классѣ принадлежалъ къ періоду вліянія нѣмецкой философіи, всего болѣе Шеллинга, котораго ученіе вводили профессоры Павловъ и Давыдовъ.

Слѣдъ мистическаго вліянія былъ еще замѣтенъ и на первыхъ курсахъ моихъ: я зналъ одного изъ представителей мистицизма, надзирателя Ив. Ив. Палехова. Онъ былъ магистромъ математики — и преподавалъ алгебру въ 4-мъ классѣ, куда я поступилъ послѣ того, какъ сравняли всѣ классы параллельно. Не у него въ комнатѣ я былъ: моими надзирателями были сначала Гавриловъ, потомъ Басалаевъ, оба немистики.

Комната Палехова была внизу, помните, подъ обѣденной залой, и отстояла далеко отъ нашей. Узнавъ меня въ классѣ алгебры, Палеховъ хотѣлъ приблизить меня къ себѣ и приглашалъ нерѣдко вечеромъ на чашку чаю. Онъ былъ невеликъ ростомъ, черноволосый; бритая борода его казалась синяго цвѣта; худощавость и блѣдность лица обнаруживали слѣды чахотки, отъ которой онъ и умеръ; но особенно памятны мнѣ его маленькіе, черные, ярко свѣтившіеся глаза, которые любилъ онъ устремлять на своего юнаго собесѣдника, какъ будто желая проникнуть въ его душу и выслѣдить всѣ его внутреннія помышленія. Голосъ глухой выходилъ изъ слабой груди, но по временамъ онъ возвышалъ его, когда хотѣлъ поразить какой нибудь мыслію своего ученика.

Онъ имѣлъ на меня сильное нравственное вліяніе, особенно въ религіозномъ отношеніи. Почва принесена была изъ семейнаго быта, освященнаго вліяніемъ Православной Церкви, и приготовлена отцомъ и матерью. Но среди шалостей, какія, какъ знаете сами, свойственны первоначальнымъ возрастамъ, вліяніе человѣка строгой и высокой нравственности, сильной энергической воли, было весьма полезно и охранительно при первыхъ шагахъ пансіонской жизни.

Когда черезъ большую залу, гдѣ стояли кровати-комоды учениковъ его комнаты, вы входили въ маленькую его комнатку, — прежде всего васъ поражало бронзовое распятіе, которое осѣняло ея уголъ. Палеховъ нерѣдко въ разговорахъ указывалъ на него — и растрогивалъ меня до слезъ. Сначала видъ его казался строгъ, взыскателенъ, неприступенъ; но когда замѣчалъ онъ слезы на глазахъ моихъ, тогда самъ умилялся, становился кротокъ, любовенъ, переходилъ къ улыбкѣ, дружескимъ объятіямъ и поцѣлую.

Вся бесѣда его клонилась къ тому, чтобы подѣйствовать на волю своего слушателя, чтобы обуздать ее отъ пороковъ и страстей, чтобы оградить ученика отъ вредныхъ окружающихъ вліяній. Что-то таинственное лежало въ основѣ ученья, что-то такое, чего не могъ еще открыть учитель непосвященному вполнѣ адепту: оно завлекало, заманивало идти за нимъ въ глубокую даль. Таковъ вообще обычай сторонниковъ мистицизма. Но это была не лучшая сторона методы: въ этой таинственности было что-то мрачное, какъ и тотъ черепъ, который виднѣлся надъ книгами учителя. Это мрачное скорѣе давило, нежели развивало. Не таково вліяніе религіознаго ученія Православной Церкви, которое даетъ питомцу по мѣрѣ силъ его, но не давитъ никакою недосягаемою безвѣстностію.

Такъ какъ религіозное вліяніе въ Пансіонѣ ограничивалось церковнымъ обрядомъ, чтеніемъ утреннихъ молитвъ, евангелія, молитвъ вечернихъ, догматическимъ ученіемъ въ классѣ, и потомъ, развѣ уже позднѣе, какъ брошенное заранѣе сѣмя, пускало ростки въ жизни: то близость такого человѣка, который хотѣлъ благотворно дѣйствовать на нравственную сторону питомца, была весьма для меня полезна, и впослѣдствіи, когда Палехова не стало, я чувствовалъ лишеніе его добрыхъ совѣтовъ.

Ученики его комнаты не любили его, хотя и боялись. Иные даже смѣялись надъ нимъ, и передразнивали его жестъ, какъ онъ любилъ дергать себя за густые свои бакенбарды.

Откуда вело начало мистическое ученіе Палехова? Думаю, что оно досталось ему по преданіямъ отъ профессора Шварца и по наслѣдству отъ Дружескаго Общества, Шварцемъ основаннаго. Мнѣ было тогда 12 или 13 лѣтъ — и, разумѣется, я не могъ принять всѣхъ тайнъ этого ученія, которое было еще мнѣ не по силамъ.

Вы знаете, какая общительная сила развита была въ нашемъ Пансіонѣ, особливо въ царствованіе Александра I. Съ тѣхъ поръ, какъ я принялся серьозно за ученье, и обнаружилась во мнѣ самодѣятельность и стихами и прозой, въ сочиненіяхъ и переводахъ, — я уже принадлежалъ литературному обществу, которое мы учредили втроемъ: Ознобишинъ поэтъ, Дмитрій Петровичь, Перцовъ, Эрастъ Петровичь, и я. Палеховъ имѣлъ вліяніе на насъ и ободрялъ насъ къ этому. Онъ требовалъ, чтобы мы остались втроемъ и никакъ не допускали болѣе членовъ въ тройственный союзъ свой. Мы сходились по субботамъ вечеромъ и, тихо притаясь въ уголкѣ, читали другъ другу то, что приготовлено было въ теченіи недѣли. Предсѣдателя у насъ не было, а каждый поочереди бывалъ имъ. Прочіе ученики не знали о нашемъ союзѣ. Никто другой не могъ присутствовать при нашихъ чтеніяхъ, которыя, по совѣту Палехова, совершались какъ можно скромнѣе, не изъ какого нибудь тщеславія, но изъ взаимной пользы, изъ желанія усовершенствоваться въ соревнованіи труда.

Въ пятомъ классѣ мы учредили уже открытое литературное собраніе, которое было извѣстно Антонскому и Давыдову. Я былъ выбранъ въ предсѣдатели, а Перцовъ въ секретари. Но Палехова тогда уже не было въ живыхъ, а руководилъ нашими занятіями надзиратель нашей комнаты, Иванъ Никифоровичъ Басалаевъ. Въ числѣ членовъ были: Титовъ, Ознобишинъ, Отрѣшковъ, Салтыковъ. Были и сотрудники. Ознобишинъ и я были выбраны за отличіе въ аускультанты высшаго собранія, учрежденнаго Жуковскимъ. У насъ была своя печать, на которой, по совѣту Давыдова, вырѣзанъ былъ улей пчелъ и кругомъ надпись изъ Горація:

Apis Matinae
More modoque.

Вы собираете, или, лучше, скликаете въ семью Университетскаго Благороднаго Пансіона такихъ питомцевъ, которые чѣмъ либо сдѣлались извѣстны на поприщахъ служебномъ, ученомъ, литературномъ. Но я вамъ укажу на такого товарища, который неизвѣстенъ ни на одномъ изъ нихъ, а между тѣмъ заслуживаетъ быть извѣстнымъ. Здѣсь сказать объ немъ кстати, потому что это питомецъ мистическаго періода и, конечно, одно изъ замѣчательныхъ его явленій. Я недавно съ нимъ познакомился. Это странникъ — Дмитрій Ивановичъ Сумароковъ. Онъ въ Тамбовской губерніи имѣлъ триста душъ, продалъ ихъ, роздалъ деньги нищимъ, взялъ посохъ и пошелъ богомольнымъ странникомъ по святымъ мѣстамъ Россіи питаться Христовымъ именемъ. Этотъ евангельскій подвигъ его знаю я, разумѣется, не отъ него самого, а отъ его знакомыхъ. Онъ же разсказывалъ дѣло иначе.

Дмитрій Ивановичъ — внучатный племянникъ знаменитому основателю театра, Александру Петровичу Сумарокову. Онъ превосходно знаетъ біографію своего дѣда и разные анекдоты изъ его жизни. Огромная начитанность и богатая память придаютъ разговору его занимательность необыкновенную. Онъ владѣетъ даромъ слова и говоритъ языкомъ Русскимъ чистымъ, свѣжимъ, сильнымъ: книжный языкъ образованнаго человѣка растворенъ въ рѣчи его силою народнаго слова, которое принялъ онъ изъ устъ самого народа, во время своихъ обширныхъ странствій по разнымъ концамъ земли Русской. Пѣсенъ и пословицъ у него запасъ неистощимый.

Но особенно бываетъ онъ краснорѣчивъ, когда говоритъ о нашей землѣ и ея народѣ. Онъ знаетъ о немъ не изъ книгъ, а изъ живаго опыта, какъ странникъ. Сколько любопытныхъ свѣдѣній сообщаетъ онъ о перемѣнахъ, послѣдовавшихъ въ нравахъ народа, въ его семейномъ быту, въ отношеніяхъ крестьянъ къ помѣщикамъ и проч.

Исполинскаго роста, съ живыми черными глазами, въ волосахъ длинныхъ, Дмитрій Ивановичъ носитъ простой синій долгополый зипунъ, наглухо застегнутый, и на шеѣ шарфъ радужнаго цвѣта. Онъ можетъ сказать вмѣстѣ съ древнимъ философомъ: omnia mea mecum (все мое со мною), потому что, кромѣ того, что на немъ, не имѣетъ никакой другой собственности Да еще есть у него собственность, которой и отнять не льзя, и которою онъ богато и щедро даритъ всѣхъ своихъ знакомыхъ: это рѣчь его живая, текучая, одушевленная, богатая знаніемъ родной страны и Русскаго народа.

Марта 4-го, 1857 г.

XIII.

ТОРЖЕСТВЕННЫЙ АКТЪ

14-го ноября 1798 года

въ московскомъ университетскомъ благородномъ пансіонѣ.

историческое представленіе.

ДѢЙСТВУЮЩІЯ ЛИЦА.

Главный смотритель М. У. Б. Пансіона.
Баронъ Швенфельденъ, помощникъ его
Директоръ Университета.
Профессоръ красноречія и поэзіи.
Севенардъ, учитель фехтованія.
Морелли и Соломони, танцмейстеры.

Тургеневъ............................ ⎫
Жуковскій........................... ⎪
Мятневъ.............................. ⎪
Порошинъ........................... ⎪
Костомаровъ....................... ⎬ Воспитанники Пансіона.
Родзянка............................. ⎪
Хвостовъ............................. ⎪
Лихачевъ............................. ⎪
Петинъ............................... ⎭

Университетскіе студенты, два куратора, посѣтители, посѣтительницы, профессоры, преподаватели наукъ, надзиратели и прочіе воспитанники Пансіона.

ТОРЖЕСТВЕННЫЙ АКТЪ

въ М. У. Б. Пансіонѣ.

Зала. Съ правой стороны кресла и стулья въ нѣсколько рядовъ. Передъ креслами двоихъ кураторовъ столъ, покрытый малиновымъ сукномъ; на немъ медали, книги, ноты и прочія награды ученическія. Съ лѣвой стороны каѳедра. Надъ нею портреты: Петра I, Павла I, Елизаветы I и Екатерины II. Прямо двери. По сторонамъ скамьи. Нѣсколько посѣтителей и посѣтительницъ сидятъ въ разныхъ рядахъ креселъ и стульевъ. Воспитанники стоятъ по правую сторону каѳедры. Профессоры, преподаватели уроковъ и надзиратели въ глубинѣ на скамьяхъ. По лѣвую сторону каѳедры Университетскіе студенты. Главный смотритель Пансіона, помощникъ его и директоръ Университета перебираютъ и пересматриваютъ ученическія награды. Севенардъ, Морелли и Соломони бесѣдуютъ съ гостями, которые, до открытія торжественнаго акта, подходятъ, по временамъ, къ своимъ дѣтямъ, къ учителямъ и надзирателямъ. Дневальные надзиратели и старшіе воспитанники принимаютъ и провожаютъ вновь прибывающихъ гостей до рядовъ, указывая имъ мѣста.

Посѣтительница.—Раненько мы забрались сюда!

Другая.—Вы изъ одного любопытства пріѣхали, а у меня здѣсь сынъ, такъ наканунѣ рада бы засѣсть на свое мѣсто.

Третья.—Сердце у меня не на мѣстѣ,—такъ боюсь за братишку!

Посѣтитель.—Что-то мой Саша? Какъ-то отличится онъ ныньче?

Другой.—Я за своего Василья не боюсь. Онъ выбранъ *въ первые* изъ своего возраста.

Третій.—Мой Михаилъ еще недавно въ Пансіонѣ; а современемъ ужъ, конечно, будетъ также изъ первыхъ.

Нѣсколько изъ вновь прибывшихъ.—Антонъ Антоновичъ!.... Антонъ Антоновичъ!... Не опоздали мы?.... Не задержали васъ?... Мой дружескій поклонъ!.... Мое почтенье!....

Главный смотритель.—Садитесь-ка, садитесь! Радъ-то гостямъ! радъ-то!

Еще посѣтители.—Какъ Богъ милуетъ?.... Здоровье ваше, Антонъ Антоновичъ!.... Чай больно устали отъ заботъ?

Главный смотритель.—Покорно благодарю. Здоровъ.—Здоровъ и веселъ, по милости моихъ добрыхъ дѣтей. Утѣшаюсь-то ими, радуюсь-то, счастливъ-то!....

(*Входятъ кураторы. Заиграла музыка. Между тѣмъ главный смотритель подводитъ къ директору Университета двухъ старшихъ воспитанниковъ: Сергѣя Костомарова и Василія Жуковскаго. За ними баронъ Швенфельденъ сопровождаетъ три пары воспитанниковъ, несущихъ портреты: Шувалова, Мелиссино и Хераскова.*)

Костомаровъ. (*)—«Воспитанники Московскаго Университетскаго Благороднаго Пансіона, чув-
«ствуя всю цѣну и важность попеченія о себѣ незабвенныхъ своихъ начальниковъ, желаютъ, въ за-
«свидѣтельствованіе чувствительнѣйшей благодарности, поставить въ новой залѣ своей *портреты*
«*Господъ Кураторовъ* Университета: Его Высокопревосходительства *Ивана Ивановича Шувало-*
«*ва* и Ихъ Превосходительствъ *Ивана Ивановича Мелиссино* и *Михайлы Матвѣевича Хераскова.*»

Жуковскій.—«Чтобы, такимъ образомъ, изображенія сіи, будучи всегда предъ глазами вос-
«питанниковъ, напоминали имъ, сколько они обязаны благотворнымъ своимъ Меценатамъ, и воз-
«буждали въ нихъ ревность послѣдовать примѣру сихъ знаменитыхъ мужей, отличившихся лю-
«бовію къ отечеству, къ наукамъ, къ добру.»

Главный смотритель.—«И для того просятъ, чтобы позволено имъ было удовлетворить толь
«пріятной для юныхъ сердецъ ихъ обязанности.»

Директоръ университета.—(*Объяснясь прежде съ кураторомъ*).—«Принимая, съ чувствомъ
«сердечнаго удовольствія, таковую признательность и просьбу благородныхъ воспитанниковъ, име-
«немъ Его Превосходительства, старшаго г. куратора, Михайла Матвѣевича, смѣю дать вамъ тре-
«буемое позволеніе.

(*Поставивъ портреты на опредѣленныя мѣста, воспитанники попарно подходятъ къ начальникамъ и кланя-
ются въ знакъ благодарности, за сдѣланную имъ честь.*)

Старшій кураторъ.—«Сердечно благодарю питомцевъ, которые толь торжественно доказали,
«что чувства ихъ прямо благородны. Предметомъ нѣжнѣйшихъ моихъ попеченій всегда была польза
«питомцевъ; я ни чего такъ не желаю, какъ видѣть ихъ возрастающими въ добродѣтели и про-
«свѣщеніи, и я весьма почту себя счастливымъ, если попеченія мои не останутся тщетны.»

Главный смотритель.—Вотъ дань благодарности питомцевъ. Вотъ вамъ стихи Семена Род-
зянки. Въ нихъ чувствительно, хоть не такъ-то хорошо, неискусно-то, а чистосердечно, вѣрно
выражена какъ печаль о кончинѣ Ивана Ивановича Шувалова-то и Ивана Ивановича Мелис-
сино-то; такъ и утѣшеніе наше въ разлукѣ съ ними—любовь родительская о дѣтяхъ Михайла
Матвѣевича!... А вотъ и приличныя надписи къ портретамъ ихъ. Онѣ сочинены прежнимъ
воспитанникомъ Пансіона, Петромъ Кайсаровымъ-то.

(*Во время его рѣчи баронъ Швенфельденъ, надзиратели и учители раздаютъ гостямъ упоминаемые стихи.*)

Гости (*читаютъ*).

Шуваловъ! нѣтъ тебя! ты въ вѣчность преселился!...
. . . .
И ты, Мелиссино! и ты отъ насъ сокрылся!...
. . . .
Херасковъ! ты въ себѣ ихъ обоихъ вмѣстилъ!...
Ты Россіядою стяжалъ вѣнецъ нетлѣнный!...
. . . .
О; мужи славные! Вашъ образъ въ сихъ чертахъ,
Но добродѣтели—здѣсь, здѣсь—у насъ въ сердцахъ!

(*Опять музыка. За нею угощенье: чай, яблоки, варенья. Въ этотъ промежутокъ времени всторонъ разгова-
риваютъ воспитанники и студенты.*)

(*) Все напечатанное въ піесѣ въ вводныхъ знакахъ — «историческое», все взято изъ подлиннаго акта.

Костомаровъ. — Погляди, Лихачевъ! вонъ, во второмъ ряду, видишь, въ чепцѣ, съ зелеными лентами: это сестра моя.

Лихачевъ — А рядомъ-то съ твоей сестрицей, Костомаровъ, моя старушка-бабушка.

Петинъ. — А гдѣ жь твои, живчикъ!

Жуковскій. — Эй, живчикъ! Хвостовъ! гдѣ жь твои?

Хвостовъ. — Отецъ разговариваетъ съ женою Павла Ивановича, а мать позади Михайла Матвѣевича.

Мятневъ. — Что-то вышется тебѣ, восковой херувимчикъ, съ вербы, геръ-Александеръ, за твою нѣмечину?

Тургеневъ. — Авось не хуже того, что тебѣ достанется за чтеніе русскихъ стиховъ, сонное зелье!

Хвостовъ. — Опѣшилъ, мата! опѣшилъ, зелье!

Мятневъ.   Хвосты есть у лисицъ, хвосты есть у волковъ,
          Хвосты есть у жгутовъ —
          Эй, берегись хвостовъ! (*)

Прочіе — Браво! браво, Мятневъ! браво!

Студентъ. — Какъ у нихъ всегда веселы наши кураторы!

Другой — Не диво. все своя братья, дворяне.

Третій. — Имъ любо, что дворянскія дѣтки пустились учиться.

Первый. — Такъ и намъ надо радоваться на нихъ; вѣдь мы ихъ отцы: Университетъ нашъ создалъ этотъ Пансіонъ.

Второй. — Молоды еще оба заведенія: и Университету-то едва 43 года!

Первый. — Да, съ 1755. А Пансіонъ съ 1779.

Петинъ. — Твой праздникъ сего дня, студень! 14 ноября, только-что по порошѣ охотиться.

Костомаровъ. — А! Ну-ко, Пороша, отрази!

Порошинъ — Было бы кого отражать, а цыпка и комарикъ отъ взгляда Порошина убѣгутъ.

Главный смотритель. — Прочтите, баронъ, программу-то нашего акта.

Баронъ Швенфельденъ — 1) Г. профессоръ красноречія и поэзіи произнесетъ съ каѳедры рѣчь о просвѣщеніи въ Россіи. 2) Г. Тургеневъ прочтетъ нѣмецкіе стихи, подъ заглавіемъ Die Hoffnung, изъ сочиненій г. Коцебу. 3) Г. Порошинъ прочтетъ стихи французскіе, псаломъ изъ сочиненій г. Малерба. 4) Гг. Родзянка и Хвостовъ произнесутъ русскіе стихи: *первый*, подъ заглавіемъ «Добродѣтель», сочиненіе Михайлы Матвѣевича Хераскова; а *второй* «На случай оказанной Высоко-Монаршей милости потомкамъ Ломоносовымъ,» произведеніе И. И. Дмитріева. 5) Первые въ благонравіи и прилежаніи воспитанники всѣхъ трехъ возрастовъ произнесутъ рѣчи къ товарищамъ.

Главный смотритель. Тутъ нужно поясненіе коротенькое. «Воспитанники Благороднаго Пан- «сіона, по установленному отъ господъ начальниковъ обычаю, дѣлаютъ ежегодно между собою «выборъ *лучшихъ*; и тѣ изъ нихъ, кои отличились примѣрнымъ благонравіемъ и прилежностью

(*) *Примѣчаніе.* Эти стихи дѣйствительно были сказаны Хвостову однимъ изъ его пріятелей въ отплату за его остроты и насмѣшки, только не въ 1798 году и не въ Пансіонѣ.

«въ наукахъ, получаютъ титло *первыхъ*. Тутъ же избираютъ они *директоровъ* и *секретари* «для своихъ забавъ. Выборъ сей дѣлается обыкновенно при началѣ зимы, и рѣшится *большин*- «*ствомъ* голосовъ. Это есть родъ торжества, *благонравію посвященнаго*, которое воспитанники «празднуютъ съ нѣкоторыми обрядами.» (*подводя дѣтей.*)

Вотъ имѣю честь представить ихъ начальникамъ, родственникамъ и посѣтителямъ. Вотъ господа директоры и секретарь концертовъ, спектаклей, маскерадовъ и другихъ забавъ. А вотъ первые-то по ученію и поведенію въ большомъ возрастѣ. Вотъ первые въ среднемъ-то. А вотъ и первые въ младшемъ.

(*Отпуская, каждаго изъ нихъ цѣлуетъ; а батюшки и матушки плачутъ отъ умиленія.*)

Посѣтительница. — Не воспитатель, а отецъ!

Другая. — Какъ же и любятъ они его!

Посѣтитель. — И по выпускѣ, гдѣ бы ни служили, сколько бъ ни странствовали, кому изъ нихъ приведется только быть въ Москвѣ, ужъ всегда посѣтитъ его, съ любовію и благодарностію.

Другой. — Любовію же платитъ онъ имъ за ихъ благородныя чувства.

Третій. — Антонъ Антоновичъ цѣлую жизнь свою слѣдитъ за ихъ успѣхами, роясь въ указахъ, вѣдомостяхъ и книгахъ.

Первый. — Да, все смотритъ: кто пошелъ по службѣ впередъ? кто сочинителемъ сталъ? кто въ ученость пустился?

Главный смотритель. — Продолжайте, баронъ!

Баронъ швенфельденъ. — 6) Г. учитель фехтованія, Севепардъ, будетъ биться съ нѣкоторыми изъ **воспитанниковъ на рапирахъ.** 7) **Гг. Морелли и Соломони**, танцмейстеры, покажутъ успѣхи, ловкость и выправку своихъ учениковъ. 8) Гг. Мятневъ и Поропшинъ сыграютъ концертъ, первый на флейтѣ, а второй на скрипкѣ. 9) Нѣсколько воспитанниковъ будутъ вести разговоръ о россійскихъ писателяхъ. 10) Раздача наградъ. 11) Пѣніе.

Старшій кураторъ. — Начнемъ же!

Профессоръ (*съ каѳедры.*) — «Уже не впервые, почтенные посѣтители и почтеннѣйшія посѣтительницы, благородная любовь къ просвѣщенію и богодухновенная любовь къ дѣтямъ въ сердцахъ образованныхъ родителей и попечительныхъ наставниковъ россійскаго благороднаго юношества, насъ въ сіе благословенное святилище наукъ, художествъ и искусствъ созываетъ. Прошли туманно-мрачныя времена невѣжества пагубнаго, когда, подобно краткому и прерывающемуся **блистанію** солнечныхъ лучей сквозь сѣрыя тучи въ ненастные дни темной осени, мудрыя, благія, выспреннія мысли высокихъ умовъ, избранниковъ неба, мелькали сквозь закоснѣлыя предразсужденія, загрубѣлые нравы и варварскія обыкновенія разнородныхъ племенъ, Россію населявшихъ. Я не говорю сего вообще о цѣлой жизни великаго народа. Нѣтъ! Соболѣзнованіе мое относится токмо къ гибельнымъ вѣкамъ неистовыхъ Моголовъ, удержавшихъ наше плавное шествіе впередъ въ разсужденіи просвѣщенія; чрезъ каковое воспященіе Европа опередила насъ въ образованности: языческая Литва отторгла на нѣкое продолженіе лѣтъ русскія православныя земли **отъ любезнаго** отечества нашего; латинская Польша проникла въ страны воинственныхъ казаковъ и въ предѣлы, бѣдствовавшея отъ гоненій Папы, Іезуитовъ, Пановъ и Израильтянъ, Малыя **Россіи; Польша** внесла въ оную чуждую намъ Уніатскую вѣру; древнее достояніе Руси — Эстонія и **Ливонія**, совратились, подобно Куроніи, въ безначальную ересь Лютера!... Такъ, м-е г-и и м я г-ши. Моголы омрачили наши умы, ожесточили сердца, исказили нравы, растлили, обуяли, отравили всѣ источники народной жизни!.. Но была свѣтлая пора въ древней Руси! То была пора крещенія! Изъ самаго родника истиннаго свѣта, изъ Св. Евангелія, наши праотцы пріяли въ началѣ умственно-нравственное образованіе свое. И дѣйствительно: не оттолѣ же возникли всѣ наши народныя добродѣтели? Смиреніе, терпѣніе и твердость въ бѣдахъ съ надеждою на промыслъ Божій; великодушіе и нетщеславіе при торжествахъ, Вѣрою относимыхъ къ сильной помощи Тріединаго; благотворительность, дѣлящая кусокъ черстваго хлѣба и кружку студеной воды съ нищимъ, изъ небесной любви, Спасителемъ проповѣданной. Вотъ сѣмена сѣятеля Божественной притчи, кои принесли плодъ въ тридцать, въ шестьдесятъ и во сто кратъ, плодъ всепобѣждающей любви къ отечеству (древніе именовали оную звучнымъ словомъ патріотизма); плодъ вѣрноподданнической любви къ Помазанникамъ, всегда готовой на всяческія пожертвованія; плодъ всеобъемлющей любви къ ближнему, дарующей силу единодушія и ратную мощь подвизающимся за Вѣру, Царя и Отечество воинскимъ полчищамъ. Такъ! Вѣра, единая Вѣра спасала Россію во всѣ годины ея испытаній свыше отъ конечной погибели. Вѣра воздвигла и возлелѣяла, въ тиши дремучей дубравы, въ тайной тьмѣ непроходимыхъ лѣсовъ, благословенную Москву, во спасеніе Россійскаго государства. И когда? Когда возвысила она свое гордое чело надъ многоглавыми ордами Татаръ, подобными вѣчно возраждающейся гидрѣ? Тогда, слушатели! какъ первонаставница наша, благорастворенная и мудрая Греція, прекрасная отчизна Сократовъ, Гомеровъ, Перикловъ, Аристидовъ, Алкивіадовъ, Леонидовъ, Софокловъ, Демосееновъ и толикихъ мужей, великихъ и знаменитыхъ на всѣхъ поприщахъ ума и души, предъ чалмою Оттоманскою пала!.. Тогда, какъ Римская Церковь распространила свое ученіе даже до колыбели исконнаго христіанства, до св. Іерусалима! тогда, однимъ словомъ, какъ единая токмо Россія могла пребыть—и пребыла землею православія.

«Вотъ безсмертное поколѣніе Рюрика, славно и бѣдственно, мудро и превратно, великодушно и самоугодно, управлявшее судьбами Россіи въ теченіи осми почти вѣковъ, угасло!.. Новый родъ возникаетъ на благо народамъ. Новыя времена—новые нравы. И се Великій Петръ раздралъ завѣсу предубѣжденій и закоснѣлой вражды, обоюдно отдѣлявшихъ: насъ отъ Запада и Западъ отъ насъ. Мы вдвигнуты мощною рукою его во многоученую Европу! На труженическихъ раменахъ своихъ онъ вынесъ оттолѣ къ намъ науки, искусства, художества, ремесла, артиллерію и флотъ!.. Отчаяннаго рыцаря Скандинавіи, Карла XII, не стало!..

«Но я утомляю вниманіе ваше, снисходительные слушатели и любознательныя слушательницы! Поспѣшаю къ концу. Петръ Великій пробудилъ долго дремавшую въ насъ воспріимчивость: русскій здравый смыслъ, смѣтливость, догадка и сноровка вскорѣ привили къ древней жизни древу новыя вѣтви знаній и свѣдѣній. Екатерина возмогла уже отверсть храмъ наукъ—основанную имъ Академію въ младшей столицѣ. Дщерь Его, Елисавета, образовала въ самомъ сердцѣ Россіи Московскій Университетъ.

    Молчите пламенные звуки
    И колебать престаньте свѣтъ;
    Здѣсь въ мірѣ разширять науки
    Изволила Елисаветъ.
              (Ломоносовъ.)

«Наконецъ: наша Матушка-Царица — о! да приникнетъ она къ простой рѣчи сей слухомъ съ горнихъ мѣстъ, куда хищная смерть увлекла ее, безсмертную!... Екатерина Великая, какъ зеницу ока, блюла сей юный вертоградъ наукъ, сей разсадникъ вѣрныхъ служителей государства, сей Парнассъ славянскихъ музъ, нашъ Благородный Пансіонъ

> Стремятся слезъ пріятныхъ рѣки
> Изъ глубины души моей
> О! коль счастливы человѣки
> Тамъ должны быть судьбой своей,
> Гдѣ Ангелъ кроткій, Ангелъ мирной,
> Сокрытый въ свѣтлости порфирной,
> Съ небесъ ниспосланъ скиптръ носить!
>
> Я вамъ даю свободу мыслить
> И разумѣть, себя цѣнить,
> Не въ рабствѣ, а въ подданствѣ числить,
> И въ ноги мнѣ челомъ не бить;
> Даю вамъ право безъ препоны
> Мнѣ ваши нужды представлять,
> Читать и знать мои законы,
> И въ нихъ ошибки замѣчать
> **Даю вамъ право собираться,**
> **И въ думахъ золото копить,**
> Ко мнѣ послами отправляться
> И не всегда меня хвалить;
> Даю вамъ право безпристрастно
> Въ судьи другъ друга выбирать,
> Самимъ дѣла свои всевластно
> И начинать и окончать...   (*Державинъ.*)

«Не знаю, достаточно ли я доказалъ, что просвѣщеніе у насъ,—позвольте такъ выразиться, — уже не совчера, но издревле, со временъ св. Владиміра и, слѣдовательно, не во младенчествѣ... О! да не увлечемся же слѣпымъ, безусловнымъ подражаніемъ Европѣ, издавна обуреваемой **лжемудростію, маловѣріемъ, безначаліемъ!** Нѣтъ! будемъ перенимать токмо благое отъ Запада: успѣхи въ наукахъ, **общительность,** развитую искусствами, и полезныя открытія въ области ума,—не скажу, сердца, отуманеннаго необузданностію страстей языческихъ, плотскихъ, животныхъ!.. Будемъ въ наружныхъ видахъ внѣшняго человѣка Европейцами; но внутренно-духовно останемся Россіянами, памятуя, что живоносный ключъ просвѣщенія забилъ намъ изъ св. купели. Соблюдемъ же чистоту нашихъ нравовъ; не сольемъ образованности *человѣка* съ просвѣщеніемъ *христіанина*. Имъ — языческая филантропія и философское идолопоклонство! Намъ—простота любви и смиренномудріе христіанства!..»

Посѣтители. — Прекрасно! превосходно! вѣрно!.. Особенно: коротко—и ясно.

Тургеневъ. — Die Hoffnung. Изъ сочиненій г. Коцебу. (*читаетъ.*)

Нѣмецкіе учители (*обнимая его*) — Браво! браво! gut! sehr gut! карашо! прекрасно!

Порошинъ. — Псаломъ г. Малерба. (*читаетъ*)

Французскіе учители.—Charmant!... Que c'est beau! Quelle verve poetique!

Родзянка. — «Добродѣтель», произведеніе Его Превосходительства, М. М. Хераскова.

Творите добрыя дѣла,
Другъ друга искренно любите!
Какъ зла терпѣть вы не хотите,
Не дѣлайте другому зла.

(*Студенты, профессоры и всѣ ученые въ восторгѣ рукоплещутъ. Потомъ и посѣтители къ нимъ пристали.*)

Хвостовъ.—Стихотвореніе Ивана Ивановича г. Дмитріева: «на Высоко-Монаршую милость, оказанную Императоромъ Павломъ I потомству Ломоносова.»

(*Читаетъ.—Общее рукоплесканіе. Старшіе воспитанники выходятъ впередъ.*)

Лихачевъ (*читаетъ по тетрадкѣ*). — «Любезные товарищи! Въ сіи торжественныя для «насъ минуты, въ вожделѣнномъ присутствіи досточтимыхъ нашихъ начальниковъ и знамени- «тыхъ посѣтителей, когда вы, одержавъ надъ нами преимущество—не крѣпостію силъ, не про- «ворствомъ и гибкостію тѣла, но отличными свойствами души вашей, примѣрнымъ поведеніемъ «и прилежностію въ наукахъ, когда вы получаете отъ насъ не лавры, скоро увядаемые, но «вѣчно зеленѣющійся вѣнокъ благонравія и невинности: въ сіи священныя минуты, каждому «изъ насъ собственное сердце говоритъ: *будь имъ подобенъ!*»

Костомаровъ (*съ тетрадкою*)—«Титло *первыхъ* между вами не можетъ не быть для насъ «весьма лестно.... Здѣсь, предъ лицемъ толь знаменитыхъ свидѣтелей, даемъ мы торжествен- «ный обѣтъ употребить всѣ силы свои, чтобы быть первыми въ послушаніи наставникамъ, въ «соблюденіи порядка, въ любви къ добродѣтели.»

Жуковскій (*по тетрадкѣ*).—«Питомцы толь знаменитыхъ мужей! Почтимся заблаговремен- «но пользоваться благодѣтельными поученіями, изъ устъ наставниковъ нашихъ текущими. Вре- «мя летитъ; и сѣмена мудрости и добродѣтели, насажденныя во дни юности въ умахъ и серд- «цахъ нашихъ, возрастутъ въ древо великое, коего плоды будемъ мы собирать и въ самой «вѣчности.»

Главный смотритель.—Дай-то Богъ!.. (*бьетъ въ ладоши*) Хорошо-то всѣ трое говорили. Хорошо-то, хорошо. (*общее рукоплесканіе.*)

Севенардъ.—Allons, Messieurs!.. (*фехтуетъ по очереди съ тремя воспитанниками.*) Courage!.. Не бойся!.. Bien! Tres bien!.. Очень прекрасно!... Diable! batu!.. Pardon! je mets bas tes armes... У стопъ кладу оружіе! (*хохотъ.*)

Морелли (*выстраивая учениковъ*).—Ménuet à la Reine, enfants!.. bon!.. Начинай! Тра-ла- ла! тра-а-ла-ла-ла! тра-а-а-ла-ла-ла! Assez!.. Monsieur Соломони! votre tour.

Соломони.—Monsieur Морелли! ça allait bien. Господа! (*подлаживая на скрипкѣ*) Plus de grace!... plus d'abandon!... bien!... bravo! bravo! вотъ антраша!... merci!... Другая па- ра!... живо!... voila un saut de Leucade!... до плафонъ!... Другая еще пара....

Главный смотритель.—Ужъ не довольно ли?... Гг. Мятневъ и Порошинъ!

(*Они играютъ концертъ на скрипкѣ и флейтѣ. Одобреніе въ рядахъ посѣтителей.*)

Старший куратор (*второму куратору*.)—Послушаемъ теперь, Павелъ Ивановичъ, сужденія нашихъ питомцевъ о насъ писателяхъ: стихотворцахъ и прозаикахъ.

Второй кураторъ.—Не слишкомъ бы строго лишь они разбирали насъ (*директору Университета.*) Какъ вы думаете, Иванъ Петровичъ?

Директоръ университета.—А вотъ послушаемъ. Господа Аристархи! Просимъ сюда!

РАЗГОВОРЪ ВОСПИТАННИКОВЪ.

Жуковскій—Что, Тургеневъ! Какова рѣчь нашего любезнаго профессора?

Тургеневъ.—Отзывается, мой стихотворъ, давнею школою до-Петровыхъ временъ.

Петинъ.—Развѣ: по-Петровыхъ.—Тогда еще такъ не писали.

Тургеневъ.—Пожалуй: древнѣйшею школою римскихъ ораторовъ, которымъ подражалъ Ломоносовъ и которымъ ты, Петинъ, подражать не будешь.

Петинъ.—Такъ вамъ, господа, ужъ и Ломоносовъ не нравится?

Хвостовъ.—Нравится, какъ ученый, какъ физикъ, какъ химикъ, какъ металлургъ.

Лихачевъ.—Пожалуй, хоть какъ художникъ.

Костомаровъ.—Тутъ не въ мозаикахъ его дѣло, а въ подвигахъ на поприщѣ словесности.

Петинъ.—Ужь конечно, какъ первый русскій историкъ, какъ соперникъ Франклина и Невтона, какъ сотрудникъ Эйлера, какъ сподвижникъ вообще ученыхъ Германіи и Англіи, у насъ нѣтъ, да и долго не будетъ равнаго ему.

Костомаровъ.—А я все-таки скажу, что проза его устарѣла, что теперь готовится другая, новая, болѣе сродная нашему языку.

Хвостовъ. — А гдѣ-жь и кто готовитъ эту новинку?

Мятневъ. — А! знаю гдѣ! въ пансіонѣ Шадена.

Жуковскій.—Именно: Шадена. Отъ него вышелъ Карамзинъ, юнѣйшій изъ настоящихъ у насъ писателей и, надо признаться, его проза—совершенно новое явленіе въ нашемъ языкѣ.

Тургеневъ. — Надѣюсь! Карамзинская проза то же передъ прозою Ломоносова, что Ломоносовскій и Державинскій стихъ передъ виршами Тредьяковскаго.

Родзянка.—И даже передъ стихосложеніемъ князя Кантемира.

Мятневъ. — То же, что комедіи Княжнина и Фонъ-Визина, Мельникъ Аблесимова и во многихъ отношеніяхъ сценическіе опыты нашей Великой Екатерины передъ театральными мистеріями.

Порошинъ. — Что поэмы Хераскова, лирическіе полеты Петрова и безсмертная Душенька Богдановича передъ громадными писаніями Николева и графа Хвостова.

Петинъ. — Что басни Хемницера и Дмитріева передъ притчами Сумарокова.

Порошинъ. — А что скажете про кн. Долгорукаго?

Родзянка. — Да ужь это не Майковская веселость.

Мятневъ. — Смотри, какое ужь множество у насъ стихотворцевъ, печатающихъ и не печатающихъ, извѣстныхъ и покуда еще неизвѣстныхъ!

Костомаровъ.—Словомъ, бывшихъ, сущихъ и грядущихъ.

Тургеневъ. - Кланяйся, Жуковскій! это къ тебѣ относится.

Жуковскій. — Грядущіе найдутся и не въ нашемъ заведеніи.

XIV.

ИМЕНА ОТЛИЧНЫХЪ ВОСПИТАННИКОВЪ

УНИВЕРСИТЕТСКАГО БЛАГОРОДНАГО ПАНСІОНА, ЗА БЛАГОНРАВІЕ И УСПѢХИ ВЪ НАУКАХЪ

получившихъ золотыя медали и одобрительные листы,

съ 1791 года.

1. Семенъ Озеровъ.
2. Василій Гурьевъ.
3. Михаилъ Магницкій.
4. Василій Муратовъ.
5. Петръ Кайсаровъ.
6. Николай Кавелинъ.
7. Дмитрій Кавелинъ.
8. Кн. Александръ Черкасскій.
9. Алексѣй Воейковъ.
10. Александръ Воейковъ.
11. Паисій Кайсаровъ.
12. Михаилъ Кайсаровъ.
13. Василій Жуковскій.
14. Семенъ Родзянка.
15. Константинъ Остромовъ.
16. Василій Поляковъ.
17. Кн. Григорій Гагаринъ.
18. Николай Тургеневъ.
19. Александръ Офросимовъ.
20. Григорій Мятневъ.
21. Дмитрій Столыпинъ.
22. Кн. Алексѣй Волхонскій.
23. Петръ Свиньинъ.
24. Павелъ Свиньинъ.
25. Дмитрій Дашковъ.
26. Яковъ Лизогубъ.
27. Николай Граматинъ.
28. Сергѣй Соковнинъ.
29. Владиміръ Антонскій.
30. Александръ Раевскій.
31. Михаилъ Милоновъ.
32. Сергѣй Саларевъ.
33. Аркадій Родзянка.
34. Григорій Полетика.
35. Александръ Величко.
36. Викторъ Чюриковъ.
37. Гаврила Поповъ.
38. Николай Антонскій.
39. Константинъ Рюминъ.
40. Василій Вердеревскій.
41. Александръ Мансуровъ.
42. Василій Рюминъ.
43. Александръ Писаревъ.
44. Кн. Владиміръ Одоевскій.
45. Тимоѳей Тимоновъ.
46. Николай Пургольдъ.
47. Степанъ Шевыревъ.
48. Владиміръ Титовъ.
49. Павелъ Морозовъ.
50. Иванъ Нероновъ.
51. Алексѣй Войцеховичъ.
52. Валеріанъ Салтыковъ.
53. Андрей Быковъ.
54. Дмитрій Вороновскій.
55. Владиміръ Строевъ.
56. Захарій Алферовъ.
57. Дмитрій Протасьевъ II.
58. Алексѣй Малыгинъ.
59. Дмитрій Милютинъ.
60. Валеріанъ Татариновъ.
61. Платонъ Жемчужниковъ.
62. Маркъ Хозиковъ.

Означенныя имена написаны на доскѣ золотыми буквами въ два столбца. Эта доска теперь—въ большой залѣ IV-й гимназіи.

XV.

О ВОСПИТАНІИ.

СОЧИНЕНІЕ

А. ПРОКОПОВИЧА-АНТОНСКАГО.

Erudi filium tuum, et refrigerabit te, et dabit delicias animae tuae.

Многія почтенныя особы, обязанныя автору сего сочиненія счастіемъ воспитанія, желали имѣть произведеніе долговременной опытности, для незабвенной памяти наставника своего. Случай, доставившій мнѣ удовольствіе исполнить столь благородное желаніе, почитаю счастливѣйшимъ для себя въ жизни. Я увѣренъ, что изданіе сей книги будетъ пріятнымъ подаркомъ не только для того мѣста, которое столько времени процвѣтаетъ подъ начальствомъ автора, но и для всякаго нѣжнаго отца семейства, попечительнаго наставника и добраго юноши. Кто, уклонившись отъ блистательнѣйшаго рода службы, посвятилъ жизнь свою на образованіе юныхъ умовъ и сердецъ, тотъ лучше другихъ могъ изобразить совершенное воспитаніе, самое прочное счастіе каждаго и безцѣнное благо общества.

Иванъ Давыдовъ.

О ВОСПИТАНІИ.

Никто не родится въ свѣтъ ни счастливымъ, ни добродѣтельнымъ, ни просвѣщеннымъ. Природа, производя человѣка, кажется, даетъ ему только жизнь и силу дѣйствія, а образовать его предоставляетъ времени и опытамъ. Большіе или малые успѣхи ума въ человѣкѣ зависятъ отъ различныхъ случаевъ жизни, болѣе или менѣе ему благопріятныхъ. Необыкновенныя и общія, худыя и добрыя свойства его зависятъ отъ первыхъ производимыхъ въ немъ впечатлѣній, отъ первыхъ внушаемыхъ ему чувствованій и понятій—отъ *воспитанія*.

Счастливъ тотъ народъ, котораго Государь съ самыхъ юныхъ лѣтъ наученъ мудрости и добродѣтели, которому съ самыхъ юныхъ лѣтъ внушаемы были правила истины и человѣколюбія, и котораго всѣ мысли, воля и дѣянія устремлены къ тому, чтобъ любить народъ свой и благотворить ему!—Счастливо то правительство, гдѣ каждаго состоянія люди умѣютъ цѣнить долгъ званія своего и блюдутъ недреманно стражу свою; гдѣ законоисполнители всего выше поставляютъ благо общества, споспѣшествуютъ ему всѣми силами, и тщательно отвращаютъ все то, что можетъ возмутить общественный покой, нарушить порядокъ и устройство! — Счастливо то семейство, коего отецъ воспитанъ въ правилахъ честности и страхѣ Божіемъ! Онъ столько же доставитъ обществу полезныхъ членовъ, столько страждущему человѣчеству утѣшителей, сколько у него сыновъ и дщерей, сколько внуковъ и правнуковъ. Не сокровища тлѣнныя, часто болѣе пагубныя, нежели полезныя, оставитъ онъ имъ въ наслѣдіе, но добрые нравы и благословеніе небесъ Драгоцѣнное наслѣдіе! оно распространится въ родъ и родъ, и отдаленные потомки съ радостію пожнутъ, что посѣялъ мудрый ихъ родоначальникъ.

Сколь спасительны плоды прямо добраго воспитанія, столь пагубны слѣдствія небреженія о немъ. Не отсюда ли, не изъ сего ли зловреднаго источника проистекаютъ всѣ бѣдствія, терзающія человѣчество?—Не отсюда ли безчисленныя болѣзни, убивающія насъ преждевременно? Не отсюда ли пороки и злодѣянія? Нарушеніе всѣхъ правилъ честности и добродѣтели, всѣхъ обязанностей къ Богу и человѣку—не отсюда ли?—Возврати всю силу и важность воспитанію, сдѣлай его какъ бы священнымъ нѣкіимъ предметомъ—и тогда не нужно будетъ ни столько врачей, ни столько блюстителей законовъ; нравственныя гарпіи исчезнутъ, и добродѣтель воцарится.

Судьба цѣлыхъ народовъ наиболѣе зависитъ отъ воспитанія молодыхъ людей. Дѣти должны нѣкогда составлять общество и быть его членами. Они утверждаютъ благосостояніе его, если съ юности напоены добродѣтелью и любовію къ отечеству; разрушаютъ порядокъ его и тишину, если отравлены развратомъ. Какъ бы славно и могущественно ни казалось государство; но если утвержденіемъ ему не служитъ доброе воспитаніе, то падетъ оно, и блескъ славы его изчезнетъ. Для блага обществъ столько же нужно воспитаніе, сколько попеченіе о юныхъ растеніяхъ нужно для поддержанія, распространенія и украшенія сада.—И если всегда доброе воспитаніе необходимо: то особливо въ нынѣшнія времена, когда роскошь повсюду влечетъ за собою распутство и болѣзни, суемудріе разстроиваетъ всѣхъ умы и сердца, а жадность къ корысти потушаетъ гласъ совѣсти и вѣры.

Воспитаніе есть физическое и моральное. Предметъ его—образованіе тѣлесныхъ и душевныхъ способностей человѣка. Тѣло дѣлаетъ оно крѣпкимъ и стройнымъ, умъ просвѣщеннымъ и основательнымъ, а сердце вооружаетъ противу язвы пороковъ. Оно даетъ человѣку новую жизнь, доставляя ему возможное совершенство.

Между дикими и просвѣщенными народами равно дорого цѣнится, равно почитается лучшимъ сокровищемъ крѣпкое и стройное сложеніе тѣла. Тѣмъ важнѣе, тѣмъ безцѣннѣе должно быть оно для человѣка, что отъ него наиболѣе зависитъ сохраненіе силъ душевныхъ и дарованій ума; самое счастіе, почести, богатство, забавы не лестны для того, кто слабъ и подверженъ болѣзнямъ.

Строеніемъ тѣла обязаны мы природѣ. Счастливы дѣти, кои родились отъ трезвыхъ, воздержныхъ и здоровыхъ родителей! доброе сѣмя произращаетъ древо съ добрыми плодами. Жалка участь родившихся съ болѣзнями! жизнь ихъ въ тягость имъ самимъ, а произведшимъ ихъ не рѣдко—въ поношеніе. Воспитаніе тѣмъ и другимъ можетъ быть полезно. Съ самымъ крѣпкимъ сложеніемъ тѣла становятся часто уродами отъ небреженія; съ самымъ слабымъ дѣлаются не рѣдко крѣпкими и стройными, если нѣжная рука матери приложитъ объ нихъ возможное стараніе.

Здоровье, крѣпость и красота составляютъ то, что мы называемъ хорошимъ сложеніемъ. Древніе Гигіѣ, богинѣ здравія, сооружали храмы, приносили лучшіе дары въ жертву. Нимвродъ крѣпостію силъ своихъ первый достигъ титла верховнаго властелина; Геркулесъ пораженіемъ чудовищъ привлекъ уваженіе народовъ и поставленъ между богами; безсмертными пѣснями Гомера воспѣты ратоборцы, показавшіе мужество и силу при разрушеніи Трои; Греки преимущественно вѣнчали наградами тѣхъ, кои крѣпость соединяли съ красотою. Ахиллесъ на полѣ брани являлся въ видѣ Марса, а въ мирѣ любимцемъ Цитеры. Спартанцы, толико славившіеся крѣпостію и мужествомъ, повсюду ставили изображенія Аполлона, Кастора, Поллукса, Нарцисса, отличившихся красотою, дабы черты ихъ, при воспламененномъ воображеніи, печатлѣлись на младенцахъ въ утробахъ матерей.

Не нѣгою и праздностію, не пышностію и роскошью пріобрѣтаются такія сокровища; не въ пиршествахъ и непозволенныхъ забавахъ, не въ угожденіи чувствамъ и пресыщеніи искать должно крѣпости силъ, но въ дѣятельности, воздержаніи, въ простотѣ жизни и умѣренности.

Безъискуственная и простая пища самая лучшая, самая полезная для здоровья. Различныя приправы портятъ соки, возбуждаютъ неестественный голодъ, отягощаютъ органы, безвременно родятъ страсти и разстроиваютъ сложеніе. Величайшій порокъ въ воспитаніи, особливо между знатными, излишнее пресыщеніе и раннее лѣченіе дѣтей. Обычай, введенный прихотливою изнѣженностью, предохранять ихъ отъ болѣзней, иногда пагубнѣе самой болѣзни. Преждевременно лѣкарствами истощая силу натуры, умножаютъ только въ нихъ слабость и увеличиваютъ недуги. Если разсудить, сколь много безъ разбору отягощаютъ желудокъ дѣтей пищею, а лѣкарствами разслабляютъ его: то дивиться должно еще, какъ переносятъ онѣ такое пагубное излишество.

Между тѣмъ, какъ утонченное сластолюбіе изобрѣтаетъ ко вреду нашему разнородныя приправы, суетность вводитъ многоразличныя одежды къ ущербу здоровья и къ порчѣ характера. Натура возбуждаетъ въ насъ нѣкоторыя нужды, всегда съ добрымъ и полезнымъ для насъ намѣреніемъ; но превратность нашихъ нравовъ и обыкновеній часто обращаетъ ихъ во вредъ намъ и ближнимъ нашимъ. Одежда, долженствующая служить защитою отъ перемѣнъ воздуха, становится бременемъ, нарядомъ; вмѣсто должной выгоды причиняетъ тысячи невыгодъ и принужденій. Сперва дѣтей неумѣренно стягивая, мѣшаютъ ихъ росту, обращенію крови, разстроиваютъ въ самомъ началѣ органы здоровья; потомъ, наряжая ихъ, на подобіе куколъ, портятъ умъ и нравы.

Какихъ укоризнъ не заслуживаютъ тѣ родители, кои, прельщаясь нарядами дѣтей, обнаруживаютъ предъ ними слабость свою и не могутъ удержаться, чтобы не хвалить ихъ и не любоваться ими!—Отецъ и мать! не жалуйтесь, если сынъ вашъ, если дочь ваша вѣтрены, легкомысленны, прихотливы, склонны къ пышности, мотовству и расточительности,—не жалуйтесь: вы сами тому причиною. Разберите поступки свои, разберите ходъ воспитанія, полученнаго дѣтьми вашими—и найдете, что вы сами, сами излишнею снисходительностью, нѣгою и потворствомъ научили ихъ быть такими прежде, нежели они могли понимать, что для нихъ полезно и что вредно, что хорошо и что худо. Не жалуйтесь! вы сами тому причиною.—Нѣтъ сомнѣнія, что по различію климатовъ должно быть разное и одѣяніе, приличное странѣ и обычаю; но надлежитъ, чтобъ оно было однообразно, и служило не для прихоти, а для опрятности и сбереженія здоровья.

Между всѣми средствами, служащими къ укрѣпленію нашему, къ сохраненію здоровья, къ предупрежденію самыхъ болѣзней, нѣтъ лучше, нѣтъ надежнѣе дѣятельности, движенія и вообще физическихъ упражненій. Не только освѣжаютъ онѣ тѣло, не только даютъ намъ новыя силы и бодрость, но еще предохраняютъ насъ отъ праздности, дѣлающей многихъ безполезными, а часто и вредными для общества. Исторія государствъ довольно показываетъ, что цѣлые народы отъ сего единственно были крѣпки и мужественны, и что тѣ же народы отъ нѣги и лѣни становились слабы и малодушны.

Надлежитъ, сколько можно, ранѣе пріучать дѣтей къ перемѣнамъ внѣшняго воздуха и вообще къ простотѣ жизни; надлежитъ пріучать ко всему тому, что можетъ способствовать ихъ здоровью, крѣпости и дѣлать ихъ не столько чувствительными къ болѣзнямъ тѣла. Привычка сія тѣмъ болѣе нужна, что мы часъ отъ часу становимся слабѣе, изъ роду въ родъ передаемъ болѣзни; и ежели не предупредить дѣйствія роскоши, то вмѣсто полезныхъ гражданъ отечеству, преобразимъ потомство свое въ женоподобныхъ сибаритовъ.

Чѣмъ пріобрѣли Лакедемонцы то мужество и крѣпость силъ, ту неутомимость въ перенесеніи всѣхъ трудностей, неутомимость, прославленную въ бытіяхъ міра? чѣмъ пріобрѣли то отличіе, то первенство, по праву коего долго обращали они въ рукахъ своихъ судьбу цѣлой Греціи? Чѣмъ, если не дѣятельностію, суровыми навыками, воздержностію и вообще такимъ воспитаніемъ, которое собственно имъ однимъ было сродно и которое столь мало нашло себѣ послѣдователей? Какихъ средствъ не употребляли они для предохраненія юношества отъ слабости тѣла и малодушія? Новорожденныхъ дѣтей своихъ омывали виномъ, или холодною водою; полагали возлѣ оружій, дабы глаза заблаговременно пріучались къ блеску ихъ, а духъ къ неустрашимости; съ самыхъ юныхъ лѣтъ упражняли ихъ въ различныхъ тѣлодвиженіяхъ. лучшія игры, лучшія увеселенія ихъ были борьба, ристалища. — Отъ чего Римляне, пока поле Марсово было предметомъ ихъ славолюбія и мѣстомъ главнѣйшихъ ихъ упражненій и забавъ, страшны были всему свѣту, и приводили въ ужасъ варваровъ одною тяжестію оружій?

Но къ несчастію человѣкъ въ поступкахъ своихъ никогда не бываетъ умѣренъ Избѣгая одной крайности, одного порока, ввергается часто въ другой, гораздо опаснѣйшій; привычку къ нѣгѣ замѣняетъ несоразмѣрными грубыми упражненіями, неестественными усиліями. Излишество вездѣ пагубно Сколько жертвъ пало подъ изнурительною тягостію несносныхъ трудовъ! Не всѣ Митридаты, не всѣ могутъ привыкнуть къ яду.

Взирая на любимцевъ счастія, покоющихся на розахъ, и при всемъ томъ, воздыхающихъ, блѣдныхъ, изнуренныхъ, можно подумать, что тяжесть работъ и грубость пищи есть неоцѣненный даръ природы, отрада бѣдныхъ, отчаяніе богачей: но повѣривъ опытомъ, найдешь, что тяжкой трудъ имѣетъ также свои вредныя слѣдствія. Взгляни на стенящаго, бѣдствующаго подъ бременемъ несоразмѣрныхъ работъ страдальца! рѣдко лучь отрады озаряетъ душу его, рѣдко сердечная улыбка лице его оживляетъ. Онъ блѣденъ, дрожащъ; духъ его унылъ, силы истощились, болѣзни отравляютъ остатокъ горестной его жизни, и уже хладная рука преждевременной смерти надъ нимъ тяготѣетъ.

Самое пріобрѣтеніе совершенной привычки ко всякой грубости не можетъ быть полезно для человѣка. Излишняя нечувствительность производитъ ожесточеніе и истребляетъ нравственную нѣжность, необходимую для собственнаго нашего и ближнихъ нашихъ благополучія. Спартанцы, слишкомъ уже обольщенные мнимою сею добродѣтелью, до того простирали свою жестокость, что истребляли при самомъ рожденіи всѣхъ младенцевъ, у коихъ примѣтны были знаки слабости и безсилія. Стыдъ и поношеніе человѣчеству! колико славныхъ мужей лишились бы мы въ исторіи міра, когда бы всѣ слаборожденные, при самомъ вступленіи своемъ въ поприще жизни, подверглись подобной участи!

Въ благоустроенныхъ обществахъ не должны быть терпимы ни роскошные сибариты, ни нечувствительные, твердые какъ желѣзо, Цельты. Весьма рѣдко отъ изнѣженныхъ людей ожидать можно великихъ и благородныхъ подвиговъ; но не льзя также надѣяться отличныхъ талантовъ отъ нечувствительныхъ и грубыхъ. Греки, стараясь укрѣплять тѣло дѣтей разными упражненіями, соединенными съ суровостію, старались вмѣстѣ смягчать грубость чувствъ ихъ пріятностію музыки. Во всемъ есть мѣра; преступая предѣлы ея, мы всегда уклоняемся отъ пути праваго.

Желательно, чтобы опредѣлилъ кто нибудь, какъ далеко могутъ простираться въ человѣкѣ навыки, которые способствовали бы его здоровью, крѣпости, стройности и красотѣ тѣла безъ ущерба красоты душевной, безъ порчи нравственности, безъ ожесточенія. Тысячи есть примѣровъ, что люди самаго крѣпкаго сложенія имѣли робкую душу. Многіе напротивъ величайшіе герои и философы, съ самымъ слабымъ сложеніемъ, готовы были на всѣ опасности, на всѣ труды. Малорослый и слабосильный Агезилай былъ славою своего народа, ужасомъ Азіи, удивленіемъ свѣта. Декартъ съ неимовѣрнымъ напряженіемъ ума сооружалъ системы міра въ ту самую пору, когда отъ слабости здоровья едва могъ дышать.

Красота лица есть даръ природы. Здравіе живитъ ее, болѣзни помрачаютъ Есть средства, кои придаютъ ей больше блеску; есть упражненія, кои увеличиваютъ стройность тѣла. Но нельзя не признаться, что какъ красота, такъ и безобразіе физическое весьма много зависятъ отъ красоты и безобразія нравственнаго. Лице есть зеркало души. Не много Лафатеровъ, не для многихъ значительно сіе зеркало, не многіе способны читать въ самыхъ тонкихъ, едва примѣтныхъ оттѣнкахъ лица сокровенныя свойства души человѣческой; однако всякой почти легко можетъ различить ощутительныя черты добродѣтели и порока. Хотя бы кто превосходилъ красотою и стройностію самаго Антиноя, самаго Аполлона Бельведерскаго; но если душа его не сіяетъ небесною красотой чистоты и невинности, если развратъ гнѣздится въ сердцѣ его, то тщетны сіи преимущества. Въ глазахъ самаго обыкновеннаго наблюдателя покажется онъ безобразнымъ и гнуснымъ. Такъ, при самомъ первомъ взглядѣ на порочнаго и злаго человѣка, чувствуемъ мы какое-то къ нему отвращеніе, но въ глазахъ, во всѣхъ чертахъ добродѣтельнаго и кроткаго находимъ нѣчто болѣе, нежели прелестное,—нѣчто такое, что влечетъ насъ къ нему тайною нѣкоею силою, открываетъ предъ нимъ сердце наше и заставляетъ любить его. Заключимъ, что только красота души можетъ доставить истинную красоту, стройность и даже самую крѣпость тѣлу.—Но чѣмъ пріобрѣтаются неоцѣненныя сіи нравственныя сокровища?—Просвѣщеніемъ ума и образованіемъ сердца, нравственнымъ воспитаніемъ.

Умъ есть главнѣйшее преимущество человѣка, есть драгоцѣннѣйшее его сокровище, есть то отличительное титло, по коему поставленъ онъ выше всѣхъ существъ, неизмѣримую цѣпь творенія на земли составляющихъ. Образованіе, очищеніе его тѣмъ должно быть важнѣе. Онъ можетъ рости, укрѣпляться и возвышаться по мѣрѣ стараній, объ немъ прилагаемыхъ. Какъ тѣло наше, такъ равно и умъ требуютъ своей пищи. Сила, бодрость и—если позволено такъ сказать—масса ихъ обоихъ зависитъ единственно отъ качества и количества сей пищи. Нѣтъ сомнѣнія, что развитіе душевныхъ способностей человѣка должно начинать на самой зарѣ юности его; но надобно, чтобы оно въ началѣ своемъ сколько можно было легче, почти непримѣтно и возвышалось постепенно. Къ надлежащему же и, такъ сказать, систематическому образованію ума должно приступать тогда только, когда самое тѣло получитъ уже извѣстную крѣпость. Скороспѣлый плодъ не проченъ. Многіе подвержены предразсудку, чтобы дѣтей, какъ можно ранѣе, представлять людьми, и безвременно обременяютъ голову ихъ тысячью безполезныхъ свѣденій—дѣлаютъ изъ нихъ пріятныхъ обезьянъ, хорошо выученныхъ попугаевъ, и обрадовавшись первымъ симъ успѣхамъ, оставляютъ ихъ безъ попеченія въ такія лѣта, когда оно имъ болѣе всего нужно. Сіи сначала столь удивительныя дѣти, въ послѣдствіи обыкновенно перестаютъ быть удивительными. Безвременнымъ напряженіемъ истощивъ естественныя силы и таланты души, они становятся совсѣмъ неспособны къ важнымъ дѣламъ, къ перенесенію трудовъ.

Иногда нужно даже останавливать слишкомъ бѣглыхъ и быстрыхъ, дабы сберечь крѣпость ума ихъ и силы тѣла.

Первымъ правиломъ воспитатель долженъ поставить себѣ то, чтобы заблаговременно изслѣдовать способности воспитанника, смотрѣнію его ввѣреннаго, и сообразно силамъ и дарованіямъ молодаго человѣка размѣрять труды объ немъ и старанія. Никто не родится въ свѣтъ, не получивъ къ чему нибудь способности. Если верховное Существо удаляется отъ надлежащей мѣры своихъ благодѣяній, то больше въ излишествѣ, нежели въ недостаткѣ. Исторія знаменитыхъ людей свидѣтельствуетъ, что многіе изъ нихъ, долго почитавшись ни къ чему неспособными, вдругъ отъ одного счастливаго случая, возблистали дарованіями своими, и имя ихъ содѣлалось безсмертнымъ. Сталь не прежде даетъ искры, какъ по прикосновеніи къ ней кремня. Внутренняя наклонность всегда готова разкрыться въ насъ: надобно токмо удачно тронуть ее.

Узнавши способности ума, надлежитъ употреблять средства, споспѣшествующія развертыванію ихъ и направленію къ доброй и спасительной цѣли. Достигнуть сего можно постепенно. Не окончивъ одного ученія, бросать его и переходить къ другому — значитъ подвергать себя опасности не знать ничего. Обыкновенными слѣдствіями въ такомъ случаѣ бываетъ сбивчивость, темнота въ мысляхъ и отвращеніе отъ наукъ. Учебный методъ Базедова въ началѣ заманчивъ, но послѣ родитъ скуку ко всѣмъ важнымъ упражненіямъ, требующимъ не столько бѣглаго ума, сколько разсудка, системы. Нѣтъ сомнѣнія, что строгой порядокъ, столь пріятный для зрѣлыхъ умовъ, тяготитъ дѣтей; душевныя способности, равно какъ и органы тѣла, требуютъ отдохновенія: но облегчить трудъ и отвратить скуку можно, перемѣшивая упражненія — важныя съ пріятными, полезныя съ занимательными.

Руссо дѣлаетъ весьма сильныя возраженія тѣмъ отцамъ, кои хотятъ, чтобъ дѣти ихъ разсуждали съ самаго младенчества: однакожъ на всякомъ шагѣ даетъ онъ своему Эмилю вождемъ разсудокъ. Безъ него молодость легко можетъ заблудиться и встрѣтить безчисленныя преткновенія. Разсудокъ необходимо долженъ быть всегдашнимъ руководителемъ нашимъ. Съ матернимъ млекомъ, такъ сказать, должно всасывать его; но такимъ образомъ, чтобъ дитя, вмѣсто отвлеченныхъ понятій, всегда почти удерживаемыхъ и повторяемыхъ машинально, образовался болѣе примѣрами и ощутительными предметами.

Душа, по мнѣнію извѣстнаго въ ученомъ свѣтѣ Бакона, имѣетъ три главныя способности: память, разсудокъ и воображеніе.

Изощреніе памяти доставляетъ лучшее богатство уму; нужно токмо умѣть изощрить ее. Скоропоспѣшное обогащеніе заглушаетъ ее, слишкомъ сильное — подавляетъ. Развлеченный умъ, неосновательный разсудокъ обыкновенно бываетъ у тѣхъ, кои, обольстясь успѣхами памяти, безъ мѣры отягощаютъ ее несовмѣстнымъ количествомъ матеріаловъ. Прежде всего стараться должно, чтобъ она въ началѣ возрастала мало по малу, потомъ, чтобы все, почерпнутое ею, вело насъ къ размышленію. Богатая жатва, собранная въ житницу, была бы безполезна, еслибъ мы оставили ее безъ всякаго употребленія.

Посредствомъ памяти дѣлаемся мы обладателями сокровищъ всѣхъ странъ, всѣхъ вѣковъ. Труды многочисленныхъ народовъ становятся собственнымъ нашимъ удѣломъ. Но какъ не льзя имѣть ни физической, ни моральной возможности научиться всему, что до насъ открыто, то въ семъ случаѣ необходимо нуженъ благоразумный выборъ. И счастливъ тотъ, кто имѣетъ опытнаго наставника! подъ его руководствомъ, озаряемый свѣтильникомъ здраваго его разума, пересмотритъ онъ тѣ, вѣками сооруженныя, хранилища, гдѣ умъ человѣческій собралъ безчисленныя, разнообразныя свои сокровища, и возьметъ для себя то только, что есть въ нихъ лучшее, достовѣрнѣйшее. Кругъ понятій его распространится, душа взойдетъ на высшую степень совершенства, мысли сдѣлаются благороднѣе, сердце обрѣтетъ для себя пріятную пищу. Воспитатели и наставники! помыслите, какое сильное вліяніе имѣютъ на умъ, сердце, нравы, характеръ, на самое счастіе и несчастіе дѣтей первыя получаемыя ими впечатлѣнія, первыя понятія, первые уроки—и вы найдете, что нѣтъ ничего пагубнѣе, какъ позволить имъ читать безъ разбору всякую, попадающуюся въ руки книгу, или говорить при нихъ все, что ни вздумается. Сколько отъ одного сего погибло дарованій, и сколько сердецъ развратилось!

Важнѣйшая польза, какую доставляетъ намъ память, состоитъ въ изученіи языковъ. Чѣмъ мы имъ не обязаны? Они обогащаютъ насъ многими высокими, тонкими, прекрасными мыслями, кои въ переводахъ или обезображиваются, или совсѣмъ пропадаютъ; они дѣлаютъ насъ гражданами всего міра, способствуютъ распространенію торговли, знакомятъ насъ съ отдаленнѣйшими народами, и приводятъ въ состояніе судить о совершенствѣ и недостаткахъ ихъ установленій, обычаевъ, правленія, политики, наукъ, художествъ. Знаніе древнихъ языковъ пріобрѣтается чтеніемъ и переводомъ; для сего должны быть избираемы лучшіе классическіе писатели; они понятнѣе и сверхъ того служатъ къ образованію нашего вкуса. Живымъ языкамъ вѣрнѣйшіе учители—навыкъ и употребленіе. Съ самымъ великимъ трудомъ не льзя дойти до разумѣнія тѣхъ тонкихъ оттѣнковъ языка, коимъ обращеніе съ знающими людьми легко научить можетъ. Лучшія сочиненія при чтеніи понимать можно удобно; лучшій разговоръ—весьма трудно. Во всѣхъ языкахъ древнихъ и новыхъ хорошій слогъ красивъ, чистъ и простъ; хорошая рѣчь имѣетъ особыя, ей только свойственныя слова, обороты, выговоръ.

Не смотря на мнимую важность предписаній Руссовыхъ, ученья языковъ не должно откладывать до зрѣлыхъ лѣтъ. Органы дѣтей гибки; они скорѣе и удобнѣе взрослыхъ могутъ пріобыкнуть къ правильному произношенію. Эпоха ума ихъ не та еще, чтобы мыслить, а больше, чтобы учиться, изощрять и обогащать память. Каждому возрасту природа назначаетъ свои упражненія. Земледѣлецъ, который бы смѣшалъ времена года и преобратилъ порядокъ работъ своихъ, получилъ бы въ удѣлъ токмо позднее раскаяніе.

Преимущественно должно заниматься отечественнымъ языкомъ и употреблять всѣ старанія и средства для достиженія въ немъ правильнаго, твердаго, основательнаго знанія. Оставлять въ небреженіи такой языкъ, которымъ писаны всѣ отечественные законы, всѣ гражданскія постановленія, къ общественному благосостоянію относящіяся, который должно употреблять при всѣхъ дѣлахъ, при всѣхъ встрѣчающихся нуждахъ—оставлять въ небреженіи такой языкъ есть крайне грубое, непростительное заблужденіе. Ошибаются также и тѣ, кои думаютъ, что изученіе природнаго своего языка не великаго труда стоитъ. Знать его основательно, знать со всѣми тонкостями, чувствовать всю силу его, красоту, важность; умѣть говорить и писать на немъ красно, сильно и выразительно по приличію матеріи, времени и мѣста: все это составляетъ трудъ, едва преодолимый. На пріобрѣтеніе такого знанія должно употреблять всѣ силы, должно пожертвовать не малою частію жизни. Сіе одно достаточно уже къ опроверженію мнѣнія тѣхъ людей, кои полезнѣйшимъ упражненіемъ почитаютъ изученіе многихъ иностранныхъ языковъ. Не спорю, есть нѣкоторые изъ нихъ принятые въ употребленіе, коихъ знаніе по какимъ-нибудь отношеніямъ конечно не безполезно и даже необходимо; есть нѣкоторые, доведенные до такой степени совершенства, что могутъ служить образцомъ при очищеніи природнаго языка; но то всегда останется неоспоримо, что не должно безъ нужды, изъ одного тщеславія, терять въ изученіи многихъ языковъ того времени, которое лучше употребить на пріобрѣтеніе знаній, необходимыхъ въ жизни, и служащихъ къ просвѣщенію и укрѣпленію разсудка.

Разсудокъ есть важнѣйшая способность ума. Что здоровье для тѣла, то разсудокъ для души. Человѣкъ съ неповрежденнымъ здоровьемъ и основательнымъ разсудкомъ ближе всѣхъ къ прямому счастію. Тѣмъ съ большимъ тщаніемъ должно стараться объ образованіи сей столь важной способности душевной. Всѣ погрѣшности въ дѣлахъ, всѣ заблужденія и предразсудки происходятъ большею частію отъ ложнаго сужденія, коего причиною или страсти, или недостатокъ правильныхъ понятій, или неумѣніе соединять ихъ. Многіе неспособны извлекать здравыхъ слѣдствій отъ непривычки къ размышленію; многіе предохраняли бы себя отъ великихъ непріятностей, недоумѣній, запутанностей, еслибъ старались чаще упражнять мыслящую свою способность.

Въ училищахъ и вообще при воспитаніи дѣтей, для изощренія разсудка, обучаютъ ихъ особой наукѣ, извѣстной подъ именемъ логики. Ее можно весьма правильно сравнять съ риторикою. Одной предметомъ есть—научить здраво мыслить; другой—мысли свои изъяснять приличнымъ образомъ. Но то ли бываетъ на опытѣ? достигаютъ ли онѣ сего предмета? Какъ правила риторики не сдѣлаютъ краснорѣчивымъ человѣка, если недостаетъ въ немъ природныхъ, нужныхъ къ тому дарованій, навыка: такъ, правила логики никогда не сдѣлаютъ здравомыслящимъ того, чей умъ по натурѣ не твердъ, не образованъ опытами, не обогащенъ чистыми понятіями и не привыкъ соединять ихъ, слѣдуя порядку природы.

Какія знанія болѣе споспѣшествуютъ просвѣщенію и укрѣпленію разсудка?—Вопросъ сей сколько необходимъ по великому числу наукъ, изъ которыхъ многія безполезны, столько по многоразличію состояній неудоборѣшимъ.—Всѣ знанія въ основаніи своемъ соединены неразрывнымъ союзомъ. Не возможно достигнуть совершенства ни въ одной наукѣ, не имѣя по крайней мѣрѣ общаго понятія о большой ихъ части. Есть однакожъ такія, коихъ звена во всеобщей цѣпи однѣ отъ другихъ весьма отдалены. Умъ молодыхъ людей преимущественно должно обогащать тѣми знаніями, кои больше имѣютъ отношенія къ будущему ихъ отношенію, къ будущему ихъ состоянію.

Не знать того, что до насъ дѣлалось въ свѣтѣ—говоритъ Цицеронъ—значитъ всегда быть младенцемъ. Благоразумный воспитатель, то только въ виду имѣющій, къ тому единственно устремляющій всѣ труды свои и попеченія, чтобы юный питомецъ его не всегда оставался младенцемъ, но сдѣлался бы нѣкогда человѣкомъ, сдѣлался бы полезнымъ членомъ общества и вѣрнымъ сыномъ отечества; такой воспитатель оставитъ ли его въ грубомъ незнаніи предшествовавшихъ ему великихъ приключеній, неоднократно преобращавшихъ видъ вселенной и премѣнявшихъ жребій человѣчества?—Нѣтъ, онъ смѣлою рукою откроетъ надъ нимъ завѣсу исторіи и представитъ глазамъ его величественное, поразительное зрѣлище. Съ удивленіемъ увидитъ тутъ юный житель земли, какъ міръ сей огромный, великолѣпный, возсталъ изъ ничтожества; какъ явился первосозданный человѣкъ, вѣнецъ и краса поднебеснаго творенія; какъ возрасталъ и распространялся родъ человѣческій; какъ составлялись селенія, грады, области; какъ возникали, процвѣтали и упадали царства; какъ науки рождались, достигали совершенства и разливали животворный свѣтъ свой, и потомъ—какъ ночь невѣжества паки простерлась по лицу земли и погрузила родъ смертныхъ въ постыдную, уничижительную дремоту, пока наконецъ снова возблистало солнце просвѣщенія, и явилось въ полномъ величіи на горизонтѣ человѣчества.—Какая картина! какое поле для собранія жатвы неоцѣненныхъ познаній! Чего не сдѣлаетъ тутъ искусный менторъ? Какими чувствами напитаетъ онъ жаждущее сердце своего питомца? какими мыслями обогатитъ раскрывающійся умъ его? А примѣры оныхъ великихъ, безсмертныхъ мужей, которые прославили древность, и нынѣ еще приводятъ свѣтъ въ изумленіе: — примѣры Леонидовъ, Эпаминондовъ, Аристидовъ, примѣры Сципіоновъ, Катоновъ и Регуловъ—если только умѣть ихъ представить— какимъ пламенемъ возпалятъ они благородную душу юнаго питомца и къ какимъ подвигамъ его приготовятъ? Неизъяснима польза отъ исторіи! Благоразумный наставникъ все употребитъ въ свою выгоду; онъ дастъ почувствовать воспитаннику своему, какъ страсти человѣческія ухищрялись и коварствовали во всѣ времена, во всѣхъ странахъ, у всѣхъ племенъ; какъ низпровергали онѣ троны и начальства, премѣняли судьбу народовъ, переносили владычество отъ языка въ языкъ, и какъ содѣйствіемъ ихъ, подобно какъ содѣйствіемъ сокровенныхъ пружинъ, производились подъ солнцемъ тѣ великія явленія, тѣ неизъяснимыя произшествія, кои часто слѣпое невѣдѣніе приписывало слѣпому случаю. Далѣе—онъ познакомитъ его съ обычаями, обрядами, установленіями, съ образомъ правленія и политикою древнихъ, по крайней мѣрѣ знатнѣйшихъ народовъ; покажетъ преимущества ихъ и недостатки; покажетъ, что въ нихъ хорошо и что худо, что смѣшно, нелѣпо, безразсудно, и что достойно удивленія, подражанія. Такъ будетъ поступать мудрый наставникъ при обозрѣніи пространной области исторіи; и при каждомъ шагѣ, при каждомъ новомъ встрѣчающемся предметѣ постарается наклонять юнаго питомца своего къ спасительной цѣли, къ той цѣли, чтобы сдѣлать его просвѣщеннымъ, основательнымъ, добрымъ, сострадательнымъ и готовымъ на службу отечества, чтобы сдѣлать прямымъ человѣкомъ.

Наука, доставляющая столь великія, многоразличныя выгоды, наука, не менѣе укрѣпляющая разсудокъ, какъ и обогащающая память, едва ли не первое заслуживаетъ мѣсто при воспитаніи; но за нею поставилъ бы я преимущественно тѣ знанія, кои болѣе основываются на наблюденіи и опытахъ—физическія и математическія. Польза ихъ ощутительна. Безъ нихъ не знали бы мы даже, что такое міръ сей, въ которомъ мы живемъ, сіи растѣнія и животныя, кои служатъ намъ въ пищу, и что такое мы сами, въ отношеніи къ тѣлесному своему составу. Безъ нихъ не умѣли бы мы ни нивы удобрить, ни поля разграничить, ни построить дому. Безъ нихъ не знали бы мы ни компаса, ни насосовъ, ни громоваго отвода, ни многихъ другихъ весьма полезныхъ орудій—словомъ: безъ нихъ лишенъ бы мы были тысячи выгодъ и пріятностей въ жизни, не могли бы даже удовлетворить необходимымъ своимъ нуждамъ, и не рѣдко подвергались бы неизбѣжнымъ опасностямъ.

Между физическими науками исторія натуры для дѣтей гораздо полезнѣе, нежели какъ обыкновенно думаютъ. Ясность понятій зависитъ отъ яснаго представленія различій, отличающихъ одно понятіе отъ другаго. Молодые люди то скорѣе понимаютъ, что ближе къ чувствамъ и болѣе дѣйствуетъ на воображеніе. Въ естественной исторіи, по методу новѣйшихъ натуралистовъ, изъясняются отличительные и непремѣняемые знаки, отдѣляющіе роды и виды, и опредѣляющіе каждое нераздѣльное. Дѣти, учась приводить въ порядокъ существа и разбирая примѣты ихъ, нечувствительно получаютъ навыкъ приводить и самыя понятія свои въ нѣкоторый порядокъ, и чрезъ то доставляютъ имъ большую степень ясности и опредѣленности. Сверхъ того сія наука въ самой себѣ заключаетъ упражненіе весьма пріятное, полезное и приличное юношеству: она изощряетъ чувства, доставляетъ многія познанія, которыя служатъ основою для искусствъ и большей части наукъ; надлежитъ токмо, чтобъ охота заниматься познаніемъ натуры не превратилась въ страсть къ пустымъ рѣдкостямъ и безполезнымъ мелочамъ.

Древніе, понимая важность математическихъ наукъ, истощали всѣ поощренія, награды и почести къ распространенію успѣховъ ихъ во всѣхъ состояніяхъ гражданъ. Пиѳагоръ, Ѳалесъ и ученики ихъ шли медленными шагами; но Архимедъ и Эвклидъ сдѣлали значительныя приращенія; новѣйшіе довели ихъ до высочайшей степени совершенства. Въ математическихъ наукахъ находится ключъ ко многимъ другимъ познаніямъ Онѣ открываютъ вѣрный и надежный путь къ опытной физикѣ; онѣ руководствуютъ безопасно въ лабиринтѣ умозрительной философіи; онѣ поддерживаютъ полетъ нашъ къ величественнымъ областямъ Ураніи. Существенная жъ и неоцѣненная польза сихъ наукъ для молодыхъ людей заключается въ томъ, что онѣ, пріуча ихъ не довольствоваться простыми вѣроятностями и правдоподобіями, и заставляя во всемъ искать достаточныхъ и убѣдительныхъ причинъ, укрѣпляютъ разсудокъ и дѣлаютъ его основательнымъ.

Кругъ наукъ безпредѣленъ; какія для кого полезнѣе, нужнѣе—трудно сказать утвердительно. Выборъ въ семъ предоставляется благоразумію воспитателя, который долженъ смотрѣть на сложеніе, характеръ и способности своего питомца, а болѣе на то званіе, къ которому порода, или другія отношенія его назначаютъ.

Сколько науки вообще въ воспитаніи необходимы къ изощренію ума и укрѣпленію разсудка, столько изящныя искусства нужны къ успокоенію его и облегченію. Онѣ не требуютъ, какъ первыя, зрѣлыхъ лѣтъ; имъ гораздо ранѣе можно учиться. Не надлежитъ только имѣть пустаго желанія заниматься вдругъ многими и съ отличнымъ успѣхомъ. Тѣ одни, кои опредѣляютъ себя быть артистами, не должны жалѣть ни времени, ни трудовъ для достиженія въ нихъ совершенства.

Между изящными искусствами, музыка заслуживаетъ предпочтительное мѣсто. Она производитъ пріятнѣйшія впечатлѣнія въ сердцѣ, и доставляетъ самые чистые, невинные восторги; она въ раздранный скорбію духъ нашъ вливаетъ отраду и успокоеніе; она смягчаетъ нравы, возвышаетъ мысли. Всѣ народы съ образованнымъ вкусомъ и чувствами не могли не плѣняться ею. Платонъ, въ сочиненіи своемъ о Республикѣ, въ которомъ онъ полагаетъ ходъ воспитанія, преимущественно прославляетъ музыку, подъ словомъ ея разумѣя также красноpѣчіе, поэзію и вообще всѣ изящныя науки.

Есть много искусствъ, кои, кажется, забыты, и коихъ однакожь не принадлежало бы оставлять при воспитаніи: таково искусство хорошо читать и хорошо произносить. Оно послужило бы равнымъ украшеніемъ и тому и другому полу; но его не такъ легко пріобрѣсти, какъ многіе думаютъ. Чтобы тономъ голоса изобразить различныя положенія души и сердца, изобразить игру страстей, и вообще, чтобы дать жизнь тому, что читаешь — для сего надобно имѣть самому душу и сердце, надобно имѣть тонкое чувство и образованный умъ; но навыкъ и ученье едва ли тутъ не дѣйствительнѣе всего? Хорошій органъ есть неоцѣненный даръ природы, коего нельзя достать отъ рукъ человѣческихъ; но недостатки его можно поправить усиліемъ. Искусный мастеръ искусно можетъ играть и на дурномъ инструментѣ. Есть многія также механическія упражненія, кои могутъ быть полезны въ воспитаніи. Однѣ послужили бы къ оживленію и гибкости тѣла, другія къ облегченію душевныхъ силъ, иныя къ доставленію выгодностей жизни. Встрѣчаются случаи, кои, препятствуя дѣйствіямъ ума, требуютъ тѣлесныхъ занятій; встрѣчаются обстоятельства жизни, гдѣ не столько науки, сколько трудъ и механическія работы потребны.

На разсудокъ, познанія, искусства, на самое счастіе и несчастіе весьма много дѣйствуетъ въ человѣкѣ сила воображенія. Одаренный живымъ, игривымъ воображеніемъ, не унываетъ въ самыхъ мрачныхъ случаяхъ; а съ томнымъ — печаленъ въ самыхъ плѣнительныхъ и веселыхъ положеніяхъ жизни. Цвѣтное воображеніе украшаетъ предъ нами всю натуру: источники и ручейки журчаніемъ своимъ возбуждаютъ пріятную меланхолію, пещеры преобращаются въ жилища забавъ, самые мраморы и кипарисы улыбаются; — возвышенное воображеніе преодолѣваетъ всѣ трудности, гремитъ побѣдами, похищаетъ лавры во храмѣ славы; печальное наполняетъ ядомъ всю жизнь, самыя утѣхи дѣлаетъ скучными и отвратительными; самую надежду, послѣднее сокровище несчастныхъ, превращаетъ оно въ черныя предчувствія; — мрачное низвергаетъ насъ въ пропасти отчаянія; добродѣтель предъ нимъ кажется лицемѣріемъ, дружба становится коварствомъ; пылкое воображеніе воспламеняетъ сердце художника и восхищаетъ зрителей. Живописцы, поэты! не приближайтесь ко храму вкуса, если не оживляетъ васъ благотворный огнь воображенія.

При всей таковой важности и силѣ воображенія, способность сію въ воспитаніи пренебрегаютъ, и совсѣмъ почти не стараются обогащать ее и направлять къ надлежащей цѣли. Отъ сего-то, можетъ быть, въ самыя даже просвѣщенныя наши времена, суевѣріе, фанатизмъ и безчисленные предразсудки возстаютъ противу истины и человѣчества. Если печальные и страшные виды безпрестанно поражаютъ нѣжное воображеніе дѣтей, если представляютъ имъ ложныя и несбыточныя мечтанія, удаляютъ отъ истинныхъ и естественныхъ предметовъ и мыслей: то удивительно ли, что они становятся мрачны, суевѣрны, склонны къ иступленію и ко всѣмъ странностямъ. Нѣтъ ничего опаснѣе, какъ сильное воображеніе, напитанное нездоровою пищею; нѣтъ ничего непріятнѣе, какъ человѣкъ, котораго воображеніе мертво.

Наставникамъ при воспитаніи дѣтей предназначены два весьма важные предмета: первый, чтобы какъ можно болѣе распространять въ нихъ кругъ истинныхъ понятій; второй, чтобы отвращать отъ нихъ всѣ вредныя впечатлѣнія, столь быстро дѣйствующія въ молодости и остающіяся потомъ на цѣлую жизнь. Воображеніе, раздраженное сими впечатлѣніями, измѣняетъ все насъ окружающее; блестящее въ картинахъ трогаетъ сильнѣе, нежели сама натура; пустыя мечтанія превращаетъ оно въ существенность; раждаетъ ужасы, робость, привидѣнія, страшилища, а наконецъ доводитъ до самаго сумасшествія, унижающаго человѣчество. Умѣряй стремленіе воображенія, когда можно, въ юныхъ еще лѣтахъ: оно неукротимо, какъ воздѣйствуетъ во всей силѣ; да будутъ всегда вождемъ ему правила здраваго разсудка и законы природы. Сколько правильное и очищенное воображеніе доставляетъ выгодъ и удовольствій, столько необузданное и развращенное причиняетъ вреда человѣку: оно пресмыкается въ тинѣ роскоши и сладострастія, въ то время, когда должно бы устремляться ко всему высокому, изящному, благородному и направлять пареніе свое ко храму славы и добродѣтели.

Такъ и всѣ таланты, самые превосходные, такъ и всѣ знанія, самыя обширныя и глубокія, не только не достигаютъ благой своей цѣли, не только не приносятъ вожделѣнныхъ плодовъ; но болѣе зловредны, пагубны, если не освящаетъ ихъ чистота нравовъ, невинность сердца.

Наблюдатель-философъ, обращающій внимательный взоръ на произшествія нравственнаго міра, съ прискорбіемъ видитъ, что воспитаніе подвержено той же участи, какую терпятъ всѣ прочія вещи въ мірѣ. Все должно стремиться къ полезному концу; но сколь часто бываетъ противное! изъ чего человѣкъ не сдѣлаетъ злоупотребленія!—Воспитаніе.... оно далеко отъ высокой, предназначенной ему цѣли. Наставники и попечители забываютъ, что питомцы ихъ не только разумъ имѣютъ, но и сердце; что одною рукою дѣлая ученыя изчисленія, другою должны они отирать слезы несчастныхъ. Истощая всѣ труды и старанія на украшеніе, обогащеніе ума разнообразными свѣдѣніями, сіи хладные учители ни мало не пекутся объ украшеніи сердца, объ укрѣпленіи его добрыми правилами и примѣрами! Какое заблужденіе! и какіе же плоды произращаетъ оно? — Горькіе, пагубные, часто орошаемые слезами лютѣйшей скорби. Когда зло нравственное достигало высшей степени? когда порокъ дерзновеннѣе возвышалъ чудовищную главу свою? и добродѣтель, кроткая, святая добродѣтель — когда болѣе страдала на землѣ?.. Но для чего сіи вопросы? Развѣ Франція исцѣлила уже язвы свои? развѣ болѣзненные стоны ея не отдаются еще въ нашемъ слухѣ? — Ахъ! время, время почувствовать, что просвѣщеніе безъ чистой нравственности и утонченіе ума безъ образованія сердца есть злѣйшая язва, истребляющая благоденствіе не единыхъ семействъ, но и цѣлыхъ народовъ!

Многіе отцы приставляютъ къ дѣтямъ своимъ толпу учителей для обученія ихъ разнымъ языкамъ и для изощренія разсудка, а не ищутъ ни одного такого, который бы изъяснилъ имъ первую и важнѣйшую науку—быть добрымъ, честнымъ, сострадательнымъ, быть—человѣкомъ. Чтожъ бываетъ? Сіи воспитанники тщеславія вступаютъ на театръ свѣта, и первый шагъ ихъ ознаменованъ паденіемъ; стыдъ и поношеніе покрываетъ не ихъ только, но самыхъ виновниковъ ихъ бытія. Тутъ роптанія и жалобы! «Мы ли не старались, говорятъ сіи несчастные родители, «мы ли не старались дать дѣтямъ своимъ приличнаго воспитанія? мы ли жалѣли трудовъ «и иждивеніи? И чтожь получили въ награду?» Такимъ родителямъ можно сказать въ отвѣтъ: «Не сами ль вы главнѣйшею тому причиною? Не одною ли суетностію и неразуміемъ водимы вы были при воспитаніи дѣтей вашихъ? Имѣли ли прямую нѣжность, прямое чадолюбіе и непритворное желаніе доставить имъ прочное счастіе? Не вы ли, изъ одного пустаго любочестія, старались дѣлать ихъ только ловкими, острыми, учеными, тогда-какъ общество требуетъ гражданъ здоровыхъ, разсудительныхъ, благонамѣренныхъ и честныхъ?»

Такъ точно, если разобрать всѣ обстоятельства, въ какихъ бываетъ воспитываемое дитя, и если разсмотрѣть, какъ поступаютъ съ нимъ наставники и всѣ окружающіе его: то едва ли не всегда найдется, что они сами всему злу причиною. Сердце оставляютъ они долго въ совершенномъ небреженіи, и если начинаютъ объ немъ думать, то уже очень поздно, забывъ, что оно гораздо ранѣе требуетъ попеченій, нежели умъ. Предразсудки и невѣжество съ лѣтами отъ разныхъ причинъ не рѣдко проходятъ; а злые навыки, закоренѣлые пороки ни чѣмъ не истребляются. Сердце требуетъ особеннаго надзора и потому, что страсти безпрестанно тревожатъ его, забавы и роскошь на уловленіе его простираютъ свои сѣти, и что за всѣ усилія въ стремленіи къ добродѣтели никакихъ общественныхъ наградъ оно не получаетъ, между тѣмъ какъ умъ часто имѣетъ сильныя побужденія: славу, честь, отличіе.

Въ воспитаніи сердца, въ удаленіи его отъ пороковъ и прилѣпленіи къ добродѣтели, примѣръ—лучшій и дѣйствительнѣйшій наставникъ. Дѣти любопытны и переимчивы. На все смотрятъ онѣ съ примѣчаніемъ, и всему стараются подражать. При такомъ счастливомъ природномъ расположеніи, чего не могутъ сдѣлать родители, которыхъ онѣ чрезмѣрно любятъ и почитаютъ, на которыхъ смотрятъ, какъ на единственный образецъ, достойный ихъ подражанія, которыхъ всякое движеніе, всякой шагъ, всякое слово и, можно сказать, всякое мановеніе родитъ въ нихъ новыя понятія, новыя чувства, новыя впечатлѣнія! Счастливы, счастливы дѣти, коимъ Провидѣніе даровало благомыслящаго отца, добродѣтельную мать

Но зло развѣ менѣе сообщительно, нежели добро? Чегожъ можно ожидать отъ дѣтей, если онѣ въ юности окружены будутъ дурными и порочными людьми? Сердце ихъ будетъ открыто для разврата. Язва нравственнаго поврежденія заразительна. Одинъ проступокъ побуждаетъ къ новымъ погрѣшностямъ; одинъ порокъ влечетъ за собою тысячу другихъ. Пагубно для дѣтей дурное сообщество!

Древніе мудрецы величайшую славу свою поставляли въ томъ, чтобъ не нанесть удара ближнему безъ вины. Христіанство призываетъ насъ къ вящшей славѣ, къ вящшему торжеству. Его законы повелѣваютъ не только не дѣлать другимъ обиды, но любить всѣхъ, любить самыхъ враговъ своихъ и благословлять клянущихъ. Вотъ основаніе, на которомъ должно утверждаться все нравственное ученіе, преподаваемое дѣтямъ! Вотъ средоточіе, къ которому должны стремиться всѣ труды, всѣ усилія при воспитаніи!—Чего не сдѣлаетъ благомыслящій наставникъ, чтобы напоить юное сердце воспитанника своего любовію къ человѣчеству, любовію къ самымъ врагамъ своимъ; чтобы внушить ему: не токмо не дѣлай другому, чего себѣ не желаешь, но и снисходи слабостямъ ближняго! Какихъ черныхъ красокъ не употребитъ онъ, чтобы вселить въ нихъ отвращеніе ко злобѣ, клеветѣ, обману, ненависти, мщенію, мщенію, котораго погибельный ядъ терзаетъ самаго несчастливца, скрывающаго его въ своемъ сердцѣ!

Въ Персіи важнѣйшимъ основаніемъ воспитанія, важнѣйшею добродѣтелію поставляли благодарность, и преступники противъ нея подвергались строгому наказанію. Персы въ семъ случаѣ достойны подражанія. Дѣти, раждающіяся на свѣтъ слабыми, требующими отъ всѣхъ другихъ помощи, должны безъ сомнѣнія чувствовать всегда, сколь онѣ обязаны родителямъ, наставникамъ, отечеству, сколько обязаны всѣмъ тѣмъ, которыхъ попечительная рука хранила ихъ во дни юности. И что бы было, еслибъ чувство сіе, чувство признательности, погасло въ человѣческомъ сердцѣ? Не рушилось ли бы тогда согласіе въ обществѣ? Не пресѣклись ли бы тѣ взаимныя одолженія, тѣ нѣжныя попеченія, кои услаждаютъ горесть жизни и облегчаютъ бремя заботъ и трудовъ нашихъ?—Неблагодарность противна самой природѣ, и всегда неблагодарный болѣе терпитъ, нежели тотъ, кому онъ дѣлаетъ оскорбленіе. Промыслъ всегда посылаетъ терзанія совѣсти во слѣдъ пороку,

Не довольно того, чтобы дѣти были признательны за оказываемыя имъ одолженія; надобно чтобы онѣ сами любили одолжать, любили дѣлать добро. Но чѣмъ можно внушить имъ сію священную добродѣтель, сію любовь къ благотворенію? Чѣмъ можно настроить юныя сердца ихъ къ сладкимъ впечатлѣніямъ чувствительности и состраданія?—Самыя краснорѣчивыя, самыя убѣдительныя наставленія дѣтямъ останутся тщетны и недѣйствительны, если мы сами при нихъ не докажемъ того на дѣлѣ. Тверди, сколько хочешь, воспитаннику своему: помогай бѣднымъ, облегчай участь несчастныхъ; но если онъ увидитъ, что нищій, просившій у дверей твоихъ куска хлѣба, или горестная вдова, прибѣгавшая подъ отеческій покровъ твой, отойдутъ отъ тебя съ неосушенными слезами, то къ чему послужатъ слова твои? Примѣръ во всякомъ случаѣ производитъ на дѣтей весьма сильное дѣйствіе, но здѣсь вліяніе его гораздо ощутительнѣе. Мудрый воспитатель есть въ одно время и прямой другъ несчастныхъ: онъ не словами только, но дѣломъ будетъ поучать питомца своего благотворительности. Онъ не удовольствуется тѣмъ, чтобы описывать ему, какъ бѣдствуетъ человѣчество; онъ поведетъ его въ хижину нищаго, поведетъ въ самыя тѣ мѣста, гдѣ плачъ и скорбь водворяются, гдѣ присѣдятъ томныя печали, гдѣ болѣзни изнуряютъ несчастныхъ. Тутъ растрогается сердце юноши, и слезы состраданія оросятъ лице его. Тутъ наставникъ скажетъ ему: «Смотри: это такіе жъ люди, какъ и мы! но какое различіе! «мы здоровы, спокойны, живемъ въ изобиліи и удовольствіяхъ; а они—томятся, страждутъ, и «едва бѣдное рубище покрываетъ наготу ихъ. Чѣмъ заслужили мы наше счастіе, и за что сле«зы и нищета достались въ удѣлъ симъ злополучнымъ? Провидѣніе искушаетъ ихъ и доста«вляетъ тебѣ случай пріобрѣсть благословеніе небесъ. Простри руку помощи, излей отраду и «утѣшеніе въ томную грудь сихъ несчастныхъ.» Такимъ или подобнымъ образомъ мудрый наставникъ будетъ поучать питомца своего благотворительности и состраданію — и уроки сіи напишутся неизгладимыми чертами во глубинѣ сердца его.

При внушеніи дѣтямъ благодарности, соболѣзнованія и благотворительности, не должно забывать и другихъ добродѣтелей. Надобно, чтобы молодой человѣкъ, который нѣкогда будетъ гражданиномъ, будетъ воиномъ, судіею, супругомъ, отцомъ, который нѣкогда войдетъ въ разныя отношенія и связи по собственнымъ своимъ и общественнымъ дѣламъ, отъ коихъ не рѣдко зависитъ благосостояніе не только малаго частнаго, но и великаго государственнаго семейства, — надобно, чтобы онъ былъ правдивъ, честенъ, твердъ въ предпріятіяхъ, рѣшителенъ, неустрашимъ, безкорыстенъ, чтобы умѣлъ исполнять данное слово и хранить тайну. Для преподаванія ему уроковъ въ сихъ добродѣтеляхъ не нужно назначать извѣстныхъ часовъ. Благоразумный отецъ или наставникъ не преминетъ преподавать ихъ всегда и вездѣ: дома и въ прогулкахъ, во время упражненій и отдыха, при забавахъ и увеселеніяхъ—только бы встрѣтился благопріятный къ тому случай, только бы юное сердце раскрылось къ принятію сѣмянъ мудрости и добродѣтели.

Мудрости! добродѣтели!.... Но что онѣ, если религія не озаритъ ихъ, религія, освящающая всѣ наши дѣла, желанія, мысли; религія, преобразующая, обновляющая человѣка, возносящая его надъ всѣмъ бреннымъ, ничтожнымъ, и отверзающая предъ нимъ врата неба! Ею, сладкимъ и спасительнымъ ея ученіемъ да напается жаждущее сердце юноши; да внидетъ въ душу его тотъ страхъ Господень, тотъ священный страхъ, который есть начало премудрости, основаніе и утвержденіе всякія добродѣтели; да проникнетъ все существо его благость, могущество, всевѣдѣніе и правота Существа Высочайшаго! Не фанатизмъ, не суевѣріе и мрачную лжесвятость должно внушать ему; но благоговѣніе, сыновнюю преданность и чистѣйшую вѣру къ Зиждителю міровъ.

Дни благоденствія народовъ были вмѣстѣ и днями торжества религіи. Невѣріе и злочестіе всегда влекли за собою лютѣйшія бѣдствія, и часто низпровергали могущественныя царства. Гдѣ гласу вѣры болѣе не внемлютъ, гдѣ вольнодумство и суемудріе заражаютъ умы и дерзостно возстаютъ противъ самаго неба: тамъ перстъ Божій тяготѣетъ и громы пробуждаются на пораженіе преступниковъ. Блюстители общественнаго блага! самый важный, самый священный долгъ вашъ—распространять и утверждать въ народѣ духъ религіи, духъ страха Божія; сооружаемыя въ сердцахъ людей святилища пріятнѣе Божеству, нежели всѣ храмы, воздвигаемые гордою пышностію. — Родители и наставники! самый первый, самый главный предметъ вашъ—впечатлѣвать въ умы и сердца дѣтей святыя истины религіи, религіи, болѣе всего споспѣшествующей добрымъ нравамъ, истинному просвѣщенію.

Въ воспитаніи нравственномъ и физическомъ, къ преодолѣнію встрѣчающихся трудностей, къ возбужденію въ дѣтяхъ любви къ добру, прилежности и соревнованія, обыкновенными средствами употребляютъ награды и наказанія; но сколько требуется при семъ благоразумія, осмотрительности! — Опытъ показываетъ, что сіи поощренія, вмѣсто желаемыхъ дѣйствій, часто производятъ совсѣмъ противныя; вмѣсто охоты къ трудамъ, возбуждаютъ отвращеніе и скуку. Надлежитъ имѣть великую осторожность, чтобы не ожесточать никогда юныхъ сердецъ продолжительнымъ и грубымъ наказаніемъ, не убивать духа дѣтей уничиженіемъ, не раздражать естественной пылкости ихъ неумѣренною строгостію, и не разстроивать здоровья излишними принужденіями. Всякое тѣлесное наказаніе должно бы истреблено быть въ благородномъ воспитаніи. Оно внушаетъ робость, подавляетъ бодрость и унижаетъ душу. Страхъ наказанія столь сильно впечатлѣвается въ воображеніи дѣтей, что остается въ нихъ навсегда, и простираетъ пагубныя свои вліянія не рѣдко на цѣлую жизнь, ко вреду ума и здоровья.

Но оставлять дѣтей совершенно на произволъ натуры, по правиламъ Руссо, вредно. Ежедневные опыты подтверждаютъ, что узда строгости необходима. Жалка участь сына ненаказаннаго. Отецъ и необузданный сынъ равно постраждутъ. Необходимо нужно дѣтей поощрять къ трудамъ, воспламенять въ нихъ любовь къ добру и искоренять наклонность ко злу. Не вспыльчивостію, не строгими наказаніями и жестокостію покоряютъ волю ихъ законамъ добродѣтели, возбуждаютъ въ нихъ благородное желаніе и охоту отличиться; но твердостію, хладнокровіемъ, терпѣніемъ, собственнымъ примѣромъ, точнымъ наблюденіемъ безпристрастія, вниманіемъ къ заслугамъ и предпочтеніемъ достоинствъ.

Въ самыхъ попеченіяхъ о дѣтяхъ, въ самыхъ наградахъ, особливо вещественныхъ, надобно имѣть великую осторожность, чтобъ не дѣлать ихъ слишкомъ часто и не во время. Смѣшное безпокойство родителей, при малѣйшихъ встрѣчающихся дѣтямъ непріятностяхъ и безъ нужды излишняя заботливость и стараніе помочь имъ, производятъ въ нихъ малодушіе и изнѣженность. Благоразумные воспитатели иногда нарочно даютъ случай чувствовать питомцамъ своимъ боль и неудовольствіе.—Не кстати, не искусно сдѣланное награжденіе или теряетъ свою цѣну, или, зараждая въ дѣтяхъ сѣмена корыстолюбія, побуждаетъ ихъ цѣнить дорого такія вещи, кои того не стоятъ, и чрезъ то дѣлаетъ ихъ пристрастными, низкими. Никакія награды, никакія побужденія не могутъ быть надежны и успѣшны, если онѣ, подъ видомъ добра, питаютъ въ нихъ страсти. Самое соревнованіе въ дѣтяхъ, самое предпочтеніе должно основывать не столько на выгодахъ и преимуществахъ, сколько на безкорыстной и чистой **любви къ добродѣтели, на любви ко всему изящному и благородному**.

Главныя сіи правила воспитанія необходимы для дѣтей обоего пола — Здоровье, просвѣщеніе ума и доброе сердце не менѣе нужно какъ тому, такъ и другому. Какое печальное зрѣлище—видѣть дѣтей, рожденныхъ отъ матери, изнѣженной въ воспитаніи, дѣтей, которыя, вмѣсто того, чтобы продлить знаменитость рода своего и отличиться заслугами отечеству, увядаютъ въ самомъ цвѣтѣ лѣтъ своихъ! Польза общественная требовала бы совершенно перемѣнить физическое и нравственное воспитаніе женщинъ. Отъ чего имѣютъ онѣ такое слабое сложеніе тѣла, такую блѣдность лица, такое множество болѣзней,—отъ чего, если не отъ образа получаемаго ими воспитанія?—Отъ чего многія женщины часто жалуются на скуку, убиваютъ столько времени въ праздности и бездѣйствіи, въ собраніяхъ занимаются пустыми разговорами и пересудами,—отъ чего, если не отъ недостатка полезныхъ свѣдѣній? Женщины, имѣя отъ природы столько прекрасныхъ способностей, имѣя долгъ быть первыми образовательницами ума, памяти и воображенія дѣтей, первыми наставницами ихъ въ добродѣтели, имѣя долгъ пещись о семейственномъ устройствѣ, быть отрадою мужу, украшеніемъ бесѣдъ, должны необходимо съ самыхъ юныхъ лѣтъ обогащать умъ знаніями, а сердце добрыми нравами.

Каждый народъ и даже каждое дитя, сверхъ главныхъ сихъ основаній, по различнымъ отношеніямъ и по мѣрѣ физическихъ и нравственныхъ своихъ качествъ, по мѣрѣ душевныхъ и тѣлесныхъ силъ, требуетъ особыхъ средствъ, особыхъ попеченій, особаго воспитанія Весьма желательно, чтобъ всѣ, руководствующіе дѣтей, дѣлали свои наблюденія и опыты надъ свойствами души ихъ и надъ движеніями сердца, и примѣчали бы самое сложеніе ихъ тѣла съ такою жъ точностію, съ какою астрономы наблюдаютъ небесныя явленія. Можетъ быть, изъ такихъ частныхъ замѣчаній не трудно было бы сдѣлать лучшую и вѣрнѣйшую систему воспитанія.

Обыкновенно воспитываютъ дѣтей дома, или въ училищахъ. Первое называется частнымъ; а второе публичнымъ воспитаніемъ. Которое изъ нихъ лучше, которое больше отвѣтствуетъ пользѣ общества и каждаго человѣка въ особенности, едва ли можно сказать утвердительно. Много есть выгодъ и преимуществъ въ томъ и другомъ, много также невыгодъ и неудобствъ.

Нѣтъ сомнѣнія, что первыми воспитателями дѣтей должны быть ихъ родители. Дать жизнь — есть долгъ человѣка, общій ему со всѣми живущими тварями; но даровать обществу полезныхъ членовъ, а человѣчеству достойныхъ человѣковъ — есть обязанность, преимущественно на него возложенная Промысломъ. Законы природы, любовь къ дѣтямъ, тою же природою поселенная въ сердцѣ родителей, требуютъ, чтобы первая кормилица ихъ была мать и первый наставникъ ихъ былъ отецъ. Чье сердце ближе къ дѣтямъ, какъ не сердце рождшихъ? Кто можетъ имѣть къ нимъ такую нѣжность и привязанность, какую отецъ и мать имѣютъ? Но отецъ и мать могутъ ли имѣть столько свѣдѣній, столько средствъ, чтобы научить дѣтей всему, что нужно и полезно знать имъ? Могутъ ли всегда горячность любви своей такъ умѣрять, чтобы не нѣжить и не портить ихъ? Могутъ ли найти столько времени, чтобы, при всѣхъ обязанностяхъ жизни, въ силахъ они были заниматься ихъ образованіемъ? Вотъ причины, которыя заставляютъ отдавать дѣтей въ чужія руки, или дома, или въ публичныя училища!

Нѣжные родители! если вы хотите, чтобы дѣти ваши были славою своего рода и приносили вамъ отраду въ преклонныхъ дняхъ старости вашей: то разбирайте тщательно, кому ввѣрить смотрѣніе надъ ними, кому поручить священный долгъ пещись о ихъ воспитаніи. Важенъ выборъ сей; отъ него все зависитъ. Поношеніе и честь, бѣдствіе и счастіе дѣтей вашихъ и ваше собственное въ рукахъ воспитателя. Порочный заразитъ юныя сердца, столь удобныя къ принятію малѣйшихъ впечатлѣній. Добродѣтельный!... въ немъ будете вы имѣть генія-хранителя, благодѣющаго въ дѣтяхъ вашихъ и позднему вашему потомству!...

Деньги не могутъ доставить такого наставника, который бы замѣнилъ отца. Есть люди, которыхъ усердія нельзя купить цѣною золота; одно богатство не властно принудить къ понесенію всѣхъ трудностей, неразлучныхъ съ воспитаніемъ. Истинный воспитатель долженъ быть другомъ семейства, чтобъ неусыпно хранить ввѣренный ему залогъ, и пещись о немъ съ отеческою нѣжностію, любовію, терпѣніемъ; долженъ быть другомъ добродѣтели, чтобы собственнымъ примѣромъ привлекать къ ней своего питомца; долженъ быть во всѣхъ поступкахъ своихъ и разговорахъ пріятнымъ, гибкимъ и вѣжливымъ, чтобы умѣть владѣть его сердцемъ, и вообще долженъ имѣть проницательный и просвѣщенный умъ, здравый и основательный разсудокъ; долженъ имѣть тонкое, глубокое познаніе сердца человѣческаго, чтобы надежно руководствовать человѣка, смотря по характеру его, дарованіямъ и обстоятельствамъ жизни.

Такихъ свойствъ люди весьма рѣдки. Природа сама по себѣ надѣляетъ насъ сими дарами скупо; а несчастный обычай не цѣнить ихъ по достоинству, а иногда и презирать, еще болѣе увеличиваетъ сей недостатокъ. Удивительно ли, что такъ мало хорошихъ воспитателей, когда на сію толь важную и многотрудную должность едва нѣкоторые только обращаютъ вниманіе? Человѣкъ съ отличными талантами обыкновенно ищетъ званія, которое приносило бы ему не только пользу, но честь и похвалу. Легче сыскать тысячу способныхъ къ самымъ важнымъ должностямъ, нежели одного совершенно годнаго къ воспитанію дѣтей. Сверхъ того самый лучшій наставникъ можетъ ли имѣть столько твердости, столько искусства, чтобы дома, въ глазахъ излишне-снисходительной и чадолюбивой матери, при безпрестанной помѣхѣ, при семейственныхъ развлеченіяхъ, при недостаткѣ многихъ способовъ къ просвѣщенію ума и образованію сердца, въ присутствіи низкихъ приставниковъ, воспитать дитя съ успѣхомъ, безъ нѣги и порчи?

Въ публичныхъ училищахъ больше средствъ, больше людей, способныхъ къ воспитанію юношества, болѣе можетъ быть ревности, охоты и любви къ наукамъ между самыми учащимися. Молодые люди, будучи вмѣстѣ, возбуждаются соревнованіемъ заслужить похвалу. Знаменитый полководецъ Вилларъ два величайшія удовольствія, какъ самъ онъ говоритъ, имѣлъ въ жизни: одно, когда получилъ преимущественную награду въ училищѣ; другое, когда выигралъ надъ непріятелемъ первую побѣду. Воспитываясь дома, можетъ быть, никогда онъ не имѣлъ бы столь живаго стремленія къ славѣ и никогда не былъ бы такимъ великимъ воиномъ. Въ публичныхъ училищахъ, не смотря на то, что многіе иначе думаютъ, **самую добродѣтель удобнѣе можно внушить дѣтямъ, нежели дома, гдѣ тщеславность родителей и низость служащихъ искажаютъ самыя лучшія наставленія; тамъ легче предостеречь ихъ отъ малодушія и изнѣженности**, которыя часто бываютъ плодомъ излишнихъ попеченій родительскихъ; легче заблаговременно научить ихъ великому искусству жить въ свѣтѣ, познавать разныя свойства другъ въ другѣ и примѣняться къ нимъ. Но можно ли воспитать въ публичномъ училищѣ съ довольною нѣжностію въ чувствахъ, пріятностію въ нравахъ и гибкостію въ обращеніи? можно ли сохранить въ нихъ довольно любви и горячности къ родителямъ, сихъ неоцѣненныхъ добродѣтелей, столь необходимыхъ для семейственнаго счастія?

Главныя неудобства, встрѣчающіяся при публичномъ воспитаніи, большею частію происходятъ или отъ недостатка въ ученіи, или отъ недостатка нужныхъ заведеній, или отъ недовольнаго вниманія къ учащимъ и учащимся. Тамъ, гдѣ, при наставленіи юношества, не разбираютъ ни характера, ни дарованій, ни лѣтъ учащихся, и не смотрятъ на то состояніе, въ которое по отношеніямъ должно имъ нѣкогда вступить; гдѣ полководца и воина, судію и священнослужителя образуютъ почти одинакимъ образомъ; гдѣ, забывъ прекрасный методъ, оставленный лучшими древними мудрецами, отягощаютъ память дѣтей отвлеченными токмо понятіями, продолжительными толкованіями и метафизическими тонкостями; гдѣ читаютъ христіанскихъ авторовъ также, какъ и языческихъ, древнихъ также, какъ и новѣйшихъ, республиканскихъ также, **какъ и благонамѣренныхъ поборниковъ единоначалія**, не примѣняясь ни къ религіи, ни къ народнымъ нравамъ, ни къ образу правленія, и гдѣ, стараясь о обогащеніи ума разнообразными свѣдѣніями, оставляютъ сердце въ небреженіи, или пекутся о немъ весьма мало; гдѣ не довольно публичныхъ училищъ, приличныхъ всякаго состоянія людямъ, какъ самымъ знатнымъ, такъ и низкимъ — первымъ, чтобы научиться владѣть кормиломъ государственныхъ дѣлъ; а другимъ, чтобы знать землепашество и ремесла; гдѣ, наконецъ, учащіеся награждаются не соразмѣрно способностямъ своимъ, знаніямъ и достоинствамъ, а учащіе, за всѣ усилія, за всѣ труды, прилагаемые ими, не довольно ободрены и обезпечены въ своемъ состояніи, тамъ, говорю, можно ли ожидать, чтобы публичное воспитаніе текло съ желаемымъ успѣхомъ и достигало своей цѣли?

Но сіи самыя неудобности не встрѣчаются ли еще болѣе въ частномъ? — Всѣ ли отцы могутъ быть столько богаты въ способахъ, въ многоразличіи ученія и въ нужныхъ для того заведеніяхъ, сколько и самое посредственное училище? — И можно ли ожидать постояннаго вниманія къ дѣтямъ отъ учащихъ, привязанныхъ къ дому единственно прибыткомъ, и посѣщающихъ оный въ извѣстный часъ, — послѣ того, какъ голова и сердце ихъ утомлены уже многими прежде данными уроками? — Самые учители танцованья стараются собирать многихъ дѣтей въ одинъ домъ, для скорѣйшихъ успѣховъ; — и если для образованія ногъ полезнѣе общественное ученіе, то почему не можетъ оно быть таковымъ для ума и сердца? — Говорятъ о медленности ученія общественнаго; но сія медленность, сохраняя съ одной стороны умъ и память отъ безплоднаго, удушающаго бремени многихъ языковъ и свѣдѣній, утверждаетъ съ другой стороны нашъ разсудокъ, дѣлаетъ его заблаговременно терпѣливымъ, неопрометчивымъ и осмотрительнымъ; она есть мать основательныхъ познаній; она избавляетъ насъ отъ того поверхностнаго, пустаго блеска мудрости, которымъ часто хвалится въ своемъ воспитанникѣ учитель предъ ослѣпленными родителями. — Поспѣшность столько же вредна, какъ и излишняя медленность; но сія послѣдняя производитъ не много, но хорошо, а первая много и ничего. — Нѣжность, гибкость обращенія! — Очень увѣренъ, что это драгоцѣнныя качества молодаго человѣка, и что онѣ легче пріобрѣтаются въ домашнемъ воспитаніи; — по крайней мѣрѣ всѣ согласятся со мною, что онѣ не главное сокровище, а только его украшеніе. Обработай самый металлъ — придать ему видъ и блескъ, дѣло послѣднее: для того есть свое время. — Горе родителямъ, которые почитаютъ сіи наружныя качества главнымъ достоинствомъ дѣтей своихъ! — Не видимъ ли прелестныхъ статуй, движущихся и измѣняющихся при всякомъ мановеніи, совершенно пустыхъ, безхарактерныхъ, которые повинуются чужому взору и чужому слову, сами не имѣя ни того, ни другаго! — Пусть домашнее воспитаніе даетъ дѣтямъ болѣе людскости и искусства въ обращеніи; но всегда ли оно вперяетъ въ нихъ священныя чувства, — не того ложнаго честолюбія, соединеннаго съ именами князей и графовъ, не того суетнаго искусства — держать себя, которое часто зависитъ отъ моды и отъ другихъ обстоятельствъ, — но того истинно благороднаго честолюбія, которымъ одушевляется добрый кругъ молодыхъ товарищей по ученію! — Подите, взгляните въ ихъ общество! — Гдѣ съ бо́льшимъ благоговѣніемъ и энтузіазмомъ произносятся имена знаменитыхъ героевъ, философовъ, благодѣтелей человѣчества, Суворовыхъ и Румянцовыхъ, о которыхъ часто не знаютъ въ цѣломъ домѣ и учитель-иноземецъ и ученикъ его? — гдѣ съ большимъ жаромъ говорится объ отечествѣ, о будущей службѣ, о славѣ, которую молодые друзья обѣщаются раздѣлять вмѣстѣ также, какъ раздѣляютъ свои забавы? — У нихъ все общее: всѣ охотно помогаютъ другъ другу, и увѣряются заблаговременно въ необходимости взаимнаго вспомоществованія: они уже — граждане, члены общества, и въ маленькомъ кругу своемъ вмѣщаютъ начала тѣхъ важныхъ обязанностей, на которыхъ основываются огромныя общества —Самыя забавы ихъ наставительны. — Дитя, играя одно, не наслаждается своею игрою, и не будетъ умѣть играть вмѣстѣ; въ семъ заключаются первыя черты того будущаго неоцѣненнаго искусства,—живучи для себя, жить для другихъ. Тутъ взаимная уступчивость, взаимныя пожертвованія, тутъ справедливость и честность вперяются безъ уроковъ, сами собою!—Тутъ истинная дружба, божественное чувство, столь мало извѣстное въ свѣтѣ, гораздо высшее, нежели самыя родственныя связи, и столько рѣдкое, даже между родными—чувство, предполагающее необходимо твердость характера, вѣрность и безкорыстную доброту сердца! — и замѣтьте, что воспитанные въ публичныхъ училищахъ гораздо болѣе способны къ дружеству, и сохраняютъ его вѣчно. Счастливое время! кто бы не хотѣлъ возвратить тебя?...

Несовершенства домашняго воспитанія происходятъ частію отъ самихъ родителей, частію отъ наставниковъ и прислуживающихъ. При самомъ рожденіи отдаютъ дѣтей на руки неиспытаннымъ наемникамъ, разстроивающимъ не рѣдко ихъ здоровье, поселяющимъ въ нихъ грубыя свои чувства и низкіе поступки; потомъ поручаютъ ихъ смотрѣнію по большей части недостойныхъ и незаслуживающихъ имени наставниковъ. Дѣти требуютъ воспитателя умнаго, твердаго и честнаго, а получаютъ часто незнающаго, неосновательнаго, безъ правилъ совѣсти и вѣры; дѣти требуютъ наставника рачительнаго, благомыслящаго и патріота, который бы внушалъ имъ любовь къ отечеству и службѣ, а получаютъ тунеядца, невоспитаннаго иноземца. Нельзя не скорбѣть сердцемъ, видя, въ какія руки часто отдаютъ родители неоцѣненное свое сокровище! Сами же многіе или неспособны къ воспитанію, или небрегутъ о немъ. Сколь часто важнѣйшую, священнѣйшую свою должность—образовать юные умы и сердца дѣтей, внушать имъ духъ разума и добродѣтели; сколь часто, говорю, должность сію забываютъ они для ничтожныхъ забавъ, нарядовъ, игръ, собраній! Сколь часто ослѣпленные родители сами похищаютъ у дѣтей своихъ время, опредѣленное къ занятіямъ подъ предлогомъ показать имъ свѣтъ, научить ихъ обхожденію, ловкости, или единственно для того, чтобъ показать ихъ самихъ свѣту, и похвалиться учителемъ, иждивеніемъ, истощаемымъ на воспитаніе, и ничтожными успѣхами, которые стоили такъ дорого! — Въ каждомъ новомъ лицѣ, въ каждомъ собраніи принимаютъ участіе дѣти: ихъ вывозятъ очень рано; всякимъ образомъ способствуютъ ихъ развлеченію, всѣми способами возбуждаютъ ихъ суетность!.... Сколько видятъ они примѣровъ, отъ которыхъ не предостерегаютъ, а иногда и совсѣмъ нельзя предостеречь! — Сколько слышатъ того, чего не должно! какъ рано знакомятся они съ такими вещами, для которыхъ совсѣмъ не приготовлены! Съ другой стороны, если ихъ не вывозятъ, то кому онѣ поручаются?—Какое сожалѣніе видѣть дѣтей, оставленныхъ дома безъ призора, въ рукахъ низкихъ наемниковъ! и напротивъ, какое пріятное зрѣлище представляетъ мать, окруженная дѣтьми, пекущаяся о нихъ, и отецъ, поучающій ихъ мудрости и правотѣ!

Вотъ важнѣйшіе недостатки и выгоды домашняго и публичнаго воспитанія. Каждому довольно ощутительно, что одно другому не иначе можетъ быть предпочтено, какъ смотря по разнымъ обстоятельствамъ, отношеніямъ и инымъ причинамъ.

Спартанцы предпочитали публичное воспитаніе домашнему. Пещись о немъ — было у нихъ дѣло не частныхъ людей, но республики. Дѣти оставались въ рукахъ родителей только до семи лѣтъ, а потомъ отечество брало ихъ на свой отчетъ и воспитывало всѣхъ вмѣстѣ; избираемы были старѣйшины, кои находились при ихъ ученіи и забавахъ, кои поощряли ихъ къ упражненіямъ, производили даже разныя между ними пренія, чтобы, узнавъ такимъ образомъ ихъ способности и нравы, съ большимъ успѣхомъ употребить ихъ послѣ въ общественныя должности. Такое воспитаніе доставило нѣкогда Спартанцамъ первенство между всѣми Греческими областями; но оно же сдѣлало ихъ грубыми и жестокими противъ себя и своихъ союзниковъ, и возродило къ нимъ общую ненависть.

Римляне почитали воспитаніе дѣтей первымъ долгомъ своимъ и не отдавали ихъ въ чужія наемничьи руки. Катонъ самъ обучалъ сына своего, хотя имѣлъ у себя въ домѣ славнѣйшаго изъ мудрецовъ того времени, Хилона. Павелъ Эмилій, при всей важности носимаго имъ званія, не гнушался учить сына своего танцовать. Корнелія все удовольствіе свое, украшеніе и славу поставляла въ попеченіи о дѣтяхъ. Аврелія воспитывала Цезаря, бывшаго обладателемъ вселенныя. Такое воспитаніе произвело въ нѣдрахъ Рима сихъ великихъ и знаменитыхъ мужей, которые были и будутъ всегда удивленіемъ свѣта; но едва ли не оно же изнѣжило Римлянъ и разслабило!

Аѳиняне, желая удержать выгоды публичнаго и частнаго воспитанія, и избѣжать неудобствъ того и другаго, старались оба соединить вмѣстѣ. Они приставляли къ дѣтямъ такъ называемыхъ педагоговъ, которые, при восхожденіи солнца, водили ихъ въ училища, а по закатѣ онаго, возвращали въ нѣдра семейства. Въ сихъ училищахъ дѣти наставляемы были во всемъ томъ, что нужно для общества, съ большимъ успѣхомъ, нежели дома; тамъ, учась у искусныхъ наставниковъ вмѣстѣ со многими товарищами, воспламенялись они ревностію къ трудолюбію и пріучались видѣть однѣ заслуги, награждаемыя отличіемъ и похвалою. Возвратясь домой, находили въ любви родителей отраду и отдохновеніе а въ поступкахъ ихъ живые примѣры мудрости, образъ добродѣтели. Дѣти, отлучаясь отъ родителей на нѣсколько токмо часовъ, не умаляли ни любви къ нимъ, ни горячности, ни уваженія. Родители, не будучи съ ними всегда вмѣстѣ, избѣгали случая обнаруживать предъ ними свои слабости, которыхъ иногда не льзя скрыть.

Воспитаніе Аѳинянъ можно бы почесть самымъ лучшимъ, если бы домашнее и публичное равно устремлено было къ одной цѣли, равно служило къ укрѣпленію здоровья, къ просвѣщенію ума и исправленію сердца.

У нѣкоторыхъ просвѣщенныхъ народовъ былъ обычай, по окончаніи домашняго и публичнаго воспитанія, вводить дѣтей въ общество философовъ, правителей государства и друзей своихъ. Тамъ, въ бесѣдѣ мудрыхъ и знаменитыхъ мужей, научались они законамъ, правамъ народнымъ, и воспламенялись любовію къ отечеству, къ славѣ; въ бесѣдѣ друзей привыкали къ размышленію, къ истинѣ, и утверждались въ добродѣтели; тамъ совершенствовали они свое воспитаніе, и тогда, достигнувъ зрѣлыхъ лѣтъ, съ зрѣлымъ умомъ и сердцемъ вступали въ службу отечества и исполняли ее съ отличными успѣхами и похвалою.

Никто не вышелъ совершеннымъ изъ рукъ учителя; не довольно быть издали зрителемъ на театрѣ міра: надобно учиться самому на немъ дѣйствовать. Молодые люди не прежде получаютъ твердость въ поступкахъ, какъ уже подвергнувъ себя собственному размышленію, собственному опыту въ разныхъ отношеніяхъ, и научившись изъ опыта, какъ жить съ людьми, разумѣть народные нравы и образъ правленія. Все сіе весьма много дѣйствуетъ на воспитаніе.

Обычай посылать молодыхъ дѣтей въ чужіе краи едва ли не всегда былъ больше вреденъ, нежели полезенъ. Не спорю—путешествіе доставляетъ великія выгоды и удовольствія: но всѣмъ ли? — Малолѣтные, странствуя и съ самыми умными наставниками, теряютъ только время, будучи еще въ такихъ лѣтахъ, когда они неспособны обращать вниманія на то, что примѣчательнаго можетъ встрѣтиться имъ въ путешествіи. Что увидятъ, что узнаютъ они за предѣлами своего отечества? Нравы ли и установленія иноплеменныхъ народовъ, степень ли гражданскаго ихъ совершенства и образъ правленія, состояніе ли наукъ, художествъ, торговли, или источники, изъ которыхъ течетъ благоденствіе ихъ и злосчастіе, богатство и скудость, могущество и безсиліе? Нѣтъ! видѣть и познавать сіе есть дѣло не дѣтей, но проницательнаго, лѣтами и мудростью созрѣвшаго наблюдателя. И гдѣ сыскать такого ментора, который бы, провождая юное чадо по странамъ отдаленнымъ, управлялъ его взорами, мыслями и сердцемъ?—который бы, свергнулъ его со скалы соблазна въ первую минуту опасности?—который бы начерталъ планъ его наблюденій, ученія и опытовъ?—такіе люди чрезвычайно рѣдки.—Сколько требуется отъ нихъ познаній, ума, прозорливости, осторожности!—они должны быть честны, благонравны, патріоты,—и, если можно, Русскіе.—Не льзя безъ ужаса представить себѣ, что и въ семъ случаѣ многіе часто повѣряютъ дѣтей своихъ безвѣстному иноземцу, который, наживъ вредоноснымъ наемничествомъ богатства и сокровища, возвращается на свою родину къ тому же разврату, отъ котораго прежде только отвлекла его нищета и бѣдность!—Что сказать о взрослыхъ молодыхъ людяхъ?—Можетъ быть они лучше пользуются путешествіемъ?—Опытъ показываетъ противное. Они, особливо если имѣютъ достатокъ, предаваясь больше стремленію страстей, нежели повинуясь внушенію разума и совѣтамъ своихъ руководителей, и ослѣпляясь блескомъ наружности, привыкаютъ къ одному разврату въ мысляхъ и чувствованіяхъ, а не образуютъ сердце и не просвѣщаютъ разумъ; и такимъ образомъ, возвращаясь въ домъ родителей, привозятъ съ собою не отраду имъ и утѣху, но горесть, не рѣдко стыдъ и посрамленіе. Чтожъ сказать о томъ, что сіи тщеславные путешественники, напитавшись духомъ иноземцовъ и пристрастившись къ самымъ ихъ нелѣпостямъ, съ презрѣніемъ смотрятъ на все то, что есть ихъ отечественное; на все то, что важнымъ и даже священнымъ почитали мудрые ихъ предки? И можно ли думать, ожидать, что сіи пришлецы, чуждающіеся нѣжныхъ объятій, съ которыми пріемлетъ ихъ въ нѣдро свое отечество, можно ли, говорю, думать и ожидать, чтобы они были вѣрными и усердными его сынами, были героями, патріотами?

И чего искать намъ въ странахъ чуждыхъ?—Богатства природы?—Россія преизбыточествуетъ ея сокровищами.—Произведеній ума и рукъ человѣческихъ?—Россія въ нѣдрахъ своихъ имѣетъ многочисленные тому памятники, на коихъ рѣзецъ безсмертія въ нетлѣнныхъ чертахъ изобразилъ имена сыновъ ея.

Чему удивляться намъ за пределами своего отечества?—Могущество и слава Россіи поставляютъ ее на раду съ первыми государствами.—Благоденствію народовъ? — Изъ отдаленныхъ странъ текутъ искать его подъ сѣнію державы Россійской.

Чему учиться намъ у иноплеменныхъ?—Любви къ отечеству, преданности къ Государямъ, приверженности къ законамъ?—Вѣки свидѣтельствуютъ, что сіе всегда было отличительною чертою великодушныхъ Россіянъ.—Средствамъ, руководящимъ къ просвѣщенію ума, къ образованію сердца, къ воспитанію? — Возведемъ окрестъ очи наши—и узримъ повсюду въ отечествѣ своемъ открытые къ тому безчисленные способы.

Съ тѣхъ временъ, какъ жизнодательный свѣтъ христіанства озарилъ Сѣверъ и мракъ язычества изчезъ, съ тѣхъ временъ Россія зрѣла въ Монархахъ своихъ Соломоновъ, къ коимъ изъ чуждыхъ странъ притекали вѣнценосцы внимать ученію мудрости и добродѣтели, зрѣла Августовъ и Авреліевъ, благодѣющихъ своему народу и неусыпно пекущихся о его просвѣщеніи.

Преобразитель Россіи Петръ Первый соорудилъ многіе памятники безсмертной славы своей, любви къ отечеству и народному образованію; основалъ многія заведенія, споспѣшествующія благоденствію Россіянъ и преспѣянію ихъ въ наукахъ и полезныхъ художествахъ Достославные преемники его распространили ихъ и умножили.

Какихъ успѣховъ въ мудрости и добродѣтели не можете достигнуть вы, юные Россіяне, подъ сѣнію высокихъ попечителей, содѣйствующихъ образованію умовъ, назиданію сердецъ вашихъ! какихъ отрадъ не можемъ мы ожидать, дражайшіе соотечественники, покоясь подъ кроткимъ скипетромъ всемилостивѣйшаго нашего Самодержца!

XVI.

ВЫПИСКА ИЗЪ СОЧИНЕНІЯ М. А. ДМИТРІЕВА:

«Мелочи изъ запаса моей памяти».

Мерзляковъ былъ вообще прямодушенъ, снисходителенъ, и отдавалъ полную справедливость талантамъ. Тѣмъ болѣе удивила всѣхъ московскихъ литераторовъ одна выходка его противъ Жуковскаго. Разскажу, какъ это было.

Московское Общество любителей русской словесности, котораго и я былъ дѣйствительнымъ членомъ, передъ каждымъ своимъ публичнымъ засѣданіемъ имѣло собраніе предуготовительнаго комитета, составленнаго, кажется, изъ шести членовъ, которые обсуживали предварительно, какія піесы читать публично, какія только напечатать въ Трудахъ общества, и какія отвергнуть. Я самъ былъ впослѣдствіи членомъ этого комитета. Письма, получаемыя предсѣдателемъ, прочитывались предварительно имъ самимъ и только объявлялись комитету; но въ публичныхъ засѣданіяхъ читались и онѣ, если заключали въ себѣ не одно увѣдомленіе, а что-нибудь о предметахъ литературы. Предсѣдателемъ былъ Антонъ Антоновичъ Прокоповичъ-Антонскій, къ благоразумію и осторожности котораго члены имѣли полную довѣренность; но иногда приходили письма и къ членамъ, тоже о предметахъ литературы. Въ одно засѣданіе комитета Мерзляковъ объявилъ, что онъ получилъ *письмо изъ Сибири* о гексаметрахъ и о другихъ предметахъ словесности.—Письмо о словесности изъ такого отдаленнаго края обѣщало очень любопытное чтеніе. Мерзляковъ былъ самъ членъ комитета; его одобренію можно было повѣрить, и положили прочитать это письмо публично, безъ предварительнаго разсмотрѣнія.

На засѣданія общества собиралась тогда высшая и лучшая публика Москвы: и первыя духовныя лица, и вельможи, и дамы высшаго круга. Каково же было удивленіе всѣхъ, когда Мерзляковъ, по дошедшей до него очереди, вдругъ началъ читать это письмо изъ Сибири—противъ гексаметра и балладъ Жуковскаго, который и самъ сидѣлъ за столомъ тутъ же, со всѣми членами. Не колеблясь нимало, Мерзляковъ прочиталъ хладнокровно статью, въ которой явно указано было на *Адельстана* Жуковскаго, на двѣ огромныя руки, появившіяся изъ бездны, на его *Красный карбункулъ* и *Овсяный кисель*, какъ на злоупотребленіе поэзіи и гексаметра. Жуковскій долженъ былъ вытерпѣть чтеніе до конца; предсѣдатель былъ, какъ на иглахъ; остановить чтеніе было невозможно; сюрпризъ и для членовъ и для публики очень непріятный!

По окончаніи засѣданія, я помню, Антонскій взялъ подъ руки Мерзлякова и Жуковскаго и повелъ ихъ къ себѣ; мимоходомъ велѣлъ попросить къ себѣ Ив. Ив. Дмитріева; и началось объясненіе. Я его помню, потому что былъ при этомъ.

Мерзляковъ увѣрялъ Жуковскаго, что изъ любви къ нему и къ литературѣ хотѣлъ открыть ему глаза, хотѣлъ оказать ему услугу. Жуковскій отвѣчалъ, что это похоже на услугу медвѣдя въ баснѣ Крылова, медвѣдя, который, сгоняя муху, «хватъ друга камнемъ въ лобъ!» и проч. Какъ бы то ни было, но и Мерзляковъ и Жуковскій были оба люди добродушные; а Антонскій не выпустилъ ихъ, покуда они не помирились, не обнялись и не поцѣловались. Они были давно коротко знакомы, и говорили другъ другу *ты*.

Но и здѣсь, я думаю, нельзя вполнѣ винить Мерзлякова. Напротивъ, мнѣ кажется, что самая добросовѣстность и желаніе добра литературѣ побудили его къ этому возстанію: не хорошо было только средство. Старая привычка къ классицизму, старое убѣжденіе и опасеніе нововведеній, колебавшихъ тогда нашу литературу: вотъ что было причиною мгновенной выходки этого добраго человѣка.

Вообще онъ никакъ не могъ привыкнуть къ новымъ формамъ и новому духу нашей поэзіи. Часто онъ, съ какимъ-то горькимъ чувствомъ, говорилъ противъ Пушкина и Баратынскаго. Старой привычкѣ мудрено переучиваться.

Упомянутое мною Общество любителей русской словесности учреждено было въ 1811 году. Предсѣдателемъ его былъ съ самаго начала профессоръ Московскаго Университета Антонъ Антоновичъ Прокоповичъ-Антонскій. Оно имѣло публичныя засѣданія одинъ разъ въ мѣсяцъ. Каждое засѣданіе начиналось обыкновенно чтеніемъ оды или псалма, а оканчивалось чтеніемъ басни. Промежутокъ посвященъ былъ другимъ родамъ литературы, въ стихахъ и прозѣ. Между послѣдними бывали статьи важнаго и полезнаго содержанія. Въ числѣ ихъ читаны были: разсужденія о глаголахъ профессора *Болдырева*; статьи о русскомъ языкѣ А. Х. *Востокова*; разсужденія о литературѣ *Мерзлякова*; о церковномъ славянскомъ языкѣ *Каченовскаго*; опытъ о порядкѣ словъ и парадоксы изъ Цицерона краснорѣчиваго Ив. Ив. *Давыдова*. Здѣсь же былъ прочитанъ и напечатанъ въ первый разъ отрывокъ изъ Иліады, Гнѣдича: *Распря вождей*; первые переводы Жуковскаго изъ Гебеля: *Овсяной кисель* и *Красный карбункулъ*; и стихи молодаго Пушкина: *Гробница Анакреона*;—баснею, подъ конецъ засѣданія, утѣшалъ общество обыкновенно Василій Львовичъ Пушкинъ.

XVII.

СЛОВО

ПРИ ПОГРЕБЕНИИ ДѢЙСТВИТЕЛЬНАГО СТАТСКАГО СОВѢТНИКА, ИМПЕРАТОРСКАГО МОСКОВСКАГО УНИВЕРСИТЕТА ЗАСЛУЖЕННАГО ПРОФЕССОРА, РАЗНЫХЪ УЧЕНЫХЪ ОБЩЕСТВЪ ЧЛЕНА И КАВАЛЕРА, АНТОНА АНТОНОВИЧА ПРОКОПОВИЧА–АНТОНСКАГО, ГОВОРЕННОЕ МОСКОВСКОЙ ДУХОВНОЙ КОНСИСТОРИИ ЧЛЕНОМЪ, БОГОЯВЛЕНСКАГО МОНАСТЫРЯ АРХИМАНДРИТОМЪ И КАВАЛЕРОМЪ,

МИТРОФАНОМЪ,

Іюля 9-го дня, 1848 года.

Блага мудрость паче силы.—Блага мудрость паче орудій ратныхъ. Еккл. IX. 16, 18.

Нѣтъ ничего въ мірѣ достойнѣе похвалы, какъ христіанская мудрость, и нѣтъ мѣста болѣе приличнаго для сей похвалы, какъ гробъ мужа мудраго и добродѣтельнаго. *Премудрости ради,* говоритъ Соломонъ, *прииму безсмертіе и память вѣчную сущимъ по Мнѣ оставлю* (Прем. VIII. 13).

Такъ, превосходнѣйшая добродѣтель есть мудрость. Пусть иной хвалится богатствомъ и силою, пусть другой славою побѣдъ наполняетъ міръ, удивляетъ потомство чудесами своей храбрости: Соломонъ смотритъ на все сіе другимъ, высшимъ взоромъ, говоря такъ: *Блага мудрость паче силы. Блага мудрость паче орудій ратныхъ*; и изображая ея достоинства, продолжаетъ: *ежели богатство есть вожделѣнное стяжаніе въ животѣ, что премудрости богатѣйше, ею же дѣлаются вся? Аще же разумъ дѣлаетъ: кто ея отъ сущихъ лучшій художникъ есть? Аще правду любитъ кто: труды ея суть добродѣтели: цѣломудрію бо и разуму учитъ, правдѣ же и мужеству, ихъ же потребнѣе ничтоже есть въ житіи человѣкомъ* (Прем. VIII. 5. 6. 7).

Хотимъ ли живѣе убѣдиться въ сей истинѣ? Желаемъ ли полнѣе возчувствовать достоинство христіанской мудрости и добродѣтели? Прискорбный, по истинѣ, но вмѣстѣ благопотребный къ сему, случай обрѣтаемъ нынѣ при гробѣ сего просвѣщеннѣйшаго мужа, болярина Антонія. Скончавъ, къ искреннему сожалѣнію многихъ, земное, долголѣтнее теченіе свое, онъ теперь хотя безмолвствуетъ, бездыханный, во гробѣ, но тѣмъ не менѣе говорятъ въ похвалу его труды и подвиги, понесенные имъ на поприщѣ просвѣщенія и любомудрія. Онъ не весь умеръ, не нее унесъ съ собою отъ среды міра сего въ міръ горній, ибо *дѣла его въ слѣдъ съ нимъ ходятъ* (Апок. XIV. 13.) и другимъ еще свѣтятъ.... Они суть неотъемлемое его достояніе, его богатство въ вѣчности, но вмѣстѣ и для другихъ немаловажное наслѣдство. Они его вѣнецъ и награда предъ лицемъ Вѣчной Правды: но вмѣстѣ составляютъ честь и украшеніе его земной отчизны, и непосредственное также сокровище для потомства. И не нашъ ли теперь долгъ открыть и оцѣнить сіе сокровище предъ лицемъ Церкви, во имя истины, во славу премудрости Божіей, въ похвалу благодати?

1. Открываемъ сокровище, нами утраченное—и коль любимое многими!... Справедливо сказалъ сынъ Сираховъ, что *мужъ премудръ исполнится благословенія, и ублажатъ его вси зрящіи* (Сир. XXXVII. 29). Кто изъ богомыслящихъ не любилъ искренно, не питалъ внутренняго уваженія и признательности къ усопшему во дни земной его жизни? По истинѣ,—онъ *исполненъ былъ благословенія, его ублажали вси зрящіи*. Гдѣ только ни являлся сей мужъ, исполненный важныхъ заслугъ, тамъ всѣ дышали къ нему истиннымъ почтеніемъ, тамъ мрачная зависть или молчала, или скрывалась со стыдомъ, тамъ всякая непріязнь робѣла высказаться, или не имѣла себѣ мѣста, потому что общая любовь и уваженіе окружали сего мужа, какъ воздухъ чистый, благоухающій ... Что жь такъ сильно, такъ сладостно привязывало къ нему сердца? Конечно, не одно его любомудріе, не одна созерцательная жизнь (коей онъ изъ любви къ наукамъ и для пользы самыхъ питомцевъ наукъ посвятилъ себя такъ, что до конца пребылъ въ безбрачномъ состояніи), но паче всего самый образъ его жизни чистой, свѣтлой, безукоризненной, благородной. Такова, дѣйствительно, и была истинная философія его души, истинная мудрость его сердца, что онъ умѣлъ чувства свои покорять разуму, плоть порабощать духу, страсти укрощать трудомъ, время посвящать точному и добросовѣстному исполненію своего долга. Да не помыслитъ кто нибудь, чтобы добродѣтель не стоила ему ни трудовъ, ни усилій. Нѣтъ, какъ человѣкъ, онъ не имѣлъ исключительнаго счастія быть вовсе безстрастнымъ, но руководимый мудростію и подкрѣпляемый благодатію, имѣлъ отъ Бога даръ побѣждать страсти. Не знать страстей можетъ только рѣдкій и счастливѣйшій изъ смертныхъ, но торжествуетъ надъ страстьми только мужъ мудрый о Христѣ. На перваго съ услажденіемъ смотрятъ только, какъ на прекраснаго, невиннаго питомца добродѣтели, а на послѣдняго взираетъ каждый съ чувствомъ высокаго уваженія, какъ на подвижника вѣры. Первымъ просто, безотчетно любуются и восхищаются какъ младенцемъ, а на сего обращаютъ взоръ съ благоговѣйнымъ нѣкимъ удивленіемъ,—и именуютъ его мужемъ *великимъ, доблестнымъ*....

2. И вотъ тайна, почему во многихъ раждалось и питалось глубокое чувство любви и уваженія къ нравственнымъ достоинствамъ усопшаго. Вы любили и чтили его въ земной жизни: вѣрно, и за предѣлами сей жизни не престанете любить,—и, безъ сомнѣнія, потому, что самыя заслуги его неоцѣнимы и достойны вѣчной памяти. Такъ, по истинѣ, заслуги его дороги и незабвенны не для однихъ наукъ и сословія ученыхъ, но и для Государства и Отечества. Бывъ въ свое время добрымъ воспитателемъ благороднаго россійскаго юношества, истинно мудрымъ и опытнымъ ревнителемъ о его разумномъ и нравственномъ образованіи для Государства и Престола, не онъ ли принесъ на алтарь Отечества прекрасные и достойные плоды своихъ трудовъ въ семъ служеніи? Гдѣ не видимъ, къ общему утѣшенію, его воспитанниковъ, учениковъ его благой, христіанской мудрости? Они съ отличнымъ достоинствомъ и счастіемъ занимали и за-

нимаютъ почетныя должности и въ Совѣтѣ государственномъ, и въ храминѣ таинъ Царственныхъ, и въ Сунклитѣ лицъ правительственныхъ, и въ сонмѣ россійскихъ полководцевъ и героевъ, и въ святилищахъ наукъ и народнаго просвѣщенія. Это—его рукъ добрыя насажденія, его трудовъ прекрасныя прозябенія, его мудрости благословенные плоды!... Не заботься, не трудись, Россія, воздвигать ему великолѣпный, вѣковой памятникъ изъ мѣди и мрамора; не пекись много объ украшеніи гробоваго жилища его: онъ въ своихъ воспитанникахъ оставилъ тебѣ, и поставилъ себѣ живые памятники многополезныхъ, незабвенныхъ заслугъ своихъ. Украшая собою Отечество, сіи самые служители Престола и Отечества уже наилучшимъ образомъ украшаютъ память его.

Нѣтъ нужды здѣсь изчислять всѣ труды и подвиги въ учебномъ поприщѣ сего мужа, ни выставлять на среду всѣ опыты его любознательности и дѣятельной учености. Ими наполнено болѣе полвѣка его трудолюбивой, созерцательной жизни. Они всѣ написаны неизгладимыми буквами въ лѣтописяхъ отечественной признательности и славы. *Похвалятъ разумъ его мнози, и не отыдетъ память его.* (Сир. XXIX. 11, 12.) Скажемъ только, что онъ отъ юности до глубокой старости былъ пламеннымъ любителемъ мудрости, постояннымъ ревнителемъ народнаго просвѣщенія во всѣхъ его отрасляхъ, жилъ и дышалъ для наукъ и преспѣянія ихъ въ кругу сотчичей—и *одождилъ*, такъ сказать, *мудрость отъ сердца своего* (Сир. L. 29.)

3. И какъ обращался онъ съ мудростію, въ самомъ сердцѣ своемъ? *Возвеселися сердце мое о ней* (тако говорилъ онъ съ благочестивымъ мудрецомъ), *пойде нога моя въ правости, отъ юности моея изслѣдихъ ю, предспѣяніе бысть ми въ ней. Дающему мнѣ премудрость, воздамъ славу, умыслихъ бо творити ю, и поревновахъ благому, сего ради не постыжуся* (Сир. LI. 20, 22.). Все достоинство и совершенство мудрости поставлялъ онъ не въ одномъ блескѣ, богатствѣ и обширности знаній, но въ правости ума и чистотѣ нравовъ, не въ одномъ глубокомъ изслѣдованіи и открытіи таинствъ природы, но въ прославленіи самаго Бога, Творца природы, не въ одномъ лестномъ званіи и имени мудраго, но въ твореніи добра, въ усердномъ соревнованіи благу общему. Любимымъ, завѣтнымъ правиломъ его ума и сердца была всегда сія святая истина: *Да не хвалится премудрый премудростію своею, и да не хвалится богатый богатствомъ своимъ: но о семъ да хвалится хваляйся, еже разумѣти Господа, и творити судъ и правду посредѣ земли* (I. Цар. 11. 10.). И какъ вѣровалъ, такъ всегда и глаголалъ сію истину; какъ глаголалъ, такъ тщился и творить оную къ славѣ Божіей, ко благу ближнихъ, къ утѣшенію Церкви и Отечества, къ спасенію души своей.

Поспѣшимъ же, братія, напутствовать усопшаго благословеніями любви и признательности, принесемъ о немъ надгробный даръ молитвы, и дадимъ ему послѣднее цѣлованіе.

Прости, мужъ доблестный, другъ мудрости и добродѣтели! Гряди съ миромъ отъ среды сего мятежнаго міра къ горнему граду мира Божія, превосходящаго всякъ умъ! Иди въ радости къ общему оному дому Отца Небеснаго, гдѣ Великій *Ходатай Бога и человѣковъ, Христосъ Іисусъ, давый Себѣ избавленіе за всѣхъ* (I. Тим. 11. 5.), обѣщалъ *уготовать мѣсто* (Іоан. XIV. 2.), всѣмъ вѣрующимъ въ Него;—Богъ, благодатію Своею просвѣтивый тя на земли, да возвеселитъ тя свѣтомъ лица Своего на небеси! Аминь.

XVIII.

О ГЕКСАМЕТРАХЪ.

Здѣсь не лишнее сказать о его (Воейкова) гексаметрѣ. Не принимая въ соображеніе свойства русскаго языка, котораго просодія основана единственно на удареніяхъ, Воейковъ желалъ отыскать въ немъ долгіе и короткіе звуки, которыхъ нѣтъ, и потому печаталъ иногда свои гексаметры, ставя на слогахъ *знакъ слога долгаго*, посредствомъ чего онъ находилъ и небывалый у насъ спондей. Само собою разумѣется, что такая неестественная натяжка, противная натурѣ языка, не могла ему удасться и произвести послѣдователей. Вотъ примѣръ его искусственнаго гексаметра:

Галлъ, Персъ, Пруссъ, Хинъ, Шведъ, Венгръ, Турокъ, Сарматъ и Саксонецъ —
Всѣхъ побѣдили мы, всѣхъ мы спасли, и всѣхъ охраняемъ.
Царь Александръ щедръ, мудръ, храбръ, твердъ, быстръ, скроменъ и сметливъ.
Хочешь ли видѣть поле сраженія: пыль, дымъ, огнь, громъ,
Щитъ въ щитъ, мечъ въ мечъ, ядры жужжатъ и лопаются бомбы.

Во всѣхъ этихъ примѣрахъ мы видимъ только дурной и неправильный гексаметръ; но не видимъ спондеевъ.

Надобно сказать, что участь гексаметра у насъ не очень счастлива. Первый, начавшій писать имъ, Третьяковскій, представилъ такіе примѣры, отъ которыхъ этотъ размѣръ всѣмъ опротивѣлъ, и долго никто не смѣлъ писать имъ. Одинъ изъ первокласныхъ нашихъ поэтовъ говорилъ, что все то гексаметръ, въ чемъ нѣтъ никакой мѣры. Воейковъ выковывалъ для него спондеи. Наконецъ издатель Раута видитъ въ немъ только одно свойство, что онъ длиненъ. Но послѣ образцевъ Гнѣдича и Жуковскаго, непростительно уже русскому литератору не признавать гексаметра укоренившимся въ нашей метрикѣ

XIX.

ЕЩЕ О ГЕКСАМЕТРАХЪ.

(«Мелочи» Дмитріева.)

Гексаметры началъ у насъ вводить Мерзляковъ, а не Гнѣдичъ. Сначала перевелъ онъ отрывокъ изъ Одиссеи: *Улиссъ у Алкиноя*; правда, не совсѣмъ гексаметромъ, а шестистопнымъ амѳибрахіемъ, то есть, прибавивъ въ началѣ стиха одинъ краткій слогъ. Это доказываетъ только, что онъ, какъ писатель опытный въ стихосложеніи, чувствовалъ, что слухъ русскихъ читателей не можетъ вдругъ привыкнуть къ разнообразнымъ перемѣнамъ гексаметра, и хотѣлъ пріучить его амѳибрахіемъ, какъ переходною мѣрою отъ привычнаго ямба къ новому для насъ, чисто-эпическому размѣру, который въ своихъ варіаціяхъ требуетъ уже учено-музыкальнаго слуха. Н. В. Сушковъ видитъ въ гексаметрахъ только то, что они *длинны*; но Мерзляковъ видѣлъ въ нихъ разнообразнѣйшій изъ метровъ, и потому осторожно пріучалъ къ нему слухъ непривычныхъ читателей. И потому-то, послѣ перваго опыта, переведеннаго амѳибрахіемъ, онъ перевелъ отрывокъ изъ Иліады: *Единоборство Аякса и Гектора*, уже настоящимъ гексаметромъ. За Гнѣдичемъ осталась слава вводителя только потому, что онъ усвоилъ намъ гексаметръ трудомъ продолжительнымъ и важнымъ, т. е. полнымъ переводомъ Иліады. Мерзляковъ и Гнѣдичъ—это Колумбъ и Америкъ Веспуцій русскаго гексаметра. Переводъ «Аббадоны» Жуковскаго, тоже предшествовалъ гексаметрамъ Гнѣдича.

ОГЛАВЛЕНІЕ.

                                                      Стран.

1. Предисловіе.. V
2. Посвященіе... VII
3. Предисловіе при первомъ изданіи.. IX
4. Воспоминанія о М. У. Б. П. и разсказы о воспитанникахъ университета, гимназіи, пансіона и дружескаго общества....................... 1
5. О службѣ и трудахъ А. А. Антонскаго................................... 54
6. Біографическія и анекдотическія черты о многихъ изъ воспитанниковъ М. У. Б. Пансіона и о профессорѣ А. Ѳ. Мерзляковѣ...................... 66

ПРИЛОЖЕНІЯ:

I. Выписка изъ соч. И. Ѳ. Тимковскаго «памятникъ И. И. Шувалову»....... 3
II. Выписка изъ соч. И. М. Снегирева: «Жизнь М. М. Платона»............ 6
III. Письмо къ пріятелю въ Симбирскъ — Ф. Ф. Вигеля................... 8
IV. Письмо къ Н. В. Гоголю — Ф. Ф. Вигеля............................ 22
V. Письмо къ кн. П. А. Вяземскому — П. Я. Чаадаева................... 26
VI. «Силотворъ» — изобрѣтеніе Шенгелидзева............................. 30
VII. Реэстръ изобрѣтеній Шенгелидзева.................................. 33
VIII. Объявленіе Шенгелидзева.. 35
IX. Законы собранія воспитанниковъ У. Б. Пансіона........................ 37
X. О церкви въ домѣ Университетскаго Пансіона.......................... 43
XI. Объявленіе о Б. Пансіонѣ (1810 года)................................. 45
XII. Письмо С. П. Шевырева.. 75

		Стран.
XIII.	Торжественный актъ 14-го ноября 1798 въ М. У. Б. Пансіонѣ (историческое представленіе)	78
XIV.	Имена отличныхъ воспитанниковъ (на доскѣ золотыми буквами)	89
XV.	О воспитаніи — соч. А. А. Антонскаго	90
XVI.	Выписка изъ соч. М. А. Дмитріева: «Мелочи изъ запаса моей памяти»	114
XVII.	Слово (архимандрита Митрофана) при погребеніи Антонскаго	116
XVIII.	О гексаметрахъ — изъ «Мелочей» Дмитріева	119
XIX.	Еще о гексаметрахъ — изъ того же сочиненія	120

Цѣна съ пересылкою 3 руб., а въ Москвѣ 2 р. 50 к. сер.

www.ingramcontent.com/pod-product-compliance
Lightning Source LLC
Chambersburg PA
CBHW080434110426
42743CB00016B/3165